langues
et
langage

1. TOURATIER Christian, *Compléments prédicatifs et attributs du complément d'objet en Latin*. ISBN 2-85399-253-5. 156 p. 1991
2. SAUVAGEOT Aurélien, *La structure du langage*. ISBN 2-85399-287-X. 208 p. 1992
3. *Encyclopédies et dictionnaires français (Problèmes de norme(s) et de nomenclature)*. D. Baggioni, éd. et le Centre Dumarsais. ISBN 2-85399-315-9. 215 p. 1993
4. *Genèse de la (des) norme(s) linguistique(s)*. Hommage à Guy Hazaël-Massieux suivi du séminaire de l'École Doctorale : le concept de norme en philosophie et dans les sciences humaines et le concept de « norme linguistique ». ISBN 2-85399-340-X. 355 p. 1994
5. AGNEL Éva, *Phrase nominale et phrase avec verbe « être » en hongrois. Essai de théorie syntaxique*. ISBN 2-85399-344-2. 270 p. 1994
6. *La construction du sens. Hommage* à Francis Jouannet. ISBN 2-85399-388-4. 204 p. 1996
7. *Le mot : analyse du discours et sciences sociales*. F180812 – ISBN 2-85399-409-0. 174 p. 1998
8. TOURATIER Christian, *Morphologie et Morphématique. Analyse en morphèmes*. F181574 – ISBN 2-85399-520-8. 324 p. 2002
9. *Le mot et sa glose*. Sous la direction de A. Steuckardt et A. Niklas-Salminen. F181529 – ISBN 2-85399-530-4. 308 p. 2003
10. *Langue et identité narrative dans les littératures de l'ailleurs. Antilles, Réunion, Québec*. Sous la direction de M.-C. Hazaël-Massieux et M. Bertrand. ISBN 2-85399-590-9. 200 p. 2005
11. TOURATIER Christian, *Essais de phonologie latine*. ISBN 2-85399-589-5. 282 p. 2005
12. *Les marqueurs de glose*. Sous la direction de A. Steuckardt et A. Niklas-Salminen. ISBN 2-85399-616-6. 328 p. 2005

langues
et
langage

13

Christian TOURATIER

Analyse et théorie syntaxiques

2005

PUBLICATIONS DE L'UNIVERSITÉ DE PROVENCE

PUBLICATIONS DE L'UNIVERSITE DE PROVENCE

29, avenue Robert Schuman - F - 13621 Aix-en-Provence cedex 1
Tél : + 33 (0) 4 42 95 31 91 Fax : + 33 (0) 4 42 95 31 80
Courrier électronique : pup@up.univ-aix.fr

Catalogue complet sur internet : www.up.univ-mrs.fr/wpup

Préface

Après les deux vagues déferlantes successives de la "Grammaire générative" et de la "Sémantique générative", qui semblaient avoir mis au premier plan de l'actualité la syntaxe et la sémantique, les linguistes sont allés explorer des domaines nouveaux, comme la société où l'on parle, l'énonciation, les actes de langage, l'interaction, etc., pensant probablement qu'il n'y avait plus rien à dire d'intéressant en syntaxe.

Si beaucoup de discussions avaient certes été menées sur les différents modèles théoriques de la grammaire, sur les rapports et les différences entre syntaxe et sémantique et sur la formalisation de la description linguistique, on ne peut pas dire que les problèmes particuliers de syntaxe aient vraiment été repensés, les adeptes de la "Grammaire générative" se contentant souvent de reprendre, sans véritable critique, les concepts et les analyses de la grammaire traditionnelle. Or, il nous semble que bien peu de progrès ont été faits en syntaxe proprement dite, et que tous les concepts utilisés, qu'il s'agisse des catégories ou des fonctions syntaxiques, doivent être systématiquement redéfinis en termes proprement syntaxiques, et non pas, comme le fait souvent la grammaire traditionnelle, en termes plus ou moins sémantico-syntaxiques, quand ce n'est pas en termes morphologico-syntaxiques. C'est ce que nous voudrions faire dans cet ouvrage.

On sera peut-être surpris que pour mener à bien cette tâche, nous utilisions une méthode d'analyse que l'on croyait définitivement enterrée, précisément par la "Grammaire générative". Celle-ci n'a-t-elle pas démontré, de façon quasiment mathématique, que ce qu'elle appelle le modèle syntagmatique (les mathématiciens disent: la grammaire formelle indépendante du contexte ou, de façon plus générale, la grammaire formelle contextuelle), qui passait, à ses yeux, pour être la formalisation de ce que les grands linguistes structuralistes américains avaient appelé l'"Analyse en Constituants Immédiats", était dépassé, parce que inapte à rendre compte de toutes les caractéristiques définitoires d'une langue naturelle? L'erreur de cette prétendue démonstration fut d'identifier le type d'analyse syntaxique pratiqué par les tenants de l'"Analyse en Constituants Immédiats" (en abrégé "l'analyse en C.I."), avec les grammaires formelles contextuelles ou indépendantes du contexte, et donc de considérer que le modèle de la grammaire se réduisait à la seule analyse syntaxique, qu'elle soit ou non en constituants immédiats, ce qu'aucun structuraliste n'avait eu la légèreté de prétendre. Bref, on a pris un chapitre des grands manuels d'introduction à la linguistique pour la totalité de la introductions à la linguistique, sans tenir compte du fait que ces manuels ajoutaient évidemment au chapitre de l'analyse en constituants immédiats d'autres chapitres, notamment sur l'analyse morphologique, l'analyse phonologique, et l'analyse sémantique.

On verra qu'en réalité, l'analyse en C.I. n'est qu'une simple méthode qui permet d'analyser fonctionnellement les phrases, en tenant compte du contexte syntagmatique des unités qui les constituent et de l'appartenance de ces dernières à des paradigmes fonctionnels, c'est-à-dire à des classes de fonctionnement syntaxique. Une telle méthode n'est qu'un moyen d'obtenir une description précise, rigoureuse et explicite de l'organisation structurale des phrases à étudier, et des différentes combinaisons d'unités qui entrent dans la constitution de ces phrases.

Dans un second temps, une fois que l'on a établi clairement et méthodiquement l'ensemble de ces organisations syntaxiques partielles, il devient possible de proposer une théorie générale qui rende compte de toutes ces particularités syntaxiques, et qui, se fondant sur le fonctionnement même des unités linguistiques, permette de réexaminer ou de redéfinir de façon cohérente toutes les notions traditionnelles qu'il convient de considérer comme syntaxiques.

Telle est la double ambition de notre livre. Comme l'indique expressément son titre, nous voulons, d'une part, proposer une méthode empirique un peu rigoureuse d'analyse syntaxique, et d'autre part, en nous fondant sur les résultats de cette méthode, esquisser une théorie de la syntaxe et de ses concepts fondamentaux.

Chapitre 1

Qu'est-ce que la syntaxe?

Il importe, pour commencer, de bien préciser ce qu'il convient d'entendre par syntaxe. Pour cela, il peut être instructif de partir des pratiques scolaires. En classe de grammaire, on apprend – ou on apprenait – aux jeunes élèves à faire deux choses sur des phrases, d'une part ce qu'on appelle l'analyse logique de la phrase, qui consiste à identifier toutes les propositions que présente ladite phrase, et d'autre part ce qu'on appelle l'analyse grammaticale, qui consiste à préciser la nature grammaticale et la fonction dite syntaxique de chacun des mots de la phrase. Faisons ces exercices sur la phrase suivante, qui est la traduction française de l'exemple anglais sur lequel Gleason a présenté ce qu'on l'appelle l'analyse en constituants immédiats (dont nous reparlerons par la suite):

Le vieil homme qui habite ici est allé dans la maison de son fils.

1. D'abord l'analyse logique

Cette phrase contient une proposition subordonnée, que nous avons mise entre parenthèses, avec une parenthèse ouvrante devant le premier mot de cette subordonnée, le pronom relatif *qui*, et une parenthèse fermante après le dernier mot de la subordonnée. Cette proposition subordonnée est dite relative précisément parce qu'elle "est introduite par un pronom relatif" (Dubois, Jouannon, Lagane, 1961, 136).

Le vieil homme (qui habite ici) est allé dans la maison de son fils.

"Les pronoms relatifs ou conjonctifs, dit la *Grammaire de l'Académie française*, ont un double rôle: ils tiennent la place d'un nom ou pronom, placé généralement avant eux, et qu'on appelle pour cette raison *antécédent*; ils marquent le rapport de ce nom ou de ce pronom avec une autre proposition, qu'on appelle *proposition relative*" (*Grammaire de l'Académie*, 1932, 56). Quelle est la fonction de cette dernière?

"La proposition relative peut simplement qualifier son antécédent, comme un adjectif:

Je vous apporte des fleurs qui sont fraîchement cueillies.

Elle peut aussi compléter la proposition dont elle dépend en exprimant, par rapport à son antécédent, une circonstance de cause, de but, de conséquence ou de condition:

Cet arbre, qui ne donne plus de fruits, sera abattu.
Inventez des ressorts qui puissent m'attacher.
Il n'y a pas de louange si sotte qu'on ne puisse faire accepter.
Un voyage dont tous les détails seraient prévus paraîtrait monotone."
(*Grammaire de l'Académie*, 1932, 224-225).

La grammaire scolaire ne fait pas cette distinction, considérant que ces deux fonctions ne sont que deux particularisations d'une seule et même fonction. "La proposition relative, dit-elle, est *complément de l'antécédent*" (Dubois, Jouannon, Lagane, 1961, 136). Ainsi dans l'exemple qui nous occupe, *qui* est un pronom relatif qui a pour antécédent le nom *homme*, et qui introduit la subordonnée relative *qui habite ici*. Cette subordonnée relative est complément de l'antécédent *homme*.

On remarquera que la fonction de cette relative est définie en termes sémantiques par la *Grammaire de l'Académie*: soit elle qualifie, c'est-à-dire "exprime la manière d'être d'une personne ou d'une chose, l'aspect particulier sous lequel on <l'>envisage" (*Grammaire de l'Académie*, 1932, 67), soit elle précise une circonstance qui concerne son antécédent. Mais ces fonctions sémantiques semblent prendre un air syntaxique, en tout cas grammatical, quand la grammaire scolaire les reformule à l'aide du terme de complément.

La grammaire scolaire voit une seconde proposition dans l'exemple à analyser, qui est formée par le reste de la phrase, une fois qu'on a enlevé les subordonnées, en l'occurrence la seule subordonnée relative. Il s'agit de:

Le vieil homme est allé dans la maison de son fils.

Elle l'appelle proposition principale, en en donnant la définition suivante:

"On appelle proposition principale, non pas celle qui exprime l'idée la plus importante de la phrase, ni celle qui est placée la première, mais celle dont les autres propositions dépendent" (*Grammaire de l'Académie*, 1932, 211).

Cela revient à peu près au même de dire, avec une grammaire scolaire, que la proposition principale est, dans une phrase donnée, "celle qui est <…> complétée par une ou plusieurs subordonnées" (Dubois, Jouannon, Lagane, 1961, 133). Il serait plus technique et peut-être plus précis de reconnaître que la proposition principale est ce qui reste quand, dans une phrase, on enlève toutes les subordonnées. C'est du reste ainsi que l'on a identifié la proposition principale de la phrase à analyser. Si on enlève de cette phrase la seule subordonnée relative *qui habite ici*, on trouve la proposition:

Le vieil homme est allé… dans la maison de son fils.

proposition que l'on qualifiera donc de proposition principale. Mais il y a malheureusement un grand nombre de cas où ce qui reste quand on a enlevé toutes les propositions subordonnées, n'est nullement une proposition, par exemple:

> *(What surprises me) is (that he should get angry)* «Ce (qui m'étonne) c'est (qu'il se mette en colère)»
>
> *(who steals my purse) steals trash* «Celui (qui vole mon porte-monnaie) vole moins que rien» (d'après Jespersen, 1971, 135)
>
> (qui dort) dîne
>
> (si je vous raconte cela) c'est (que je vous sais discret) (d'après Sandfeld, 1965[2], p. X).

La conclusion nécessaire est que la notion traditionnelle de proposition principale n'est pas du tout défendable, puisque dans bon nombre de cas, cette prétendue proposition principale n'est même pas une proposition. C'est donc un concept non satisfaisant, parce que non cohérent.

2. L'analyse grammaticale

Passons maintenant à l'analyse grammaticale des principaux éléments de notre phrase.

a. *homme*

C'est un nom commun, masculin singulier. Sa fonction? Il est sujet du verbe *est allé*. Mais que faut-il entendre par "sujet"? On nous dira que c'est:

1) «celui qui a fait l'action d'être allé» ou, moins faussement, "la personne ou l'objet qui fait l'action ou qui est dans l'état indiqué par le verbe actif" (Dubois, Jouannon, Lagane, 1961, 24), ou encore plus précisément "soit l'être ou la chose qui fait ou subit l'action exprimée par le verbe, soit l'être ou la chose à qui on attribue tel ou tel état, telle ou telle qualité au moyen d'un verbe" (*Grammaire de l'Académie*, 1932, 28). On voit tout de suite que la définition du sujet est loin d'être unitaire. En outre, est-ce la désignation du seul nom *homme*, qui est considéré comme le sujet proprement dit, ou celle du syntagme *le vieil homme* qui a fait cette action? Les logiciens, eux, appelleraient sujet dans la proposition *Le vieil homme est allé dans la maison de son fils*, le contenu ou plutôt la désignation de tout le syntagme *le vieil homme*. Enfin, ce sujet, quel qu'il soit, a-t-il fait l'action d'«aller» ou celle d'«aller dans la maison de son fils»? Devant toutes ces difficultés, on pourrait chercher une autre définition du sujet et dire que c'est

2) ce avec quoi le verbe *est allé* s'accorde. Il est en effet au singulier, dans notre exemple, parce que le nom *homme* est au singulier. De fait, le mot *homme* n'a pas de *-s* final, à l'écrit; il est donc au singulier. A l'oral, on dirait plutôt, il se combine avec l'article *le*, et non l'article *les*, auquel serait ajouté le

morphème de pluriel. Cela fait que le verbe est lui aussi au singulier. Si on remplace *le vieil homme* par *les vieux hommes*, le verbe doit alors se mettre au pluriel: *sont allés*. Pour terminer, on remarquera que la fonction de sujet est définie dans le second cas par une propriété morphologique, et dans le premier par des propriétés sémantiques. Et les grammaires prétendent pourtant que la fonction de sujet est une fonction syntaxique!

vieil est un adjectif qualificatif. Il a comme fonction d'être épithète du nom *homme*. De fait:

1) "L'adjectif qualificatif est un mot variable, indiquant une qualité d'un être ou d'une chose (nom ou pronom)" (Dubois, Jouannon, Lagane, 1961, 37), ce qui est bien le cas de *vieil*, qui signifie une qualité et peut prendre les formes *vieille, vieux*, et *vieilles*. Et

2) "L'adjectif qualificatif est épithète quand, placé à côté d'un nom dont il indique une qualité, il forme corps avec lui" (Dubois, Jouannon, Lagane, 1961, 44). Ici, l'adjectif *vieil* est bien à côté du nom *homme*. Mais si en français, d'une façon générale, l'adjectif épithète suit ou précède souvent un nom, il n'est pas toujours placé à côté de ce dernier. Dans:

> le *gentil* petit garçon
>
> pour dénouer avec mes dents les lacets de leurs *terribles* petites chaussures blanches (Didier Decoin, 1987, *Autopsie d'une étoile*, éd. du Seuil, 57)
>
> la graine d'une toute petite fleur fragile et *bleue* (Didier Decoin, 1987, *Autopsie d'une étoile*, 55)

les adjectifs *gentil*, *terribles* et *bleue* sont directement (et même indirectement, dans le cas de *bleue*) à côté d'un adjectif et non pas d'un nom. La définition traditionnelle de la fonction d'épithète est donc insuffisante, puisque parfois fausse.

b. *le*

C'est un article défini masculin singulier, qui détermine le nom *homme*. Car "l'article est un petit mot variable qui accompagne le nom, en indique le genre et le nombre, et lui donne une détermination plus ou moins précise" (Dubois, Jouannon, Lagane, 1961, 46). Si l'article accompagne effectivement un nom, sans être forcément à côté de lui, peut-on prétendre qu'il détermine le nom *homme* seul? Ne serait-il pas plus juste de dire qu'il détermine le groupe de mots *vieil homme*?

c. *maison*

C'est un nom commun, féminin singulier, dont la fonction est d'être complément circonstanciel de lieu du verbe *est allé*. Car "un nom est complément circonstanciel quand il indique dans quelle condition ou dans quelle circonstance s'accomplit l'action marquée par le verbe" (Dubois, Jouannon, Lagane, 1961, 32). Mais la notion de circonstance est assez inappropriée, dans le cas qui nous intéresse. En effet il ne s'agit pas tant d'une circonstance externe de l'action que du terme même de l'action exprimée. Ce n'est pas du tout la même chose que *en été (en voiture)* dans:

aller dans la maison de son fils, en été (en voiture)

qui sont effectivement des circonstances accessoires du déplacement du vieillard vers la maison de son fils. Par ailleurs, dans la dénomination de "complément circonstanciel", l'adjectif *circonstanciel* est une propriété sémantique ou logique; seul le nom *complément* pourrait avoir un sens syntaxique, sauf si on le prend dans le sens sémantique de «qui complète le sens de».

d. *fils*

C'est un nom commun masculin singulier, qui a pour fonction d'être un complément de nom de *maison*. Car "un nom est complément d'un autre nom ou d'un pronom quand, placé après celui-ci, il le détermine, le précise et en limite la portée <...> Il est, en général, introduit par la préposition *de*" (Dubois, Jouannon, Lagane, 1961, 28). Manifestement le terme de *complément* est défini ici en termes de signification, et non en termes syntaxiques, puisqu'il désigne un nom déterminant, précisant et délimitant un autre nom. Etre complément de nom, veut en effet dire "compléter l'idée exprimée par un autre nom" (*Grammaire de l'Académie*, 1932, 31).

e. *son*

C'est un adjectif possessif, dont la fonction est de se rapporter au nom *fils*. Car "les adjectifs possessifs indiquent qu'un être ou un objet appartiennent à quelqu'un ou à quelque chose. Leur fonction est donc de se rapporter à l'être ou à l'objet possédé, avec lequel ils s'accordent" (Dubois, Jouannon, Lagane, 1961, 55). Donc cette fonction est apparemment avant tout une notion sémantique.

f. *de*

C'est une préposition, c'est-à-dire "un mot invariable qui joint un nom, un pronom, un adjectif, un infinitif ou un gérondif à un autre terme (verbe, nom, etc.) en établissant un rapport entre les deux" (Dubois, Jouannon, Lagane, 1961, 126). Il s'agit donc d'un mot qui rattache un mot à un autre. Mais ce qui compte avant tout pour la grammaire scolaire, ce n'est pas la simple liaison que la préposition peut établir entre deux mots, mais c'est qu'elle établisse entre deux mots un rapport que les grammaires précisent aussitôt, le deuxième mot devenant un complément de temps, de lieu, d'accompagnement, de manière, etc. Il s'agit donc avant tout d'un rapport sémantique. Cela est parfaitement explicité dans la *Grammaire de l'Académie*:

"Les mots précédés d'une préposition complètent le nom, le pronom, l'adjectif ou le verbe en leur ajoutant une idée de lieu ou de temps, de manière ou de cause, de possession ou de matière, de qualité ou de quantité. Un même rapport peut être exprimé par des prépositions différentes: *Il est en Suisse, à Lucerne, chez son cousin.*" (*Grammaire de l'Académie*, 1932, 202-203).

On voit, pour conclure, que les prétendues fonctions syntaxiques des grammaires scolaires correspondent la plupart du temps à des relations définies en termes sémantiques, mais aussi parfois à des relations syntaxiques, à condition de donner au terme de complément un sens certes sémantique, mais en même temps syntaxique, et de fonder son rôle sémantique sur son rôle syntaxique et de dire que s'il complète au point de vue sémantique, c'est parce qu'il complète au point de vue syntaxique un constituant de l'énoncé. C'est ce à quoi pensait un linguiste comme Marouzeau, quand il définissait le complément simplement comme un "terme propre à parfaire l'énoncé introduit par un autre terme dit complété" (Marouzeau, 1969[3,3], 53). Mais il faut bien reconnaître que ce fondement combinatoire ou syntaxique de la fonction de complément reste très implicite dans la grammaire scolaire, qui définit moins les fonctions qu'elle estime syntaxiques en termes de combinaisons entre constituants de l'énoncé que tout de suite en termes de significations de ces combinaisons de constituants.

L'analyse grammaticale traditionnelle de notre phrase correspond au réseau de relations grammaticales du schéma suivant:

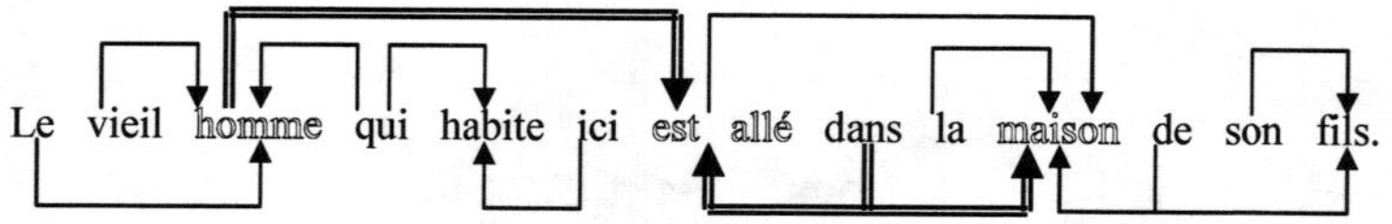

On voit que les mots essentiels de cette phrase sont le sujet *homme*, le verbe *est allé* et le complément circonstanciel *maison*, et que le centre de ce réseau est le verbe *est allé*, tout s'organisant autour de ce verbe, puisque *homme* est sujet du verbe *est allé*, et *maison* complément circonstanciel du verbe *est allé*. Mais deux problèmes se posent alors: d'abord, ces relations sont-elles bien identifiées et bien situées? On a vu par exemple qu'il serait plus juste de considérer que c'est le syntagme nominal *Le vieil homme*, et non pas seulement le nom *homme* qui est le sujet. En second lieu, ces relations sont-elles bien pensées comme des relations syntaxiques? On a vu qu'elles étaient assez souvent définies en termes sémantico-syntaxiques ou en termes morpho-syntaxico-sémantiques. Se pose donc le problème préalable de préciser ce qu'il faut entendre par syntaxe.

3. Définitions de la syntaxe

Pour ce faire, il serait intéressant de voir maintenant quelles sont les définitions que les linguistes ont pu donner de la syntaxe. Comme nous l'avons personnellement observé, on peut dire que l'objet de la syntaxe est double:

"Si l'on se réfère aux définitions générales ou théoriques que donnent traditionnellement les linguistes, l'objet de la syntaxe est en quelque sorte double: elle s'intéresse aux combinaisons dans la phrase pour en dégager le sens et s'occupe donc et de constructions et de significations" (Touratier, 1985, 7).

Cette double orientation ressort très clairement d'un certain nombre de définitions plus ou moins bien connues. Voyons d'abord quelques définitions que l'on pourrait qualifier de traditionnelles, parce qu'on les trouve dans des manuels classiques.

a. Définitions traditionnelles

Dans son *Lexique de la terminologie linguistique*, qui représente bien la conception de la linguistique de la première moitié du vingtième siècle, Marouzeau définit en ces termes la syntaxe:

"étude des procédés par lesquels les mots d'une phrase sont rattachés les uns aux autres (gr. *syn-taxis*) de façon à exprimer les rapports établis entre les notions" (Marouzeau, $1969^{3,3}$, 222).

Il rappelle justement l'étymologie grecque du mot *syntaxe*. "Nom d'action correspondant au verbe *suntássein* «disposer ensemble, arranger, assembler», *súntaxis*, peut s'appliquer à toute opération de mise-ensemble d'items linguistiques, quel que soit leur niveau, et à l'ensemble qui résulte de cette opération. Ainsi, dans la Syntaxe <d'Apollonios Dyscole>, on trouvera *súntaxis* appliqué 1) à la formation d'un mot (à partir de phonèmes <...> ou d'autres mots <...>; 2) à la formation d'un syntagme ou d'une phrase par juxtaposition <...>; 3) à un ouvrage, ou à un exposé formant partie d'un ouvrage" (Lallot, 1997, 2, 1). C'est le sens étiqueté 2) qui correspond à l'objet du livre *De la construction* d'Apollonios Dyscole, le grammairien grec qui a écrit le premier ouvrage de syntaxe. Cela apparaît clairement dès l'introduction de ce livre:

"Dans nos précédentes leçons, nous avons traité des formes et, comme l'exigeait le sujet, passé en revue la tradition en la matière. L'étude qui va suivre maintenant embrassera la construction qui assemble ces formes (τὴν ἐκ τούτων γινομένων σύνταξιν) pour aboutir à la congruence de la phrase complète (εἰς καταλληλότητα τοῦ αὐτοτελοῦς λόγου)" (J. Lallot, 1997, 1, 96).

Le manuel synthétique plus récent de Peter Matthews présente exactement le même type de définition de la syntaxe, en partant de l'origine grecque de ce mot et en précisant clairement le double objet de la syntaxe, qui ne s'intéresse pas seulement aux combinaisons de mots dans la phrase, mais aussi bien sûr à la signification de ces combinaisons.

"The term «*syntax*» is from the Ancient Greek *syntaxis*, a verbal noun which literally means «arrangement» or «setting out together». Traditionally, it refers to the branch of grammar dealing with the ways in which words, with or without appropriate inflections, are arranged to show connections of meaning within sentence" (Matthews, 1981, 1).

Ces définitions sont en accord avec un aspect de la pratique des grammaires scolaires, en faisant entrer dans la syntaxe toute une dimension sémantique. Mais elles ajoutent expressément un aspect que les grammaires scolaires ont tendance à ignorer, à savoir que la signification qui a droit de cité dans la syntaxe, c'est seulement celle des combinaisons d'unités, celle qui concerne les arrangements de mots qui forment la structure de la phrase.

b. Présentation plus moderne

On considèrera comme une présentation plus moderne de ces définitions, celles qui ont le même point de vue général, mais n'admettent pas le postulat traditionnel selon lequel le mot est l'unité minimale sur laquelle le syntaxe doit travailler. Peter Matthews, tout en gardant l'unité traditionnelle des grammaires qu'est le mot, propose une reformulation de sa définition de la syntaxe, qui est plus intéressante, et en même temps plus moderne:

> "'Syntax' we define as the study of constructions; the sentence in turn can be defined as the maximal unit of syntax, or the largest unit over which constructional relations hold" (Matthews, 1981, 29).

L'intérêt, à nos yeux de cette nouvelle formulation, est d'introduire les termes que nous utiliserons abondamment de *construction* et *constructionnel*, la syntaxe s'intéressant avant tout aux constructions (ce qui est un mot clé d'un type d'analyse syntaxique développé aux Etats-Unis au vingtième siècle, et en même temps de l'analyse mise en place par Apollonios Dyscole, le fondateur, "vers le deuxième tiers du 2e siècle de notre ère" (Lallot, 1997, 11) de la syntaxe), et les relations syntaxiques étant des relations constructionnelles.

Martinet propose une autre reformulation dans un esprit moderne de la définition de la syntaxe, qui a l'intérêt de ne pas considérer le mot comme l'unité de l'analyse syntaxique et de préciser que la syntaxe a pour objet la combinaison des unités significatives, mais pas n'importe quelle combinaison.

> "All collocations of monemes should not be put on the same level: some are significant and syntactically relevant; others are optional and stylistically relevant; others still are compulsory, never chosen by the speaker, consequently irrelevant, and ascribable to morphology" (Martinet, 1975, 160).

Cette définition oppose très clairement la syntaxe à la morphologie, et même à la stylistique. Elle précise en outre que les constructions auxquelles s'intéresse la syntaxe sont des combinaisons de monèmes, c'est-à-dire d'unités significatives minimales. Nous en reprendrons l'esprit, mais non la lettre, en n'appelant pas monèmes les unités significatives minimales, mais morphèmes, comme le font aussi bien les linguistes américains que les linguistes pragois.

Nous voudrions ranger parmi les définitions modernes de la syntaxe une observation fort juste d'un précurseur, qui tout en employant le mot de *construction* dans un sens différent de celui des linguistes modernes, a sûrement été le premier à ne pas confondre l'organisation syntaxique d'un énoncé avec l'organisation linéaire des mots de cet énoncé. Dumarsais, le premier grammairien de l'*Encyclopédie* de Diderot et D'Alembert, a en effet écrit:

> "Je crois qu'on ne doit pas confondre *construction* avec *syntaxe*. *Construction* ne présente que l'idée de combinaison et d'arrangement. Cicéron a dit, selon trois combinaisons différentes, *accepi litteras tuas*, *tuas accepi litteras* et *litteras accepi tuas*: il y a là trois constructions différentes, puisqu'il y a trois différents arrangements de mots; cependant, il n'y a qu'une syntaxe, car dans chacune de ces constructions, il y a les mêmes signes des rapports que les mots ont entre eux; ainsi, ces rapports sont les mêmes dans chacune de ces phrases." (Dumarsais, 1987, 410).

Voilà qui distingue très clairement la syntaxe comme combinaison de mots de l'ordre que présentent ces mots, et les rapports syntaxiques des relations linéaires dans la chaîne parlée.

c. En conclusion

On nous permettra de citer quelques-unes des définitions que nous avons pu nous-même donner de la syntaxe:

> "La syntaxe ne s'intéresse qu'aux organisations d'unités significatives qui structurent l'énoncé et en assurent la cohésion" (Touratier, 1985, 8).

> "Si l'on appelle unité syntaxique minimale tout synthème ou tout morphème qui n'appartient pas à un synthème, et unité syntaxique toute combinaison d'unités syntaxiques minimales, on peut dire que la syntaxe a pour objet les unités syntaxiques, minimales ou non, qui constituent, seules ou en se combinant, l'ensemble ou une partie de l'agencement structural auquel correspond un énoncé donné" (Touratier, 1985, 9).

4. Problème de méthodes

La question qui se pose, une fois ces définitions de la syntaxe admises, c'est de savoir s'il y a des tests ou des méthodes qui permettent d'identifier les différentes unités constructionnelles des énoncés à analyser.

a. Les questions

La grammaire traditionnelle a proposé d'identifier les constituants qui remplissent certaines fonctions syntaxiques, notamment la fonction de sujet, en posant telle ou telle forme de question. Et pour certaines grammaires, il ne s'agit pas seulement d'un test, mais d'une véritable définition de ladite fonction. C'est le cas, plus ou moins explicitement, dans deux grammaires scolaires. Henri Bonnard définit expressément la fonction de sujet par un tel test:

> "quand on fait une phrase, l'être ou la chose qui sert de point de départ à la pensée s'exprime par un mot qui a la fonction de sujet. Pratiquement, on peut définir ainsi le sujet:

DEFINITION: On appelle sujet le mot qui répond à la question: *Qui est-ce qui?* ou: *Qu'est-ce qui?* suivie du verbe.
La fonction de sujet peut être remplie:
1° Par un nom ou un pronom; c'est le cas le plus fréquent:

Le chat — court   Il — court

2° Par un infinitif:

Mentir — déshonore

(Bonnard, 1950, 15). La grammaire scolaire de Dubois, Jouannon et Lagane tient le même langage:

> "Le sujet répond à la question *qui est-ce qui?* ou *qu'est-ce qui?* posée avant le verbe:
> *Pierre tombe.*
> Qui est-ce qui tombe? *Pierre. Pierre*, sujet de *tombe.*
> *La boue tache les jambes.*
> Qu'est-ce qui tache les jambes? *la boue. Boue*, sujet de *tache*" (Dubois, Jouannon, Lagane, 1961, 24).

Et l'on peut trouver des linguistes qui n'hésitent pas à voir dans cette pratique scolaire la seule définition scientifique du sujet.

> "Ceux qui journellement pratiquent l'analyse de la phrase avec leurs élèves ne s'embarrassent pas de <...> fausses définitions; la pratique leur a imposé la seule méthode réellement scientifique: ils enseignent qu'il faut construire une question commençant par *Qui est-ce qui*, ou *Qu'est-ce qui*, suivant les cas, et se terminant par la base, mise à la troisième personne, et suivie éventuellement des compléments de la base. Cette méthode est repoussée avec dédain par les linguistes, qui la considèrent comme un vulgaire artifice, bon pour les enfants; mais c'est la seule définition vraiment linguistique du sujet: elle consiste à établir le schéma syntagmatique commun à toutes les relations entre le sujet et sa base. Ce schéma présente une relation précise entre deux syntagmes auxquels on convient de donner les noms de sujet et de base. <...> Ce recours à un critère purement syntagmatique, englobant forme et signification, permet d'éviter tout recours au référent; il s'agit là d'un critère objectif, basé sur la structure de la signification, non sur le référent" (Buyssens, 1975, 30-31).

Eric Buyssens semble donner une interprétation très linguistique du test empirique des maîtres d'écoles, puisqu'il le fonde sur l'association d'une forme et d'une signification, et par conséquent sur ce qui définit le signe linguistique. Mais cette justification est plus brillante que juste. Car le test ne se fonde en réalité que sur la signification. Si, à propos de l'exemple *Il court* de la grammaire d'Henri Bonnard on pose la question *Qu'est-ce qui court?*, la réponse sera *Lui*, et non pas **il*. La forme n'est donc pas au rendez-vous, si le sens y est. On peut d'ailleurs se demander de quoi le *Lui* de la bonne réponse est le sujet, puisqu'il n'est pas construit avec un verbe? Et à propos d'un exemple comme:

Il m'arrive des ennuis

quelle question faut-il poser? Est-ce la question **Qu'est-ce qui m'arrive des ennuis?*, question qui n'a pas de sens et ne serait pas acceptable? Mais si l'on pose, comme cela se ferait à l'école, la question *Qu'est-ce qui m'arrive?*, la réponse sera: *Des ennuis*. Et cela voudra dire que le SN *des ennuis*, qui suit le verbe, est un sujet, alors que dans le cas de *Le chat court*, pour reprendre un autre exemple de Henri Bonnard, le sujet précède le verbe. Il y a là, à tout le moins, une différence de forme, ou plus précisément de position. Si on néglige ces discordances de forme et qu'on ne s'intéresse qu'à la signification, la réponse à ces questions semble sémantiquement satisfaisante. Mais quelle pertinence a-t-elle au point de vue de l'organisation syntaxique?

Avec un type comparable de questions, on pourrait avoir l'impression de définir ou d'identifier d'autres fonctions syntaxiques que la fonction de sujet. Eric Buyssens écrit par exemple:

> "Les syntagmes autres que le sujet sont identifiés en recourant à d'autres schémas syntaxiques. Par exemple, à propos de la phrase *Il lisait son journal*, on établit le schéma SUJET-BASE-*quoi?* Cela donne *Il lisait quoi?* Et la réponse *son journal* est appelé objet direct; de même pour *Je vous accompagne* on formule la question *J'accompagne qui?* et la réponse *vous* est appelée objet direct. <...>
> La formule SUJET-BASE complétée par qui ou quoi définit l'objet direct, c'est-à-dire l'objet qui n'est pas introduit par une préposition; on peut aussi avoir un objet indirect, c'est-à-dire introduit par une préposition; dans ce cas, il faut intercaler la préposition dans la formule SUJET-BASE avant le mot interrogatif: à la phrase *Il pensait à son travail* correspond la question *Il pensait à quoi?*, tandis qu'à la phrase *Il parle de son voyage* correspond la question *Il parle de quoi?* C'est le verbe qui impose à la fois l'emploi d'une préposition et le choix de celle-ci, tout comme il régit éventuellement un objet sans préposition" (Buyssens, 1975, 32-33).

Mais la possibilité d'appliquer à *Il m'arrive des ennuis* une question du type *Il m'arrive quoi?*, vient ruiner les espoirs que l'on pouvait mettre dans la méthode scolaire de la question, puisqu'elle ferait, du coup, du SN *des ennuis* un complément d'objet direct de *Il m'arrive*. Est-ce donc un complément d'objet ou un sujet? Les questions posées ne permettent pas de trancher.

b. La pronominalisation

On pourrait envisager une autre technique qui se fonderait sur l'équivalence qu'il est possible d'établir entre des syntagmes et des pronoms. Cette technique a été théorisée de façon intéressante et originale par ce qu'on a appelé l'approche (ou l'hypothèse) pronominale. Cette approche repose sur un renversement du point de vue traditionnel qui voit dans les pronoms des substituts de syntagmes nominaux, ce que Karel van den Eynde formulait en ces termes:

> "nous proposons de renverser la présentation syntaxique habituelle: au lieu de considérer les formes pronominales comme des éléments qui peuvent être substitués a posteriori aux groupes syntaxiques, nous les considérons comme des éléments qui révèlent les unités syntaxiques. Leurs possibilités de combinaison avec les noyaux verbaux révèlent les possibilités syntaxiques – ou les valences – de ces noyaux" (d'après Blanche-Benveniste, 1975, 22).

Ainsi dans une phrase comme:

> Un grand homme a quitté la scène

on ne dira pas que le syntagme nominal *Un grand homme* est sujet parce qu'il commute avec le sujet *Un homme* de la phrase:

> Un homme a quitté la scène

car cela fonderait implicitement l'identification de la fonction de sujet du constituant *Un homme* sur la question traditionnelle de *Qu'est-ce qui a quitté la scène?*. On le dira sujet, parce qu'il est équivalent au pronom *Il* de *Il a quitté la scène*, appelé par la valence du verbe, et sans lequel le verbe *quitter* ne peut pas constituer une phrase française.

> "Dans les phrases:
> Un grand homme a quitté la scène
> Un homme a quitté la scène
> «un grand homme» et «un homme» ne sont pas sujets parce qu'ils sont commutables entre eux, mais parce que les deux sont commutables avec «il». En termes sémantiques, on peut dire que les deux sont des spécifications de «il»." (d'après Blanche-Benveniste, 1975, 22-23).

Ce principe posé que la valence du verbe fonde les fonctions syntaxiques, il suffit, pour procéder à l'analyse syntaxique des phrases, de mettre en œuvre le "critère de proportionnalité", que Karel van den Eynde illustre de cette façon:

> "On peut soumettre toute phrase à l'informateur:
> l'homme travaille / il travaille — le grand homme travaille / ..... travaille
> réponse: "il"
> l'homme travaille / il travaille — la femme travaille / ..... travaille
> réponse: "elle" (d'après Blanche-Benveniste, 1975, 23).

De la même façon, on pourra voir dans le SN *la scène* de *Un grand homme a quitté la scène* un complément d'objet, parce que ce syntagme nominal est une «spécification» du pronom *l'* de:

> Un grand homme l'a quitté,

et dans le SPrép de:

Le professeur a donné un livre à son élève

une «spécification» du pronom *lui* de:

Le professeur lui a donné un livre.

Cette approche a le gros avantage d'être fondée, comme la technique des questions, sur des équivalences linguistiques. Mais elle a le gros inconvénient d'avoir une conception de la syntaxe qui est fondamentalement sémantique, ce que reconnaît plus ou moins expressément la formule même de Karel van den Eynde citée plus haut:

"En termes sémantiques, on peut dire que les deux <constituants nominaux> sont des spécifications de «il»."

De fait, c'est uniquement au point de vue sémantique que les SN *Un grand homme* ou *Un homme* sont des «spécifications» de *il*. Car on ne peut pas dire que le pronom *il* et ces deux SN soient structuralement ou constructionnellement équivalents:

Le grand homme, par chance, travaille

*Il, par chance, travaille.

Si un pronom personnel peut avoir les mêmes rapports syntaxiques ou constructionnels que les SN, c'est le ProSN *lui* et non l'enclitique *il*:

Lui travaille

Lui, par chance, travaille

Lui a quitté la scène

Lui, cet homme prudent, a quitté la scène

*il, cet homme prudent, a quitté la scène.

Car c'est le pronom *lui* qui, dans tous les contextes, commute avec les SN auxquels la grammaire traditionnelle reconnaît la fonction de sujet, et non le prétendu pronom *il*.

Les autres cas d'équivalence entre un SN et un pronom, comme:

Un grand homme l'a quittée

Un grand homme a quitté la scène

ou

Le professeur lui a donné un livre

Le professeur a donné un livre à son élève

ne peuvent pas être considérées comme des équivalences syntaxiques, si l'on entend par syntaxe l'organisation combinatoire et constructionnelle des constituants; car le changement de position dans la phrase des constituants censés être équivalents correspond à une différence de nature, en ce qui concerne la relation combinatoire avec le reste de la phrase. Les pronoms sont des constituants enclitiques qui précèdent le verbe et ne sont pas séparables du verbe sur lequel il s'appuie, pour former avec lui une unité accentuelle, ce qui n'est pas le cas de syntagmes nominaux, qui, placés après le verbe, forment des unités accentuelles propres. Finalement le seul intérêt syntaxique de la commutabilité entre des SN et des pronoms – que l'on considère que les SN particularisent les pronoms, comme dans l'approche dite pronominale, ou que l'on admette que les pronoms sont des substituts des SN, comme dans l'approche habituelle – est de mettre en évidence que plusieurs morphèmes doivent au moins appartenir à une même unité, puisqu'ils peuvent être sémantiquement récapitulés par un seul morphème dit pronominal. Mais cette équivalence sémantique ne suffit pas pour établir que l'unité syntaxique a le même fonctionnement syntaxique que ledit pronom.

c. Les accords morphologiques

Dans les langues à forte morphologie, on utilise un indice formel pour montrer qu'un certain nombre de morphèmes différents appartiennent à une même construction; c'est l'accord en genre et en nombre. Ainsi dans:

Le grand homme a quitté la scène parisienne

il y a accord en genre et en nombre entre les trois mots *le*, *grand* et *homme*, qui sont tous les trois au masculin singulier, et les trois mots *la*, *scène* et *parisienne*, tous les trois, au féminin singulier. On estime que le nom masculin *homme* au singulier transmet son genre et son nombre à tous les mots qui sont en relation syntaxique avec lui, à savoir l'article *le* et l'adjectif *grand*. De même, le nom féminin *scène* au singulier impose à l'article qui le détermine et à l'adjectif qui le qualifie d'être au féminin singulier: *la* et *parisienne*. L'accord en genre et en nombre permet donc de réunir en une même construction les trois morphèmes *le*, *grand* et *homme*, ou les trois morphèmes *la*, *scène* et *parisienne*, et d'identifier ainsi les deux SN *le grand homme* et *la scène parisienne*.

Ce critère n'est nullement décisif, parce que tous les adjectifs ne changent pas forcément de forme, quand ils changent de genre; comme on peut le voir avec l'adjectif *politique* dans:

Le grand homme a quitté la scène politique

Le grand homme a quitté le monde politique.

D'autre part, pourquoi ne considère-t-on pas que les suites de mots:

Le grand homme est sorti (de la scène politique)

La belle femme est sortie (de la scène politique)

constituent un syntagme, puisque le verbe, comme le montrent les deux derniers exemples, s'accorde en genre et en nombre, lui aussi, avec son sujet. Mais cette particularité morphologique n'est pas utilisée pour mettre en évidence que le sujet et le verbe forment une seule construction, parce qu'on a plutôt envie soit de réunir en une seule construction le verbe et son complément, en l'occurrence *est sorti de la scène politique*, soit de voir dans le verbe *est sorti* un syntagme spécifique, qui se combine d'une part avec le syntagme sujet *Le grand homme*, et d'autre part avec le syntagme complément *de la scène politique*, ce qui formerait par conséquent une construction à trois constituants immédiats.

Par contre, on a utilisé la particularité morphologique de l'accord du verbe avec son sujet, afin d'identifier et de définir le sujet. Comme le dit Eric Buyssens,

> "On a recouru à un critère formel: le sujet serait l'élément qui détermine le nombre et la personne du verbe servant de base. Mais l'infinitif et le participe présent actif ne s'accordent pas avec leur sujet: dans *Il les a fait tomber*, l'infinitif a pour sujet le pronom *les*; dans *La marée montant, nous avons dû reculer*, le participe *montant* a pour sujet *La marée*. Ce n'est évidemment pas la méthode de l'accord qui permet de l'établir" (Buyssens, 1975, 30).

L'accord peut certes être un moyen indirect d'identifier des syntagmes, dans la mesure où il est, très souvent, entraîné par une condition syntaxique; mais il ne peut rien nous dire sur l'organisation interne du syntagme ainsi identifié ni sur la fonction syntaxique de ce syntagme. Notons toutefois qu'il n'est pas forcément la preuve que les morphèmes qui s'accordent forment une construction. Les latinistes par exemple ont l'habitude de dire que le premier mot et le dernier mot du dernier vers de la première *Eglogue* de Virgile, à savoir l'adjectif *maiores* et le nom *umbrae*, qui sont tous les deux au nominatif féminin pluriel, l'adjectif s'accordant en cas, genre et nombre avec le nom, constituent le SN nominal sujet de ce vers:

mā-iōr-ēs-que	cad-unt	alt-īs	de	mont-ibus	**umbr-ae**
grand-plus-NoPl -et	tomber-P6	haut-AbPl	de	mont-AbPl	ombre-NoPl

«Et les ombres plus grandes tombent du haut des montagnes»

ce qu'ils traduisent par "les ombres plus grandes". Mais, tout en s'accordant morphologiquement avec le nom *umbrae*, l'adjectif *maiores* pourrait être syntaxiquement détaché, ce qui correspondrait à la traduction:

«et grandissantes, les ombres tombent du haut des montagnes»

où l'adjectif n'est nullement épithète du nom avec lequel il s'accorde pourtant. C'est d'ailleurs la traduction proposée par Marcel Pagnol:

Et des sommets rocheux que rougit le couchant
Grandissante, s'allonge une montagne d'ombre.

Mais le nom *umbrae* pourrait, lui aussi, être détaché, ce qui correspondrait à la traduction:

«et grandissantes, elles tombent du haut des montagnes, les ombres».

On voit donc qu'en latin, comme du reste en français, l'accord n'est pas forcément la preuve que les constituants accordés forment un syntagme, même s'il est souvent la manifestation morphologique d'une relation syntaxique étroite.

d. Le clivage ou le déplacement linéaire

Le clivage, qui correspond au déplacement d'un syntagme que l'on intercale entre l'expression verbale *c'est* et un pronom relatif ou la conjonction de subordination *que* peut être un moyen d'identifier un syntagme. C'est ainsi que le clivage permet de mettre en évidence les deux organisations syntaxiques différentes que Ruwet (1968, 103) a signalées à propos de la phrase:

J'ai reçu la lettre de Pierre

où le constituant *de Pierre* peut être complément de nom de *lettre*, et faire ainsi partie du complément d'objet de *J'ai reçu*, ce que montre clairement la phrase clivée:

C'est la lettre de Pierre que j'ai reçue.

Mais ce constituant pourrait être dissociable du nom *livre*, comme le montrerait la phrase clivée:

C'est la lettre que j'ai reçue de Pierre

et être alors un second complément du verbe *J'ai reçu*, ce que confirmerait aussi la phrase clivée:

C'est de Pierre que j'ai reçu la lettre.

Mais le clivage n'existe pas dans toutes les langues. Il n'existe pas par exemple en latin. On peut alors recourir au déplacement dans la chaîne parlée, accompagné ou non d'un pronom de rappel, comme dans les phrases françaises:

La lettre de Pierre, je l'ai reçue

La lettre, je l'ai reçue de Pierre

De Pierre, j'ai reçu une lettre.

Ces tests de déplacement linéaire permettent d'identifier des syntagmes ou de désambiguïser certaines constructions compliquées; mais, comme tous les tests envisagés jusqu'à présent, ils ne permettent nullement de trouver l'organisation interne des syntagmes ainsi identifiés. Ils doivent par conséquent être complétés par d'autres manipulations.

e. Réduction des syntagmes à leurs constituants minimaux

Il est possible de voir comment les constituants d'une phrase s'organisent et se hiérarchisent, en cherchant ceux d'entre eux "qui, comme le dit Martinet, peuvent disparaître sans affecter la validité ni les rapports mutuels des éléments qui restent" (Martinet, 1985, 86). Ces éléments sont "des expansions à partir d'un noyau constitué par les unités qui ne sauraient disparaître sans éliminer l'énoncé considéré" (Martinet, 1985, 86).

On considère en effet comme une expansion d'un constituant tout morphème ou toute construction qui s'ajoute à ce constituant, sans faire apparaître un nouveau paradigme, tout morphème ou toute construction qui se combine avec ce constituant pour former avec lui une construction qui appartient au même paradigme, à la même classe syntaxique que ledit constituant. Ainsi, l'adjectif *rouge*, le complément de nom *d'Alfred* ou *de mon frère*, la relative déterminative *qui est sur la table* sont des expansions du nom *livre*, dans:

le livre rouge, le livre d'Alfred, le livre de mon frère, le livre qui est sur la table

parce qu'ils forment avec ce nom *livre* ce qu'on peut appeler un nom syntaxique:

livre rouge, livre d'Alfred, livre de mon frère, livre qui est sur la table

lequel commute avec le nom lexical *livre*, et appartient donc bien au même paradigme que ce nom. Si maintenant on supprime toutes les expansions dans chaque syntagme d'une phrase, on va réduire la phrase à ses constituants minimaux, et l'on aura ainsi une idée précise sur l'organisation de la phrase et de ses différents syntagmes. Si l'on réduit la phrase:

Le grand homme a quitté la scène politique

à ses constituants minimaux, en supprimant toutes les expansions, on obtient:

L'homme quitte la scène

ce qui permet de dire, dans une première approximation, que la phrase s'organise de la façon suivante:

Cette technique a été mise en œuvre systématiquement par ce qu'on appelle l'analyse en chaînes, inventée par Harris, et appliquée au français par Morris Salkof. Ces deux linguistes appellent chaîne (angl. *string*) "une suite de catégories grammaticales entretenant des rapports grammaticaux entre elles" (Salkof, 1973, 1). C'est donc la même chose que ce que d'autres appellent syntagme ou construction. Ils posent ensuite le principe suivant d'analyse syntaxique:

> "l'axiome d'une grammaire en chaîne suppose que chaque phrase peut être décomposée en une série de chaînes imbriquées les unes dans les autres. Il y a une seule chaîne qui ne figure dans aucune autre chaîne et qui est appelée chaîne centrale. Cette dernière représente en quelque sorte le squelette de la phrase, les autres chaînes constituant de qu'on appelle dans la grammaire traditionnelle les modificateurs" (Salkoff, 1973, 1-2).

Ainsi, dans une phrase comme:

Hier, le grand homme a quitté la scène politique

on enlèvera "toute séquence de mots qui n'est pas essentielle à la compréhension de cette phrase, de telle façon que ce qui restera après chaque coupure sera encore une phrase du français" (Salkoff, 1973, 2). On enlèvera donc successivement:

Hier,	laissant	*le grand homme a quitté la scène politique*
grand	–	*l' homme a quitté la scène politique*
politique	–	*l' homme a quitté la scène.*

Comme on ne peut plus rien enlever à cette dernière séquence, on dira que c'est la chaîne centrale de la phrase. Cette chaîne centrale est notée par Morris Salkoff:

N tV N

où N veut dire nom, et tV verbe fléchi. Et Morris Salkoff précise que "quoique nécessaire dans cette phrase, l'article sera analysé comme faisant partie d'une chaîne d'ajout au nom" (Salkoff, 1973, 4, note 4), ce qui peut paraître très contestable. Il appelle en effet "ajout à gauche de X" tout élément qui est ajouté à gauche d'un élément X d'une chaîne. Ainsi l'adjectif *grand* sera un ajout à gauche de N, ce qu'il notera g_N. Il appellera "ajout droite de X" tout élément qui est ajouté à droite d'un élément X d'une chaîne. L'adjectif *politique* sera un ajout à droite de N, ce qu'il notera d_N. Quant à l'adverbe *Hier*, ce sera un ajout à la chaîne centrale, qui sera noté simplement a_P, parce que, dans la chaîne **l'homme * a quitté * la scène**, 'il peut s'insérer "dans n'importe quelle position marquée par un astérisque" (Salkoff, 1973, 3).

Une telle analyse qui décompose la phrase en une chaîne centrale et des ajouts de différents niveaux permet d'avoir une idée sur l'organisation interne de la phrase ainsi analysée.

a_P

N tV N

g_N d_N

f. L'analyse en constituants immédiats

A notre avis, la meilleure façon d'identifier et de décrire, de façon précise et systématique, chacune des combinaisons de morphèmes et surtout l'ensemble des combinaisons syntaxiques qui entrent dans la constitution d'un énoncé donné est ce qu'on a appelé l'analyse en constituants immédiats. C'est une technique qui s'inspire de méthodes réductives comparables à celles qui viennent d'être envisagées. Mais elle a l'intérêt d'être plus heuristiques que ces dernières et plus systématiques que toutes les autres. Ceci ne veut pas dire qu'il n'est pas souvent nécessaire de recourir à des manipulations comme le clivage ou la pronominalisation pour confirmer, au cours d'une analyse en constituants immédiats, telle ou telle commutation et tel ou tel regroupement.

5. Bibliographie de base:

a. Sur la syntaxe:

Chomsky Noam, 1971, *Aspects de la théorie syntaxique*, traduction de Jean-Claude Milner, (original: 1965), Paris, Seuil, 284 p.

Dik Simon, 1978, *Functional Grammar*, Amsterdam, North-Holland, 230 p.

Dik Simon, 1980, *Studies in Functional Grammar*, London, Academic Press, 245 p.

Dubois-Charlier Françoise, Leeman Danielle, 1974, Comment s'initier à la linguistique? Livret 1. Les types de phrases, Livret 2. Les constituants de la phrase, Livret 3. La représentation graphique de la phrase, Paris, Larousse.

Foley William A., Van Valin Robert D., 1984, *Functional Syntax and Universal Grammar*, Cambridge University Press, 416 p.

Givón Talmy, 1984, *Syntax, A Functional-Typological Introduction*, vol. I, Amsterdam, Benjamins, 463 p.

Harris Zellig S., 1946, "From Morpheme to Utterance", in: *Language* 22, 1946, 161-183 (reproduit dans *Readings in Linguistics I*, Chicago-London, 1957, 142-153), traduit dans *Langages*.

Martinet André, 1985, *Syntaxe générale*, Paris, Colin, 266 p.

Matthews Peter H., 1981, *Syntax*, Cambridge University Press, 306 p.

Tesnière Lucien, 1966^2, *Eléments de syntaxe structurale*, (1ère éd.: 1959), Paris, Klincksieck, 670 p.

Touratier Christian, 1977, "Comment définir les fonctions syntaxiques?", in: *BSL*, 1977, 72.1, 27-54.

— 1985, "Les unités minimales de l'analyse syntaxique", in: C. Touratier (éd.), *Syntaxe et latin*, Université de Provence, 1985, 453-482.

— 1989, "Esquisse d'analyse syntaxique", in: *Information grammaticale*, 43, 1989, 7-14.

b. Sur l'analyse en constituants immédiats

Gleason Henry A., 1969, *Introduction à la linguistique*, traduction de Françoise Dubois-Charlier, Paris, Larousse, chap. 10: "Constituants immédiats", 105-121; chap. 11: "Structures syntaxiques", 122-138.

Hockett Charles F., 1969[14], *A course in modern linguistics*, (1ère éd.: 1958), chap. 17: "Immediate Constitutents", 147-156; chap. 18: "Form classes and construction", 157-165.

Wells Rulon S., 1947, "Immediate Constituents", in: *Language* 23, 1947, 81-117.

Wells Rulon S., 1970, "Constituants immédiats", in: *Langages* 20, déc. 1970 (Dubois Jean, & Dubois-Charlier Françoise, éds), 61-100 (traduction française du précédent).

Chapitre 2

Présentation de l'analyse en «constituants immédiats»[1]

1. Définition

C'est Bloomfield qui a lancé l'expression de "constituants immédiats" (*immediats constituents*). Ayant observé que pour comprendre la "forme complexe" qu'est l'énoncé:

Poor John ran away «Le pauvre Jean s'est enfui»

il ne suffisait pas de reconnaître ses "constituants fondamentaux" que sont, d'après lui, les "cinq morphèmes: *poor*, *John*, *ran*, *a-* (forme liée apparaissant également dans *aground, ashore, aloft, around*) et *-way*" (Bloomfield, 1970, 153), il a précisé qu'il fallait aussi savoir "que les constituants immédiats de *Poor John ran away* sont les deux formes *Poor John* et *ran away*, chacune d'elles constituant à son tour une forme complexe; que les constituants immédiats de *ran away* sont *ran*, morphème, et *away*, forme complexe dont les constituants sont les morphèmes *a-* et *-way*; et que les constituants de *Poor John* sont les morphèmes *poor* et *John*. Ce n'est que de cette façon, poursuit Bloomfield (1970, 153), qu'une analyse appropriée (c'est-à-dire une analyse qui tienne compte du sens) conduira aux morphèmes fondamentalement constituants".

Une telle observation correspond à une expérience qu'a pu faire tout jeune latiniste ou germaniste, lorsqu'il s'est trouvé devant une phrase un peu complexe: il avait beau connaître le sens de tous les mots, il n'arrivait pourtant pas à comprendre et à traduire la phrase, parce qu'il ne voyait pas comment ces différents mots, pourtant connus, s'organisaient entre eux, parce qu'il n'était pas capable, aurait dit Bloomfield, d'en faire l'analyse en constituants immédiats.

A partir de l'exemple fort simple proposé par Bloomfield, on peut dire, en première approximation, que l'analyse en constituants immédiats est une

---

[1] Cette présentation reprend en partie mon article "Technique d'analyse de la phrase latine", publié dans *Dossiers d'étude pour l'enseignement du latin*, 1975-76, n° 4, CRDP Strasbourg, p. 1-38.

analyse syntaxique qui organisent et hiérarchisent les uns par rapport aux autres tous les morphèmes qui constituent une phrase, en précisant comment ces morphèmes se combinent entre eux, comment ces combinaisons de morphèmes se combinent à leur tour en combinaisons plus vastes, et comment ces combinaisons plus vastes forment des combinaisons de plus en plus vastes jusqu'à se réunir dans la combinaison ultime et la plus grande, la phrase, qui est donc vraiment conçue comme un tout organisé et hiérarchisé.

a. Trois concepts opératoires

Ce genre d'analyse, outre les deux notions préalables courantes de morphème, unité significative et syntaxique minimale, et de phrase, unité syntaxique maximale, met en œuvre trois concepts fondamentaux, à savoir les notions de construction, constituant et constituant immédiat. On appelle construction (ou syntagme) un groupe de morphèmes qui, à un niveau quelconque, forme une unité syntaxique en se combinant entre eux. Ainsi dans la phrase:

Ce tout petit garçon aimait les gâteaux à la crème

qui est formée des douze morphèmes suivants:

Ce, tout, petit, garçon, aim-, -ait, l-, -es, gâteaux, à, la crème

les deux morphèmes *tout* et *petit* ou *la* et *crème* forment une construction, à savoir *tout petit*, qui est l'épithète du nom *garçon*, ou *la crème*, qui est le complément du nom *gâteaux*. De même, les quatre morphèmes *Ce*, *tout*, *petit* et *garçon* ou les six morphèmes *l-*, *-es*, *gâteaux*, *à*, *la* et *crème* forment une construction, qui, la première, est le sujet du verbe *aimait*, et, la seconde, le complément d'objet du même verbe *aimait*. Par contre, les quatre morphèmes *aim-*, *-ait*, *l-* et *-es* ou les trois morphèmes *garçon*, *aim-* et *-ait* ne forment pas une construction; car à aucun niveau, ils ne se combinent entre eux; *l-es* doit se combiner avec *gâteaux* ou mieux avec *gâteaux à la crème*; et c'est cette combinaison *l-es gâteaux à la crème* qui se combine avec le verbe *aimait*. Et le morphème *garçon* n'est pas non plus une construction, puisqu'il n'est pas un groupe de morphèmes, mais un seul morphème.

On appelle constituant tout morphème ou toute construction qui fait partie d'une construction (plus grande). Ainsi les constituants de la construction *l-es gâteaux à la crème* sont d'une part tous les morphèmes qui se trouvent dans cette construction, à savoir *l-*, *-es*, *gâteaux*, *à*, *la*, *crème*, ainsi que la construction *la crème*, qui est un syntagme nominal, la construction un peu plus grande *à la crème*, qui est un syntagme prépositionnel, la construction encore plus grande *gâteaux à la crème*, et enfin la construction *l-es*. Cette construction a donc dix constituants. La construction *aim-ait l-es gâteaux à la crème* aura les mêmes constituants, plus les deux morphèmes *aim-* et *-ait*, et plus la construction *aim-ait*. Elle a donc 10 + 3, soit treize constituants.

On appelle enfin constituants immédiats (en abrégé C.I.) "un des deux (ou plus de deux) constituants qui forment directement une construction" (Gleason, 1969, 109), c'est-à-dire les plus grands de ces constituants qui forment cette construction rien qu'en se combinant entre eux, ou les plus grands de ces constituants qu'il suffit de combiner pour obtenir la dite construction. Ainsi on ne pourrait pas dire que la construction *l-es gâteaux à la crème* a comme constituants immédiats *l-es gâteaux* et *à la crème*; car on n'a pas admis plus haut que *l-es gâteaux* était une construction ni donc que cette prétendue construction était un constituant de *l-es gâteaux à la crème*. Cette construction s'obtient en combinant la construction *l-es*, qui est un des constituants de ladite construction, avec la construction *gâteaux à la crème*, qui est aussi un des constituants de ladite construction. On dira donc que les deux constructions *l-es* et *gâteaux à la crème* sont les deux constituants immédiats de la construction *l-es gâteaux à la crème*. On peut dire, dans ces conditions, que faire l'analyse syntaxique d'une phrase donnée comme *Ce tout petit garçon aimait les gâteaux à la crème* consiste à chercher les deux C.I. de cette phrase, en l'occurrence *Ce tout petit garçon* et *aimait les gâteaux à la crème*, puis à considérer chacun de ces deux C.I. comme des constructions dont on va aussi chercher les C.I., en l'occurrence pour la première construction les deux C.I. *Ce* et *tout petit garçon*, et pour la seconde les deux C.I. *aimait* et *les gâteaux à la crème*, et à recommencer l'opération jusqu'à ce que tous les C.I. obtenus soient indécomposables, c'est-à-dire ne correspondent pas à une construction, mais à un morphème.

b. Deux sortes de constructions

A vrai dire, aux trois concepts opératoires de construction, constituant, et constituant immédiat, il faut en ajouter deux autres, qui ne concernent pas l'opération elle-même d'analyse en constituants immédiats, mais qui ont une très grande importance pour la description et la théorie syntaxique. Ce sont les notions de construction endocentrique et de construction exocentrique, lesquelles ont aussi été élaborées par Bloomfield. Une construction est certes toujours la combinaison de deux (ou plus de deux) constituants; mais au point de vue du fonctionnement linguistique, les deux (ou plus de deux) constituants d'une construction peuvent avoir entre eux deux types différents de relations syntaxiques et correspondre par conséquent à deux sortes de combinaisons différentes.

> "Chaque construction syntaxique nous présente deux formes libres (et quelquefois plus) combinés en un syntagme, que l'on peut appeler syntagme *résultant*. Le syntagme résultant peut appartenir à une classe formelle autre que celle d'un constituant quelconque. Par exemple, *John ran* n'est pas une expression nominale (comme *John*) ni une expression verbale conjuguée (comme *ran*). C'est pourquoi nous disons que la construction anglaise acteur-action est *exocentrique*: le syntagme résultant appartient à la classe formelle de

> constituant non-immédiat. Par ailleurs le syntagme résultant peut appartenir à la même classe formelle que l'un (ou davantage) de ses constituants. Par exemple, *poor John* est une expression de nom propre, de même que le constituant *John*; les formes *John* et *poor John* ont, dans l'ensemble, les mêmes fonctions. Par conséquent, nous dirons que la construction anglaise qualité-substance (comme dans *poor John*, *fresh milk*, etc.) est une construction *endocentrique*." (Bloomfield, 1970, 183).

Les constructions exocentriques sont donc des "constructions qui ne fonctionnent pas comme un des termes isolés" (François, 1974, 32) qui les constituent, ou encore des constructions qui ne peuvent pas commuter avec un de leurs constituants immédiats. Par contre les constructions endocentriques sont des constructions "où l'ensemble est grammaticalement identique à un des termes" (François, 1974, 32) qui le constituent, ou encore des constructions qui commutent avec un de leurs constituants immédiats.

Hjelmslev estimait pour sa part qu'il y avait trois sortes possibles de relations syntaxiques, il parle de "trois sortes de dépendances" (Hjelmslev, 1963, 42), qu'il appelle interdépendances, déterminations et constellations.

> "Les dépendances réciproques, où les deux termes se présupposent mutuellement, seront pour nous des *interdépendances*. Les dépendances unilatérales, où l'un des termes seulement suppose l'autre, seront appelées *déterminations*. Enfin les dépendances plus lâches, où deux termes sont dans un rapport réciproque sans que l'un présuppose l'autre, seront appelées *constellations*." (Hjelmslev, 1963, 42).

Cette classification, qui semble formulée en termes apparemment plus logiques que syntaxiques, rejoint la distinction faite par Bloomfield: l'interdépendance correspond à la relation qu'il peut y avoir entre les constituants d'une construction exocentrique, et la détermination à celle qu'il peut y avoir entre les constituants d'une construction endocentrique. Mais à quoi peut bien correspondre la constellation de Hjelmslev? Ce pourrait être à ce que Bloomfield appelait une construction endocentrique sérielle. Il distinguait en effet deux sortes de constructions endocentriques, qu'il appelait respectivement "coordinatives (ou sérielles) et subordinatives (ou qualificatives)" (Bloomfield, 1970, 184).

> "Dans le premier type, le syntagme résultant appartient à la même classe formelle que deux ou plus de ses constituants. Ainsi le syntagme *boys and girls* «garçons et filles» appartient à la même classe formelle que les constituants *boys* et *girls*; ces constituants sont les membres de cette coordination et l'autre constituant est le *coordinateur*. <...> Dans les constructions endocentriques subordonnées le syntagme résultant appartient à la même classe formelle que l'un de ses constituants, que nous appellerons *mot principal*: ainsi *poor John* appartient à la même classe formelle que *John*, que nous appellerons en conséquence mot principal; l'autre membre de notre exemple, *poor*, est *qualificatif*." (Bloomfield, 1970, 184).

C'est manifestement la construction endocentrique subordonnée qui correspond à la détermination de Hjelmslev, puisque, formée d'un noyau et d'une expansion qui est facultative, elle appartient à la même classe syntaxique que le noyau. Son expansion suppose donc le noyau, comme le qualificatif de la détermination suppose le mot principal, sans que le noyau suppose l'expansion, ce qui correspond bien à la dépendance unilatérale de la détermination. Par contre la construction endocentrique coordinative, qui appartient à la même classe syntaxique que plusieurs de ses constituants immédiats, correspond effectivement à une dépendance plus lâche, puisque aucun de ses termes, qui sont pourtant liés entre eux, ne présuppose l'autre. Mais Bloomfield a raison de voir néanmoins une certaine identité entre la constellation et la détermination. Il reconnaît en effet qu'elles ont en commun d'avoir au moins un constituant immédiat qui appartient à la même classe syntaxique que la construction, et leur attribue donc à toutes les deux le nom de construction endocentrique.

2. Méthode

Les linguistes dits structuralistes qui ont inventé l'analyse en constituants immédiats se sont presque uniquement efforcés d'élaborer des méthodes qui permettaient de trouver la bonne analyse en constituants immédiats de n'importe quelle phrase. Ils ont même cherché des procédures d'analyse formelles ou plutôt des procédures le plus formelles possible, c'est-à-dire qui ne s'appliquent qu'aux signifiants des constituants et ne font appel à leurs significations que le plus tard possible. Leurs différentes tentatives semblent mettre en œuvre deux types principaux de procédures, suivant le sens dans lequel elles opèrent. Si elles vont de l'énoncé aux morphèmes, elles pratiquent une procédure analytique, qui consiste à segmenter une construction en ses constituants immédiats, puis à segmenter chacun de ces constituants immédiats en leurs propres constituants immédiats, et ainsi de suite jusqu'à ce que les constituants immédiats finalement obtenus soient des constituants ultimes, c'est-à-dire des morphèmes. Mais on peut aussi remonter des morphèmes à l'énoncé et utiliser alors une procédure synthétique, c'est-à-dire une procédure qui regroupe les morphèmes en constructions, puis les constructions en constructions plus larges, et ainsi de suite jusqu'à ce que la construction finalement obtenue soit la construction ultime, c'est-à-dire la phrase à analyser.

S'il y a ainsi deux sortes de procédures de base, il importe de bien voir que ces deux façons différentes de procéder utilisent différemment une seule et même méthode. Que l'on segmente les constructions ou que l'on regroupe les constituants, le critère décisif de l'opération est dans les deux cas la commutation. Dans la procédure synthétique, on montre en effet que plusieurs constituants forment une unité syntaxique en les faisant commuter avec un seul morphème, lequel semble ainsi apparaître dans les mêmes contextes que lesdits constituants et entretenir avec eux une relation d'équivalence paradigmatique.

De la même façon, on prouve, dans la procédure analytique, qu'une construction est segmentable en deux (ou plus de deux) constituants immédiats en remplaçant tous ses constituants par deux (ou plus de deux) morphèmes et en supposant que les groupes de constituants de la construction qui appartiennent au même paradigme que chacun de ces deux (ou plus de deux) morphèmes sont les constituants immédiats de ladite construction.

Si ces deux procédures, synthétique et analytique, mettent en œuvre le même test opératoire de la commutation, elles ont également besoin des mêmes informations préalables. Dans les deux cas en effet, elles supposent d'une part que ce qui est à analyser est une phrase, et d'autre part que les constituants ultimes, c'est-à-dire les différents morphèmes ou, à défaut, les différents mots, de cette phrase sont parfaitement identifiés. Cela est évident dans le cas de la procédure synthétique, mais il en est de même dans la procédure analytique, contrairement à ce que pourrait laisser croire le fait de parler de segmentation. Celle-ci n'est pas une segmentation en morphèmes, mais une segmentation en constituants immédiats. Il s'agit en effet de segmenter des constructions en leurs constituants immédiats, et cette segmentation s'arrête dès que les constituants obtenus comme constituants immédiats sont des morphèmes et non des constructions. On peut donc vraiment dire que la procédure analytique et la procédure synthétique disposent des mêmes moyens: une construction maximale formée d'une suite d'éléments ultimes minimaux, c'est-à-dire une phrase constituée d'une suite de morphèmes, et un critère de décision, à savoir la commutation. Leur différence vient de ce l'une commence le travail là où l'autre le finit.

3. Procédure analytique

Pour illustrer la procédure analytique, nous présenterons rapidement le célèbre article de Rulon Wells, *Immediat constituents*, publié dans *Language* (23, 1947, 81-117), et traduit en français dans la revue *Langages* (20, déc. 1970, 61-100).

a. Quelques définitions

Il importe de définir préalablement les concepts utilisés par Rulon Wells. Il admet d'abord que les différents morphèmes des phrases à analyser sont rangés "en classes de morphèmes en fonction de l'environnement dans lequel ils figurent" (Wells, 1970, 61). Ainsi dans la phrase:

Le roi d'Angleterre ouvrit le parlement

qui est la traduction d'une des phrases sur lesquelles Rulon Wells a travaillé, le morphème *le* appartient à la classe des déterminants, dont font partie également *un, ce, mon, quelque*, etc., qui, comme *le*, peuvent apparaître devant un nom dit commun comme *roi*.

Une séquence particulière de classes de morphèmes forme ce qu'il appelle une classe de suites, toutes les expressions linguistiques d'une même classe de suite contiennent par conséquent le même nombre de morphèmes, comme on le voit par exemple dans *le préfet de Paris*, *le camarade d'André*, etc., qui appartiennent à la même classe de suites que *le roi d'Angleterre*. On considérera que la classe de morphèmes peut être un cas particulier de classe de suites, c'est-à-dire la classe de suites formée d'une seule classe de morphèmes, ce qui permettra de généraliser l'emploi du mot suite, sans avoir à préciser si la suite concernée est formée d'un seul morphème ou de plusieurs morphèmes.

Partant ensuite de l'observation grammaticale capitale qu'"une suite appartenant à une classe de suites A est souvent substituable à une suite appartenant à une classe de suites B entièrement différente" (Wells, 1970, 63), Rulon Wells appelle expansion toute suite qui est substituable à une autre suite de structure interne différente (c'est-à-dire appartenant à une classe de suites différente) et qui est au moins aussi longue que cette autre suite, cette autre suite étant alors appelée un modèle. Autrement dit, toute suite qui, dans un environnement donné, peut être remplacée par une suite plus courte sera considérée comme une expansion de cette suite plus courte, et la suite plus courte sera considérée comme un modèle de cette suite. Ainsi dans le contexte postérieur de *ouvrit le parlement*, la suite *le roi d'Angleterre* est une expansion de *mon père* ou de *Jean*, qui, pouvant apparaître dans ce même contexte, appartiennent à des classes de suites plus courtes. Et les suites *mon père* et *Jean* sont des modèles de la suite *le roi d'Angleterre*, la suite *Jean* étant elle-même un modèle de la suite *mon père*. Il faut bien voir que le terme d'expansion est pris ici dans un sens différent de celui qui lui a été donné plus haut, où il désignait un constituant qui s'ajoute à un noyau syntaxique pour former une construction endocentrique, c'est-à-dire une construction qui appartient à la même classe syntaxique que ledit noyau. On remarquera en outre que toutes les expansions d'un même modèle correspondent à ce qu'on a l'habitude d'appeler un paradigme, dont voici deux définitions classiques:

> "un paradigme d'éléments est <...> une classe d'éléments qui peuvent être placés à une même place d'une chaîne". (Hjelmslev, 1966, 56).
>
> "En linguistique moderne, un paradigme est constitué par l'ensemble des unités entretenant entre elles un rapport virtuel de substituabilité. <...> On dira <...> que les unités *a*, *b*, *c*, ... *n* appartiennent au même paradigme si elles sont susceptibles de se substituer les unes aux autres dans le même cadre typique (syntagme, phrase, morphème)" (Dubois, *et alii*, 1973, 354).

Et l'on précisera enfin que "pour l'analyse en constituants immédiats, il est utile de montrer que la suite à analyser est une expansion, mais seulement si c'est une expansion de la même suite plus courte dans tous (ou presque tous) les environnements où figure cette suite plus courte" (Wells, 1970, 64), ce qui correspond à une équivalence absolue (ou presque absolue) entre les deux suites concernées.

b. Exemple

Mais pour obtenir une analyse en constituants immédiats, il ne suffit pas de considérer une suite comme une expansion d'une suite plus courte, il faut aussi la décomposer en parties qui soient elles-mêmes des expansions de suites plus courtes. Par exemple, on considérera d'une part que l'énoncé:

Le roi d'Angleterre ouvrit le parlement

est une expansion de *Le roi travailla* ou, mieux encore, de *Jean travaille*, et d'autre part que *Le roi d'Angleterre* est une expansion de *Le roi* ou, mieux, de *Jean*, et que *ouvrit le parlement* est une expansion de *travailla* ou, mieux, de *travaille*. Et c'est l'ensemble de ces données qui permettra de considérer que *Le roi d'Angleterre* et *ouvrit le parlement* sont les deux constituants immédiats de la construction *Le roi d'Angleterre ouvrit le parlement*.

On passe ensuite aux deux constructions *Le roi d'Angleterre* et *ouvrit le parlement*. Le fait que *Le roi d'Angleterre* soit une expansion de *Jean* ne nous permet pas de décomposer cette construction; par contre le fait qu'elle soit une expansion de *Le roi*, et que *roi d'Angleterre* puisse être considéré comme une expansion du nom *roi* permet de supposer que la construction *Le roi d'Angleterre* a comme constituants immédiats d'une part le morphème *Le* et d'autre part la construction *roi d'Angleterre*, laquelle étant une expansion de *roi anglais*, peut légitimement être décomposée en deux constituants immédiats, à savoir le morphème *roi* et la construction *d'Angleterre*, qui a forcément comme constituants immédiats les deux morphèmes *d'* et *Angleterre* dont elle est formée.

Quant à la construction *ouvrit le parlement*, elle est une expansion de *ouvre Londres*, et *ouvrit* peut être considéré comme une expansion de *ouvre*, et *le parlement* comme une expansion de *Londres*, ce qui permet d'en identifier les deux constituants immédiats *ouvrit* et *le parlement*, lesquels ont eux-mêmes comme constituants immédiats les deux morphèmes dont ils sont formés, à savoir respectivement *ouvr-* et *-it*, et *le* et *parlement*.

On peut représenter ainsi toutes ces dichotomies successives:

```
Le      roi      d'       Angleterre | ouvr     it     le      parlement
Le ||   roi      d'       Angleterre | ouvr     it ||  le      parlement
Le ||   roi |||  d'       Angleterre | ouvr ||| it ||  le |||  parlement
Le ||   roi |||  d' ||||  Angleterre | ouvr ||| it ||  le |||  parlement
```

ou sur une seule ligne:

```
Le || roi ||| d' |||| Angleterre | ouvr ||| it || le ||| parlement
```

Cette phrase, qui a 8 morphèmes, a en fait 15 constituants, puisque, en plus d'elle-même, elle contient 6 constructions.

c. Elimination des autres décompositions

Pour être sûr que cette décomposition en constituants immédiats est la bonne, il faut éliminer les autres décompositions possibles. Par exemple le syntagme nominal avec complément de nom *Le roi d'Angleterre* pourrait être décomposé en deux constituants immédiats: *Le roi* et *d'Angleterre*; car *Le roi* est une expansion de *Jean* et *d'Angleterre* une expansion de l'adjectif *anglais*. Mais on constate qu'entre *roi d'Angleterre* et *roi*, envisagés plus haut, il y a une équivalence absolue, ce qui n'est pas le cas entre *Le roi* et *Jean*; car le contexte postérieur *—anglais* différencie *Jean* de *Le roi*, puisque, en face de *Le roi anglais*, on ne trouve pas **Jean anglais*, mais *Jean l'anglais*. On préférera donc la segmentation de *Le roi d'Angleterre* en *Le* et *roi d'Angleterre*. Mais s'il s'avérait par la suite que cette analyse doive être rejetée, le fait que *Le roi* soit dans certains environnements une expansion de *Jean* permettrait de retenir la segmentation en *Le roi* et *d'Angleterre*.

La situation est la même en anglais; car l'environnement antérieur *poor—* différencie *the king* de *John*. On a en effet *the poor king* et non **poor the king* en face de *poor John*. Mais une fois que Rulon Wells aura admis que, dans certaines conditions précises, une suite discontinue peut être un constituant (cf. Wells, 1970, 86), il sera amené à dire que c'est le cas de *the... king* dans *the poor king*, précisément à cause de *poor John*; et du coup la segmentation en *the king* et *of England* sera tout aussi possible que la segmentation en *the* et *king of England*. Cette possibilité plaît beaucoup à Rulon Wells; car la segmentation *the king* | *of England* lui "semble bien après tout l'analyse du bon sens" (Wells, 1970, 89).

d. Conclusion

La méthode d'analyse en constituants immédiats de Rulon Wells n'est pas une panacée. Rulon Wells en a parfaitement conscience. Il avoue que "sa procédure a seulement pour objet, étant donné deux ou plusieurs dichotomies possibles, de permettre de décider en faveur de l'une d'entre elles" (Wells, 1970, 65). Mais cette décision n'est pas toujours possible ou est à la discrétion de l'analyste, comme le montre l'égal mérite relativement à cette procédure des deux dichotomies *the* | *king of England* et *the king* | *of England*, entre lesquelles Rulon Wells ne tranche qu'en s'appuyant sur ce qu'il appelle le bon sens.

Par ailleurs, le fait que cette procédure réussisse assez souvent sans difficulté à analyser une phrase donnée n'est pas une raison suffisante pour qu'elle soit considérée comme définitivement acquise. Une analyse ne sera définitivement acceptée que si elle s'harmonise avec l'analyse de tous les autres types de phrases de la langue décrite. Comme le dit expressément Rulon Wells,

> "Du fait de l'imbrication systématique de toute analyse en CI avec les autres analyses de la même phrase et d'autres phrases de la langue, on ne peut pas démontrer de manière concluante sur quelques exemples choisis que, toutes choses égales d'ailleurs, telles ou telles analyses sont les meilleures" (Wells, 1970, 74).

Bref, ce n'est pas "une procédure automatique au moyen de laquelle le linguiste, à partir des seules données du corpus de tous les énoncés de la langue et d'une connaissance des morphèmes contenus dans chaque énoncé, peut découvrir le bon système de CI" (Wells, 1970, 74). Cette procédure ne dispense pas d'avoir à réfléchir; c'est seulement un moyen commode qui peut guider l'analyste.

4. Procédure synthétique

La procédure synthétique semble plus facile à utiliser que la procédure analytique, parce que l'utilisation de la commutation paraît plus évidente et permet d'arriver plus rapidement à la meilleure solution, et parce qu'elle pose moins de problèmes théoriques. Harris l'a fort bien remarqué, quand, après avoir proposé une procédure d'analyse syntaxique qui, selon le titre même de l'article, va du morphème à l'énoncé, il signale que sa façon de procéder est "parallèle à une série de substitutions qui commencerait par l'expression complète et serait descendante, au lieu de commencer par les morphèmes isolés et de remonter" (Harris, 1968, 44). Il justifie alors son choix d'une procédure ascendante en ces termes:

> "Il n'est pas évident qu'il existe une méthode générale pour déterminer successivement les constituants immédiats, quand nous commençons par une expression entière et que nous descendons vers les morphèmes. De toute façon, il apparaîtrait que la formation des classes de substitution présente moins de difficultés théoriques si nous commençons par les morphèmes et remontons vers les expressions" (Harris, 1968, 45).

Pour toutes ces raisons, nous insisterons davantage sur la procédure ascendante ou synthétique.

Il serait certes intéressant d'examiner la procédure synthétique que Harris a formulée dans cet article. Mais comme elle est assez difficile à suivre, à cause de toutes les équivalences algébriques qu'elle met en œuvre, nous nous contenterons de présenter la procédure synthétique, plus intuitive et bien moins technique, à laquelle Gleason a recouru dans son *Introduction à la linguistique*. Cette procédure utilise malheureusement comme unités minimales non pas les morphèmes, mais les mots. Une telle approximation entraînera évidemment un certain nombre d'inexactitudes de détail, qui, il faut le reconnaître, ne sont pas trop graves quand on s'occupe de phrases anglaises ou françaises. L'ensemble des grammaires anglaises ou françaises actuelles du reste ne connaît malheureusement aussi que les mots, admettant, quand elles ont un chapitre sur le morphème, que "le mot prototypique <est> le mot simple" (Riegel, Pellat, Rioul, 1994, 532) et que "les mots simples <...> correspondent en fait à des morphèmes" (Riegel, Pellat, Rioul, 1994, 540), ce qui permet de ne plus travailler que sur des mots, en faisant passer à la trappe le morphème.

a. Principe général

Gleason invite à noter, pour commencer, "les paires de mots" (ou plutôt de morphèmes) qui, dans une phrase donnée, nous paraissent entretenir la relation syntaxique la plus étroite, puis à "supposer que ces paires de mots <(ou plutôt de morphèmes)> fonctionnent dans l'énoncé comme des unités" syntaxiques et forment par conséquent une construction.

b. Un exemple français relativement simple

C'est ainsi que, dans la phrase formée de onze morphèmes:

Le vieil homme qui habite ici all-a à la mairie

on réunira probablement sans hésitation l'épithète *vieil* et le nom *homme*, qu'elle qualifie, comme le disent les grammaires scolaires, le verbe *habite* et son complément de lieu *ici*, le radical verbal *all-* et son morphème de passé simple *-a*, l'article *la* et le nom *mairie* sur lequel il porte. Ces regroupements correspondent au schéma suivant:

Le vieil homme qui habite ici all-a à la mairie

Il est possible de justifier et d'objectiver l'intuition qui regroupe ainsi des morphèmes par paires et les considère donc comme les constituants d'une construction, en remplaçant tous ces groupes de morphèmes par un seul morphème, qui, bien que de signification différente, semble avoir le même rôle syntaxique que les morphèmes regroupés et entretenir avec le reste de l'énoncé les mêmes rapports qu'eux:

Le	vieil	homme	qui	habite	ici	all-	a	à	la	mairie
	chasseur			radote		court			Aix	

Les commutations que représente le tableau précédent nous donnent une nouvelle phrase:

Le	chasseur	qui	radote	court	à	Aix

qui, ne contenant plus que sept morphèmes, semble néanmoins avoir la même structure que celle dont nous sommes partis, c'est-à-dire a l'air de s'organiser syntaxiquement comme elle: *chasseur* est en effet le sujet du verbe *court*, comme *homme* l'était de *alla*, *radote* est le verbe intransitif de la subordonnée relative, comme l'était le verbe transitif *habite*, *court* est le verbe principal comme l'était *alla*, et *Aix* est son complément de lieu, comme *mairie* l'était de *alla*.

Il n'y a plus maintenant qu'à répéter la même opération de regroupement soit sur les morphèmes de la nouvelle phrase ainsi obtenue soit sur les morphèmes encore isolés et les groupes de morphèmes ainsi identifiés de la phrase primitive, autant de fois que cela sera nécessaire, jusqu'à ce qu'on n'ait plus rien à regrouper, c'est-à-dire jusqu'à ce qu'on soit arrivé à la construction maximale dernière qu'est la phrase elle-même.

Dans notre exemple, on réunira d'abord le relatif *qui* avec la construction verbale *habite ici*, et la préposition *à* avec la construction *la mairie*, puis la construction *vieil homme* avec la construction qu'est la subordonnée relative, et la construction *alla* avec la construction *à la mairie*, qui est son complément de lieu, et enfin l'article *le* avec la construction *vieil homme qui habite ici*. On arrive ainsi finalement à deux constructions, qui ne peuvent être que les deux constituants immédiats de la phrase. Ces regroupements correspondent au schéma de la figure 1:

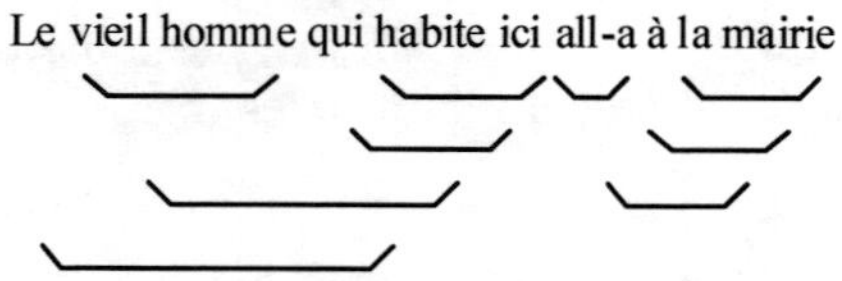

fig. 1: Regroupements syntaxiques

Chacun de ces regroupements peut évidemment être confirmé par une commutation, laquelle fera à chaque fois apparaître un nouvel énoncé, moins riche en morphèmes certes, mais syntaxiquement comparable. L'ensemble de ces commutations peut être illustré par le tableau de la figure 2, qu'on appelle un tableau de substitutions ou de commutations:

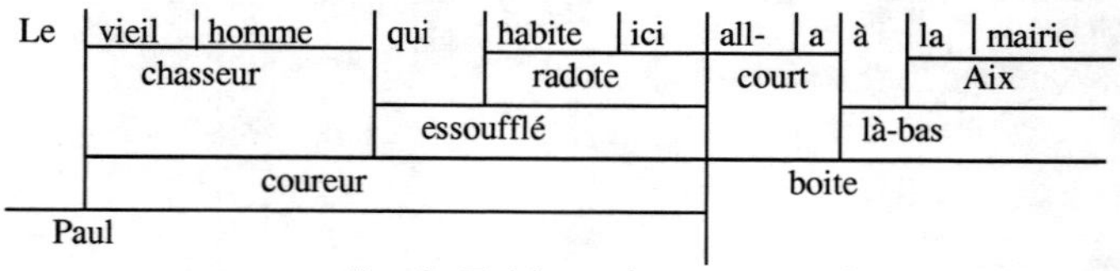

fig. 2: Tableau de commutations

Un tel tableau de substitutions correspond à un emboîtement de paradigmes, un paradigme étant défini comme l'ensemble des constituants qui peuvent apparaître dans un même environnement contextuel, à un point donné de la chaîne parlée, et qui entretiennent donc le même type de relation syntagmatique avec les constituants de ce contexte. On voit en effet que les constructions *qui habite ici* et *qui radote* appartiennent au même paradigme que l'adjectif *essoufflé*, et que ce paradigme entre à l'intérieur du paradigme plus large auquel appartiennent les quatre constructions *vieil homme qui habite ici*, *chasseur qui habite ici*, *chasseur qui radote*, *chasseur essoufflé*, et dont le nom *coureur* est le modèle. On peut en effet appeler modèle d'un paradigme le constituant de ce paradigme qui, contenant le moins de morphèmes, est le moins complexe.

Il suffit de lire le tableau des substitutions pour avoir l'analyse en constituants immédiats de la phrase sur laquelle on a travaillé. On voit en effet que cette phrase a deux constituants immédiats, étant formée par la combinaison du paradigme qui a pour modèle le nom propre *Paul* avec le paradigme qui a pour modèle le verbe intransitif *boite*, paradigmes qui sont effectivement représentés dans la phrase par respectivement la construction *Le vieil homme qui habite ici*, et la construction *alla à la mairie*. Ces deux constructions, qui sont donc les deux constituants immédiats de ladite phrase, ont elles-mêmes chacune deux constituants immédiats. La construction *Le vieil homme qui habite ici* combine en effet deux paradigmes, celui de l'article *Le*, et celui qui a pour modèle le nom *coureur*, et qui est représenté dans la phrase par la construction *vieil homme qui habite ici*, la construction *alla à la mairie* combinant, elle, le paradigme qui a pour modèle le verbe intransitif *court* avec le paradigme qui a pour modèle l'adverbe de lieu *là-bas*, et ayant donc comme constituants immédiats la construction verbale *alla* et le syntagme prépositionnel *à la mairie*. La construction *alla* combine les deux morphèmes *all-* et *-a*, et la construction *à la mairie*, la préposition *à* et la construction nominale *la mairie*, qui est formée, elle, du morphème *la* et du lexème *mairie*. Quant au syntagme *vieil homme qui habite ici*, il est formé de deux constituants immédiats, à savoir la construction *vieil homme*, qui a pour modèle le nom *chasseur* et qui combine le morphème adjectival *vieil* et le morphème nominal *homme*, et la subordonnée relative *qui habite ici*, laquelle a deux constituants immédiats, à savoir le relatif *qui* et la construction verbale *habite ici*, elle-même combinant le morphème verbal *habite* et l'adverbe de lieu *ici*.

c. Un procédé commode pour le français ou l'anglais

On commence par le dernier morphème de la phrase, ce qui permet d'arriver plus vite et plus facilement au bon système de substitutions. On essaie pour cela de regrouper le dernier morphème avec le morphème qui précède. Si cela est possible, on voit si la construction ainsi obtenue forme elle-même une construction avec le morphème qui la précède. Si cette construction ou si le dernier morphème ne forment pas une construction avec le constituant qui les précède, on les laisse en suspens, et l'on passe au morphème qui précède, pour recommencer les mêmes opérations, afin d'essayer de le regrouper avec le morphème qui le précède lui-même. Si un tel regroupement est possible, il faut, avant de chercher à savoir si la nouvelle construction obtenue forme une unité syntaxique avec le morphème qui la précède, voir si elle ne se combinerait pas avec la construction ou le constituant qui ont été précédemment laissés en suspens. Puis on recommence les mêmes opérations, en remontant à chaque fois d'un morphème dans la chaîne syntagmatique, jusqu'à ce qu'on arrive au premier morphème de la phrase à analyser.

Ce procédé permet de trouver plus rapidement le bon système de constituants immédiats, parce que, dans les langues où l'ordre des constituants est plus ou moins fixe, comme le français ou l'anglais, il n'y a, lorsqu'on est à la fin d'une phrase ou d'une construction, plus aucune possibilité d'expansions éventuelles à envisager, ce qui n'est pas le cas, quand on est au début d'une phrase ou d'une construction.

d. L'exemple anglais de Gleason

La figure 3 donne le tableau de commutations que Gleason propose pour faire l'analyse en constituants immédiats de la phrase anglaise:

The old man who lives there has gone to his son's house «Le vieil homme qui habite ici est allé dans la maison de son fils».

<table>
<tr><td>The</td><td>old</td><td>man</td><td>who</td><td>lives</td><td>there</td><td>has</td><td>gone</td><td>to</td><td>his</td><td>son's</td><td>house</td></tr>
<tr><td>The</td><td colspan="2">graybeard</td><td>who</td><td colspan="2">survives</td><td colspan="2">went</td><td>to</td><td colspan="2">that</td><td>house</td></tr>
<tr><td>The</td><td colspan="2">graybeard</td><td colspan="3">surviving</td><td colspan="2">went</td><td>to</td><td colspan="3">Boston</td></tr>
<tr><td>The</td><td colspan="5">survivor</td><td colspan="2">went</td><td colspan="4">there</td></tr>
<tr><td colspan="6">He</td><td colspan="6">went</td></tr>
</table>

fig. 3: Tableau de commutations de Gleason, 1969, 106

Critiques

On peut faire deux premières critiques d'ordre général à cette analyse. D'abord elle travaille sur les mots, qu'elle considère donc implicitement comme les unités minimales de l'analyse syntaxique. Ensuite elle risque de donner l'impression qu'il faut chercher des commutations qui sont plus ou moins des équivalents sémantiques, alors qu'il est seulement nécessaire d'une part d'obtenir une phrase acceptable en anglais en remplaçant plusieurs constituants de la phrase à analyser par un seul morphème, et d'autre part de procéder à un remplacement qui, au nombre de morphèmes près, ne semble pas modifier le réseau de relations syntaxiques dans lequel entrent le morphème unique et les constituants qu'il remplace, et qui fasse commuter avec ces constituants un morphème appartenant apparemment au même paradigme qu'eux. Il est nécessaire et suffisant qu'il y ait équivalence paradigmatique et donc fonctionnelle entre les constituants remplaçables, dans une phrase acceptable, par un seul morphème et ce morphème qui semble commuter avec eux. Il n'est nullement nécessaire qu'il y ait équivalence paraphrastique entre ces constituants substituables et le morphème qu'on y substitue.

S'il se trouve qu'on peut légitimement considérer que la phrase anglaise de Gleason met en oeuvre presque autant de morphèmes que de mots, il importe au moins de préciser d'une part que le segment *-s* de *lives* n'est qu'un accord morphologique imposé par le fait que ce verbe a un sujet qui n'est pas au pluriel, et d'autre part que s'il y a bien deux morphèmes dans les deux mots *has gone*, le segment *-s* de *has* est lui aussi un accord purement morphologique, son segment *ha-* formant avec la marque *-ne* de participe passé de *gone* le signifiant discontinu d'un morphème de *perfect.* Mais il faut bien reconnaître que Gleason a tort de traiter *son's* comme une unité minimale. Il le fait probablement parce que les grammaires scolaires disent que *son's* est le mot *son* au "génitif saxon" (ou au "cas génitif" tout simplement, ou encore au "cas possessif"), ce qui implique que c'est une forme particulière de ce mot et par conséquent un mot. Or ce mot particulier contient manifestement deux unités significatives minimales: le lexème *son* et le morphème grammatical de possession *'s.* Il y a donc en fait un morphème de plus que le nombre de mots de cette phrase.

Aux deux critiques générales d'ordre méthodologique, on peut ajouter des observations particulières concernant les commutations proposées. On remarquera notamment qu'il n'est pas fameux et même dangereux de faire commuter un syntagme verbal avec verbe syntaxiquement et sémantiquement transitif comme *went there* «alla ici» ou *went to Boston* «alla à Boston» avec un emploi intransitif de ce même verbe sémantiquement transitif (ou bivalent) comme *went.* Car une telle commutation donnerait à penser que la construction *went to Boston* est endocentrique, puisqu'elle commute avec un de ses constituants immédiats, à savoir le seul verbe *went.* Une telle façon de voir ruinerait la différence entre transitivité et intransitivité, ainsi que la différence entre bivalence et monovalence. En fait, un verbe transitif appartient à une construction exocentrique, un verbe intransitif n'appartenant pas au même paradigme qu'un verbe transitif, mais au paradigme du SV, c'est-à-dire au paradigme de la combinaison du verbe transitif et de son complément (d'objet).

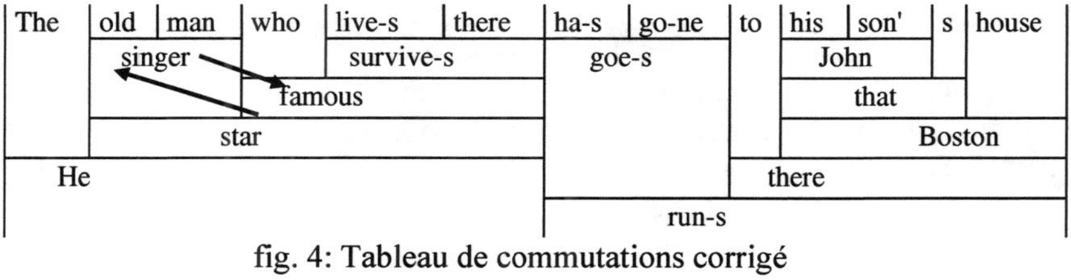

fig. 4: Tableau de commutations corrigé

Cela admis, on peut proposer les regroupements de morphèmes qui correspondent au tableau de commutations de la figure 4.

Regroupement des morphèmes

Le morphème *house* ne pouvant pas être regroupé avec le morphème *'s*, il faut en effet laisser ce lexème *house* en suspens, et passer au morphème *'s*. On pourrait alors envisager de regrouper ce morphème *'s* avec le morphème précédent *son*. Mais ce serait une erreur, car il faudrait préalablement regrouper le lexème *son* avec le possessif *his*, ces deux morphèmes commutant avec le nom propre *John*. Et c'est ce nom propre (ainsi du reste que la construction équivalente *his son*) qui forme une construction avec le dernier morphème laissé en suspens *'s*, construction qui pourrait, comme l'a proposé Gleason, commuter avec le déterminant *that*. Et avant de voir si *that*, c'est-à-dire le modèle des constructions *John's* et *his son's*, doit être regroupé avec ce qui précède, on constate qu'il forme une construction avec le nom *house* qui a été laissé en suspens, et que cette construction commute effectivement avec le nom propre *Boston*. Ce nom propre, qui est le modèle de la construction correspondant à l'ensemble des morphèmes analysés jusqu'à présent, forme une construction avec le morphème prépositionnel *to* qui précède, ainsi que le montre la commutation avec l'adverbe de lieu *there*. Cet adverbe ne se combine pas avec le morphème *go-* qui précède, et doit donc être laissé en suspens. Par contre le morphème *go-* se combine avec le morphème à signifiant discontinu de *perfect*, comme le montre la commutation de *ha-s go-ne* avec le présent *goe-s*, où l'on retrouve bien sûr le segment morphologique *-s* d'accord avec un sujet non pluriel. Et c'est ce morphème *goe-s* qui se combine avec l'adverbe de lieu *there*, laissé en suspens, comme le montre leur commutation avec le seul verbe intransitif *run-s*.

Il faut maintenant laisser en suspens le paradigme de *run-s* et passer au morphème précédent *there*, lequel forme une construction avec le morphème verbal *live-s* qui précède, ainsi que le prouve la commutation des deux morphèmes *live-s* et *there* avec le morphème *survive-s*. Le relatif *who* qui précède se combine à son tour avec ce morphème *survive-s*, la construction ainsi formée pouvant commuter avec un adjectif comme *famous*, à une différence d'ordre des mots près, puisque la relative doit suivre son antécédent *old man*, alors que l'adjectif *famous* précéderait la combinaison que forme l'adjectif *old* et le nom *man*. Car le nom *man* ne se combine pas avec la relative avant d'avoir formé une construction avec son adjectif épithète *old*, qui précède, comme le montre la commutation de *old* et *man* avec le seul nom *singer*. Et c'est ce nom *singer* et l'adjectif *famous* qui forment une construction, que l'on peut confirmer par la commutation de ce nom et de cet adjectif avec le nouveau nom *star*. Ce dernier nom ne se combine pas avec le représentant du paradigme de *run-s* laissé en suspens, avant de s'être regroupé avec le morphème d'article qui le précède, regroupement que met en évidence la commutation de *the* et *star* avec le seul pronom *he*. La phrase à analyser s'est ainsi réduite, du fait des commutations, aux deux morphèmes *he* et *run-s*, qui sont donc les modèles des deux constituants immédiats de cette phrase, à savoir la construction nominale *The old man who lives there* et la construction verbale *has gone to his son's house*, lesquelles ont elles-mêmes deux constituants immédiats, à savoir, pour la première, le morphème *The* et la construction avec relative *old man who lives there*, et pour la seconde, la forme verbale *has gone* et son complément de lieu *to his son's house*, etc.

Le "génitif saxon"

Ces différentes commutations sont parfaitement acceptables, dans la mesure où chacune d'entre elles nous donne à chaque fois une phrase qui semble acceptable en anglais. Mais elles suggèrent une analyse du syntagme *his son's house*, qui peut paraître contestable. Elles impliquent en effet que ce qu'on appelle le génitif saxon de *his son's* appartient au même paradigme que le déterminant *that* (ou *the* ou *my*) et forme donc avec le nom *house* une construction exocentrique. Cette analyse systématise d'ailleurs la théorie que développent les grammaires anglaises. C'est ainsi que par exemple la grammaire de Roggero, comparant:

> *The sister of John* «la sœur de John» et *John's sister* «la sœur de John»
>
> *The portrait of my uncle* «la portrait de mon oncle» et *My uncle's portrait* «le portrait de mon oncle»

dit expressément: "On voit que dans tous les cas le complément au génitif a pris la place de l'article *the*" (Roggero, 1979, 179). Gleason va plus loin: sa commutation implique que le complément au génitif non seulement occupe la place, mais joue le rôle de l'article.

Or ce n'est pas de cette façon qu'on analyserait le complément de nom avec la préposition *of*, qui, à l'ordre syntagmatique près, semble remplir la même fonction syntaxique que le syntagme au génitif saxon. Si en effet on analyse en constituants immédiats le syntagme:

> ... *to the large house of God* «dans la grande maison de Dieu»

on peut proposer les commutations de la figure 5, qui font du complément de nom *of God* une expansion du nom *house*, appartenant au même paradigme que l'adjectif épithète *public* par exemple (ce qui correspond donc à une construction endocentrique), et non au paradigme du déterminant, ce qui correspondrait à une construction exocentrique. Il est évident que pour que cette commutation soit acceptable, il faut permuter syntagmatiquement l'adjectif *public* avec le nom *house*, un adjectif épithète étant toujours, en anglais, antéposé au nom, et un complément de nom prépositionnel toujours postposé au nom. Pour obtenir un résultat comparable avec le syntagme *to his son's house*, il faudrait proposer le tableau de commutations de la figure 5, où le fait de faire commuter un syntagme au génitif saxon avec un adjectif oblige à faire apparaître un article, la particularité du syntagme au génitif saxon étant précisément, d'après les grammaires scolaires, qu'il ne doit pas être précédé

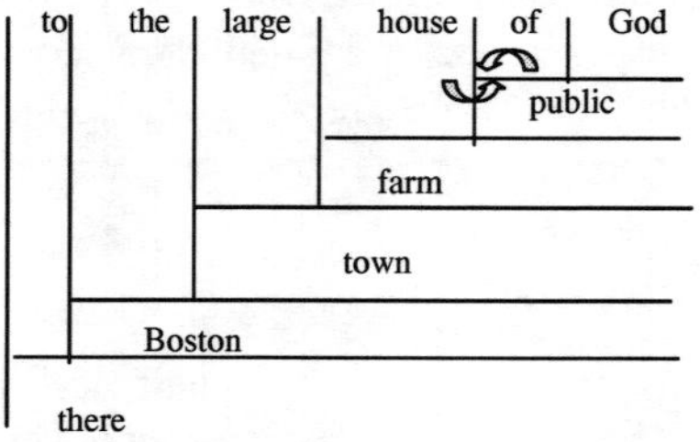

fig. 5: Complément de nom

d'un article. Ces commutations (cf. figure 6) donnent certes la même décomposition en constituants immédiats que celle qu'a proposée Gleason, à savoir:

to | his |||| son' ||| s || house

mais elles ne correspondent pas aux mêmes paradigmes. Si l'on donne en effet le nom de *Det* (Déterminant) au modèle du paradigme auquel appartiennent notamment l'article *the* et le démonstratif *that*, et le nom d'*Adj* (Adjectif) au modèle de l'adjectif épithète et du complément de nom, on voit que les commutations de Gleason font du syntagme au génitif saxon un déterminant nominal, alors que celles qui viennent d'être proposées en font – plus juste-

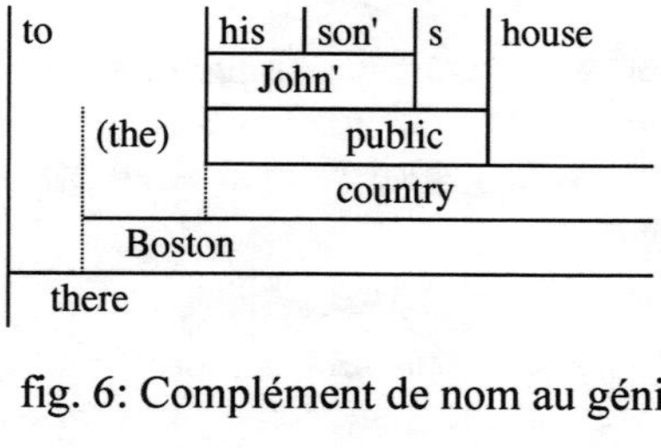

fig. 6: Complément de nom au génitif saxon

ment – une épithète complexe du nom. Il est intéressant de signaler à ce propos que Noam Chomsky considérera également, à tort, que la relative épithète fait partie de la détermination du nom. Et la grammaire traditionnelle française a, elle aussi, parfois été tentée de ranger implicitement dans ce même paradigme tout complément de nom, quand elle a voulu lui donner le nom de «complément déterminatif».

D'ailleurs, si on regarde les choses de façon plus complète et plus systématique, on doit dire que ce n'est pas la présence d'un syntagme au génitif qui empêche l'apparition de l'article *the*, mais la présence dans ce syntagme d'un constituant (nom propre ou SN) de sens défini. Car le syntagme au génitif saxon n'empêche nullement la présence d'un article (l'article indéfini *a(n))* dans ce que les grammaires appellent alors le "génitif générique" et que Roggero illustre par:

a butcher's knife «un couteau de boucher»

en précisant fort justement que ce tour doit être "analysé comme *a (butcher's knife)*: c'est-à-dire que l'article *a* est celui du noyau *knife* donc celui de tout le SN" (Roggero, 1979, 180). Dans ces conditions, puisque *the* et *a* appartiennent à la même classe syntaxique des déterminants, il ne serait pas logique de dire que le syntagme au génitif saxon est une expansion de N, quand il y a un article *a*, mais le déterminant du N, quand il n'y a pas d'article. Il est plus satisfaisant de dire que dans les deux cas, le syntagme au génitif saxon est une expansion de N et forme donc avec ce N une construction endocentrique, qu'on peut appeler un groupe nominal (GN) ou un N syntaxique. Mais ensuite ce GN soit se combine avec un Det pour former la construction exocentrique que l'on appelle un SN, soit entre seul dans le paradigme du SN. Roggero signale d'ailleurs un cas intéressant d'ambiguïté:

his (capitain's uniform): générique «son uniforme de capitaine»

his capitain's (uniform): spécifique «l'uniforme de son capitaine»

où ce sont deux constituants différents, à savoir *capitain's* et *his capitain's*, qui remplissent la même fonction syntaxique d'expansion du N *uniform*, d'où, bien sûr, la différence de sens. Et du coup, la différence entre une complément de nom au génitif saxon et un complément de nom prépositionnel n'est pas dans la position syntaxique des compléments (ils sont tous les deux des expansions de N), mais dans la place syntagmatique desdits compléments: le complément de nom au génitif saxon est obligatoirement antéposé au N dont il est le complément, alors que le complément de nom prépositionnel, lui, est obligatoirement postposé.

En conclusion, on dira plutôt que la présence d'un syntagme complément de nom sémantiquement défini au génitif saxon exclut la présence d'un déterminant du SN, phénomène qu'on rapprochera par exemple du fait qu'un complément de nom au génitif n'est pas compatible, en arabe, avec l'article défini, ou qu'un complément de nom désignant un objet particulier impose nécessairement en français l'emploi de l'article défini:

la branche de l'arbre, la branche d'un arbre, *une branche de l'arbre, *une branche d'un arbre en face de:

la branche d'arbre, une branche d'arbre.

e. Un exemple latin

Analysons en constituants immédiats la phrase suivante de Cicéron (*Lael.* 6):

Sci-mus Luci-um Acili-um apud patr-es nostr-os appella-tum es-se
savoir-nous Lucius-Acc. Acilius-Acc. chez père-AccPlur. notre-AccPlur
appeler-PP être-Inf.
«Nous savons que Lucius Acilius, du temps de nos ancêtres, fut appelé sage» (L.

sapient-em
sage-Acc.
Laurand).

Si l'on prend les mots pour unités, les commutations semblent assez faciles à faire, comme on peut le voir avec la figure 7. Mais l'analyse devient apparemment plus compliquée, quand on a les morphèmes pour unités mini-

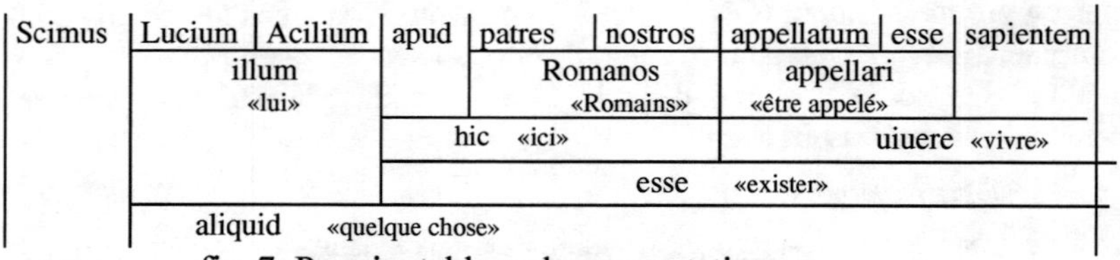

fig. 7: Premier tableau de commutations

males, étant donné que les deux accusatifs de *Luci-um* et *Acili-um* sont le signifiant discontinu du morphème fonctionnel de sujet d'une subordonnée infinitive, que la préposition *apud* et les deux accusatifs de *patr-es* et *nostr-os* sont les trois éléments du signifiant discontinu d'un morphème de signifié "chez", que les deux segments *-t-* et *es-* de *appella-tum es-se* sont le signifiant amalgamé des morphèmes de «passif» et d'«accompli», que l'infinitif de *es-se* est le signifiant du morphème de subordination, et que les accusatifs de *appella-t-um* et de *sapient-em* sont des accords morphologiques. Il ne s'agit toutefois là que de complications morphologiques, qui n'ont par conséquent aucune pertinence syntaxique.

Le syntagme verbal de la subordonnée pourra donner lieu aux commutations de la figure 8, où, pour faciliter la visibilité des commutations à portée syntaxique, nous avons rayé tous les segments morphologiques qui ne sont que des morceaux du signifiant d'un seul morphème, comme les accusatifs *-es* et *-os* du morphème discontinu /*apud... -es... -os*/, ou qui ne représentent que des accords morphologiques, comme les accusatifs *-um* et *-em* d'accord avec le sujet à l'accusatif d'une subordonnée infinitive, *Lucium Acilium*. Mais on a gardé un des deux segments d'accusatif pluriel, pour indiquer le morphème de pluriel, qui, dans *-es...-os*, est amalgamé à l'accusatif. Ces suppressions réduisent les morphèmes à signifiant discontinu à un seul de ses segments morphologiques et font disparaître les segments morphologiques d'accord, ce qui facilite la visibilité des manipulations syntaxiques, puisque chaque morphème n'est plus représenté que par un seul segment.

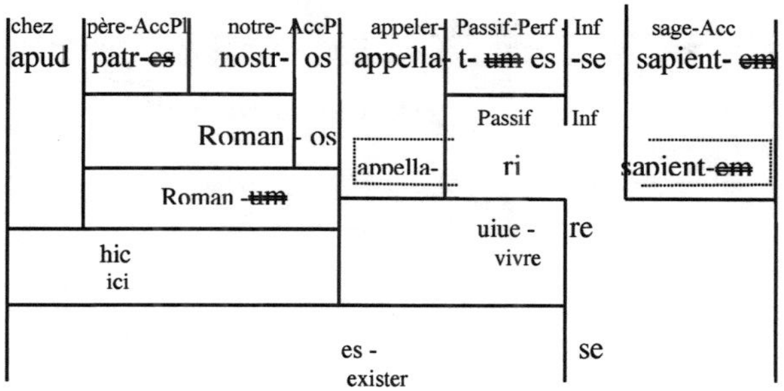

fig. 8: Commutations pour le SV

Pour comprendre les commutations de la figure 8, il faut savoir que le segment *-ri* de *appella-ri* «être appelé» est un amalgame du morphème de passif et du morphème de subordination, dont le signifiant est la désinence d'infinitif passif, que les segments *-re* de l'infinitif *uiue-re* et *-se* de l'infinitif *es-se* sont deux réalisations phonétiques d'un seul et même signifiant /se/, et que les deux morphèmes *appella-* «appeler» et *sapient-* «sage» forment une construction discontinue qui commute avec le seul lexème verbal *uiue-* «vivre».

Si maintenant on place les modèles *es-* et *-se* du SV *apud patres nostros appellatum esse sapientem* dans le reste de la phrase de Cicéron, on ne peut que proposer les commutations de la figure 9, qui posent certains problèmes que nous réexaminerons plus attentivement par la suite. D'abord les points d'interrogation correspondent à des constructions que l'on ne saurait confirmer par une commutation avec un seul morphème. On ne peut pas en effet faire commuter un lexème verbal et son morphème personnel avec un seul morphème; car en l'absence d'un sujet syntaxique, le verbe latin a, comme le verbe français, besoin d'un morphème personnel pour que la phrase soit acceptable:

«*je* sais que Lucius Acilius existait» *sci-o Lucium Acilium esse*, «*il* sait que Lucius Acilius existait» *sci-t Lucium Acilium esse*, etc.

en face de:

*«sais que Lucius Acilius existait» **sci- Lucium Acilium esse*.

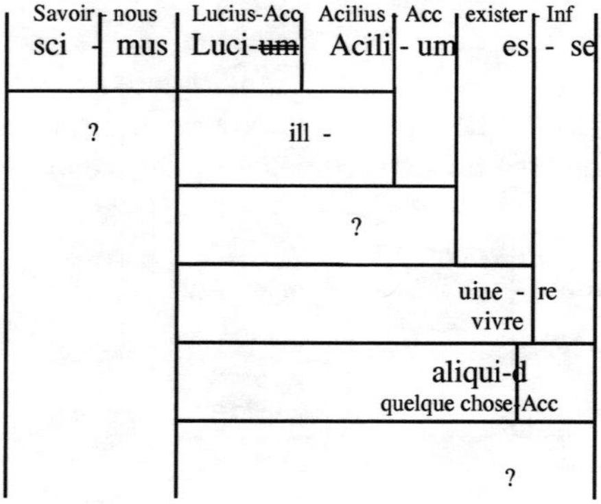

fig. 9: Suite des commutations

Il est néanmoins certain que les deux morphèmes *sci+mus* sont liés l'un à l'autre, car il est impossible de déplacer l'un sans déplacer aussi l'autre:

> *Lucium Acilium esse sci-mus, *-mus Lucium Acilium esse sci-, * sci- Lucium Acilium esse -mus.*

La même remarque vaut pour le pronom sujet *ill-* et l'accusatif *-um* qui indique que ce pronom est effectivement le sujet de l'infinitif *esse*:

> *sci-mus es-se ill-um, *sci-mus -um es-se ill-, ill-um sci-mus es-se, *ill- sci-mus – um es-se.*

On pourrait être tenté d'en dire autant à propos des deux morphèmes *es-se*:

> *es-se sci-mus ill-um, *es- sci-mus ill-um -se.*

Mais avant de traiter le morphème d'infinitif *-se*, il est préférable de faire commuter le sujet *ill+um* et le verbe *es-* avec un seul verbe, comme dans les commutations de la figure 9. Car cela permet de dire que l'infinitif est un subordonnant comme ce que l'on appelle traditionnellement une conjonction de subordination, et que, syntaxiquement, il forme une unité avec toute la subordonnée, même si syntagmatiquement, il semble lié avec le seul verbe de ladite subordonnée. Enfin, faire commuter les deux morphèmes *uiue+re* avec les deux morphèmes *aliqui+d* ne prouve pas qu'il s'agisse d'une construction. Mais l'équivalence paradigmatique permet de dire que *uiue+re* doit former une construction comme *aliqui+d*, où le morphème fonctionnel *-d* indique tout simplement que le constituant auquel il est syntagmatiquement lié est le complément du verbe *sci+mus*. De tout cela on peut conclure que la phrase de Cicéron n'a pas quatre constituants immédiats, qui seraient le verbe *sci-*, le morphème personnel *-mus*, et l'équivalent du modèle *aliqui-*, plus l'équivalent du modèle *-d*, mais seulement deux constituants immédiats, à savoir le verbe *scimus* et la subordonnée infinitive *Lucium Acilium apud patres nostros appellatum esse sapientem*, et que celle-ci présente, à son tour, deux constituants immédiats, à savoir la proposition *Lucium Acilium apud patres nostros appellatum es- sapientem* et le morphème subordonnant *-se*.

En intégrant les commutations de la figure 9 à celles de la figure 8, on obtient pour toute la phrase, le tableau des commutations de la figure 10.

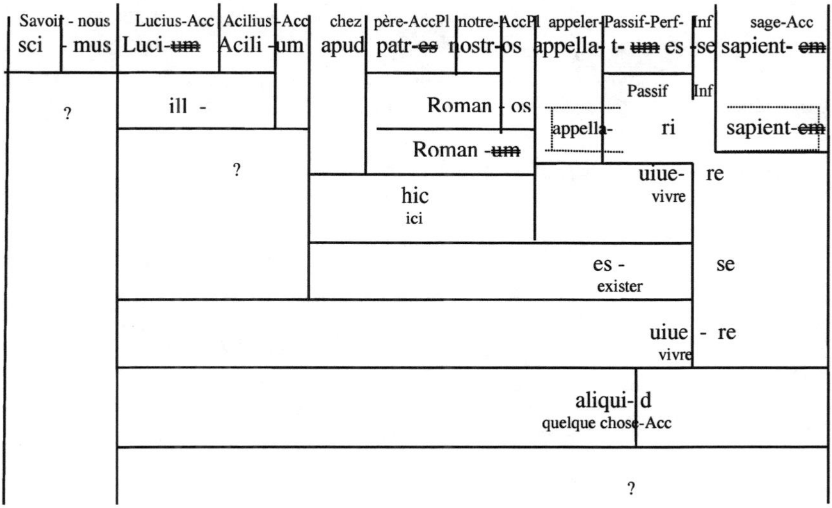

fig. 10: Commutations pour toute la phrase

5. Représentations graphiques

On peut constater qu'il n'est pas facile de rester clair ou même de se faire comprendre, lorsqu'on décrit avec des mots l'organisation en constituants immédiats d'une phrase, même relativement simple. Quand par exemple on dit que le relatif *qui* est la construction *habite ici* sont les deux constituants immédiats de la construction *qui habite ici*, laquelle est le second constituant immédiat du second constituant immédiat du premier constituant immédiat de la phrase *Le vieil homme qui habite ici alla à la mairie*, il faut bien reconnaître qu'on ne parvient pas à voir à quoi correspond exactement cette cascade de compléments de nom. Pour remédier à cette difficulté, et aussi pour pouvoir plus facilement comparer entre elles les différentes analyses obtenues, les linguistes qui ont pratiqué l'analyse en constituants immédiats ont utilisé des systèmes de représentations graphiques, qui permettaient de visualiser ce qu'il est difficile d'appréhender, lorsque ce n'est présenté que verbalement.

a. Système de Nida

Un premier système de notation consiste à réunir par un trait les constituants qui forment une construction, exactement comme nous l'avons fait plus haut, à la suite de Gleason, dans la présentation de la procédure synthétique. Et Eugen Nida a proposé d'ajouter sur les traits qui vont d'un constituant à l'autre (ou aux autres) d'une même construction des symboles qui indiquent la nature endocentrique ou exocentrique de la construction. Une flèche tournée vers le noyau du syntagme affectera la construction endocentrique. Deux flèches face à face (ou, si l'on veut, un x) affecteront la construction exocentrique. Et un signe d'égalité marquera les relations endo-

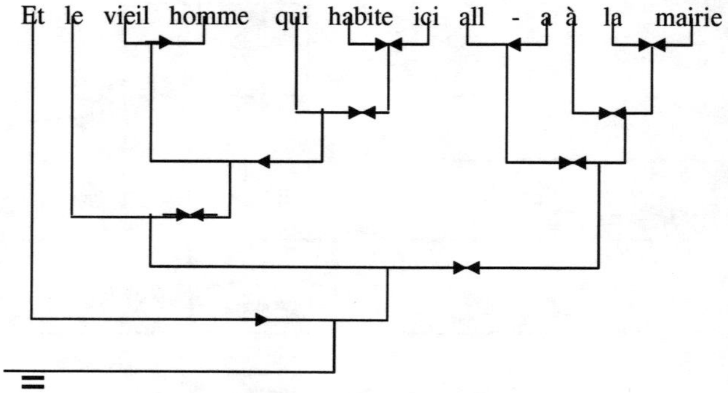

fig. 11: Système de Nida

centriques de coordination (cf. figure 11). Si les constituants à réunir dans une même construction sont séparés par un ou plusieurs autres constituants, les traits horizontaux croiseront des traits verticaux; mais cela n'empêchera pas du tout la lisibilité de la représentation graphique. C'est un avantage de ce système de représentation que ne présentent pas les autres systèmes de représentation graphique, qui supposent que la contiguïté des constituants d'une construction syntaxique n'est pas interrompue par l'ordre des mots.

b. Dichotomies

Un autre système, assez simple, est celui qu'a utilisé par exemple Rulon Wells. Il consiste à indiquer par une barre la première dichotomie de la phrase en constituants immédiats, puis par deux barres toute deuxième dichotomie à l'intérieur des premiers constituants immédiats de la phrase, puis par trois barres toute troisième dichotomie à l'intérieur des constituants immédiats des premiers constituants immédiats de la phrase, puis par une barre supplémentaire pour toute dichotomie supplémentaire à l'intérieur des constituants immédiats précédemment identifiés, et ainsi de suite jusqu'à ce que tous les constituants immédiats ne soient plus que des morphèmes. Dans le cas de la phrase française analysée selon la procédure ascendante de Gleason, cela donnerait:

Le /$_2$/ vieil /$_4$/// homme /$_3$// qui /$_4$/// habite /$_5$//// ici /$_1$ all-/$_3$//-a /$_2$/ à /$_3$// la/ $_4$/// mairie

où nous avons ajouté des chiffres pour indiquer l'ordre des dichotomies successives:

Le vieil homme qui habite ici /$_1$ all-a à la mairie

Le /$_2$ vieil homme qui habite ici /$_1$ all-a /$_2$ à la mairie

Le /$_2$ vieil homme /$_3$ qui habite ici /$_1$ all- /$_3$ a /$_2$ à /$_3$ la mairie

Le /$_2$ vieil /$_4$ homme /$_3$ qui /$_4$ habite ici /$_1$ all- /$_3$ a /$_2$ à /$_3$ la /$_4$ mairie

Le /$_2$ vieil /$_4$ homme /$_3$ qui /$_4$ habite /$_5$ ici /$_1$ all- /$_3$ a /$_2$ à /$_3$ la /$_4$ mairie

c. Parenthésage (en anglais *bracketing*)

Il est possible de sophistiquer ce système de représentation en remplaçant les barres de séparation par une parenthèse ouvrante au début de chaque constituant immédiat et une parenthèse fermante à la fin du même constituant immédiat. Pour faciliter l'identification des différents constituants immédiats, on peut ajouter un numéro d'ordre à chaque couple de parenthèses ouvrante et fermante, comme on l'a fait plus haut pour les barres de dichotomie, en allant de gauche à droite et des constituants immédiats les plus larges aux constituants immédiats les moins larges:

($_1$($_2$(($_4$Le)$_4$ ($_5$($_8$($_{14}$vieil)$_{14}$ ($_{15}$homme)$_{15}$)$_8$ ($_9$($_{16}$qui)$_{16}$ ($_{17}$($_{20}$habite)$_{20}$ ($_{21}$ici)$_{21}$)$_{17}$)$_9$)$_5$)$_2$ ($_3$($_6$($_{10}$all)$_{10}$-($_{11}$ a)$_{11}$)$_6$ ($_7$($_{12}$ à)$_{12}$ ($_{13}$($_{18}$la)$_{18}$ ($_{19}$mairie)$_{19}$)$_{13}$)$_7$)$_3$)$_1$

Au lieu de ces chiffres, on peut mettre "une dénomination (*labelling*) qui est l'étiquette d'une classe syntaxique" (Ruwet, 1968, 110):

($_{P}$($_{SN}$($_{Det}$Le)$_{Det}$ ($_{MN}$($_{MN}$($_{Adj}$vieil)$_{Adj}$ ($_{N}$homme)$_{N}$)$_{MN}$ ($_{SubRel}$($_{Rel}$qui)$_{Rel}$ ($_{SV}$($_{V}$habite)$_{V}$ ($_{Adv}$ici)$_{Adv}$)$_{SV}$)$_{SubRel}$)$_{MN}$)$_{SN}$ ($_{SV}$($_{V}$($_{V}$all)$_{V}$ ($_{Pas}$-a)$_{Pas}$)$_{V}$ ($_{\text{SPrép}}$($_{\text{Prép}}$à)$_{\text{Prép}}$ ($_{SN}$($_{Det}$la)$_{Det}$ ($_{N}$mairie)$_{N}$)$_{SN}$)$_{\text{SPrép}}$)$_{SV}$)$_{P}$

On parle alors de parenthésage étiqueté (angl. *labelled bracketing*). Le parenthésage est en général bien accepté par les éditeurs et par les ordinateurs; mais il faut reconnaître qu'il n'est pas tellement facile à lire. Il a l'avantage néanmoins d'indiquer la nature syntaxique de chaque constituant de la structure syntaxique qu'il analyse en constituants immédiats.

d. "Boite de Hockett"

Charles Hockett a l'habitude de représenter la structure syntaxique sous la forme beaucoup plus suggestive d'un tableau compartimenté, où chaque case contient un constituant de l'énoncé, et forme comme une boite qui serait rangée à l'intérieur de boites de plus en plus grandes. Ainsi la structure de constituants de l'exemple d'analyse synthétique correspondrait à la boite de Hockett de la figure 12.

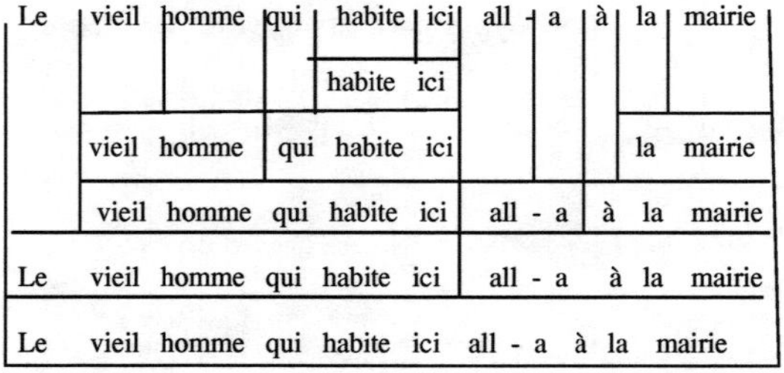

fig. 12: Boite de Hockett simplifiée

Cette boite de Hocket est, à vrai dire, une boite de Hockett simplifiée. Pour être complète, elle doit contenir un niveau de plus, qui ajoute à la combinaison de morphèmes de signifiants segmentaux qu'est la phrase le morphème de signifiant suprasegmental qui fait de cette phrase une assertion, une interrogation, un ordre ou une exclamation. Ce signifiant est noté par deschiffres qui correspondent au niveau intonatif de la syllabe concernée et par une intonation descendante en fin de phrase, s'il s'agit d'une assertion, comme on peut le voir dans la figure 13.

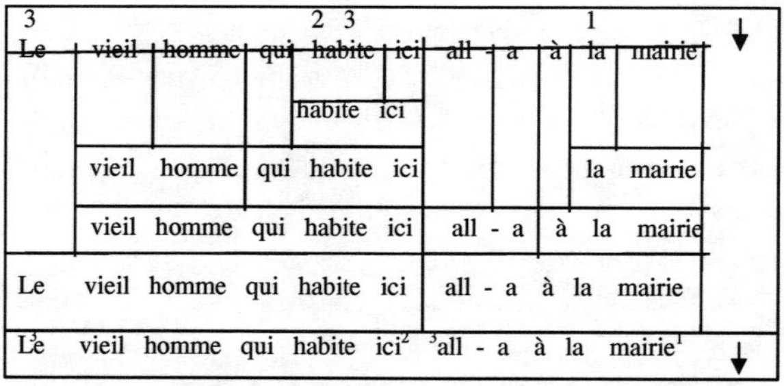

fig. 13: Boite de Hockett complète

Certains linguistes, "notamment Bloch et Harris, ont admis qu'il fallait pourvoir chaque «case» de la «boite» d'une dénomination (*labelling*) qui est l'étiquette d'une classe syntaxique" (Ruwet, 1968, 110). On obtient ainsi, comme dans la figure 14, ce qu'on pourrait appeler la boite de Hockett améliorée, qui a l'intérêt d'ouvrir un nouveau champ d'investigations aux études syntaxiques, celui de la dénomination et donc de la théorie des constructions. On ne se contente plus d'une théorie des classes de morphèmes, que la grammaire traditionnelle faisait plus ou moins dans le chapitre sur les "parties du discours". On fait alors une théorie de tous les constituants de la phrase, et non pas seulement des constituants ultimes. Dans la figure 12, nous avons proposé des appellations qui viennent plus ou moins spontanément à l'esprit. Il ne peut s'agir que de propositions provisoires, qu'il faudra par la suite argumenter ou discuter. Nous avons justement mis en italiques celles que l'on sera obligé d'abandonner, et en caractères normaux celles qu'on pourra retenir, quand on fera la théorie des différentes constructions susceptibles d'apparaître dans une phrase.

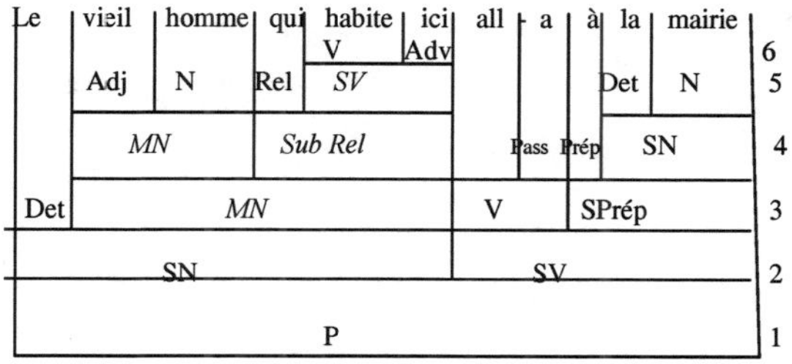

fig. 14: Boite de Hockett améliorée

A ces étiquettes syntaxiques, il peut être utile d'ajouter une numérotation des différentes couches de construction, comme nous l'avons fait dans la figure 12. Ceci mettra en évidence ce qu'on pourrait appeler la profondeur syntaxique des énoncés et permettra de bien distinguer le syntagme nominal (SN) de niveau 2, qui est un constituant immédiat de la phrase, du SN de niveau 4, qui est un constituant immédiat de syntagme prépositionnel (SPrép), le syntagme verbal (SV) de niveau 2, qui est un constituant immédiat de la phrase, du SV de niveau 5, qui est un constituant immédiat de la subordonnée relative (Sub Rel), et le membre nominal (MN) de niveau 3, qui avec le déterminant (Det) est un constituant immédiat de SN et donc de construction exocentrique, du MN de niveau 4, qui est un constituant immédiat de MN et donc de construction endocentrique.

e. "Arbre"

Comme l'a justement remarqué Ruwet, "Chomsky a montré (notamment *Three models for the description of language*, 1956, p. 117) que le meilleur moyen de représenter à la fois la décomposition d'une phrase en constituants et l'appartenance de ces constituants à des catégories est de recourir à un arbre (dit aussi *branching diagramm* «diagramme à branches»)" (Ruwet, 1968, 111). Il s'agit d'une sorte d'arbre renversé, à la façon des arbres généalogiques, où la souche correspond à la construction la plus vaste, à savoir la phrase, et les nœuds terminaux aux constituants ultimes ou minimaux, à savoir les morphèmes. Les nœuds intermédiaires correspondent alors à des constructions, et les embranchements qui partent d'un nœud et aboutissent à deux (ou plus de deux) autres nœuds indiquent que les nœuds inférieurs sont les constituants immédiats de la construction qu'est le nœud supérieur. Tous les nœuds reçoivent une étiquette qui désigne la catégorie syntaxique à laquelle appartient le nœud concerné. On ajoute habituellement sous les nœuds terminaux, mais sur une même ligne horizontale, les morphèmes de l'énoncé qui représentent dans la phrase analysée les catégories auxquelles correspondent ces nœuds. Et l'on relie par un trait vertical en pointillé chaque morphème de la phrase à son nœud terminal, le trait en pointillé indiquant expressément qu'il ne s'agit pas d'une décomposition en constituants immédiats, à la différence des embranchements qui relient les nœuds entre eux.

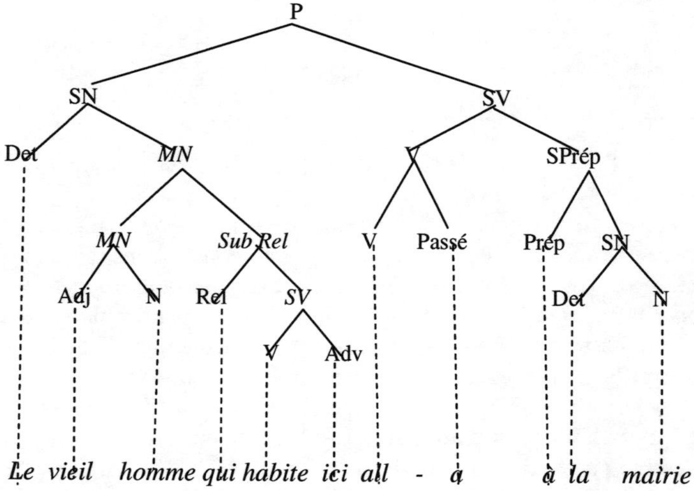

fig. 15: "Arbre"

La phrase utilisée pour illustrer la procédure synthétique sera représentée par l'arbre de la figure 15.

On remarquera que cet "arbre" est un objet mathématique; c'est un type particulier de graphe. Un graphe peut se définir de façon triviale comme un ensemble de points (ou "sommets") reliés par des flèches (ou "arêtes") qui correspondent à des relations binaires. Malheureusement l'"arbre" des linguistes n'est pas ce que la théorie mathématique des graphes appelle un arbre. "A proprement parler, comme le dit André Lentin, un arbre est un graphe fini connexe sans cycles ayant au moins deux sommets" (Lentin, 1971, 6), "connexe" voulant dire qu'il y a toujours un chemin entre deux sommets, et "sans cycle" qu'aucun chemin ne revient à son point de départ. L'"arbre" des linguistes est en fait un cas particulier d'arbre, que les mathématiciens appellent arborescence, une arborescence étant un arbre orienté hiérarchiquement, c'est-à-dire en termes de successeurs immédiats. C'est même "une arborescence doublement orientée" (Lentin, 1971, 7), que Jean-Pierre Desclés a proposé d'appeler un *dendron*. Car cet "arbre" "fait appel en fait à deux types de relations: une relation hiérarchique ou de dépendance et une autre relation qui distingue la gauche de la droite" (Barbault & Desclés, 1972, 42), et par conséquent à "deux ordres: un ordre hiérarchique ou de dépendance et un ordre sur les successeurs immédiats de chaque sommet" (Barbault & Desclés, 1972, 42). Le premier ordre est une hiérarchie verticale, en vertu de laquelle des nœuds, parfois appelés fils ou filles, dépendent d'un autre nœud, qui est alors appelé père ou mère, et le second, un ordre horizontal, en vertu duquel un nœud fils précède un autre nœud fils du même père. Le premier ordre correspond donc à une décomposition syntaxique en constituants immédiats, et le second à l'ordre linéaire dans lequel les constituants immédiats d'une même construction se trouvent dans la chaîne syntagmatique.

Ces précisions, qui ne sont pas dénuées d'intérêt au point de vue linguistique et notamment syntaxique, n'empêchent pas de parler approximativement d'arbre à propos d'une figure comme la figure 15, puisque l'arborescence, même doublement orientée, n'est qu'un cas particulier d'arbre, au sens mathématique du terme.

6. Limites de la méthode

Il ne faudrait pas accorder trop de confiance aux différentes procédures d'analyse en C.I. qui ont pu être mises au point, même si elles ont semblé donner de bons résultats, voire la seule analyse acceptable, dans le cas des phrases relativement simples auxquelles nous les avons appliquées. Chaque procédure a des inconvénients et des limites qui lui sont propres; mais toutes les procédures ont au moins en commun des limites qui sont inhérentes à la méthode elle-même.

a. Possibilité de plusieurs séries différentes de commutations

D'abord il n'est pas rare qu'une même phrase puisse donner lieu à plusieurs séries différentes de commutations, chaque série correspondant forcément alors à une analyse syntaxique propre. Une telle situation rend nécessaire de faire un choix, qui ne saurait être dicté uniquement par des commutations.

α. le SN de *dans la maison de son fils*

Pour ce SN, il existe au moins trois analyses différentes, qui peuvent toutes être défendues par des commutations. Commençons par faire les commutations de la figure 16. On s'arrêtera là, si l'on se conforme aux usages puristes, qui ne jugent pas correct de construire le pronom *celui* avec un adjectif ou un participe comme dans:

dans	la	maison	de	son	fils
	celle			Paul	

fig. 16: 1ère série de commutations

Les personnes ignorantes, et surtout *celles étrangères* à la philosophie. Les raisons données par autrui nous persuadent moins que *celles trouvées* par nous-mêmes

constructions qu'"il faudrait corriger en employant le relatif: ... *celles qui sont étrangères* ...; ... *celles qui ont été trouvées* ...; ou en reprenant le nom" (Grevisse, 1959, 439-440). On obtient alors trois constituants immédiats, ce qui correspond à l'analyse qu'admet Bernard Pottier, quand il dit que "dans <...> *the King of England* <...> se trouve un élément de relation, *of*, qui pourrait suggérer une coupure en trois parties" (Pottier, 1962, 47), l'élément de relation étant en effet le constituant qui relie deux groupes syntagmatiques, selon le schéma:

"Groupe syntagmatique A + Elément de relation + Groupe syntagmatique B" (Pottier, 1962, 43).

Et le syntagme nominal *la maison de son fils* s'analyse en:

SN (*la maison*) + R (*de*) + SN (*son fils*)

comme:

SN (*the King*) + R (*of*) + Npropre (*England*).

Une telle analyse est très proche de celle que propose la grammaire scolaire, pour laquelle la préposition *de* (ou *of*) fait du nom *fils* (ou *England*) un complément du nom *maison* (ou *King*), ce qui correspond à un schéma comme:

(la)maison + de + (son)fils ou (the)King + of + England.

Mais si on n'accepte pas la condamnation des puristes, on peut alors faire commuter, après le pronom *celui*, la préposition *de* et le nom subséquent avec un adjectif (cf. figure 16), ce qui conduit à admettre que le SN a deux constituants immédiats. C'est très exactement l'analyse à laquelle Rulon Wells se rallie finalement. Après avoir observé qu'il était préférable d'analyser le SN anglais *the English king* en un adjectif *English* et un constituant discontinu *the... king*, il admet qu'il doit en être de même pour le syntagme nominal avec complément de nom, qu'il découpera donc en deux constituants immédiats *the king / of England*, ce qui, dit-il, "semble bien après tout l'analyse du bon sens" (Wells, 1970, 89). Cette analyse de Rulon Wells et celle de Bernard Pottier ont en commun de rejoindre sur un point le discours des grammaires scolaires, qui disent que l'article détermine le nom, c'est-à-dire en fait le nom seul.

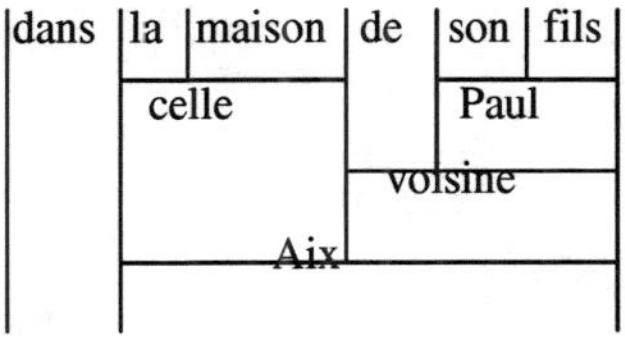

fig. 17: 2ème série de commutations

Un troisième réseau de commutations est possible, qui est celui que proposent des tenants de l'analyse en C.I. comme H. A. Gleason, pour qui le SN à six constituants:

the old man who lives there

commute avec le SN à trois constituants:

the graybeard surviving

qui ont tous les deux comme modèle le SN à deux C.I.:

the survivor

(cf. Gleason, 1969, 106), ou comme Hockett, qui réunit l'adjectif et le nom du SN à trois constituants:

the old man

avant de réunir cette construction avec l'article, selon la représentation gra-

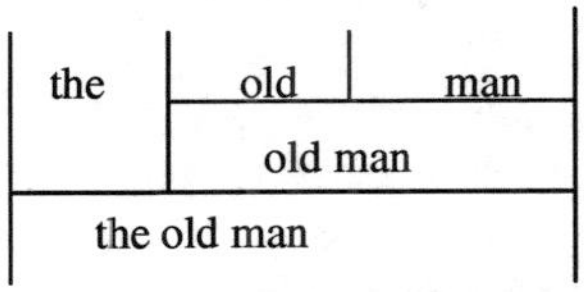

Fig. 18: Analyse de Hockett

phique de la figure 18 (cf. Hockett, 1969, 158). Appliquée à notre exemple,

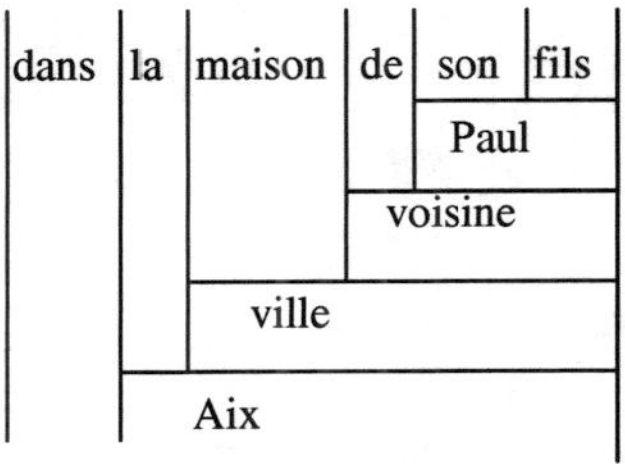

fig. 19: 3ème série de commutations

cette analyse repose sur les commutations de la figure 19, où le complément de nom *de son fils* commute avec l'adjectif épithète *voisine*, comme dans la deuxième série de commutations proposée plus haut, mais où ce complément de nom se combine avec le seul nom *maison*, et non plus avec l'éventuelle combinaison de morphèmes *la maison*.

Quelle description convient-il de retenir? Remarquons d'abord que les systèmes de commutations qui correspondent à ces différentes analyses n'ont pas du tout le même intérêt. La première série de commutations est certes originale, mais elle souffre de certaines limites. Le pronom *celui* en effet ne commute pas dans tous les contextes avec un article et un nom, mais seulement quand il s'agit d'éviter la reprise d'un nom, par exemple:

.... dans *la maison* de Jean, puis dans *celle* de Paul

et lorsque d'autre part le pronom qui évite cette répétition est suivi d'une détermination. Ainsi la construction:

.... *dans la maison de Jean, puis dans celle

est inacceptable, en face de:

.... dans la maison de Jean, puis dans celle-ci

qui est parfaitement possible. Un telle restriction d'emploi suggère peut-être que le morphème *maison* ne se combine avec l'article qu'après avoir formé une unité syntaxique avec la détermination *de Jean*, ce qui invaliderait complètement la première série de commutations proposée, ainsi du reste que la deuxième, et par contre irait dans le même sens que la troisième série de commutation.

Cette dernière série de commutations a d'autres mérites. D'abord elle ne connaît aucune restriction: elle a en effet une portée générale, pouvant être appliquée à n'importe quel SN contenant un SPrép, c'est-à-dire aussi bien aux SPrép avec préposition dite vide qu'à ceux qui présentent une préposition dont le signifié n'est pas purement grammatical, comme:

l'arrivée *à* Rome, l'expulsion *hors de* la ville, la guerre *contre* les Gaulois, etc.

En outre, elle permet de dire que l'article détermine non pas le seul nom de ce SN, mais tout le reste du SN, ce qui correspond au sentiment que l'on peut nettement avoir lorsque le déterminant est par exemple un démonstratif ou un possessif. De fait dans:

mon voyage en Egypte, ce voyage en Egypte

ce n'est pas seulement le *voyage*, mais le *voyage en Egypte* qui est rattaché à l'individu désigné par le morphème *mon* ou *ce*. De même, dans le SN *la maison isolée* ou *une maison isolée*, il semble bien que ce ne soit pas seulement la maison, mais la maison particulière qu'est une maison isolée qui est présentée comme définie ou indéfinie par l'article *la* ou *une*. Cela est d'autant plus vrai dans le SN *la maison de son fils* que c'est précisément parce qu'il y a la détermination apportée par le complément de nom *de son fils* que l'article du SN peut être l'article défini *la*, même si l'on n'a pas déjà parlé de ladite maison.

Si l'on admet que c'est le meilleur réseau de commutations, on remarquera que le procédé qui consiste à commencer les commutations par la fin et à remonter ensuite pas à pas vers le premier morphème de l'énoncé permet d'arriver tout de suite et sans difficulté à l'analyse en constituants immédiats considérée comme devant être retenue.

ß. Le SN avec subordonnée relative

Ce SN présente un autre cas de figure: deux séries de commutations sont possibles; mais il semble que les deux analyses soient également acceptables.

De fait, à côté de la série de commutations que nous avons précédemment admise, il est possible d'en proposer une autre (cf. figure 20), où, cette fois-ci, la relative, qui commute toujours avec un adjectif, se combine avec une construction formée par les trois morphèmes *le vieil homme*, et non plus seulement avec la construction à deux morphèmes qui réunissait le nom *homme* et son adjectif épithète *vieil*.

<table>
<tr><td rowspan="2">Le</td><td>vieil</td><td>homme</td><td rowspan="2">qui</td><td>habite</td><td>ici</td></tr>
<tr><td colspan="2">chasseur</td><td colspan="2">radote</td></tr>
<tr><td colspan="3">Paul</td><td colspan="3">essoufflé</td></tr>
<tr><td colspan="6">Paul</td></tr>
</table>

fig. 20: Autre série de commutations

Comment choisir entre ces deux analyses? Il semble bien que les deux soient possibles. Mais alors la relative n'a pas le même sens, ce qui rejoint la distinction traditionnelle dans les grammaires entre relatives dites explicatives et relatives dites déterminatives. On sait que ces deux sortes de relatives n'ont pas, au point de vue logique et sémantique, la même extension, la relative explicative disant quelque chose de toute l'extension de son antécédent, et la relative déterminative ne concernant qu'une partie de l'extension de son antécédent. Quand en effet, pour reprendre des exemples de *La logique* dite de Port-Royal, on énonce, avec une relative explicative:

les hommes, qui sont mortels, <périssent un jour>

le contenu de la relative est vrai de tous les hommes, et l'on peut asserter de tout l'antécédent du relatif:

les hommes sont mortels.

Mais à partir d'une relative déterminative comme:

les hommes qui sont pieux sont charitables

on ne peut pas affirmer de tout l'antécédent:

les hommes sont charitables

car la relative *qui sont pieux* n'est vraie que d'une partie des hommes. Il serait plus linguistique de dire que la relative explicative est une apposition de son antécédent, qui est tout un SN, comme dans le réseau de commutations qui vient d'être proposé, tandis que la relative déterminative n'est qu'une épithète de son antécédent, qui est constitué non plus de tout le SN *le vieil homme* (ou *les hommes*), mais du seul nom complexe (*vieil homme*) ou simple (*hommes*). Ceci veut dire que dans le cas d'une relative explicative, la subordonnée *qui habite ici* se combine avec le SN *le vieil homme*, comme dans les dernières commutations, alors que dans le cas d'une relative déterminative, elle se combine avec le seul syntagme *vieil homme*, comme dans les commutations proposées antérieurement. Les deux réseaux de commutations sont donc théoriquement acceptables. Mais bien entendu, ces deux analyses s'appliquent à deux énoncés différents: elles ne sont pas possibles à propos du même énoncé.

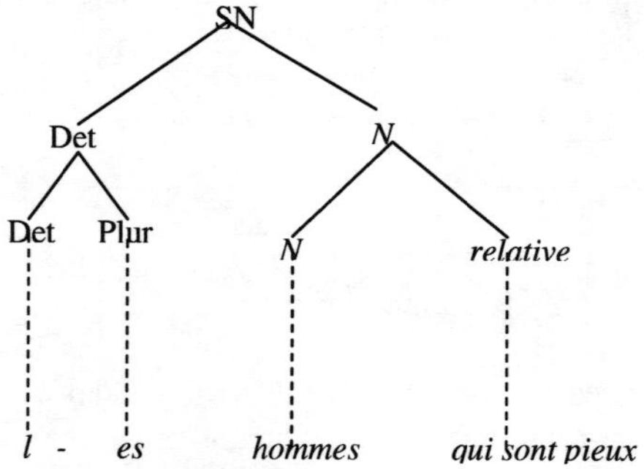

fig. 21: Relative "déterminative" (ou épithète)

Une représentation graphique sous forme d'arbre montrera très clairement

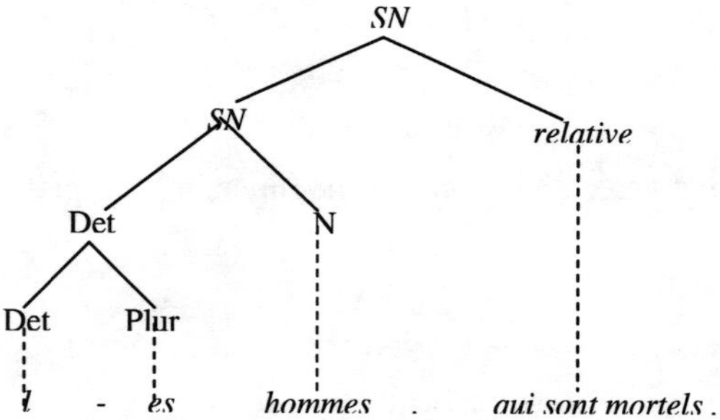

fig. 22: Relative "explicative" (ou apposée)

la différence d'organisation syntaxique que nous venons de reconnaître entre la relative dite déterminative du SN *les hommes qui sont pieux*, et la relative dite explicative du SN les *hommes, qui sont mortels*. Dans la figure 21, la relative dite déterminative est une expansion de N, tandis que dans la figure 22, la relative dite explicative est une expansion de SN. Seule la relative explicative est un constituant immédiat du SN auquel elle appartient, la relative déterminative n'est qu'un constituant immédiat d'un N du SN auquel elle appartient.

b. Impossibilité de trouver une commutation

A côté de la possibilité de trouver plusieurs réseaux de commutations différents, il existe une autre limite de la commutation, plus grave peut-être, c'est l'impossibilité de proposer la moindre commutation. Cela est notamment le cas avec les morphèmes fonctionnels, c'est-à-dire les morphèmes dont le signifié est purement grammatical et n'indique rien d'autre que la fonction syntaxique que remplit un constituant donné.

Les langues à flexion casuelle sont particulièrement riches en tels morphèmes. Quand par exemple un morphème qui a pour signifiant un nominatif indique que le lexème ou le syntagme avec lequel il se combine remplit la fonction de sujet, ou quand un morphème dont le signifiant est un accusatif manifeste que le constituant auquel il se rattache est un complément de verbe, il est impossible de ne faire commuter ce constituant et son morphème casuel avec un seul morphème pour établir que ce morphème casuel se combine avec ledit constituant et forme avec lui une unité syntaxique. Car tout ce que l'on mettra à la place de ce morphème occupera la même fonction syntaxique que ce constituant, et sera donc affecté du même morphème casuel que lui. Il ne sera pas possible de remplacer ce constituant et son morphème casuel par un seul morphème. La commutation ne permet donc pas d'établir que ce constituant et son morphème fonctionnel forment une construction. Mais dans la mesure où le morphème fonctionnel indique la fonction de ce seul constituant, il n'y a aucune raison de penser qu'il pourrait former une construction avec un autre constituant. Et des tests comme le déplacement ou le clivage montreraient clairement que si on déplace ledit constituant, il faut déplacer en même temps son morphème casuel.

Ainsi dans le SN sujet du vers de Virgile dont il sera question plus loin:

mai-ior-es	*cad-unt* <...>	*umbr-ae*	«les ombres plus grandes tombent»
grand-plus-NomPl	tomber-Pers6	ombre-NomPl	

il est possible de montrer que les deux morphèmes *mai-ior-* «grand-plus» sont une construction, en les faisant commuter avec le seul adjectif *magn-* «grand» (*mai-* étant une variante de *magn-* devant le morphème de comparatif «plus»):

magn-ae	*cad-unt* <...>	*umbr-*ae	«les ombres grandes tombent».
grand-NomPl	tomber-Pers6	ombre-NomPl	

Il est également possible de faire commuter les deux morphèmes *magn-* «grand» et *ombr-* «ombre» avec le seul lexème nominal *ombr-* ou *nub-* «nuage» (*-es* étant une variante du Nominatif Pluriel *-ae*), et de montrer ainsi que la construction *magn- ... umbr-* «grande(s) ombre(s)» est une construction endocentrique, puisqu'elle commute avec un de ses propres constituants immédiats:

cad-unt <...> *umbr-ae* «les ombres tombent»
tomber-Pers6 ombre-NomPl

cad-unt <...> *nub-es* «les nuages tombent».
tomber-Pers6 nuage-NomPl

Il est enfin également possible de faire commuter le morphème de pluralité avec l'absence de nombre que les grammaires scolaires ont l'habitude d'appeler le singulier, en remplaçant l'amalgame des segments de nominatif pluriel *-ae* ou *-es* avec le seul segment de nominatif *-a* ou *-is*, ce qui entraîne obligatoirement, pour le verbe, le remplacement du segment morphologique *-unt* par le segment *-it*:

cadi-t <...> *umbr-a* «l'ombre tombe»
tomber-Pers3 ombre-Nom.

cadi-t nub-is «le nuage tombe»
tomber-Pers3 ombre-Nom.

(le singulier *nub-ēs*, homonyme du pluriel *nub-ēs*, étant toutefois une variante plus usuelle que le nominatif *nubis*). Mais il est absolument impossible de remplacer les deux morphèmes *umbr-a* «ombre-Nom.» ou *nub-is* «nuage-Nom.» par un seul lexème. Car cet éventuel lexème serait obligatoirement sujet du verbe et se verrait donc adjoindre un morphème casuel de nominatif indiquant cette fonction de sujet. Par contre, le déplacement linéaire montre bien que ce morphème de nominatif fait corps avec le constituant dont il indique la fonction; car si on déplace ce constituant, il faut aussi nécessairement déplacer le morphème de nominatif:

umbr-a cadi-t, mais **umbr- cadi-t -a*

nub-is cadi-t, mais **-is cadi-t nub-*

Les langues sans déclinaisons présentent aussi ce genre de difficulté. Certes, en français, le morphème fonctionnel *de*, qui marque la fonction de complément de nom dans des syntagmes comme:

la maison de son fils, la maison de Paul

n'a posé aucun problème, puisque le syntagme *de Paul* pouvait commuter avec un adjectif épithète comme *isolée*, où la fonction n'est marquée par aucun morphème, mais seulement par la position de l'adjectif à côté du nom. Par contre un énoncé comme:

il parle de ses vacances à ses amis

est moins favorable. Car s'il est possible de proposer les commutations de la figure 23, on ne peut pas faire commuter les deux morphèmes *il parle* avec un

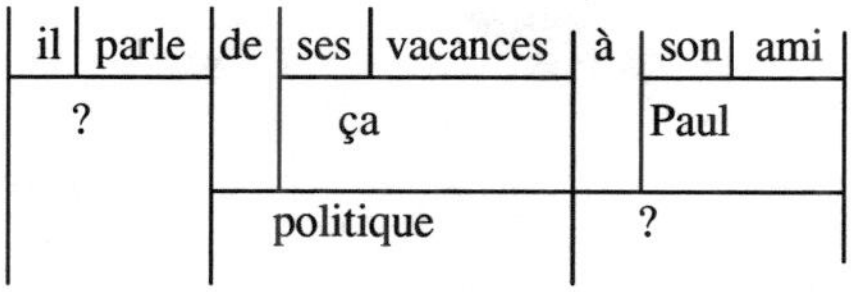

fig. 23: Commutations impossibles

seul morphème verbal; et pourtant il est clair que le prétendu pronom personnel *il*, qui ne commute nullement avec un nom propre comme *Pierre*, puisqu'il n'a pas les mêmes propriétés combinatoires que lui, n'est pas un sujet, c'est-à-dire un constituant immédiat de P. Il forme donc une unité syntaxique avec le seul verbe *parle*. Mais il est impossible de prouver l'existence de cette construction en faisant commuter ces deux morphèmes *il parle* avec un seul morphème. Car si *parle*, à l'impératif, est un seul mot, il serait facile de montrer que, comme *parl-ons*, il contient trois morphèmes. Cette dernière forme s'analyse en effet comme présentant le lexème verbal *parl-*, le morphème discontinu de Personne 6 */nous... -ons/*, et le morphème d'«ordre», dont le signifiant est le remplacement du premier segment du morphème personnel par zéro, soit /Ø ←(*nous*)/. Faire commuter *il parle* avec l'impératif *parle* reviendrait donc à faire commuter deux morphèmes avec trois, ce qui ne saurait prouver que *il parle* est une construction. Par contre, tous les déplacements imaginables des constituants de la phrase *Il parle de ses vacances à son ami* ne permettront pas de déplacer *parle* sans déplacer en même temps *il*:

A son ami, *il parle* de ses vacances

C'est de ses vacances qu'*il parle* à son ami

De ces vacances, *il en parle* à son ami

*C'est *il* qui *parle* de ses vacances (en face de: C'est Paul qui parle de ses vacances).

De même la préposition *à*, qui introduit le second complément du verbe *parler*, et le régime de cette préposition ne peuvent pas commuter avec un seul morphème. La commutation apparente:

Il parle à Paul / Il lui parle

remplace bien 2 mots (*à Paul*) par un seul (*lui*) ; mais ce seul mot est en fait un amalgame d'une préposition «à» et d'un morphème personnel «il». La commutation remplace donc en fait 2 morphèmes par deux morphèmes, ce qui ne saurait prouver que *à Paul* (ou *à son ami*) est une construction. A défaut de commutation, on invoquera la simultanéité du déplacement de la préposition et du nom propre (ou du SN) dans:

A Paul, il parle de ses vacances

C'est *à son ami* qu'il parle de ses vacances

pour justifier l'hypothèse de la combinaison de la préposition avec le nom propre (ou le SN). De tels déplacements simultanés interdisent en effet de faire l'hypothèse que la préposition des compléments d'objet dits indirects par la tradition grammaticale doit être rattachée au verbe et non au SN qui suit cette préposition, et cela même si les pédagogues et les dictionnaires sont tentés de parler des verbes transitifs *parler à*, *parler de*, *donner à* ou *se souvenir de*. Ces prépositions font bien partie de ce qu'ils appellent la construction desdits verbes (dans un autre sens du mot *construction* que celui que l'analyse en constituants immédiats donne à ce terme). Mais bien que leur forme particulière soit sélectionnée par le verbe dit recteur, elles constituent une unité constructionnelle avec le complément de ce verbe. Et l'on comprend du reste que les grammaires scolaires disent que *de ses vacances* ou *à son ami* sont des compléments d'objet indirects du verbe *parler*. Leur rôle, comme celui des cas, est d'indiquer que les SN *ses vacances* et *son ami* sont précisément des compléments de verbe *parler*, et non des circonstants du SV formé par ce verbe et ses compléments.

Ces morphèmes fonctionnels posent un autre problème, technique et théorique à la fois. Faut-il leur attribuer un nœud dans l'arbre qui représenterait la structure syntaxique de la phrase dans laquelle ils se trouvent? On est tenté

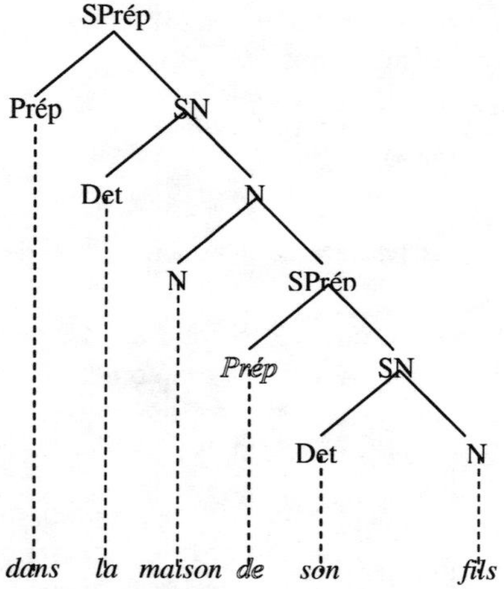

fig. 24: Le complément de nom

de représenter graphiquement le SN du syntagme prépositionnel *dans la maison de son fils*, analysé plus haut, par la figure 24, et la phrase latine simplifiée *mai-ior-Ø umbr-a cadit* «l'ombre plus grande tombe» (= «grand-plus-Sujet ombre-Sujet tomber») par le schéma de la figure 25, où le morphème fonctionnel de sujet a un signifiant discontinu. Si l'on a une conception vraiment syntaxique, c'est-à-dire constructionnelle de la syntaxe, laquelle définit par exemple la fonction de sujet comme le fait, pour un SN ou tout autre constituant, de se combiner avec un SV, c'est-à-dire par la relation, à l'intérieur d'un constituant P, d'un SN avec un SV, ce que Noam Chomsky appelait la fonction "Sujet-de" et qu'il notait par SN⌒SV, on remarquera qu'un des nœuds de cet arbre ne correspond pas à une catégorie, mais à une fonction, que ce nœud n'est pas en relation avec d'autres nœuds de l'arbre, mais qu'il manifeste seulement la relation entre un nœud SN et un nœud SV. On observera en outre que la relation entre le SN et le SV, qui correspond donc à la fonction de sujet, est marquée dans l'arbre par les deux embranchements qui partent de P et qui rejoignent, l'un, le nœud SN et, l'autre, le nœud SV. Le ou les segments

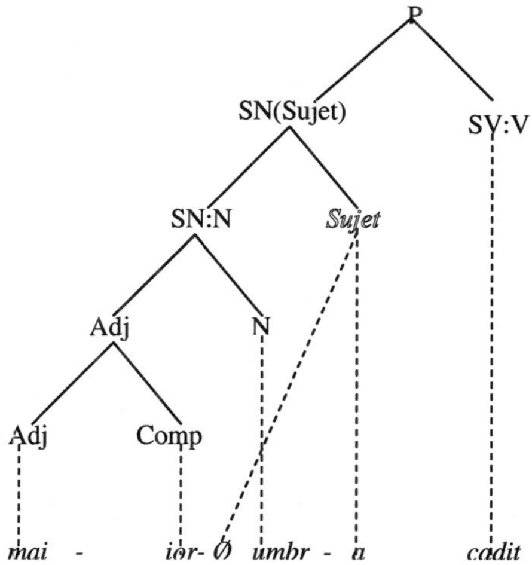

fig. 25: Le syntagme nominal sujet

morphologiques des morphèmes fonctionnels sont en fait l'expression formelle de la relation syntaxique entre le SN et le SV notée par ces deux embranchements. Il n'est donc nul besoin de marquer, une seconde fois dans l'arbre, la fonction de "sujet-de", qui est déjà présente du fait de la configuration d'embranchements qui relie le nœud P aux deux nœuds SN et SV. Les morphèmes fonctionnels sont par conséquent des morphèmes particuliers, qui, à la différence des autres morphèmes, ne correspondent pas à un nœud dans un arbre, mais à un chemin entre des nœuds d'un arbre. La

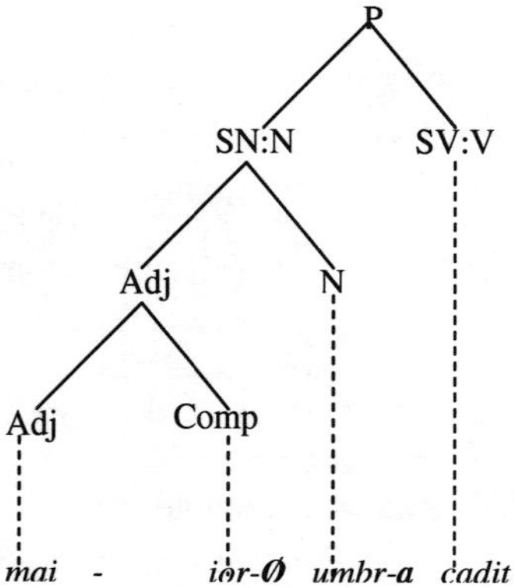

fig. 26: Représentation purement structurale

bonne représentation graphique de la structure syntaxique de notre phrase latine doit supprimer le pseudo-nœud SN(Sujet), ainsi que le nœud Sujet, et ne faire correspondre à aucun nœud les marques morphologiques de la fonction de sujet, laquelle est en fait représentée dans l'arbre une configuration d'embranchements propre. Séparées par un tiret des lexèmes qui représentent un noeud, elles seront censées correspondre aux chemins entre les nœuds des lexèmes auxquels elles s'ajoutent, comme dans la figure 26.

Il faut appliquer les mêmes conventions à la figure 24, où le complément de nom *de son fils* est considéré à tort comme un syntagme prépositionnel apparemment identique au syntagme de lieu introduit pas *dans*, alors que ce que la grammaire traditionnelle appelle, dans les deux cas, préposition, à savoir *de* et *dans*, n'a ni la même nature syntaxique ni le même rôle syntaxique. Le morphème *de* a un signifié purement grammatical de «complément de nom», le morphème *dans*, un signifié sémantiquement localisateur de «à l'intérieur d'un repère». En outre, le morphème *dans* forme avec le SN avec lequel il se combine une construction qui appartient à un autre paradigme que celui de SN, le paradigme de l'adverbe, ce qui n'est pas le cas du morphème fonctionnel *de*, qui laisse dans le paradigme du SN le constituant avec lequel il se combine et dont il se contente d'indiquer la fonction syntaxique de complément de nom. La grammaire traditionnelle a bien vu la différence qui existe entre ces deux prépositions, quand elle dit que l'une est une préposition vide, *de*, et l'autre, une préposition pleine, *dans*. Elle entend par là que la première n'a pas de contenu sémantique, mais un contenu purement grammatical, tandis que la seconde a un contenu véritable proprement sémantique.

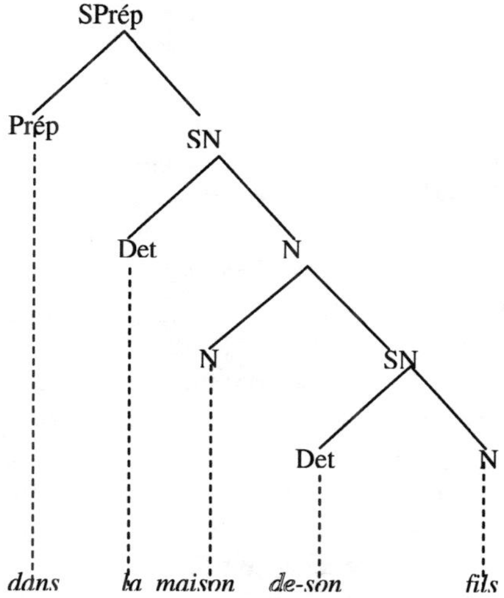

fig. 27: Le SN complément de nom

Pour en revenir à l'exemple *il parle de ses vacances à son amis*, si l'on admet que les deux prépositions *de* et *à* sont des morphèmes fonctionnels de complément de verbe, ils ne doivent correspondre à aucun nœud dans la représentation graphique de la structure syntaxique de cette phrase, ce qui donnera la figure 28, où ce n'est pas la préposition *de* qui est sous le nœud Det, mais l'amalgame de cette préposition avec l'article défini du pluriel *les*.

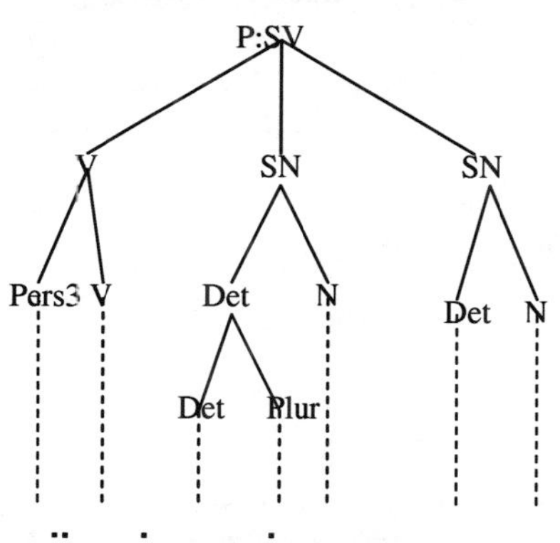

fig. 28: Les compléments de verbe

7. Problème de la non contiguïté linéaire

Jusqu'à présent, nous avons toujours fait commuter, en français, en anglais ou en latin, des constituants voisins dans la chaîne parlée, ce qui admettait implicitement que les constituants immédiats d'une construction se suivent toujours dans la chaîne parlée. Or il n'en va pas ainsi dans toutes les langues. Un spécialiste de l'ordre des mots en latin, comme Marouzeau, affirme d'emblée que "le latin est une langue à construction libre", en précisant toutefois, quelques lignes plus bas, que "si l'ordre des mots est libre, il n'est pas indifférent" (Marouzeau, 1953, p. IX). Le dernier vers, par exemple, de la première *Eglogue* de Virgile commence par un adjectif qui forme avec le dernier mot de ce même vers le groupe sujet, et est donc séparé de son noyau nominal par tout le SV avec lequel ce syntagme sujet se combine. Dans ce même SV, la préposition d'un SPrép s'intercale entre l'adjectif épithète et le nom de son régime. Et le coordonnant qui rattache la proposition formée par ce SN et son sujet à la proposition précédente se trouve à l'intérieur même de cette proposition coordonnée, qu'il découpe donc en deux parties disjointes. Bref la discontinuité règne partout, dans ce vers.

mai-ior-es-que cad-unt alt-is de mont-ibus umbr-ae (Verg., *ecl.* 1, 83):
grand-plus-NoPl-et tomber-P6 haut-AbPl de mont-AbPl ombre-NoPl
"Et les ombres plus grandes tombent du haut des montagnes (litt. : des montagnes élevées)".

a. Dumarsais et Tesnière

Ces disjonctions posent du reste un problème d'ordre général, qui n'est pas souvent abordé par les linguistes. Le grammairien de l'*Encyclopédie*, Dumarsais, est, à notre connaissance, le premier qui, tout en utilisant le terme de *construction* dans un sens différent de celui qu'il a ici dans l'analyse en constituants immédiats, a explicitement distingué l'organisation syntaxique de l'ordre des mots.

Après avoir défini la *construction*, au début de l'article *Construction* de *L'Encyclopédie*, comme "l'arrangement des mots dans le discours", il observe, en partant justement d'exemples latins, qu'il ne convient pas identifier la syntaxe avec l'ordre des mots. Il écrit expressément:

> "Je crois qu'on ne doit pas confondre *construction* avec *syntaxe*. *Construction* ne présente que l'idée de combinaison et d'arrangement. Cicéron a dit, selon trois combinaisons différentes, *accepi litteras tuas*, *tuas acccepi litteras*, et *litteras accepi tuas*: il y a là trois *constructions*, puisqu'il y a trois différents arrangements de mots; cependant, il n'y a qu'une syntaxe, car dans chacune de ces constructions, il y a les mêmes signes des rapports que les mots ont entre eux; ainsi, ces rapports sont les mêmes dans chacune de ces phrases. <...> ainsi chacun de ces trois arrangements excite, dans l'esprit, le même sens, *j'ai reçu votre lettre*." (Dumarsais, 1987, 410-411).

De fait, dans chacune de ces phrases, l'adjectif *tuas* est épithète du nom *litteras*, et ce nom est ce que les grammaires appellent le complément d'objet du verbe *accepi*. Et comme le dit Dumarsais, cette même syntaxe dans trois arrangements différents des mêmes mots aboutit à la même signification de «J'ai reçu ta lettre», avec peut-être des différences stylistiques de mise en relief, qui devaient correspondre à des intonations plus ou moins différentes.

Tesnière, qui était un slavisant avant d'être un généraliste, est un des rares linguistes modernes à avoir intégré à sa théorie linguistique la distinction entre l'organisation syntaxique et l'ordre des mots, entre ce qu'il appelait "l'ordre structural" et "l'ordre linéaire", qu'il définissait en ces termes.

> "L'ordre structural des mots est celui selon lequel s'établissent les connexions" (Tesnière, 1966, 16),

les connexions étant les relations entre les mots "dont l'ensemble forme la charpente de la phrase" (Tesnière, 1966, 11), c'est-à-dire les relations qui organisent et hiérarchisent les différents constituants de l'énoncé les uns par rapport aux autres. Et Tesnière représentait cet ordre structural par un dessin à deux dimensions (comparable à l'"arbre" des chomskyens), qu'il appelait un "stemma", et qui était, selon ses propres mots, "l'expression graphique de l'ordre structural" (Tesnière, 1966, 16).

Quant à "l'ordre linéaire", c'est "celui d'après lequel les mots viennent se ranger sur la chaîne parlée" (Tesnière, 1966, 18). Et Tesnière l'opposait qualitativement à l'ordre structural, en précisant que "l'ordre linéaire est, comme la chaîne parlée, à une dimension" (Tesnière, 1966, 18).

Cette distinction entre l'ordre structural et l'ordre linéaire est fondamentale dans la théorie linguistique de Tesnière. "Toute la syntaxe structurale, dit-il en effet, repose sur les rapports qui existent entre l'ordre structural et l'ordre linéaire" (Tesnière, 1966, 19). Faire l'analyse syntaxique d'une phrase consiste en effet à identifier l'ordre structural dans l'ordre linéaire observable, et finalement à construire, ou établir le stemma de ladite phrase. Cette distinction est aussi fondamentale pour la théorie de la communication ou plutôt de l'emploi de la langue. Car, comme le dit Tesnière, "parler une langue, c'est en transformer l'ordre structural en ordre linéaire" (Tesnière, 1966^2, 19).

Nous proposons, pour notre part, d'appeler syntagmatiques les relations linéaires dans la chaîne parlée, et par conséquent de distinguer les relations syntaxiques des relations syntagmatiques, les relations syntaxique étant celles qui constituent l'organisation structurale des constituants de la phrase, les relations syntagmatiques étant celles qui placent les constituants syntaxiques dans la successivité de la chaîne parlée. On retrouve ici les deux ordres que Marie-Claire Barbault et Jean-Pierre Desclés ont signalés à propos des "arbres": la hiérarchie verticale de la dépendance syntaxique, et la succession horizontale de l'ordre des mots. Et on en conclut qu'en syntaxe, le seul ordre vraiment intéressant et pertinent est la hiérarchie verticale, l'ordre horizontal n'étant que la présentation linéaire ou la mise en forme linéaire de cette hiérarchie verticale.

Qualifier ainsi de relations syntagmatiques les relations linéaires de la chaîne parlée ne fausse nullement le point de vue des linguistes qui, à la suite de Saussure, parlent de "rapport syntagmatique". Car, comme le rappelle le *Dictionnaire de linguistique*, "on appelle *rapport syntagmatique* tout rapport existant entre deux ou plusieurs unités apparaissant effectivement dans la chaîne parlée" (Dubois et *alii*, 1973, 477). Saussure avait dit textuellement, au chapitre de son cours intitulé "Rapports syntagmatiques et rapports associatifs":

> "dans le discours, les mots contractent entre eux, en vertu de leur enchaînement, des rapports fondés sur le caractère linéaire de la langue, qui exclut la possibilité de prononcer deux éléments à la fois. Ceux-ci se rangent les uns à la suite des autres sur la chaîne de la parole. Ces combinaisons qui ont pour support l'étendue peuvent être appelées *syntagmes*" (Saussure, 1967, 170).

Ainsi les syntagmes devraient être de simples groupements linéaires. Mais comme le mot syntagme a pris le sens de combinaisons syntaxiques de morphèmes, nous lui laisserons ce sens syntaxique. Mais en faisant de l'adjectif *syntagmatique* une sorte de synonyme de l'adjectif *linéaire*, nous revenons aux sources. Et l'on peut dire que, d'une certaine façon, nous clarifions les choses, puisque ainsi nous empêchons, contrairement à une tendance fâcheuse assez générale, de faire du mot *syntagmatique* un synonyme moderne ou technique de l'adjectif *syntaxique*. Nous distinguons donc le syntaxique, qui est structural, du syntagmatique, qui, lui, est linéaire.

b. L'analyse configurationnelle de Kulagina

Quand l'ordre linéaire s'écarte beaucoup de l'ordre structural, ce qui est assez peu fréquent en anglais ou en français, mais plus en russe, et beaucoup plus en latin, les commutations telles que nous les avons pratiquées à la suite de Gleason semblent difficilement applicables à nombre de phrases latines ou russes. Il n'est pas étonnant que les linguistes russes aient proposé, à cause de la langue sur laquelle ils travaillaient, des techniques d'analyse en constituants différentes de celles des linguistes américains, tout en utilisant des concepts théoriques similaires et le même test de la commutation, comme on va le voir dans ce que I. Revzin appelle le modèle configurationnel de O. Kulagina.

"Pour pouvoir, précise I. Revzin, étudier les liaisons qui existent entre des mots non obligatoirement placés côte à côte, on introduit dans le modèle de Kulagina le concept de configuration d'un rang déterminé" (Revzin, 1968, 122). Si dans une phrase donnée, on appelle configuration de rang *n* une structure formée d'au moins deux éléments et susceptible d'être remplacée par un seul élément qui formerait avec la reste de ladite phrase une phrase également acceptable, on appellera résultante de la configuration de rang *n* l'élément seul qui remplace ladite configuration, et structure de rang *n* toute phrase qui ne contient plus de configurations de rang *n*, la phrase qui contenait des configurations de rang *n* étant par conséquent une structure de rang *n*-1. Ainsi dans la phrase:

(1) Une petite fille caressa longuement le chat

pour reprendre la traduction française d'un exemple russe de O. Kulagina, on ne considérera pas les deux éléments *petite fille* comme une configuration de rang 1 dont la résultante serait le seul élément *fille*, parce qu'on ne peut pas faire commuter *petite fille* avec *fille* dans tous les contextes possibles. Dans la phrase:

(2) Une très petite fille courait

cela donnerait:

*Une très fille courait

qui n'est pas une phrase acceptable. C'est *très petite* qui est une configuration de rang 1, et qui commuterait toujours avec le seul adjectif *petite*. La phrase (1), qui ne contient pas de configurations de rang 1, est une structure de rang 1. Par contre la phrase (2), qui, elle, contient une configuration de rang 1, est une structure de rang 0 (c'est-à-dire de rang *n*-1, donc 0). Appliquons ces principes d'analyse à notre phrase de Virgile.

Les deux morphèmes *mai-ior-* sont une configuration de rang 1, dont la résultante est le seul morphème adjectival *magn-* «grand». Il n'y a pas d'autres configuration de rang 1 dans ce vers. Si on remplace la configuration de rang 1 par sa résultante, on obtient la phrase:

magn-ae-que cadunt alt-is de mont-ibus umbr-ae «et les grandes ombres tombent des montagnes élevées»

qui est une structure de rang 1, où *-ae* de *magn-ae* n'est qu'une variante morphologique du *-es* de *mai-ior-es*. Cette structure de rang 1 contient deux configurations de rang 2, formées d'un adjectif et d'un nom, à savoir *magn-umbr-* et *alt- mont-*, qui, toutes deux, commutent toujours, dans des structures de rang 1, avec un nom seul. Si donc on remplace ces configurations de rang 2 par leurs résultantes, à savoir *umbr-* et *mont-*, on obtient la phrase:

et cadunt de mont-ibus umbr-ae «et les ombres tombent des montagnes»

qui est une structure de rang 2. Cette structure de rang 2 est en fait une structure de rang 3, car elle ne contient pas de configurations de rang 3, telles que seraient les SN *ill-is mont-ibus* «ces montagnes» et *ill-ae umbr-ae* «ces ombres», formés d'un déterminant et d'un nom. Cette structure de rang 3 contient deux configurations de rang 4 formées par la combinaison des noms *mont-* et *umbr-* et des morphèmes de pluriel amalgamés dans les désinences de nominatif pluriel *-ibus* et *-ae*. Les résultantes de ces configurations de rang 4 sont les seuls noms *mont-* et *umbr-*, combinés, cette fois, avec les seuls morphèmes de nominatif *-e* et *-a*. Le remplacement de ces configurations de rang 4 par leur résultante donne la structure de rang 4:

et cadit de mont-e umbr-a «et l'ombre tombe de la montagne»

où l'absence de morphème de pluriel dans le sujet *umbr-a* entraîne obligatoirement, pour le verbe, l'apparition de la variante morphologique dite de singulier *cadit*. Dans cette structure de rang 4, les deux morphèmes *de mont-e*, forment une configuration de rang 5, qui, dans des structures de rang 4, commuterait toujours avec *huc* (variante après les verbes de changement de lieu de l'adverbe *hic* «ici»), qui est donc sa résultante. En remplaçant la configuration de rang 5 par cette résultante, on obtient la phrase:

et cadit huc umbr-a «et l'ombre tombe ici».

qui est une structure de rang 5. Dans cette structure, les deux éléments *cadit* et *huc* sont une configuration de rang 6, dont la résultante est le seul verbe *cadit* «tombe», ce qui nous donne une structure de rang 6:

et cadit umbr-a «et l'ombre tombe»,

où l'on observe une configuration de rang 7, formée par le nom sujet *umbr-* et son morphème fonctionnel de nominatif *-a*. Comme nous l'avons vu précédemment, il n'est guère possible de faire commuter cette combinaison d'un lexème et d'un morphème fonctionnel avec un seul morphème. Tout au plus, peut-on dire que la suppression de cette configuration de rang 7 donnerait

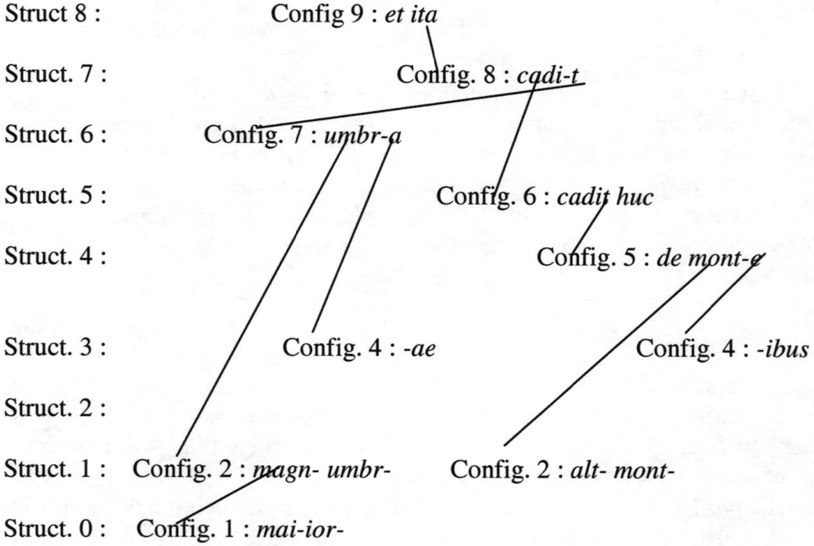

Fig. 28: Les différents niveaux de configuration

la structure de rang 7:

et cadi-t «et elle tombe»,

où la variante *cadit* du lexème verbal de la structure de rang 6 est remplacée par la variante *cadi-* , et où *-t* est le signifiant du morphème de troisième personne «il» ou «elle», et non plus un segment d'accord morphologique. Notons cependant que si ce morphème de troisième personne *-t* est bien la résultante de la configuration de rang 7 *umbr-a,* cette configuration et sa résultante n'appartiennent pas au même paradigme fonctionnel. La structure de rang 7

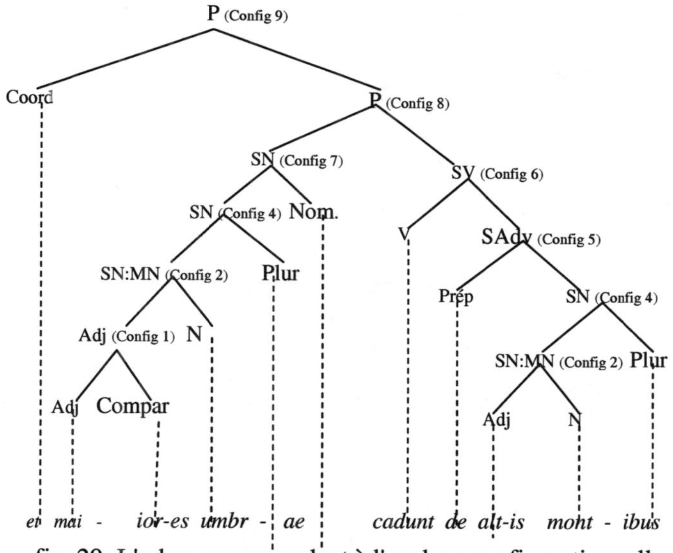

fig. 29: L'arbre correspondant à l'analyse configurationnelle

enfin *et cadi-t* «et elle tombe», contient une configuration de rang 8 formée par les deux morphèmes de *cadi-t* «elle tombe», dont la résultante est un adverbe phrastique comme *ita* «oui». Et la structure de rang 8:

et ita «et oui»

est par conséquent une configuration de rang 9. On peut récapituler cette analyse apparemment un peu complexe par le tableau de la figure 28, où les traits relient les résultantes aux configurations avec lesquelles elles commutent.

Si on représente sous forme d'arbre la décomposition en constituants immédiats à laquelle cette analyse correspond, on obtient la figure 29, où le rang de la configuration suit, entre parenthèses, l'étiquette traditionnelle qui pourrait être attribuée à chacune de ces configurations de la phrase. Ce schéma n'indique pas qu'au niveau morphologique, l'amalgame du Nominatif et du Pluriel est le segment discontinu *-es... -ae*, ni que le segment *-bus* est non seulement le signifiant du morphème de Pluralité, mais aussi un élément du signifiant discontinu du morphème /de:... Abl/.

c. Solution pour la procédure synthétique de Gleason

On a vu qu'une analyse du type de l'analyse configurationnelle de O. Kulagina n'était nullement gênée par l'éventuelle discontinuité linéaire d'un syntagme, comme *altis... montibus* ou surtout *maiores... umbrae*. Mais il est parfaitement possible, si on le veut, de modifier la procédure synthétique du type de celle de Gleason, pour lui permettre de s'appliquer aisément aux constituants éventuellement non contigus d'une même construction. Il suffit de la compliquer un tout petit peu, en ajoutant deux conventions particulières.

D'abord, on pourrait encadrer de traits discontinus les deux constituants *altis* et *montibus* qui, bien que séparés dans la chaîne syntagmatique *altis de montibus*, n'en forment pas moins une construction syntaxique:

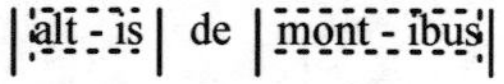

et mettre sous le seul second (ou le seul premier) de ces constituants le morphème qui commute avec la construction discontinue qu'ils forment, en tirant un trait sous les deux constituants, mais en ne prolongeant verticalement que l'un des deux traits qui séparaient le constituant intercalé, ce qui manifestement agrandit la case de ce constituant intercalé, comme on le voit dans la figure 30. Le résultat de cette convention montre très clairement d'une

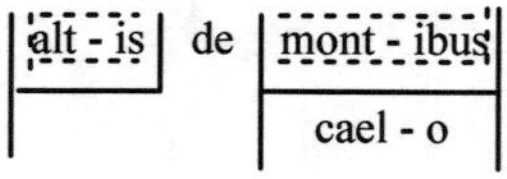

fig. 30 : Construction discontinue

part que le morphème *caelo* commute avec les deux constituants non contigus de la construction *altis... montibus*, et d'autre part qu'après cette commutation, il ne reste plus du syntagme à trois constituants *altis de montibus* qu'un syntagme adverbial à deux constituants *de caelo*, dont les deux constituants sont contigus.

A cela il faut ajouter la seconde convention, qui est de commencer par faire commuter avec un seul morphème les constructions dont les constituants sont contigus ou le plus proches possible; car en procédant de la sorte, on constatera que les constituants apparemment les moins contigus ne sont pas si éloignés l'un de l'autre qu'on pouvait le croire à première vue.

En se conformant à ces deux conventions, la procédure synthétique à la façon de Gleason donne, pour le vers de Virgile, le tableau de commutations de la figure 31.

Pour réaliser ce tableau, on écrit d'abord, sur la première ligne, la phrase à analyser, en séparant par un tiret ou un blanc tous les segments morphologiques. Puis pour simplifier la présentation, on raye tous les segments morphologiques qui ne sont pas à eux seuls le signifiant d'un morphème. On raye d'abord le premier (ou le second segment) de l'amalgame discontinu de nominatif pluriel, ce qui donne *-~~es~~... -ae*, puis le segment de Pers6 *-~~unt~~*, qui n'est qu'un accord morphologique avec un sujet au pluriel. Et on n'oubliera pas que le segment *-ae* représente alors non pas un seul morphème, mais l'amalgame du morphème fonctionnel de nominatif et du morphème de pluriel.

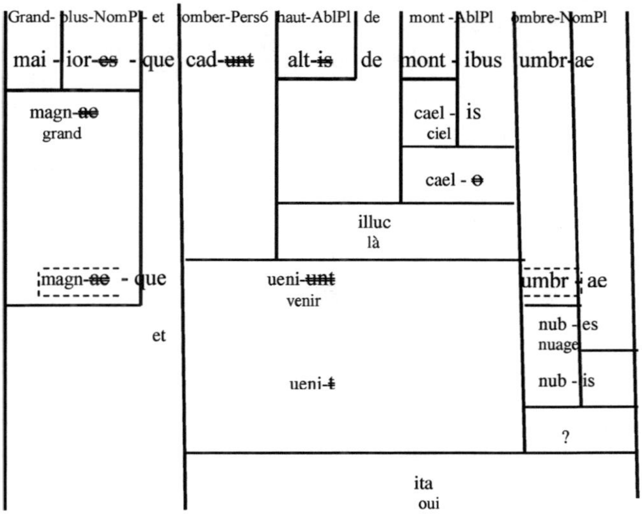

fig. 31: Tableau des commutations

On doit ensuite rayer deux des trois segments du morphème discontinu */-is de... -ibus/* et ne garder que le segment *de*, pour représenter ce morphème. Mais comme les ablatifs sont ici un amalgame du segment morphologique d'Ablatif et du morphème de pluriel, on gardera le segment *-ibus*, pour représenter le morphème de pluriel. La phrase à analyser étant ainsi présentée, on en sépare tous les morphèmes par un trait vertical.

En vertu de la seconde convention, on commence les regroupements syntaxiques par les morphèmes contigus dans la chaîne, en l'occurrence l'adjectif *mai-* et le morphème de comparatif *-ior-*, que l'on fait commuter avec le seul adjectif *magn-* «grand». Puis, toujours en vertu de la seconde convention, on réunit les morphèmes les moins éloignés, à savoir *alt-* et *mont-*, qui ne sont séparés que par la préposition *de*. Pour cela, on les fait commuter avec le lexème *cael-* «ciel», en procédant conformément à la première convention, c'est-à-dire en encadrant les deux morphèmes en question, et en agrandissant la case de *de*. Cette commutation entraîne obligatoirement le remplacement de l'ablatif pluriel *-ibus* par l'allomorphe compatible avec *cael-*, à savoir *-is*. Puis on fait commuter le nom *cael-* et le morphème de pluriel, qui sont contigus, avec le seul lexème *cael-*, qui présente alors forcément le segment morphologique d'ablatif (dit singulier) *-o*, que l'on raye, puisque ce n'est que le second segment du morphème à signifiant discontinu /*de*... Ablatif/. Et l'on est ensuite conduit tout naturellement à faire commuter les deux constituants contigus *de* et *caelo* avec l'adverbe de lieu *illuc* «là», puis les deux constituants également contigus *cadunt* et *illuc* avec le verbe *ueniunt* «venir». Le vers de Virgile est alors ramené à la phrase plutôt courte:

magnaeque ueniunt umbrae «et de grandes ombres arrivent»

où les deux constituants du SN sujet sont plus près l'un de l'autre que dans le vers de Virgile, étant seulement séparés par le coordonnant enclitique *-que* et par le verbe *ueniunt*. Il est facile de les encadrer, conformément à la première convention et de les faire commuter avec le nom *nub-* «nuage». Mais la phrase prend alors la forme:

et ueniunt nubes «et les nuages arrivent».

Car le coordonnant *-que* «et» ne peut pas être le premier mot de la phrase, puisqu'il est enclitique. Et d'autre part, le nominatif pluriel *-ae* doit être remplacé par l'allomorphe *-es*, qui est seul compatible avec le lexème *nub-*. Dans cette phrase, il n'y a plus aucune discontinuité. On fait d'abord commuter le lexème *nub-* et le morphème de pluriel qui est dans l'amalgame de nominatif pluriel *-ae*, avec le seul lexème *nub-*, ce qui fait apparaître un signifiant *-is* de nominatif (dit singulier), et remplace obligatoirement le segment morphologique de pluriel *-unt* par le segment morphologique *-t* dit de singulier. Comme le nominatif *-is* est un morphème fonctionnel qui indique la fonction de sujet, on ne peut pas faire commuter les deux morphèmes *nub-is* avec un seul morphème. Mais il y a tout lieu de penser que *-is* se combine avec le lexème dont il indique la fonction plutôt qu'avec le verbe *uenit* ou le coordonnant *et*, ce que confirme le fait que si on déplace ce lexème, il faut aussi déplacer la marque de nominatif:

et nub-is uenit

**et nub- uenit -is*.

On termine en faisant commuter le sujet *nub-is* et le verbe *uenit* avec l'adverbe *ita* «oui».

Un tel tableau de commutations, qui est peut-être un peu délicat à obtenir, montre clairement que les éléments non contigus *mai-ior-es* et *umbr-ae* ou *alt-is* et *mont-ibus* forment des constructions nominales, que l'on appellera des SN.

Il ne reste plus qu'à préciser comment il convient de représenter graphiquement une phrase comme celle de Virgile.

d. Représentation graphique

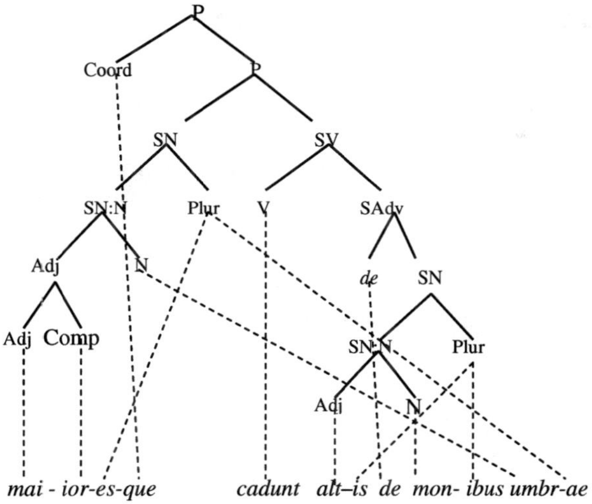

fig. 32

Une première solution pourrait être un arbre comme celui de la figure 29, qui représente la décomposition en constituants immédiats, sans tenir compte

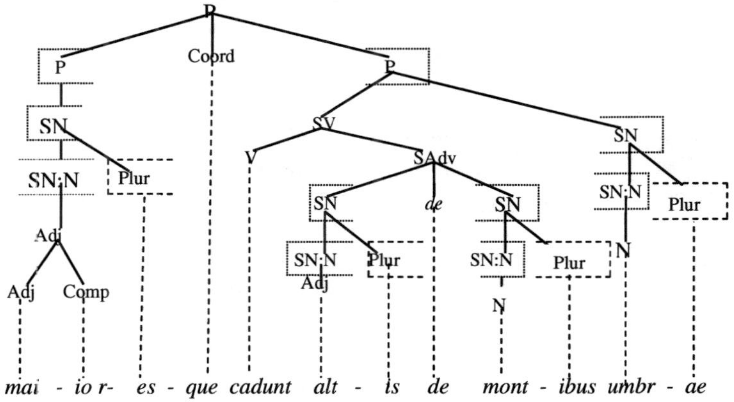

fig. 33

de l'ordre des mots. Mais cela déplaira aux latinistes, qui auront l'impression que la belle phrase de Virgile est toute disloquée. On essayera donc de représenter la même organisation syntaxique tout en respectant l'ordre des mots, comme dans la figure 32. Mais un tel arbre est bien embrouillé, à cause de tous les croisements qu'il présente, croisements d'embranchements qui, pour le mathématicien, sont interdits, parce qu'ils empêchent toute reconnaissance automatique des nœuds mères à partir des nœuds filles. On peut alors imaginer un système où tout constituant en *n* morceaux sera représenté *n* fois, mais où ces *n* représentations seront encadrées, pour bien montrer qu'il ne s'agit pas de *n* constituants, mais d'un seul constituant, comme dans la figure 33. Dans cette figure, il est inutile de noter la discontinuité du pluriel, qui est un fait de morphologie et non de syntaxe.

On peut également recourir au système de représentation graphique de Nida, qui accepte la discontinuité des constructions, mais en y ajoutant des étiquettes catégorielles, qui étaient un des grands avantages de la représentation sous forme d'arbre. Ceci donnerait quelque chose comme la figure 34.

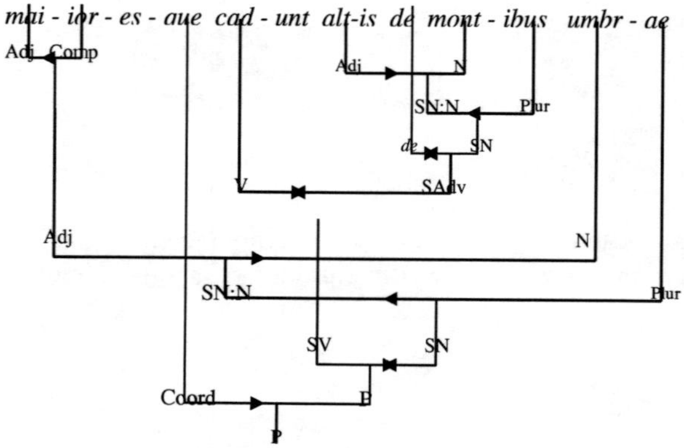

fig. 34: Schéma de Nida amélioré

Tous ces systèmes de représentations graphiques ne sont pas inintéressants ; mais il ne faut pas oublier qu'ils correspondent à une description à la fois syntaxique et à syntagmatique de la phrase qu'ils représentent. Si on ne s'occupe que de la description syntaxique, un arbre comme celui de la figure 29 suffit, et a peut-être l'avantage d'éviter systématiquement toute confusion possible entre le syntaxique avec le syntagmatique. Cela correspond au schéma de la figure 35, où l'ordre des constituants moins la discontinuité syntagmatique est le plus possible respecté, et où seule compte la décomposition en constituants immédiats.

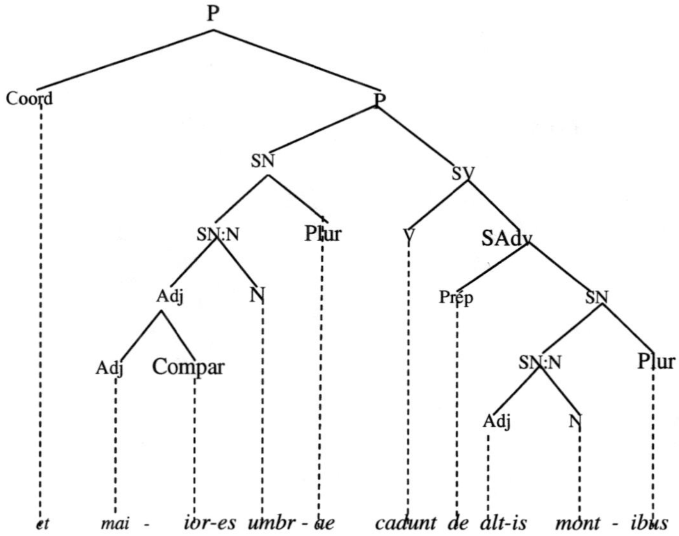
P
Coord
P
SN
SV
SN:N
Plur
V
SAdv
Adj
N
Prép
SN
Adj
Compar
SN:N
Plur
Adj
N
et mai - ior-es umbr - ae cadunt de alt-is mont - ibus

fig. 35

Chapitre 3

Exercices d'analyse en constituants immédiats

I. Soient les phrases

fr. *Il ne savait pas que, pour les rois, le monde est très simplifié ; tous les hommes sont des sujets.* (Saint-Exupéry, *Le petit prince*, X, p. 439)

où il y a autant de morphèmes que de mots, sauf *ne... pas*, qui est un morphème à signifiant discontinu, *savait*, qui combine deux morphèmes (le lexème *sav-* et le morphème de «non actuel» *-ait*), et *les*, qui contient également deux morphèmes (le morphème de «définitude» *l-*, et le morphème de «pluralité» *-es*):

all. *Er wusste nicht, dass für die Könige die Welt etwas höchst Einfaches ist: Alle Menschen sind Untertanen.* (trad. de Grete et Josef Leitgeb, p. 35)

angl. *He did not know how the world is simplified for kings. To them, all men are subjects.* (trad. de Katherine Woods, p. 41)

it. *Non sapeva che per i re il mondo è molto semplificato. Tutti gli uomini sono dei sudditi.* (trad. de Nini Bompiani Bregoli, p. 48)

esp. *No sabía que para los reyes el mundo está muy simplificado. Todos los hombres son súbditos.* (trad. de Bonifacio Del Carril, p. 45)

A. Vers une analyse en constituants immédiats

1. Identifications des constructions (ou syntagmes):

Dans cette phrase, on remarque tout de suite trois constructions importantes, plus une quatrième qui pourrait être discutée, à savoir:

un SN *le monde*, qui est le sujet de la proposition subordonnée complétive,

un groupe adjectival *très simplifié*, qui est l'attribut de ce sujet,

un SPrép *pour les rois*, qui, d'après les grammaires scolaires, serait un complément circonstanciel de point de vue, et une locution verbal *il ne savait pas*, qui est le verbe principal de cet énoncé —la grammaire scolaire dirait même qui est la proposition principale de cette phrase. On peut encadrer, dans des rectangles de dimension différente, chacune de ces quatre constructions, comme dans la figure 1.

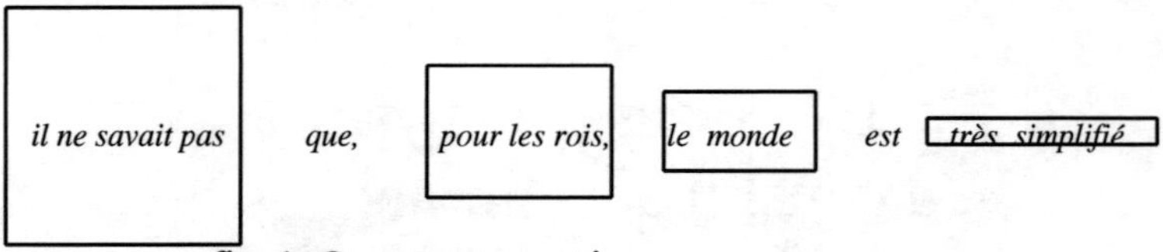

fig. 1: Quatre constructions

Après l'identification de ces quatre constructions, la grammaire scolaire se contenterait probablement d'ajouter que tout ce qui suit la première construction, c'est-à-dire la proposition principale, forme une seule construction, à laquelle elle donnerait le nom de proposition subordonnée complétive. Cette analyse n'est pas fausse, mais elle est trop rapide, car elle n'identifie pas toutes les constructions que peut contenir cette phrase, notamment celles qui seraient intermédiaires entre les premières constructions identifiées et l'analyse dite logique en propositions. Si, à partir des quatre constructions primitivement identifiées, on réexamine pas à pas la phrase, on s'aperçoit que certaines de ces quatre constructions se regroupent en des constructions plus larges, avant de former la construction qu'est la proposition subordonnée. Par exemple, l'attribut du sujet *très simplifié* forme avec le verbe *est* ce qu'on pourrait appeler le prédicat de la proposition subordonnée, qui est

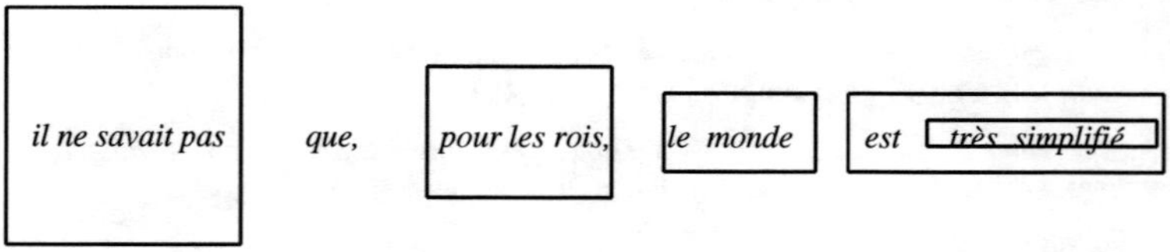

en l'occurrence le SV *est très simplifié*., qu'on entourera d'un rectangle plus que celui de la construction *très simplifié*. Manifestement, ce SV forme avec le SN sujet *le monde* ce qu'on appelle une proposition, *le monde est très simplifié*, qu'on entourera d'un rectangle plus grand que celui de ses deux constituants. Cette proposition n'est que le noyau propositionnel de la subordonnée complétive; car le SPrép *pour les rois* appartient aussi à la proposition subordonnée. On peut dire que la construction *pour les rois, le monde est très simplifié* pourrait être à elle seule une phrase; c'est donc aussi une proposition, laquelle est une proposition endocentrique, puisqu'elle contient la construction

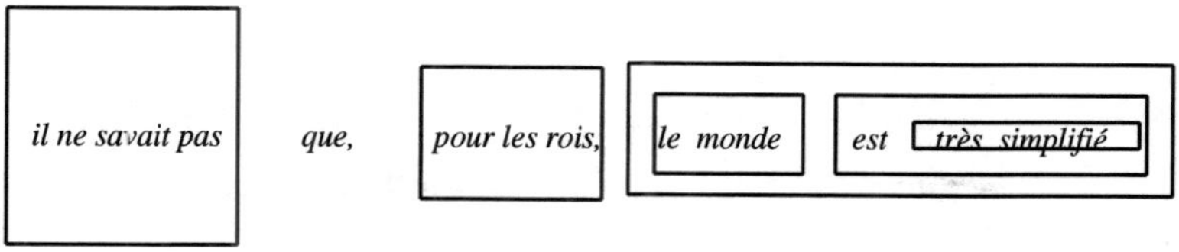

le monde est très simplifié, qui est, elle-même une proposition. Si l'on ajoute à

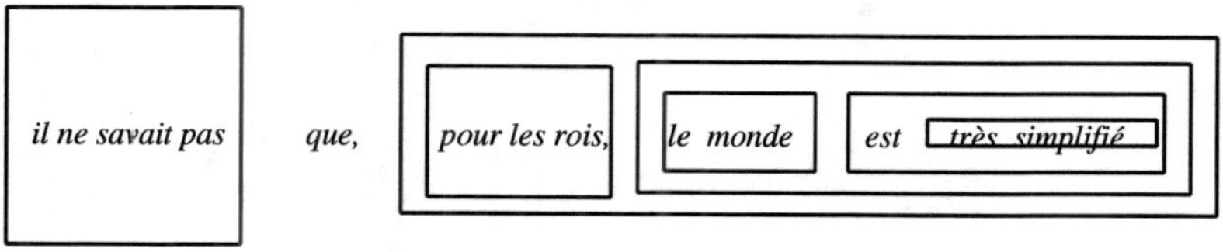

la proposition endocentrique la conjonction de subordination *que*, on a la construction, que la grammaire scolaire proposition subordonnée complétive, *que, pour les rois, le monde est très simplifié*. Cette subordonnée est dite

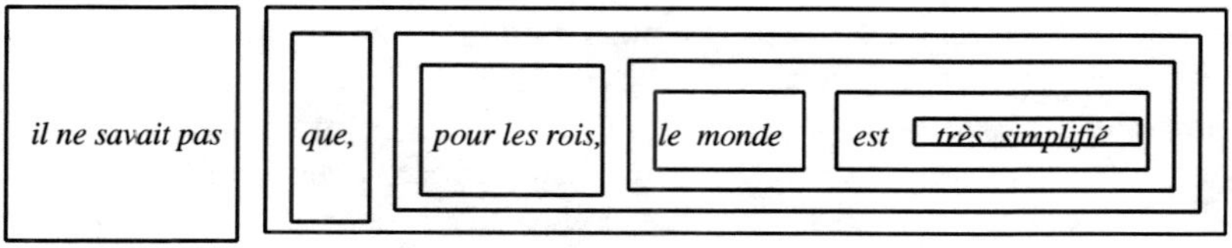

complétive parce qu'elle est en quelque sorte le complément d'objet de la locution verbale *il ne savait pas*.

Si l'on utilise la terminologie de l'analyse en constituants immédiats pour décrire cet énoncé, on dira que la phrase:

> Il ne savait pas que, pour les rois, le monde est très simplifié

a deux constituants immédiats:

> la locution principale *il ne savait pas* et
>
> la proposition subordonnée *que, pour les rois, le monde est très simplifié*

et que cette proposition subordonnée a deux constituants immédiats:

> la conjonction de subordination *que* et
>
> la proposition syntaxiquement endocentrique *pour les rois, le monde est très simplifié*

et que cette proposition a elle-même deux constituants immédiats:

> le SPrép *pour les rois* et
>
> la proposition *le monde est très simplifié*;

cette proposition a deux constituants immédiats:

le SN sujet *le monde*

et le SV *est très simplifié.*

Le SV a deux constituants immédiats:

le verbe *est* et

le groupe adjectival attribut *très simplifié*.

Et les constructions que sont le SN sujet et le groupe attribut sont toutes les deux formées de deux morphèmes, qui sont leurs constituants immédiats, à savoir l'article *le* et le nom *monde*, d'une part, et l'adverbe *très* et l'adjectif *simplifié*, d'autre part.

2. Tests justificatifs

Nous nous sommes appuyés sur notre intuition ou sur notre compréhension de la phrase, ainsi que sur les analyses de la grammaire traditionnelle, pour regrouper en constructions les différentes unités de cette phrase. Il faudrait confirmer ces intuitions par quelques manipulations ou quelques tests objectifs. Il est possible de montrer que chacune des constructions repérées est bien une construction, en la remplaçant par un seul morphème, et de voir que ce remplacement ne change en rien l'organisation syntaxique, ce qui remplace ayant la même fonction syntaxique que ce qui est remplacé. L'adverbe *très* forme une construction avec l'adjectif *simplifié* puisqu'il porte sur cet adjectif. Et l'ensemble de ces deux morphèmes peut être remplacé par le seul adjectif *simplifié*, qui sera toujours un attribut du sujet *le*

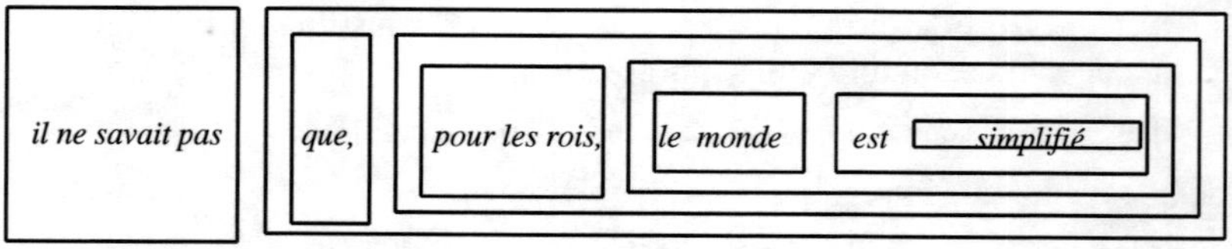

monde. Toutes les constructions de deux morphèmes peuvent être remplacées par un seul morphème, qui remplira la même fonction syntaxique qu'elles. *Pierre* peut remplacer le SN *le monde*, et sera, lui aussi, sujet du SV *est simplifié*. Ce SV peut être remplacé par le verbe intransitif *court*, qui sera le

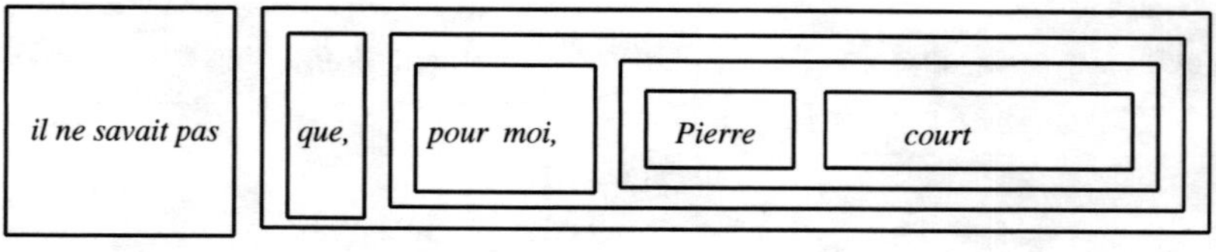

prédicat du sujet *le monde* ou du sujet *Pierre*. Et le SN *les rois* peut être remplacé par le ProSN *moi*, lequel sera le régime de la préposition *pour* exactement comme *les rois*. Il y a donc équivalence paradigmatique et fonctionnelle entre les combinaisons de morphèmes primitives et les morphèmes qui les remplacent, ce qui fait que la phrase de départ et la phrase résultante ont exactement la même structure. Et les commutations de plusieurs morphèmes avec un seul morphème ont montré que les morphèmes qui ont commuté avec un seul morphème jouent dans l'organisation syntaxique de la phrase le même rôle que le morphème unique avec lequel ils ont commuté et forment donc effectivement des unités syntaxiques, c'est-à-dire des constructions.

Si on continue ces manipulations en faisant commuter toutes les constructions de deux morphèmes avec un seul morphème, on obtient une

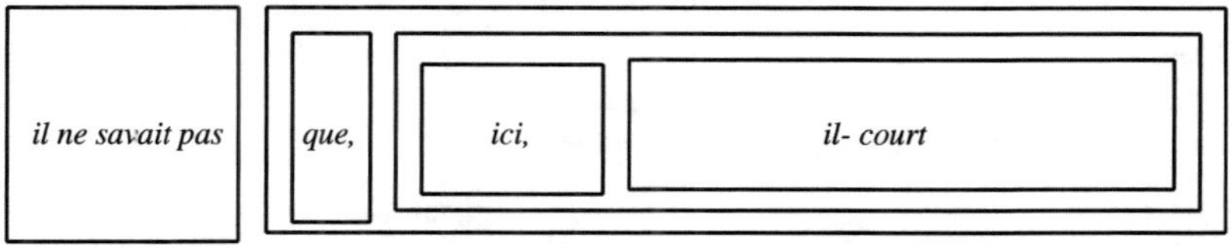

phrase plus simple, mais qui présente la même organisation syntaxique générale, où *ici* serait un complément circonstanciel comme *pour moi* ou *pour les rois*, même s'il n'a pas la signification d'un complément circonstanciel de point de vue, et où *il-court*, qui est certes formé de deux morphèmes, mais de deux morphèmes étroitement liés accentuellement et syntaxiquement, puisque *il* est proclitique et n'est pas séparable du verbe par une apposition (ainsi que le montre par exemple:

*il, cet imbécile, court

en face de:

Pierre, cet imbécile, court),

est le noyau propositionnel de la subordonnée complétive exactement comme *Pierre court* ou *le monde est simplifié* ou *le monde est très simplifié*. Ce noyau

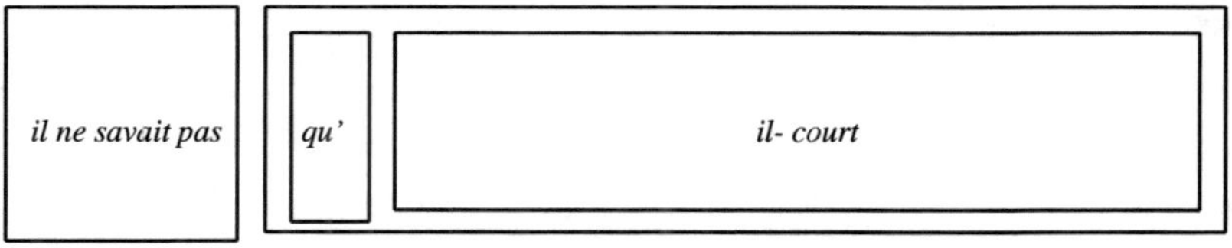

propositionnel peut évidemment remplacer seul la construction qu'il forme avec l'adverbe *ici*, sans que la structure générale de la phrase change, celle-ci étant toujours constituée d'un verbe et d'une proposition subordonné complétive. Et les deux constituants de cette subordonnée complétive peuvent commuter avec un seul ProSN *cela*, qui sera, comme la subordonnée complétive, complément d'objet du verbe *savait*.

il ne savait pas	*cela*

Reste la construction *il ne savait pas*, qui pose quelques problèmes d'analyse. A cause des éléments proclitiques comme *il* et *ne*, il est certainement préférable de considérer que l'ensemble est une seule construction de quatre constituants immédiats, plutôt qu'une construction à deux constituants immédiats, qui combinerait le verbe *il savait* à la négation discontinue *ne... pas*.

3. Conclusion

Les équivalences fonctionnelles et paradigmatiques que nous avons essayé de mettre en évidence à l'aide de la commutation sont précisément le genre d'arguments que la technique de l'analyse en constituants immédiats vise à établir d'une façon progressive et systématique, en dressant ce qu'on appelle un tableau des commutations.

B. Questions à traiter

1) Faire le tableau des commutations correspondant à ce qui vous paraît la bonne analyse en C.I. de cette phrase.

2) Donner une représentation graphique de cette analyse syntaxique.

3) Qu'y a-t-il de commun et de différent dans les différents sujets *il* (et à sa place: *le petit prince*) et *le monde*?

4) Qu'y a-t-il de commun et de différent entre cette fonction de sujet et la fonction du SPrép *pour les rois*?

1. Le tableau des commutations

Commençons par quelques remarques sur les commutations.

a. Des regroupements minimaux

Il faut remplacer le moins de morphèmes possibles à la fois par un seul morphème, si l'on veut obtenir une analyse syntaxique un peu détaillée. C'est ainsi qu'une commutation directement avec un seul morphème soit de trois morphèmes comme *est très simplifié*, soit de quatre morphèmes comme *pour l-es rois* manquent d'intérêt. On établit ainsi que les trois morphèmes *est très simplifié* ou les quatre morphèmes *pour l-es rois* forment une construction; mais on ne sait rien sur l'organisation structurale interne de ces constructions.

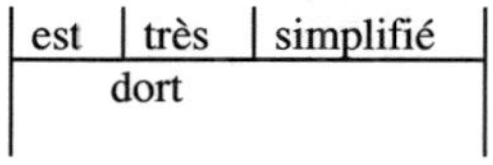

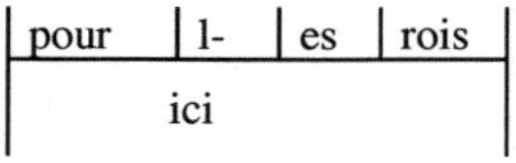

Or une construction formée de trois unités peut être soit la combinaison de trois unités indépendantes et au même niveau soit la combinaison de la première unité avec la combinaison des deux dernières unités soit la combinaison de la combinaison des deux premières unités avec la dernière unité, ce qu'on pourrait noter en recourant à un parenthésage comme en algèbre:

(a + b + c) ou (a+ (b + c)) ou (a + b) + c)

C'est plus clair avec des graphes ou, si l'on veut, des «arbres»; car l'addition est commutative, puisque:

(1+ (2 + 3)) = (1 + 2) + 3)

c'est-à-dire:

(1+ (5)) = (3) + 3) = 6

Avec des arbres, on voit clairement que l'on n'a pas affaire aux mêmes structures, ce que montre bien la figure 1.

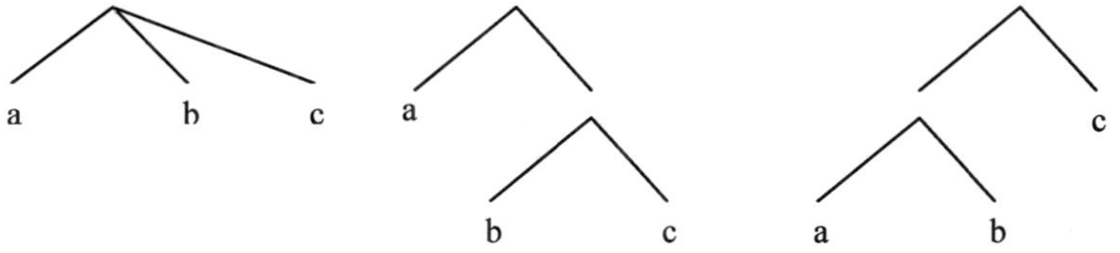

fig. 1: Les structures à 3 unités

Et si l'on admet la discontinuité, il y a un autre agencement possible. La première unité pourrait se combiner avec la dernière, et cette combinaison se combiner à son tour avec la deuxième unité, ce qui formerait, quand on parle de l'ordre des mots, une enclave, laquelle serait représentable par le schéma de la figure 2, qui combine crochets et parenthèses.

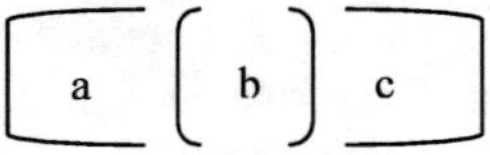

fig. 2: Enclave

Le problème est le même pour une construction à quatre unités, à cela près qu'il y a plus de possibilités de structuration. On peut avoir affaire soit à une combinaison de quatre unités isolées, soit à une combinaison d'une combinaison de trois unités avec une seule isolée soit enfin à une combinaison de deux unités avec une seconde combinaison de deux unités. Il importe donc de préciser quelle est la combinaison qui est réalisée dans une construction formée de quatre morphèmes, c'est-à-dire à quelle organisation de constituants immédiats elle correspond. Ce peut être en effet une construction formée de quatre constituants immédiats ou une construction formée de deux constituants immédiats. Si la construction de quatre morphèmes a quatre constituants immédiats, cela veut dire qu'il n'y a aucune hiérarchie entre les quatre morphèmes qui la constituent. Mais si elle a deux constituants immédiats, l'un peut être un seul morphème et l'autre une construction, qui elle-même peut avoir deux ou trois constituants immédiats, ou encore tous les deux peuvent être des constructions, et ainsi de suite. Il est donc important de trouver des commutations moins radicales et moins rapides que celles qui font commuter directement toute la construction à quatre ou à trois morphèmes avec un seul morphème; car ceci permettra de voir quelle est l'organisation interne de cette construction.

Dans les deux constructions envisagées plus haut, on peut dire, avec la grammaire scolaire, que l'adverbe *très* porte sur l'adjectif *simplifié*, et donc que l'attribut du sujet est le groupe de morphèmes *très simplifié* et non pas le seul adjectif *simplifié*. Cela veut dire que les deux derniers morphèmes *très* et *simplifié* forment une construction syntaxique, et que c'est cette construction qui se combine avec le morphème verbal *est*. La construction *est très simplifié* a donc deux constituants immédiats, à savoir *est* et *très simplifié*, le premier étant donc un morphème et le second une construction; et cette seconde construction a elle-même deux constituants immédiats, à savoir le morphème *très* et le morphème *simplifié*. On obtiendrait ce même résultat à l'aide des commutations

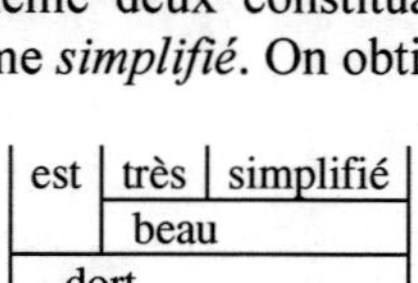

fig. 3: Construction à 3 morphèmes

de la figure 3.

Dans la construction à quatre morphème *pour l-es rois*, les commutations de la figure 4 montrent que l'on a affaire à une construction à deux constituants

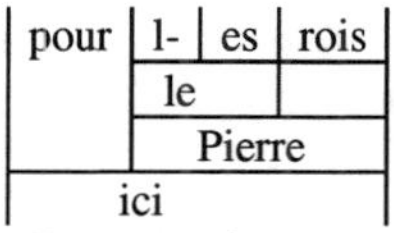

fig. 4: Construction à 4 morphèmes

immédiats, dont le deuxième constituant immédiat *l-es rois* a, lui-même, pour constituants immédiats une construction à deux constituants immédiats *l-es* et le lexème *rois*.

Le problème de la structure interne se poserait de la même façon, si on se contentait de faire les commutations de la figure 5.

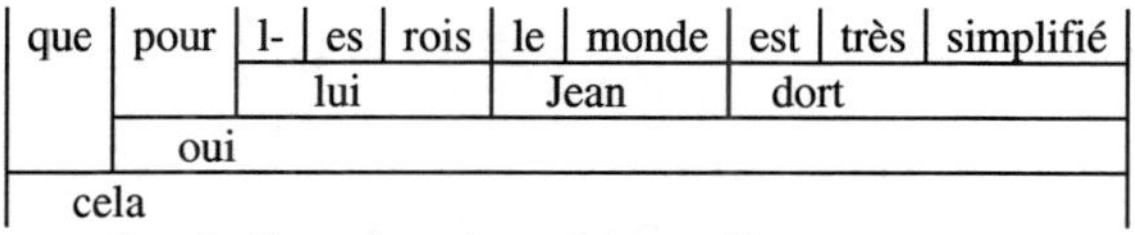

fig. 5: Commutations incomplètes

Car cela voudrait dire que la subordonnée complétive *que pour les rois le monde est très simplifié* a deux constituants immédiats, la conjonction *que* et la proposition *pour les rois le monde est très simplifié*, ce qui semble juste, mais que cette proposition a elle-même quatre constituants immédiats, à savoir la préposition *pour*, le SN *les rois*, qui a pour modèle le pronom *lui*, le second SN *le monde*, qui a pour modèle le nom propre *Jean*, et le SV *est très simplifié*, qui a pour modèle le verbe intransitif *dort*. Ceci est manifestement faux, car si la construction *pour les rois, le monde est très simplifié* a effectivement pour modèle ce que Tesnière appelait le mot-phrase *oui*, on ne peut pas dire que cette construction ait quatre constituants immédiats. La préposition *pour* va en effet avec son régime *les rois*, pour former le SPrép *pour les rois*, et le sujet *le monde* va avec son prédicat *est très simplifié*, pour former la proposition *le monde est très simplifié*. Il y a d'autres commutations à faire entre la suite de

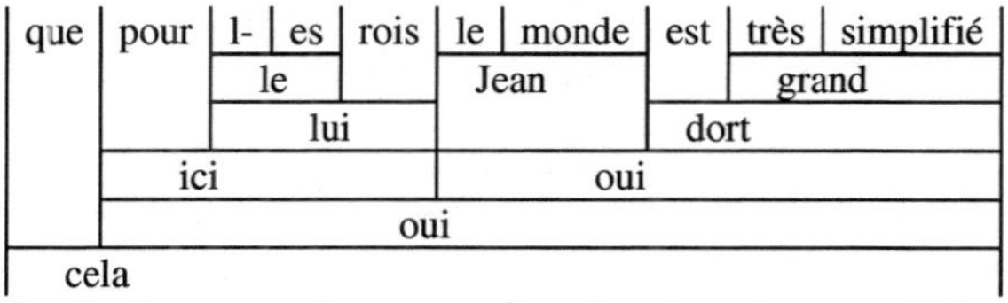

fig. 6: Commutations pour la subordonnée complétive

constituants *pour lui Jean dort* et mot-phrase *oui*, qui établiront que la proposition *pour les rois, le monde est très simplifié* a deux constituants immédiats, et non pas quatre, à savoir le SPrép *pour les rois* et la seconde proposition *le monde est très simplifié*, et que les constructions *les rois*, *le monde* et *est très simplifié* ne sont que des constituants immédiats de ces deux constituants immédiats de la proposition.

b. Des équivalences paradigmatiques ou fonctionnelles

Quand on fait des commutations, il ne faut pas faire commuter n'importe quoi avec n'importe quoi, en ne se souciant que d'obtenir un résultat qui soit une phrase acceptable en français. Il faut que le groupe de morphèmes que l'on fait commuter avec un seul morphème et ce seul morphème remplissent, dans les phrases où ils se trouvent, le même rôle structural ou la même fonction syntaxique, c'est-à-dire entretiennent avec leur contexte exactement la même fonction, et que par conséquent la phrase qui présente le groupe de morphème en question et la phrase où ce groupe est remplacé par un seul morphème aient la même structure syntaxique. Cela veut dire que, dans ce contexte, ils doivent appartenir au même paradigme. Leur identité fonctionnelle est ordinairement manifestée par le fait que leur commutation est possible dans d'autres contextes syntaxiques. Si cette commutation n'est pas quelque peu généralisable, elle risque de n'avoir aucun intérêt pour l'analyse syntaxique de la phrase étudiée.

Un tableau de commutations comme celui de la figure 7 n'a absolument aucune pertinence pour l'analyse syntaxique de notre phrase, même si des

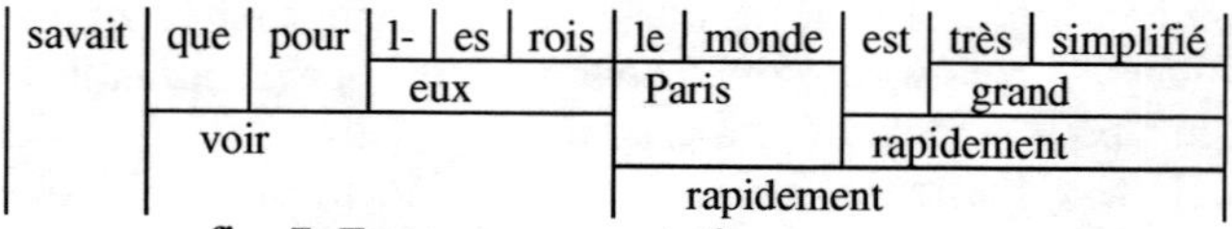

fig. 7: Fausses commutations

phrases comme:

Il savait que pour eux Paris est grand

Il savait voir Paris rapidement

Il savait voir rapidement

sont aussi possibles en français que:

Il savait que pour les rois le monde est très simplifié.

Car, outre le fait que la suite de mots **savait voir Paris est grand* n'est pas acceptable, les cinq morphèmes *que pour les rois* ou les trois morphèmes *que pour eux* d'une part ne forment nullement une construction, et d'autre part ne peuvent en aucune façon être considérés comme appartenant au paradigme de l'infinitif *voir*. Ils n'ont pas du tout la même relation syntaxique avec les constituants de leur environnement. Car le SN *le monde* dans:

Il savait voir le monde (ou Paris) rapidement

est le complément d'objet du verbe *voir*, alors que dans:

Il savait que pour eux le monde est grand

il est le sujet de *est grand.* De même, le verbe *voir* est le noyau du complément d'objet du verbe *savait* et pourrait être à lui seul un complément d'objet dans:

Il savait voir

alors que la suite *que pour eux* n'a aucune fonction par rapport au verbe *savait* et ne pourrait pas suivre seule le verbe *savait* dans:

*Il savait que pour eux

qui n'est pas une phrase française. Si donc on peut, dans certains cas, remplacer *que pour eux* par le seul verbe *voir*, il ne s'agit pas d'une commutation, au sens linguistique du terme.

De même, l'adverbe *rapidement* n'a nullement le même rôle structural et donc le même fonctionnement que les SV *est grand* ou *est très simplifié*, ni du reste que les deux mots *Paris rapidement*, qui ne forment même pas une construction, puisque *Paris* est le complément d'objet de *voir*, et que *rapidement* est un circonstant par rapport au SV *voir Paris*.

De la même façon, le verbe à l'infinitif *chanter* de:

Il ne savait pas *chanter*

peut certes fournir une commutation acceptable de la subordonnée de:

Il ne savait pas que, pour les rois, le monde est très simplifié

puisque l'infinitif et la subordonnée complétive appartiennent au même paradigme, comme on le voit dans:

Je veux *chanter* / Je veux *qu'il chante*

Je crois *avoir dit la vérité* / Je crois *qu'il a dit la vérité*

et qu'ils sont tous les deux compléments d'objet de *savait*. Mais *rien* dans:

Il ne savait rien / Il ne savait pas chanter

ne commute pas vraiment avec *pas chanter*. D'abord et avant tout, parce que ces deux mots ne forment pas une construction, *ne* et *pas* étant les deux segments du signifiant discontinu du morphème de négation, lequel est une expansion du verbe *savait*. On peut alors se demander si *rien* commute vraiment avec le seul infinitif *chanter*, ce qui revient à se demander si *rien* est bien, comme *chanter*, le complément d'objet du verbe *savait*. Car la commutation:

Il ne savait pas chanter / *il ne savait pas rien

est inacceptable. En fait le morphème *rien*, que la grammaire scolaire range parmi les pronoms indéfinis, ne peut pas apparaître après des verbes intransitifs:

*Je ne dors rien. *Je ne marche rien. *Je ne me promène rien.

Il n'apparaît qu'après des verbes transitifs:

Je ne sais rien. Je ne vois rien. Je n'aime rien. Je ne mange rien.

Il est donc bien le complément d'objet de ces verbes transitifs, exactement comme les autres pronoms indéfinis:

Il sait tout. Il voit quelque chose. Il aime quelqu'un. Il mange tout.

même s'il ne semble pas commuter avec l'infinitif *chanter* de *Il ne savait pas chanter*. Mais il présente la particularité, dans la langue écrite, et non dans la langue parlée, d'entraîner l'apparition de la particule préverbale dite négative *ne*, particule qui n'est pas un morphème de négation, mais seulement un morceau du signifiant du morphème de signifié «rien».

c. Tableau des commutations de toute la phrase

Si l'on fait maintenant le tableau des commutations d'une phrase apparemment un peu plus compliquée que l'exemple examiné jusqu'à présent, on obtiendra le tableau de commutations de la figure 8.

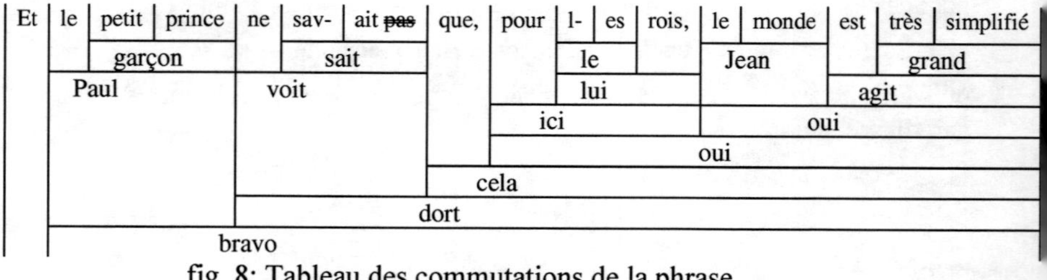

fig. 8: Tableau des commutations de la phrase

Si l'on faisait les commutations sur la phrase primitive, qui présentait le sujet *il* au lieu de *le petit prince*, on serait sûrement tenté de proposer les mêmes commutations (cf. figure 9) et donc de postuler que la phrase *Il ne savait pas que, pour les rois, le monde est très simplifié* a deux constituants immédiats, à savoir le morphème *Il* et le SV *ne savait pas que, pour les rois, le monde est très simplifié*. Mais une telle analyse ne correspondrait pas au fonctionnement syntaxique du pronom personnel *il*. Celui-ci n'a en effet aucune des propriétés syntaxiques du SN *le petit prince*. A la différence de ce dernier, il ne peut recevoir aucune apposition, que celle-ci soit un SN, comme dans:

*Il, ce personnage énigmatique, ne savait pas…

ou une relative comme dans:

*Il, qui m'exaspérait, ne savait pas....

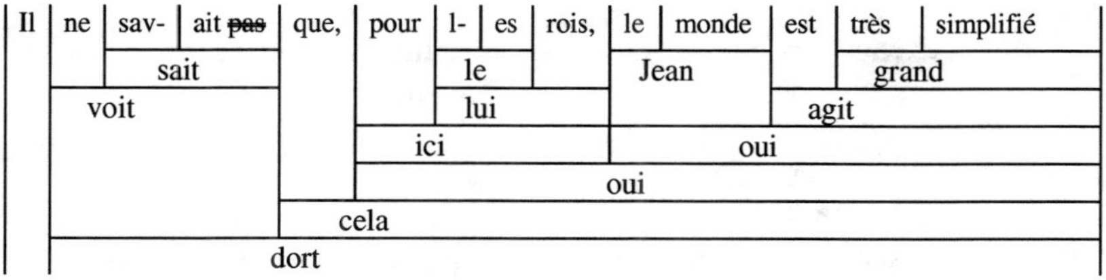

fig. 9: Commutations envisageables

A cette première différence de fonctionnement, Denis Creissels en ajoute au moins deux autres, qui montrent que le prétendu pronom personnel *il* n'est pas séparable du verbe, comme peut l'être le SN *le petit prince*. On ne peut pas intercaler un adverbe comme *aussi* entre ce pronom et le verbe, ce qu'il illustre notamment par:

MICHEL aussi viendra

Lui aussi (il) viendra

*IL aussi viendra

(Creissels, 1995, 26). En outre, les morphèmes comme *il*, *je* ou *tu* ne se prêtent pas du tout à la coordination. Or, "si *je* et *tu*, écrit Denis Creissels, occupaient réellement la même position qu'un nom en fonction de sujet, on devrait s'attendre à pouvoir construire (36) et (37) (qui en français ne constituent pas des phrases acceptables) sur le même modèle que (35):

(35) Michel et Jean viendront

(36) *Michel et tu viendrez

(37) *Tu et je viendrons" (Creissels, 1995, 27).

La seule façon d'expliquer ces particularités de fonctionnement est d'admettre que le morphème *il* et le SN *le petit prince* n'appartiennent pas au même paradigme, et que si le SN *le petit prince* se combine bien avec le SV *ne savait pas que... est très simplifié*, le morphème *il* doit se combiner avec le seul verbe *savait*, exactement comme en latin, où l'on aurait les deux phrases:

Nesci-eba-t mund-um simplic-em es-se
pas.savoir-Impft-lui monde-Acc. simple-Acc. être-Inf.

Paru-us princep-s nesci-ebat. mund-um... simplic-em es-se
petit-Nom. prince-Nom. pas.savoir-Impft-lui monde-Acc. simple-Acc. être-Inf.

et où la première phrase n'a pas de sujet, mais contient un morphème personnel de signifiant *-t* et de signifié «lui». Personne n'envisagerait de considérer que la désinence *-t* et le SN *paruus princeps* appartiennent au même paradigme. En français, les morphèmes *il, je* et *tu* sont, comme les désinences du latin, de simples constituants du verbe. Et la différence entre le français et le latin est purement morphologique: le latin place, dans la chaîne parlée, ses morphèmes de personne après le verbe, et le français avant le verbe. En latin, ce sont des suffixes, en français des préfixes. Mais ce sont des préfixes qui ont la particularité d'être syntagmatiquement ou linéairement séparables du verbe et de former un mot, ce qui est impossible aux suffixes du latin. Maurice Gross les appelait PPV, c'est-à-dire particules préverbales, Denis Creissels les appelle "indices pronominaux" (1995, 24), la grammaire traditionnelle, "pronoms personnels conjoints" ou "pronoms personnels non accentués (ou atones)" ou encore "pronoms clitiques". Comme la négation est aussi une particule pré-verbale, on considérera que *il ne savait pas* est une construction de 4

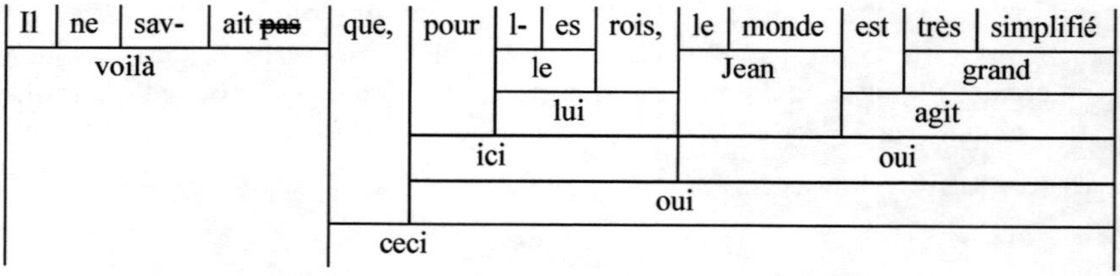

fig. 10: Le verbe et ses particules préverbales

morphèmes, que l'on ne peut pas faire commuter avec un seul lexème verbal, car celui-ci sera forcément accompagné d'un morphème personnel, comme dans *il voit* ou *il dort*. Mais il est possible de la faire commuter avec le seul lexème *voilà*, qui n'est pas un verbe (cf. figure 10), ou avec le lexème verbal impersonnel *c'est*, qui, lui, est un verbe, puisqu'il se conjugue.

2. Représentation graphique

L'une des plus lisibles est ce qu'on appelle un "arbre": elle permet de bien voir d'une part la décomposition en constituants immédiats de toutes les constructions de la phrase, et d'autre part l'appartenance à une classe paradigmatique de chaque constituant de la phrase.

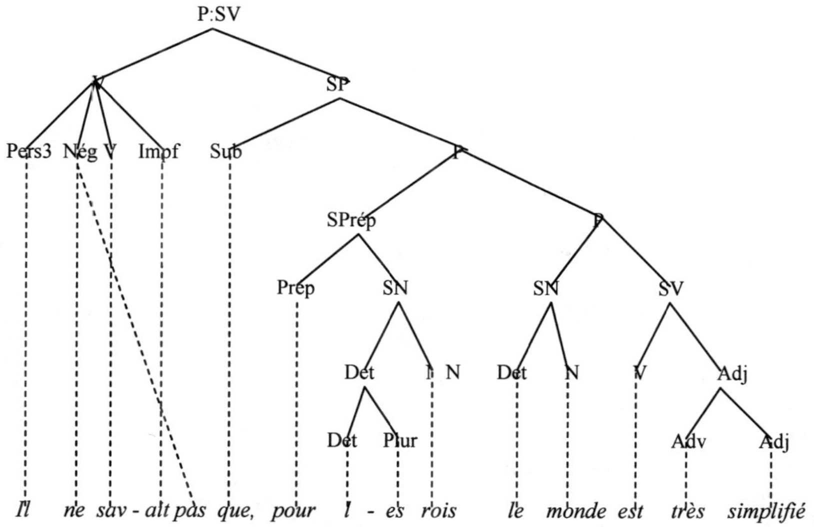

fig. 11: L'"arbre"

3. Autour de la fonction de sujet

Les deux questions posées concernent de près ou de loin la fonction syntaxique de sujet.

a. Le sujet

Il fallait d'abord dire ce qu'en termes de constituants, il y a de commun et de différent dans les deux sujets *le petit prince* et *le monde*.

Tous les deux sont des SN qui sont d'une part des C.I. de P, et d'autre part des adjonctions de SV, c'est-à-dire qu'ils forment avec un SV une construction exocentrique. Ces deux constituants de la phrase peuvent ainsi être définis en termes de constituants immédiats comme des C.I. d'une construction P exocentrique. Ils présentent donc une même caractéristique constructionnelle ou syntaxique.

Mais ils n'occupent pas la même position structurale dans cette phrase. La construction *le petit prince* est un C.I. de la phrase; c'est un C.I. d'un P qui n'est pas dominé et qui embrasse toute la phrase. Par contre *le monde* est un C.I. dans une proposition subordonnée. Très précisément, c'est un C.I. d'une P exocentrique, qui est, elle-même, un C.I. de la P endocentrique cette fois, *pour les rois, le monde est très simplifié*, laquelle est le constituant phrasoïde de la construction exocentrique que l'on appelle traditionnellement proposition subordonnée et que nous avons étiquetée SP (Syntagme

Propositionnel). On voit ainsi l'intérêt de l'analyse en constituants immédiats, qui permet de définir facilement et de façon précise les différences de position syntaxique dans la phrase.

Par ailleurs, les deux constituants qui remplissent la même fonction de sujet n'ont pas du tout la même structure interne: le syntagme *le petit prince* a une structure interne plus complexe que le syntagme *le monde*. Certes tous les deux sont une construction exocentrique formée d'un Déterminant et d'un N, mais le N de l'un est une construction endocentrique formée d'un Adjectif et d'un Nom (*petit prince*), alors que celui de l'autre est simplement un morphème lexical (*monde*).

Si l'on s'intéresse maintenant au pronom *il* de la phrase *Il ne savait pas ... très simplifié*, il est évident qu'il ne peut pas avoir la même fonction syntaxique que *le petit prince*, puisque nous avons vu plus haut qu'il n'était pas un C.I. de P, mais un C.I. de V. Ceci n'empêche pas qu'au point de vue du sens, il joue le même rôle que le SN *le petit prince*: comme lui, il désigne l'individu qui est concerné par la propriété sémantique exprimée par la suite de morphèmes *ne savait pas que ... est très simplifié* (suite qui dans un cas est une construction, mais dans l'autre ne l'est pas). Et l'on se trouve devant le dilemme ou de dire que *il* ne remplit pas la fonction syntaxique de sujet, ce qui est contraire à l'analyse traditionnelle qui parle alors de pronom sujet, ou de dire qu'il a bien la fonction de sujet, ce qui revient à définir une fonction syntaxique essentiellement en termes sémantiques, puisque c'est seulement au point de vue sémantique que *il* et *le petit prince* jouent le même rôle, leur rôle structural étant différent. Le choix est simple: si on a une conception vraiment syntaxique de la syntaxe, c'est-à-dire une conception constructionnelle, on est obligé de reconnaître que syntaxiquement le morphème personnel *il* ne saurait être un sujet.

On observera que la phrase:

Tous les hommes sont des sujets

a deux constituants immédiats, à savoir le SN *tous les hommes*, et le SV *sont des sujets*, et que le SN, auquel on reconnaît traditionnellement la fonction de sujet, est bien un C.I. de P exocentrique. Par contre, sa structure interne pose un petit problème, suivant la position structurale que l'on reconnaît à *tous*. Traditionnellement, on y voit un prédéterminant, et donc un constituant du déterminant *tous l-es* et une expansion du déterminant proprement dit *l-es*. Mais il serait possible d'y voir plutôt un C.I. du SN *tous les hommes*, et par conséquent une expansion du SN *les hommes*. Cette seconde analyse est peut-être préférable, à cause de la relative indépendance syntaxique de *tous* dans des phrases comme:

Les hommes sont tous des sujets

Tous sont des sujets.

b. L'extraposition

Il fallait dire ce qu'il y a de commun et de différent entre la fonction de sujet et la fonction du SPrép *pour les rois*. Un tel rapprochement peut paraître à première vue surprenant; car on ne voit pas ce qu'il peut y avoir de commun entre un sujet et ce qu'on appelle traditionnellement un complément circonstanciel, sauf si l'on a défini le sujet comme étant ce dont l'énoncé parle; car dans une phrase comme:

Pour les rois, le monde est très simplifié

le prétendu complément circonstanciel indiquerait bien à propos de qui l'énoncé dit que le monde est très simplifié, ce qui le rapprocherait du sujet.

En termes de constituants immédiats, il est facile de voir ce qu'il peut y avoir de commun entre *pour les rois* et *le petit prince*: dans les deux cas, on, a affaire à un C.I. de P. Mais il y a une grande différence syntaxique entre ces deux constituants. Le sujet *le petit prince* est, comme tout sujet, un C.I. de P exocentrique, alors que le syntagme *pour les rois* est un C.I. de P endocentrique. Ceci veut dire que le SPrép est une expansion de P, et non, comme le SN sujet, une adjonction de SV. On pourra appeler la fonction de ce SPrép une extraposition.

4. La traduction anglaise

He did not know how the world is simplified for kings. To them, all men are subjects. (trad. de Katherine Woods, p. 41).

Cette phrase pose un petit problème au point de vue de l'analyse en morphèmes. On peut découper *He d-id not know* en 4 morphèmes: le morphème personnel *He* «lui», le morphème *-id* de prétérit de *do*, le morphème à signifiant discontinu de négation *d- ... not*, et le lexème *know* «savoir». Au point de vue syntaxique, cette phrase ne pose que deux problèmes. D'abord, le morphème de personne *He* peut être tonique, comme en français *lui*, ou atone, comme en français *il*. Tonique, il sera un C.I. de la phrase, atone, il sera un C.I. du verbe *He did not know*. Ensuite, le SPrép *for kings*. Ce peut être un C.I. de SV et en même temps une expansion de SV, auquel cas c'est un circonstant. Mais ce pourrait être un C.I. de P, si une rupture intonative le séparait du reste de l'énoncé, auquel cas ce serait une expansion de P placée en fin de phrase.

a. Tableau des commutations

Le tableau de la figure 12 fait du ProSN *He* le sujet de la phrase, et du SPrép *for kings* un constituant du SV, admettant que le pronom *He* est tonique, et que le SPrép n'est qu'un circonstant.

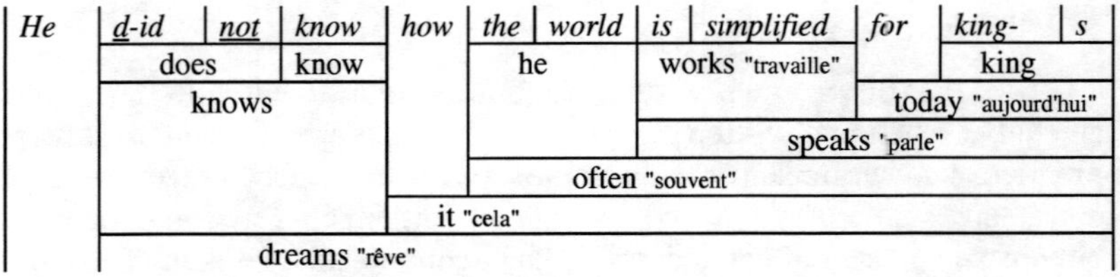

fig. 12: Tableau des commutations

b. L'arbre

L'arbre de la figure 13 représente graphiquement l'analyse syntaxique obtenue à l'aide de ces commutations, au détail près que le morphème personnel *He* n'y est pas traité comme le sujet de la phrase, mais comme un

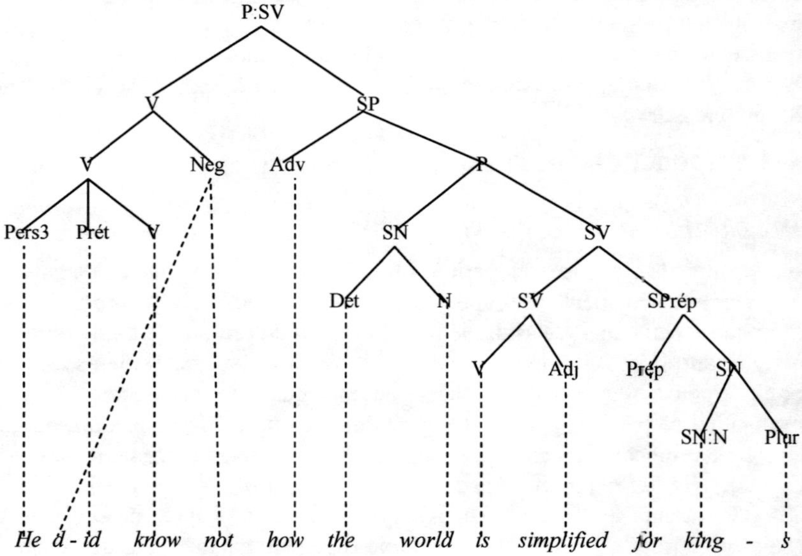

fig. 13

constituant du verbe. Cet arbre, si on le compare avec celui de la figure 11, montre très bien que la phrase anglaise n'a pas la même structure syntaxique que la phrase française qu'elle est censée traduire.

5. Les traductions italienne et espagnole

Ces traductions par contre ont exactement la même organisation syntaxique que la phrase française.

a. L'italien d'abord

Non	*sapeva*	*che*	*per*	*i*	*re*	*il*	*mondo*	*è*	*molto*	*semplificato.*
Non	sapeva-Ø	che	per	i	re	il	mondo	è	molto	semplifica-to
Pas	savoir-Impf-il	que	pour	le+Plur	roi	le	monde	être	très	simplifi-é

(Nini Bompiani Bregoli, 48)

Les seuls petits problèmes de cette phrase italienne relèvent de l'analyse en morphèmes. *Sapeva*, du verbe irrégulier *sapere* «savoir», contient trois morphèmes *sape-va-Ø* et non pas *sape-v-a* ou *sape-v-a*, comme pourraient le donner à penser les commutations:

sap-eva ~ *ripet-eva* «il répétait»

sapev-a ~ *sapev-o* «je savais» ~ *sapev-i* «tu savais».

Car à toutes les conjugaisons, on observe un morphème d'imparfait tantôt en *-va-* tantôt en *-v-*, suivant qu'il est devant consonne ou devant voyelle:

sapeva-mo «nous savions», *sapeva-te* «vous saviez», *parlava-mo* «nous parlions», *parlava-te* «vous parliez», etc.

Le second problème est l'article pluriel *i*, qui est un amalgame du morphème de «définitude» et du morphème de «pluralité».

Ces problèmes résolus, on peut proposer le tableau de commutations de la figure 14. Ici, on considère que l'expression verbale formée de quatre

<table>
<tr><td>Non</td><td>sape-</td><td>-va-</td><td>- Ø</td><td>che</td><td>per</td><td>i</td><td>re</td><td>il</td><td>mundo</td><td>è</td><td>molto</td><td>simplificato</td></tr>
<tr><td colspan="4" rowspan="5">sa-Ø «il sait»</td><td rowspan="4"></td><td rowspan="3"></td><td>lo</td><td></td><td colspan="2" rowspan="2">Dio «Dieu</td><td></td><td colspan="2">grande «grand»</td></tr>
<tr><td colspan="2">lo «lui»</td><td colspan="3">agisci «agit»</td></tr>
<tr><td colspan="3">certo «certes»</td><td colspan="5">si</td></tr>
<tr><td colspan="8">si «oui»</td></tr>
<tr><td colspan="9">quello «cela»</td></tr>
</table>

fig. 14 : Tableau des commutations

morphèmes est une construction à quatre constituants immédiats, tous ses constituants étant au même niveau. On pourrait certes admettre que si seuls les morphèmes personnels et les morphèmes temporels se combinent avec le lexème verbal, la négation se combine, elle, avec cette construction à trois constituants immédiats.

L'analyse syntaxique à laquelle correspond ce tableau des commutations peut être représentée graphiquement par l'"arbre" de la figure 15, qui est structuralement identique à l'arbre de la phrase française (cf. figure 11). Les seules différences relèvent de la morphologie. C'est, d'une part, l'ordre des

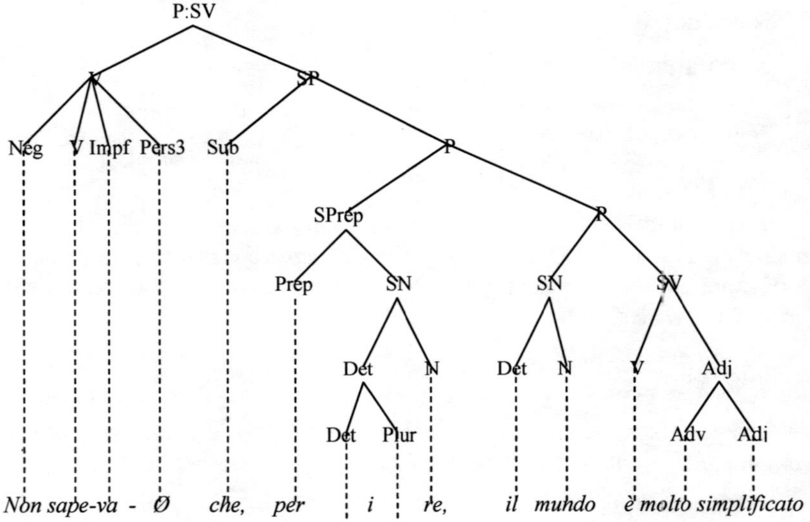

fig. 15

constituants de la forme verbale, et, d'autre part, l'amalgame, en italien, du déterminant et du morphème de pluralité.

b. L'espagnol

No sabía que para los reyes el mundo está muy simplificado.
No sab-ía-Ø que para lo-s rey-es el mundo está muy simplifica-do
Pas savoir-Impf-il que pour le-Plur roi-Plur le monde être très simplifi-é (Bonifacio Del Carril, 45)

L'espagnol ne présente, lui aussi, que des problèmes d'analyse morphologique. Le morphème de Personne 3 a un signifiant zéro, et est homonyme du morphème à signifiant zéro de Personne 1, comme on le voit dans les commutations suivantes:

sabía «je savais», *sabía-s* «tu savais», *sabía* «il savait», *sabía-mos* «nous savions», *sabía-is* «vous saviez», *sabía-n* «ils savaient».

Quant à l'imparfait, il a un signifiant invariant *-ía-* que l'on trouve à toutes les conjugaisons, sauf à la première conjugaison et pour le verbe *estar* «être», où l'on a l'allomorphe *-ba-*:

canta-ba «je chantais» (*cantar*), *bebía* «je buvais» (*beber*), *vivía* «je vivais» (*vivir*)

estaba «j'étais» (*estar*), *había* «j'avais» (*haber*).

Le pluriel enfin a, en espagnol, un signifiant discontinu. On connaît la règle:

> "Les noms terminés par une voyelle atone ajoutent *s*. <...> Les noms terminés par une consonne ou un *y*, considéré comme une consonne, ajoutent *es*." (Duviols & Villégier, 1958, *Grammaire espagnole*, Hatier, 38).

D'ou *el rey* fait au pluriel *lo-s rey-es*, avec une variante *lo-* que l'on retrouve au neutre.

6. La traduction allemande

Elle présente à peu près la même organisation syntaxique, si l'on ne tient pas compte de la position finale du verbe de la proposition subordonnée, position qui n'a aucun rôle syntaxique et qui n'est qu'une particularité syntagmatique et donc morphologique de l'ordre des mots allemands.

a. L'analyse en morphèmes

Elle est forcément plus délicate que dans les autres langues envisagées jusqu'à présent, parce que l'allemand est une langue à flexion casuelle. Ainsi la suite de quatre segments *d-ie König-e* est formée de trois morphèmes: le lexème *König-* «roi», le déterminant *d-* «le», et le signifiant discontinu *-ie... -e* du morphème de pluralité. En vérité, c'est une des variantes de ce morphème de pluralité; c'est la variante à l'accusatif. En effet la préposition *für* n'est pas le signifiant du morphème «pour», mais seulement un segment du signifiant de ce morphème, lequel a en fait un signifiant discontinu /*für*... Acc/. L'article de *d-ie Welt* contient le morphème de définitude *d-* «le» et la variante féminine du morphème fonctionnel de sujet, dont le signifiant est le nominatif. *Einfach-es* contient le morphème *einfach-* «simple» et le nominatif *-es*, qui est le signifiant de la fonction d'attribut, c'est-à-dire de complément d'un verbe d'état comme «être» (en allemand *sein*). Le problème que posent tous ces morphèmes fonctionnels, c'est de savoir s'ils doivent être représentés dans l'arbre qui correspond à la structure syntaxique de la phrase. A notre avis, non; car si l'on a une conception vraiment syntaxique, c'est-à-dire constructionnelle des fonctions syntaxiques, celles-ci seront indiquées, dans les arbres, précisément par les embranchements qui correspondent à la décomposition en constituants immédiats. Par exemple, si l'on définit la fonction de sujet par le fait d'être à la fois un C.I. d'une P exocentrique et une adjonction de SV, ce sont les embranchements mêmes spécifiant cette décomposition qui indiquent cette fonction syntaxique. Il n'est donc pas nécessaire de l'indiquer une seconde fois par un nœud spécial de l'arbre qui porterait l'étiquette de "Sujet". En fait les étiquettes appliquées aux nœuds de l'arbre ne doivent indiquer que des catégories. Les fonctions syntaxiques, qui ne sont pas des catégories, mais des relations entre catégories, ne sauraient par conséquent correspondre à un nœud d'arbre. La différence alors entre une langue à flexion casuelle comme l'allemand et une langue sans flexion casuelle comme le français vient de ce que l'allemand donne un signifiant segmental à ses morphèmes fonctionnels, alors que le français leur donne un signifiant positionnel. En français, ce n'est en effet généralement pas un cas qui indique la fonction syntaxique, mais la position relative des constituants dans la chaîne parlée. Mais il arrive que le français utilise parfois des signifiants segmentaux, comme la préposition *de*, qui est le morphème fonctionnel de complément de nom, ou les prépositions *à* et *de* qui sont le signifiant du morphème fonctionnel de complément de verbe. Ces prépositions sont alors très exactement l'équivalent de cas comme le génitif ou l'accusatif de l'allemand, à cette différence toutefois près que les cas sont morphologiquement des suffixes, et les prépositions des préfixes linéairement séparables du nom qui est le noyau du syntagme dont ils indiquent la fonction syntaxique:

Er wusste nicht, dass für die Könige die Welt etwas höchst Einfaches ist
Er wuss-te nicht, dass für d-ie König-e d-ie Welt etwas höchst Einfach-es ist
Lui(No) savoir-Prét pas que pour le-Plur(Acc) roi-Plur le-No monde qq.chose très simple-No être

b. Remarques grammaticales

Etwas höchst Einfaches «quelque chose d'extrêmement simple»: D'abord, "*etwas, nichts*: Ces deux pronoms sont indéclinables" (Bresson, 1988, 237). Ensuite, "*etwas, nichts, jemand* + adjectif substantivé qui détermine le pronom" (Bresson, 1988, 237). Exemples: *etwas anderes* «quelque chose d'autre», *nichts anderes* «rien d'autre», *etwas Neues* «quelque chose de nouveau», *nichts Neues* «rien de nouveau», avec cette particularité que "*ander-* est toujours écrit sans majuscule dans cet emploi. On écrit cependant: *das Andere* (l'autre, ce qui est autre)" (Bresson, 1988, 237).

Que faut-il entendre par "adjectif substantivé"? On peut dire que c'est un adjectif qui entre dans le paradigme du SN, ou un adjectif qui fonctionne en tant que SN. En allemand, deux choses indiquent ce phénomène. D'abord la majuscule de *Einfaches*; car tous les substantifs reçoivent en allemand une majuscule. Et ensuite le nominatif neutre *-es* de *Einfach-es*. Car en allemand, l'adjectif attribut est invariable: *Es ist einfach* «C'est simple», alors que le SN nominal attribut se met au nominatif. Ici, le nominatif neutre; car les adjectifs substantivés sont au neutre pour désigner une qualité (cf. *das Schöne* «le beau», *etwas Schönes* «quelque chose de beau»).

c. Tableau des commutations

La figure 16, qui ne signale aucune des particularités morphologiques de l'allemand, propose des commutations qui représentent ce que l'on peut considérer comme la bonne analyse syntaxique de la phrase allemande.

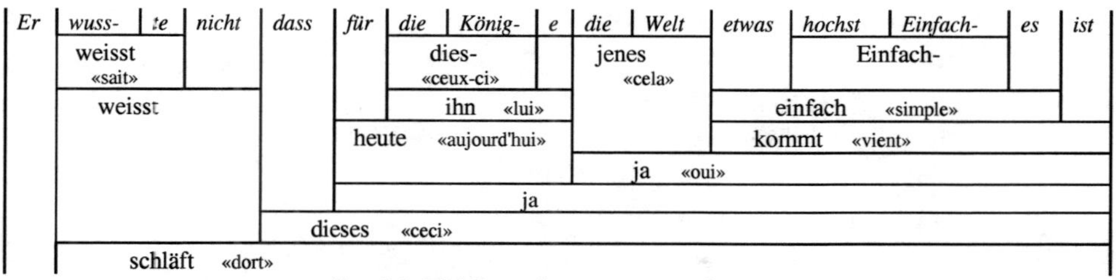

fig. 16: Tableau des commutations

L'ensemble de ces commutations correspond à l'organisation syntaxique que représente l'arbre de la figure 17.

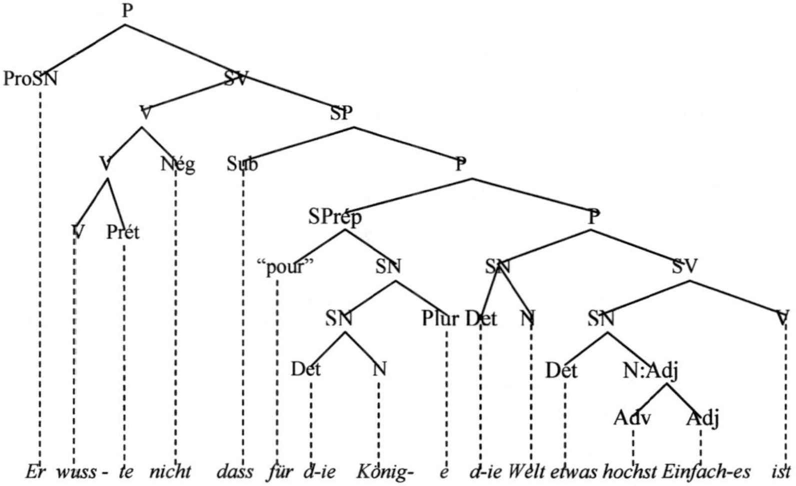

fig. 17

II. Soient les phrases

fr. *Le petit prince, qui me posait beaucoup de questions, ne semblait jamais entendre les miennes.* (Saint-Exupéry, *Le petit prince*, III)

où il y a autant de morphèmes que de mots, sauf *ne... jamais*, qui est un morphème à signifiant discontinu, *posait* et *semblait*, qui ajoutent à un lexème verbal le morphème *-ait* de «non actuel», et *les*, qui réunit linéairement le morphème de «définitude» *l-* et le morphème de «pluralité» *-es*:

all. *Der kleine Prinz, der viele Fragen an mich richtete, schien die meinen nie zu hören.* (trad. de Grete et Josef Leitgeb, p. 13)

angl. *The little prince, who asked me so many questions, never seemed to hear the one I asked him.* (trad. de Katherine Woods, p. 11)

it. *Il picolo principe, che mi faceva una domanda dopo l'altra, pareva che non sentisse mai le mie.* (trad. Nini Bompiani Bregoli, p. 17)

esp. *El principito, que me acosaba a preguntas, parecía nunca oír las mías.* (trad. de Bonifacio Del Carril, p. 18)

Questions

1. Dites quelle fonction syntaxique les grammaires scolaires reconnaîtraient à 1) *petit*, 2) *prince*, 3) *qui me posait beaucoup de questions* et 4) *beaucoup de questions* et *les miennes*.

2. Expliquez et discutez comment elles définiraient ces fonctions et comment il serait possible de les définir en termes de constituants immédiats.

3. Faites l'arbre qui représenterait la structure syntaxique de cette phrase, en donnant les explications nécessaires.

4. Faites le même travail sur l'une de ses traductions.

1. Identification des fonctions par la grammaire scolaire

L'adjectif *petit* est épithète du nom *prince*.

Le nom *prince* est sujet du verbe *semblait*.

La relative *qui me posait beaucoup de questions* est complément de l'antécédent *prince*.

Beaucoup de questions ou plutôt le nom *questions* est complément d'objet du verbe *posait*. Car les grammaires scolaires verraient dans *beaucoup* un adverbe de quantité, qui modifie le nom *questions*, tout en admettant parfois qu'"on peut aussi considérer dans ce cas l'adverbe de quantité comme un groupe du nom suivi d'un complément: *TROP D'automobilistes* équivaut à: *Un nombre excessif d'automobilistes*" (Dubois, Lagane, 1973, 136).

Le pronom personnel *les miennes* est complément d'objet du verbe *entendre*.

2. Définitions traditionnelles et en termes de C.I. des fonctions syntaxiques

a. Epithète

Voici la définition du *Lexique de la terminologie linguistique* de Marouzeau:

"Epithète [*Attribut, Beifügung, Epitheton* ¶ *Adherent, Attribute* ¶ *Epiteto*]. Adjectif étroitement accolé (gr. *epi-thetos*) au nom, au point de faire groupe avec

> lui, par exemple dans l'emploi qualificatif (une *grande* maison), par opposition à l'adjectif attributif ou prédicatif" (Marouzeau, 1969[3.3], 88).

On trouverait à peu près la même définition dans une grammaire scolaire:

> "L'adjectif qualificatif est épithète quand, placé à côté d'un nom dont il indique une qualité, il forme corps avec lui" (Dubois, Jouannon, Lagane, 1961, 44).

De fait, dans la phrase de Saint-Exupéry, l'adjectif *petit* est bien à côté du nom *prince*. Mais si en français, d'une façon générale, l'adjectif épithète suit ou précède souvent un nom, il n'est pas toujours placé à côté de ce dernier. Dans:

> le *gentil* petit garçon
>
> pour dénouer avec mes dents les lacets de leurs *terribles* petites chaussures blanches (Didier Decoin, 1987, *Autopsie d'une étoile*, éd. du Seuil, 57)
>
> la graine d'une toute petite fleur fragile et *bleue* (Didier Decoin, 1987, 55)

les adjectifs *gentil*, *terribles* et *bleue* sont directement à côté d'un adjectif et non pas d'un nom, et on y verra pourtant des épithètes. La définition de la fonction d'épithète est donc insuffisante, puisque parfois fausse.

En termes de constituants immédiats, il est assez facile de définir la fonction d'épithète. Sont épithètes les adjectifs qui se combinent avec un nom et forment avec lui une construction endocentrique. Tel est bien le cas du groupe de morphèmes *petit prince*. Cette construction est traditionnellement étiquetée MN (Membre Nominal) ou GN (Groupe Nominal). Elle ne doit surtout pas être étiquetée SN, comme le serait la combinaison *le prince*; car cette dernière combinaison est exocentrique, alors que la construction *petit prince* est endocentrique. On peut tout aussi bien étiquetée la construction *petit prince* N, en entendant par là qu'il s'agit d'un nom syntaxique, c'est-à-dire d'un groupe syntaxique qui a le même rôle syntaxique et sémantique qu'un nom. Cet étiquetage a l'avantage de signifier explicitement que cette construction est endocentrique, c'est-à-dire qu'elle peut commuter avec un de ses constituants immédiats, celui-ci appartenant au même paradigme et à la même classe catégorielle que la construction. Il a un second avantage: il montre bien que dans *gentil petit garçon*, l'adjectif *gentil* est épithète non de *garçon*, mais de *petit garçon*, et est par conséquent expansion d'un N (en l'occurrence le nom syntaxique *petit garçon*), exactement comme l'adjectif *petit* est expansion d'un N (qui est, lui, le N lexical *garçon*).

b. Sujet

Scolairement, on doit dire que le nom commun *prince* est sujet du verbe *semblait*. Mais que faut-il entendre par "sujet"?

α) On nous expliquera, en simplifiant beaucoup les choses, que le sujet, c'est «celui qui a fait l'action d'être allé»:

> "Dans la grammaire traditionnelle, écrit par exemple Mortéza Mahmoudian dans *La linguistique, Guide alphabétique* à l'article "Fonctions grammaticales",

fonction est d'un emploi très courant et sert à désigner le rôle qu'assume un mot dans la phrase, par exemple fonction sujet, fonction objet, etc., ceci par opposition à sa nature (son espèce) qui désigne la partie du discours à laquelle il appartient. La nature du mot est définie par approximation sémantique: le nom est un mot qui exprime une chose, une entité; l'adjectif «exprime une qualité, une manière d'être d'un nom», le verbe est «l'expression de l'action ou de l'état». De même, la définition des fonctions est faite en termes sémantiques: «le sujet désigne l'être ou l'objet qui fait telle action»; l'objet est le terme qui désigne la personne ou la chose «sur qui passe l'action»". (Martinet, (éd.), 1969, 111).

Mais les grammaires peuvent présenter des définitions moins simplificatrices et par conséquent moins fausses, qui tiennent compte du fait que si bon nombre de verbes expriment une action, ce n'est pas le cas de tous. La petite *Grammaire française* de Larousse dit par exemple:

"Un nom est sujet d'un verbe quand il désigne la personne ou l'objet qui fait l'action ou qui est dans l'état indiqué par le verbe actif:
Les arbres perdent leurs feuilles en automne. Arbres sujet de *perdent*.
Le vent se lève. Vent sujet de *se lève.*
L'enfant semblait perdu au milieu de cette foule. Enfant, sujet de *semblait*."
(Dubois, Jouannon, Lagane, 1961, 24),

La *Grammaire de l'Académie* est encore plus précise:

"Le nom, sujet réel d'un verbe, désigne soit l'être ou la chose qui fait ou subit l'action exprimée par le verbe, soit l'être ou la chose à qui on attribue tel ou tel état, telle ou telle qualité au moyen d'un verbe: *Pierre lit, Paul est puni par son père. Mon frère est malade. Le temps devient mauvais*." (*Grammaire de l'Académie*, 1932, 28).

On voit tout de suite que la définition du sujet est loin d'être unitaire, et que dans tous ces cas on définit la fonction de sujet par des considérations sémantiques, ou plus exactement en termes de désignation référentielle. C'est déjà curieux de ne définir ainsi une fonction syntaxique que par des caractéristiques sémantiques. Mais cela devrait amener à faire l'observation critique suivante: est-ce la désignation du seul nom *prince*, qui est considéré comme le sujet proprement dit, ou celle du syntagme *le petit prince* qui a fait l'action de *sembler* ou plus exactement de *ne jamais sembler entendre mes questions*? Les logiciens, eux, appelleraient de façon plus cohérente sujet dans la proposition *Le petit prince ne semblait jamais entendre les miennes*, le contenu ou plutôt la désignation de tout le syntagme *le petit prince*. Car, le sujet, a-t-il fait l'action de «sembler» ou celle de «ne jamais sembler entendre mes questions»? Devant toutes ces difficultés, on pourrait chercher une autre définition du sujet.

β) On pense alors, en se situant toujours au niveau sémantique, au sens courant du mot *sujet* en français, que l'on a par exemple dans les expressions:

sujet de discussion, sujet d'une dissertation, sujet d'un roman et l'on propose de définir le sujet, à la façon des logiciens, comme présentant le thème de l'énoncé, c'est-à-dire comme désignant ce dont l'énoncé dit quelque chose. Telle était la définition du *Bon usage* de Grevisse:

> "Le sujet est le terme considéré comme le point de départ de l'énoncé; il désigne l'être ou l'objet dont on dit quelque chose en se servant d'un verbe: *L'ÉLÈVE écrit. DIEU existe. L'HOMME est mortel.*" (Grevisse, 1959[7], 131).

Il est vrai que la phrase de Saint-Exupéry dit quelque chose à propos du petit prince. Elle dit qu'il ne semblait jamais entendre mes questions. Mais cela n'est pas exact dans tous les cas. Si on prend par exemple une phrase comme:

> Ce garçon, mon frère le connaît bien

il est évident que cette phrase nous dit quelque chose à propos de l'individu désigné par le SN *ce garçon*, alors que son sujet est le SN *mon frère*. C'est la raison pour laquelle la dernière édition du *Bon usage* abandonne cette définition, et se contente de dire que dans une phrase de deux mots comme *Jean rougit*,

> "Nous appelons la fonction du premier (*Jean*) sujet et la fonction du second (*rougit*) prédicat" (Grevisse & Goosse, 1993[13], 301).

Elle s'efforce ensuite de préciser quatre caractéristiques du sujet, en reconnaissant qu'elles ne sont pas constantes. Il s'agit a) de l'ordre des mots, qui veut que le sujet précède le verbe, b) de l'appartenance à la classe des substantifs, c) de l'accord en personnes et en nombre qu'il impose au verbe dont il est le sujet, et enfin d) de son rôle, au point de vue du contenu, de thème dont l'énoncé dit quelque chose. Mais dans le mesure où ces différentes caractéristiques ne sont pas constantes, cela veut dire, comme le reconnaît honnêtement, André Goosse, que:

> "par conséquent, il est impossible de donner du sujet et du prédicat des définitions qui satisfassent entièrement" (Grevisse & Goosse, 1993[13], 301).

Voilà qui est particulièrement gênant et notoirement peu scientifique. Cela n'apporte qu'une apparente solidité verbale, si on dit qu'il s'agit là de qualités prototypiques, c'est-à-dire de qualités qui ne sont vraies que des occurrences représentatives du sujet, mais que les instances plus ou moins marginales et éloignées du prototype peuvent ne pas présenter. Ceci revient à éliminer les occurrences qui tiennent en échec la définition, mais seulement par un tour de passe-passe qui consiste à prétendre que les exceptions ne sont pas des exceptions, mais qui ne les explique nullement de façon logique et cohérente.

γ) Pour éviter cette solution purement verbale, on pourrait penser à définir le sujet par des propriétés proprement grammaticales. C'est ce que fait notamment Joëlle Gardes-Tamine, en recourant à deux critères hiérarchisés qui relèvent de la grammaire, à savoir l'accord et l'ordre des mots:

"en premier lieu, le sujet impose un accord au verbe, qui marque clairement leur interdépendance. Cet accord se fait en genre et en nombre:

L'enfant jouera. Les enfants joueront. Le garçon est grand. La fillette est grande.

et en personne, selon le cas:

Je jouerai. Tu joueras.

<...> Par ailleurs, l'ordre des mots est également un critère permettant de repérer le sujet. Ainsi dans la phrase assertive, le sujet précède le verbe, ce qui permet en particulier de distinguer le sujet de l'objet, puisque notre langue ne possède plus de cas pour marquer la fonction:

Pierre voit Paul. Paul voit Pierre.

On définira donc le sujet comme l'élément qui impose ses marques d'accord au verbe avec lequel il entretient des contraintes d'ordre" (Gardes-Tamine, 1988, 2, 103).

"Ces deux critères, d'accord et d'ordre, sont donc manifestes et précis. Il faut néanmoins noter que ces critères morphosyntaxiques ne sont pas universels et peuvent varier d'une langue à l'autre" (Gardes-Tamine, 1983, 46).

De fait, dans notre exemple, le verbe *semblait* s'accorde avec *prince*, ou mieux avec *le petit prince*. Il est au singulier, parce que le nom *prince* est au singulier. Le mot *prince* n'a en effet pas de *-s* final, à l'écrit; il est donc au singulier. A propos de l'oral, on dirait plutôt, il se combine avec l'article *le*, et non avec l'article *les*, auquel serait ajouté le morphème de pluriel *-es*. Cela fait que le verbe est lui aussi au singulier. Si on remplaçait *le petit prince* par *les petits princes*, alors le verbe devrait se mettre au pluriel: *semblaient*, qui n'est manifeste qu'à l'écrit. Mais on remarquera au moins deux choses. D'abord il est curieux de définir une fonction syntaxique comme la fonction de sujet par une propriété morphologique. Ensuite cette définition ne sera pas valable pour les langues sans morphologie, qui, comme le chinois par exemple ont un verbe invariable. Mais même en français, cette définition n'est pas praticable, lorsque le verbe a une forme invariable comme un infinitif ou un participe présent:

Et *Grenouilles* de se plaindre, /Et *Jupin* de leur dire: «Eh quoi! Votre désir / A ses lois croit-il nous astreindre?» (La Fontaine, III, 4, "Les Grenouilles qui demandent un roi")

Ma mère ayant achevé sa lecture, la conversation s'engagea (Mais: *Les parts* étant faites, on se mit à manger) (cf. Grevisse & Goosse, 1993[13], 352)

La définition morphologique est certes très utile pour le français, mais elle n'est pas satisfaisante, au point de vue théorique.

c. Complément d'objet

Les définitions traditionnelles se situent plus ou moins au niveau sémantique pour rapprocher l'appellation complément d'objet d'un des sens du mot *objet*, celui de "but, ce vers quoi tend une action", comme dans:

l'objet de mes vœux, l'objet que je me propose, on a atteint son objet, etc.

C'est le genre de définition que propose le *Lexique* de Marouzeau:

> "Par un emploi symétrique à celui de sujet, on appelle objet ou *complément d'objet* le terme énonçant la personne ou la chose qui est présenté comme le but de l'action, dit aussi régime ou complément" (Marouzeau, 1969, 159).

C'est aussi la définition du *Bon usage* de Grevisse:

> "Le complément d'objet énonce la personne ou la chose sur laquelle passe l'action du sujet: cette personne ou cette chose est donc l'*objet* de l'action: J'éteins le FEU. Le menteur nuit à son PROCHAIN " (Grevisse, 1959[7], 140)

> "Le complément d'objet est un complément essentiel, non adverbial. Selon qu'il est introduit ou non par une préposition, il est appelé direct ou indirect.
> On disait autrefois *régime direct, régime indirect*, termes qui peuvent être, à l'occasion, fort commodes à employer parce qu'ils se réfèrent à la forme grammaticale, et non au sens. En effet, selon la définition traditionnelle, le complément d'objet énonce la personne ou la chose sur lesquelles passe l'action du sujet; cette personne ou cette chose sont présentées comme supportant l'action, comme étant l'objet de l'action, comme marquant l'aboutissement, l'achèvement du procès. On ne peut nier que cette définition ne convienne à des exemples comme *J'éteins LE FEU. Le menteur nuit À SA RÉPUTATION.* — Mais elle s'applique assez mal à d'autres cas: *J'ai reçu une GIFLE. Berthe a LA ROUGEOLE.* " (Grevisse & Goosse, 1993[13], 381-382).

Pour remédier à cette difficulté, on peut s'appuyer sur des propriétés plus grammaticales comme l'ordre des mots ou les alternances possibles.

> "La définition sémantique souvent avancée pour le complément d'objet direct (le COD est ce sur quoi s'exerce l'action exprimée par le verbe) n'est guère plus satisfaisante que la définition sémantique du sujet, et la relation du verbe et du COD est tout aussi diverse que celle du verbe et de son sujet:
> objet sur lequel s'exerce le procès: *Je déguste une glace.*
> résultat du procès: J*e creuse un trou.*
> lieu du procès: *Je descends la pente.* cause du procès: *Je clame ma colère*, etc.
> Mais il est beaucoup plus difficile que pour le sujet d'en proposer une définition formelle, car il n'existe pas de critère unique et spécifique.
> On définira donc le COD de la façon suivante: il se trouve après le verbe et n'est pas déplaçable, il peut être pronominalisé par *le, la, les*, en particulier dans le détachement:
> *Ma peau supporte très bien le soleil. Le soleil, ma peau le supporte très bien*" (Gardes-Tamine, Joëlle, 1988, 2, 105)

Si on fait l'analyse en constituants immédiats d'un certain nombre de phrases différentes, comme nous l'avons fait, il devient assez facile de distinguer, au point de vue structural ou constructionnel, le sujet et l'objet. Les constituants qui remplissent ces fonctions ne se trouvent pas au même niveau structural: l'un se combine avec un SV, l'autre avec un V; l'un est un constituant immédiat de P, l'autre de SV. D'où l'idée de Noam Chomsky d'opposer un groupement SN⌒SV à un groupement V⌒SN, ce qui correspond véritablement à des définitions relationnelles ou constructionnelles, et par conséquent exclusivement syntaxiques.

> "La notion de «Sujet», par opposition à la notion <de> «SN», désigne une fonction grammaticale et non une catégorie grammaticale. Il s'agit, en d'autres termes, d'une notion intrinsèquement relationnelle. Il <importe> de rendre explicite le caractère relationnel de ces notions en définissant «Sujet-de» pour l'anglais comme la relation existant entre le SN d'une phrase de la forme SN⌒Aux⌒SV et la phrase tout entière, «Objet-de» comme la relation entre le SN d'un SV de la forme V⌒SN et le SV tout entier, etc. Plus généralement, nous pouvons considérer qu'une règle de réécriture définit de cette manière un ensemble de fonctions grammaticales, dont quelques-unes seulement ont été traditionnellement munies d'une dénominations explicites" (Chomsky, 1971, 100-101).

Noam Chomsky parlait d'une construction SN⌒Aux⌒SV, parce qu'il admettait comme règles de formation les règles suivantes:

P → SN⌒Aux⌒SV
SV → V⌒SN
SN → Dét⌒N

(cf. Chomsky, 1971, 99). Nos analyses en constituants immédiats correspondraient bien aux deux dernières règles, mais remplaceraient la première par:

P → SN⌒SV

la phrase ayant deux constituants immédiats, un SN et un SV, mais non pas trois, comme semble le postuler la règle de réécriture de Noam Chomsky.

On remarquera, qu'à propos d'une phrase comme:

Le soleil, ma peau le supporte très bien

se pose le même problème qu'à propos du prétendu sujet *il*. Certes on pourrait

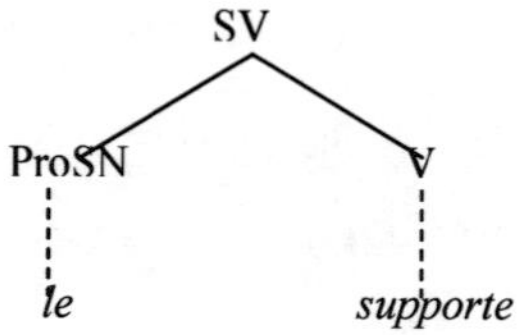

fig. 18

dire que *le* est un constituant immédiat de SV, comme dans le schéma de la figure 18. Mais ce serait faux; car le prétendu pronom personnel *le* n'est nullement un ProSN. Tout comme *il*, il n'appartient pas au paradigme du SN, ne fonctionnant pas syntaxiquement de la même façon. Il ne peut pas notamment être séparé du verbe par une apposition:

*Ma peau ne le, ce fléau, supporte pas.

Le pronom conjoint *le*, est comme le pronom *il*, une "particule préverbale", un constituant immédiat de V.

d. Complément de l'antécédent:

La grammaire traditionnelle distingue, à la suite de *La Logique* de Port-Royal, deux sortes de subordonnées relatives:

> "Les propositions relatives, dont le rôle essentiel est de compléter l'antécédent, peuvent ajouter à cet antécédent un élément plus ou moins important quant au sens de la phrase.
> 1° Les relatives *déterminatives* précisent ou restreignent l'antécédent en y ajoutant un élément indispensable au sens: on ne peut les supprimer sans détruire l'économie de la phrase: *La foi QUI N'AGIT POINT, est-ce une foi sincère?* (RAC., *Ath.*, I, 1) <...>
> 2° Les relatives *explicatives* ne servent jamais à restreindre l'antécédent; elles ajoutent à celui-ci quelque détail, quelque explication non indispensable: on pourrait les supprimer sans nuire essentiellement au sens de la phrase: *O Mentor, votre sagese, QUI N'A BESOIN DE RIEN, ne me laisse rien à désirer pour vous* (FÉN., *Tél.*, t. I, p. 237)" (Grevisse, 1959[7], 1004-1005).

Ces définitions de Grevisse rappellent la fonction que les grammaires scolaires reconnaissent aux relatives. Leur "rôle essentiel est de compléter l'antécédent"; les grammaires scolaires disent que ce sont par conséquent des compléments de leur antécédent.

Dans l'exemple de Saint-Exupéry, la relative explicative *qui me posait beaucoup de questions* est le complément de l'antécédent *Le petit prince*. En termes de constituants immédiats, on peut être plus précis et dire que cette relative est, à l'intérieur d'un SN (en l'occurrence le SN *Le petit prince, qui me posait beaucoup de questions*), une expansion de SN (en l'occurrence le SN *Le petit prince*), ou que cette relative est un constituant immédiat d'un SN endocentrique. Si on faisait l'analyse en constituants immédiats de la phrase *La foi qui n'agit point, est-ce une foi sincère?*, on s'apercevrait que la relative déterminative de *La foi qui n'agit point* n'est pas une expansion de SN, mais une expansion du seul N *foi*. La relative déterminative remplit donc la même fonction syntaxique d'épithète que l'adjectif qualificatif.

3. L'arbre

Il était ensuite demandé de faire l'arbre qui représenterait la structure syntaxique de la phrase de Saint-Exupéry, en donnant les explications nécessaires.

Commençons par quelques remarques concernant l'analyse en morphèmes de cette phrase. D'abord on pourrait penser que *de questions* est un complément de nom de *beaucoup*, comme dans *un grand nombre de questions, un très grand nombre de questions, une foule de questions, une quantité de questions.*

S'il en est ainsi, il faut considérer que *beaucoup* est un amalgame d'un Déterminant et d'un N, et que c'est de ce N que *de questions* serait un complément. Une autre analyse est proposée par les grammaires. Elles considèrent que "la plupart des adverbes de degré suivis de *de* équivalent à des déterminants indéfinis" (Grevisse & Goosse, 1993[13], 927). La *Grammaire méthodique du français* parle alors de "déterminants complexes" (Riegel, Pellat et Rioul, 1994, 153). Cela veut dire que les deux segments morphologiques *beaucoup* et *de* sont, à eux deux, le signifiant d'un seul morphème qui signifie le grand nombre. Ce qui justifie cette seconde analyse, c'est le caractère figée de *beaucoup de*, ce qui n'est pas le cas de *nombre de*, puisqu'on peut avoir *un grand nombre de, un très grand nombre de*.

les miennes: la grammaire scolaire dirait qu'il s'agit d'un pronom possessif, à distinguer du prétendu adjectif possessif *mon*, lequel n'est, en fait, pas un adjectif, mais un déterminant, commutant avec l'article *le* ou le démonstratif *ce*. Mais quand on sait qu'il existe en français soutenu un véritable adjectif possessif qui est épithète dans *un mien cousin*, et attribut dans *cette terre est mienne* (cf. Riegel, Pellat et Rioul, 1994, 160), il devient évident que le prétendu pronom personnel n'est que la combinaison de l'article défini *le* avec l'adjectif possessif substantivé *mien*. Mais que faut-il entendre par "adjectif substantivé"? Tout simplement un adjectif qui, au lieu d'être constituant immédiat de N et donc épithète, est entré dans le paradigme du N, c'est-à-dire a un fonctionnement de nom.

ne sembl-ait pas entendre: c'est ce que les grammaires scolaires appellent une locution verbale, c'est-à-dire une unité qui, tout en étant complexe, fonctionne comme un simple verbe. En termes de morphèmes, cela veut dire que *semblait entendre* est une forme du verbe *entendre*, qui contient trois morphèmes, à savoir le morphème de «non actuel» *-ait*, le lexème verbal *entend-*, et l'auxiliaire à signifiant discontinu *sembl-... -re*. Faut-il établir une hiérarchie entre ces trois morphèmes? Les commutations inviteraient à réunir *sembl-* et *-ait*. Mais si l'on n'admet pas a priori, comme le font certains linguistes, que le regroupement en mots est pertinent pour l'analyse en morphèmes, on ne voit pas quelle raison syntaxique obligerait à rattacher l'imparfait à la partie d'auxiliaire qu'est *sembl-*, d'autant que c'est alors le verbe *entendre* qui est mis à l'imparfait.

Mais quelle différence y a-t-il entre l'auxiliaire *sembler* et le verbe *vouloir* de:

Il ne voulait pas entendre les miennes ?

La suite de morphèmes *entendre les miennes* de *Il ne semblait pas entendre les miennes* (qui n'est pas une construction) n'est nullement une subordonnée infinitive comme peut l'être la construction *entendre les miennes* de *Il ne voulait pas entendre les miennes*. Car on ne peut pas dire:

*Le petit prince ne semblait pas que tu entendes les miennes

*Le petit prince ne semblait pas que j'entende les miennes

*Le petit prince ne semblait pas qu'il entende les miennes

alors qu'il est tout à fait possible de dire:

Le petit prince ne voulait pas que tu entendes les miennes

Le petit prince ne voulait pas que j'entende les miennes

mais impossible de dire:

*Le petit prince ne voulait pas qu'il entende les miennes.

sauf si le morphème *il* désigne une autre personne que le petit prince. On voit qu'après le verbe *vouloir* le SV à l'infinitif commute avec d'authentiques propositions subordonnées complétives, et que la seule complétive impossible est celle où le premier actant du verbe subordonné serait la même personne que celui du verbe principal *vouloir*. Il y a une distribution complémentaire entre ce SV à l'infinitif et les subordonnées complétives:

Il voulait entendre / *Il voulait qu'il entende; Tu voulais entendre / *Tu voulais que tu entendes; Je voulais entendre /* Je voulais que j'entende.

Il n'y a donc aucune raison de ne pas considérer ce SV à l'infinitif comme une proposition subordonnée. La situation est totalement différente après *sembler*:

Le petit prince semblait entendre / *Il semblait qu'il entende

*Le petit prince semblait que tu entendes

*Le petit prince semblait que j'entende

La forme apparemment verbale *sembler* n'est donc pas un verbe, mais simplement un auxiliaire de verbe.

S'il en est ainsi, *entendre les miennes* ne peut pas être considéré comme le complément (d'objet) de *semblait*. C'est le SN *les miennes* qui est complément d'objet du verbe *entendre*, ou plutôt du verbe *ne semblait jamais entendre*.

Ces points de détail explicités, on peut résumer l'analyse en constituants

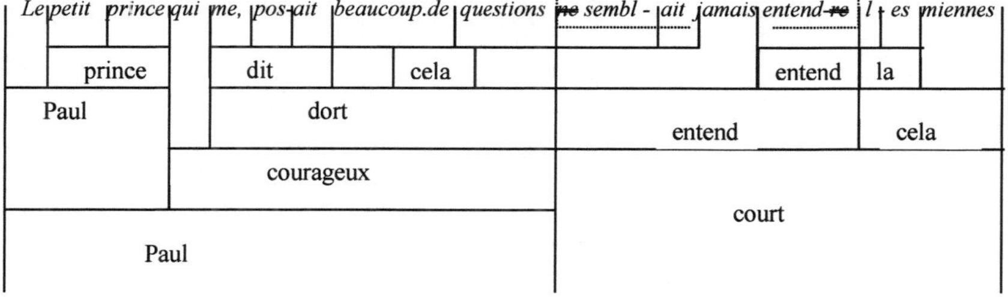

fig. 19: Tableau des commutations

immédiats de la phrase de Saint-Exupéry à l'aide du tableau des commutations de la figure 19, où l'on considère que les trois morphèmes *sembl-...-re*, *-ait* et *entend-* forment la construction qui doit être étiquetée V, et que l'adverbe *ne... jamais* est une expansion de ce V. Cette organisation syntaxique peut être représentée par l'arbre de la figure 20.

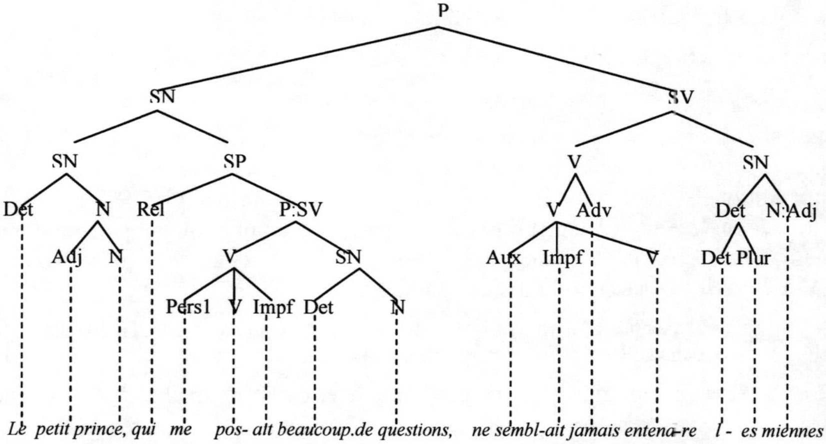

fig. 20: Structure syntaxique

Chapitre 4

Théorie des constructions (ou syntagmes)

Nous savons que le morphème, en tant qu'unité significative minimale, (ou le synthème, en tant que combinaison figée de morphèmes qui appartient néanmoins à une classe de morphèmes) est l'unité syntaxique minimale, et que la phrase est l'unité syntaxique maximale. Mais nous avons constaté que cette unité syntaxique minimale contient d'autres constituants que les morphèmes, la phrase n'étant pas une structure plate qui a autant de constituants immédiats que de morphèmes. Cela veut dire qu'entre les morphèmes et la phrase, il y a d'autres unités syntaxiques qui ne sont ni minimales ni maximales, et que la phrase est une structure unifiée dont les différents constituants sont hiérarchisés les uns par rapport aux autres.

Ces constituants intermédiaires sont appelés constructions par les linguistes qui pratiquent l'analyse en constituants immédiats, et syntagmes par ceux qui se rattachent au courant saussurien. La différence entre les deux est purement terminologique; car les syntagmes peuvent, exactement de la même façon que les constructions, être définis comme des combinaisons de morphèmes ou plutôt de constituants (c'est-à-dire et de morphèmes et de combinaisons de morphèmes).

La commutation permet de les identifier. Mais il ne suffit pas de les identifier, il faut encore pouvoir les caractériser fonctionnellement et leur donner un nom qui corresponde plus ou moins à leurs caractéristiques. Le fait de représenter la structure syntaxique par un schéma ressemblant à un arbre généalogique a l'immense avantage, outre de bien montrer l'organisation des constituants de la phrase, d'obliger à proposer des étiquettes (ou des *labels*) pour chaque nœud de l'arbre, et donc pour chaque constituant intermédiaire de la phrase. Il importe alors de pouvoir justifier le nom que l'on entend donner à chacun de ces constituants, c'est-à-dire de pouvoir en faire la théorie.

I. Le syntagme nominal et ses constituants

On a l'habitude d'appeler syntagme nominal (en abrégé SN) la plus petite construction qui, en français ou en anglais, contient un nom, comme:

son fils, *his son*

ainsi que toute autre combinaison formée de plus de deux morphèmes, susceptible de commuter avec cette combinaison minimale qui contient un lexème nominal, par exemple:

le vieil homme qui habite ici, *the old man who lives there*

la maison de son fils, *the house of God.*

Ces combinaisons de plus de deux morphèmes et la combinaison de deux morphèmes correspondent à un paradigme, et la combinaison de deux morphèmes, étant la combinaison la plus courte, est le modèle de ce paradigme.

1. Particularités du SN

Les constructions ainsi appelées SN ont la particularité d'être toujours formées de deux constituants immédiats, du moins quand elles sont minimales, et cela quel que soit le nombre de morphèmes qui les composent. Ainsi, de même que le SN *son fils* a forcément deux et pas plus de deux constituants immédiats, à savoir le morphème *son* et le lexème *fils*, le SN *la maison de son fils*, qui a 5 morphèmes, a comme constituants immédiats respectivement l'article *la* et la construction *maison de son fils*, et le SN *le vieil homme qui habite ici*, qui est apparemment formé de 6 morphèmes, a comme constituants immédiats l'article *le* et le syntagme *vieil homme qui habite ici*. Toutes ces constructions à deux constituants immédiats sont des constructions exocentriques, c'est-à-dire qu'elles ne peuvent pas être remplacées par un de leurs constituants immédiats: le SN *son fils* a en effet un fonctionnement différent de celui de son morphème *son* ou de son lexème *fils*. De la même façon, le SN *la maison de son fils* ne peut commuter, dans les contextes où il se trouve, ni avec l'article *la* seul, ni avec la construction *maison de son fils*.

Est-ce à dire que le SN est toujours une construction exocentrique? Nullement. Car il est parfaitement possible que les SN exocentriques comme ceux que l'on vient d'envisager reçoivent des expansions et soient de ce fait le noyau d'un SN endocentrique qui les englobe, c'est-à-dire d'un SN dont un des constituants immédiats est lui-même un SN. C'est le cas par exemple de:

la maison de son fils, qui n'était pas trop éloignée,

où la relative dite traditionnellement explicative *qui n'était pas trop éloignée* est apposée au SN *la maison de son fils* et forme donc avec lui un SN endocentrique. De même dans:

son fils, toujours aussi sympathique,

le SN *son fils* reçoit une apposition formée de trois morphèmes, ce qui donne donc une construction endocentrique.

2. Le second constituant immédiat du SN

Bien qu'il présente un nom et plusieurs autres morphèmes, le second constituant immédiat d'un SN exocentrique ne peut pas être étiqueté SN. Car si l'on appelle provisoirement Déterminant (en abrégé Dét) le premier constituant immédiat d'un SN, on ne peut pas dire que les SN exocentriques soient constitués de deux constituants immédiats, à savoir un Dét et un SN, comme dans la figure 1; car cela reviendrait à admettre implicitement que le SN exocentrique est aussi une construction endocentrique, puisqu'un de ses deux

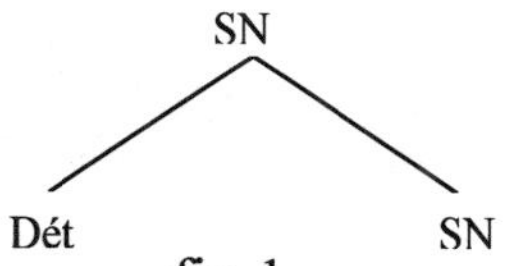

fig. 1

constituants immédiats appartiendrait au même paradigme SN que lui, ce qui serait contradictoire. Pour éviter cette contradiction, on peut appeler la construction nominale qui se combine avec le déterminant, membre nominal (en abrégé MN), comme l'a fait Ruwet par exemple (cf. Ruwet, 1968, 111), ou encore groupe nominal (GN), à condition que cette dernière étiquette ne soit pas, comme chez Jean Dubois, un équivalent non technique de ce que les linguistes appellent syntagme nominal (cf. Dubois & Dubois-Charlier, 1970, 30; Dubois, Lagane, 1973, 30). On pourrait aussi l'étiqueter N, ce qui aurait l'avantage de bien montrer que *petit garçon* ou *old dog* «vieux chien» (cf. Hockett, 1958, 184) est une construction endocentrique, puisqu'elle appartient au même paradigme que l'un de ses constituants immédiats (cf. figure 2). Cette

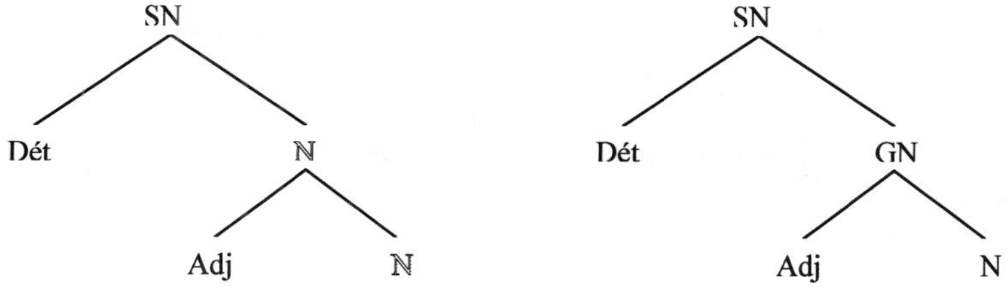

fig. 2: N syntaxique

appellation prend également en compte l'observation très juste qui voit dans la combinaison d'un nom et de toutes les expansions qu'il peut recevoir un nom syntaxique, c'est-à-dire un nom qui n'est pas donné par le lexique, mais qui est formé syntaxiquement ou, comme le disait le philosophe du langage Serrus, grammaticalement. Ce dernier a en effet noté que ces combinaisons syntaxiques de mots exprimaient, exactement comme les noms simples, un concept:

> "il n'est pas possible de désigner toujours un concept au moyen d'un mot. On dit: *le triangle rectangle, l'épingle de cravate, la soupe au lait*, pour exprimer cependant des concepts simples et qui sont dans l'usage commun. A plus forte raison manque-t-on de noms pour les idées particulières, fugitives, qui se font et se défont au cours de la pensée: *les élèves absents, un mal qui répand la terreur, la fleur que tu m'avais jetée*. Il a fallu employer ici l'épithète, le complément ou la périphrase, et nous sommes entrés dès lors, avec ses procédés, dans la composition grammaticale. <...> Si par impossible il existait un seul mot pour exprimer chacune de ces idées, nous l'aurions employé; si bien que le nom complété doit être traité comme un nom simple" (Serrus, 1941, 39-40).

Considérer ainsi le second constituant immédiat du SN comme un nom syntaxique, c'est-à-dire comme un N, peut toutefois poser un problème aux linguistes qui formalisent; car ils souhaiteraient peut-être que les catégories préterminales de leur grammaire, c'est-à-dire celles qui sont remplacées par un mot du vocabulaire terminal ne soient pas récursives et appartiennent à un sous-ensemble distinct du reste des mots du vocabulaire auxiliaire. Mais il n'est pas de bonne méthode de rejeter une hypothèse linguistique simplement pour faciliter la tâche du traitement automatique. C'est à l'intendance de suivre! D'ailleurs il faut bien que la catégorie de N ne soit pas toujours préterminale; car il existe des noms qui, étant des synthèmes, sont eux-mêmes constitués d'un N soudé à un autre morphème comme dans le N *maisonn-ette*, lequel est formé du N *maison* et du morphème de diminutif *-ette*, ou dans le N *fer à repasser*, qui est formé du N *fer*, du verbe *repasser*, et du morphème discontinu de signifié «pour» et de signifiant /*à*... Infinitif/.

3. Structure du second constituant immédiat

Le second constituant immédiat du SN peut être de structure très variée. Il peut être formé au minimum d'un N et d'un Adj, auquel on reconnaît traditionnellement la fonction d'épithète, ou d'un N et d'un syntagme prépositionnel, auquel on reconnaîtra la fonction traditionnelle de complément de nom, fonction que les grammaires scolaires attribuent en fait au seul nom de ce syntagme prépositionnel:

vieil homme, *old man*

maison de son fils, *house of God*.

L'adjectif peut, en français, mais pas en anglais, se trouver linéairement devant ou après le N:

le vieil homme, l'homme courageux, *the old man, the brave man.*

Et le complément de nom peut en anglais, mais pas en français, se placer après ou avant le nom:

le roi d'Angleterre, la maison de son fils, *the king of England, his son's house.*

Mais en anglais, seul le complément de nom au génitif saxon doit précéder le nom dont il est l'expansion; le complément de nom avec la préposition *of* doit, lui, comme en français, toujours suivre le N dont il est l'expansion. Ces possibilités syntagmatiques différentes pour l'adjectif épithète du français ou le complément de nom de l'anglais ne changent rien à la syntaxe des constituants concernés. Dans tous ces cas, l'adjectif ou le complément de nom répondent à la même définition syntaxique ou structurale d'expansion de N dans un N endocentrique. Et l'on voit au passage que, comme l'avait déjà expressément souligné Tesnière, la fonction de complément de nom et la fonction d'épithète sont en fait une seule et même fonction syntaxique, celle d'expansion de N.

"Dans le groupe *le livre de Pierre*, le substantif *Pierre* devient syntaxiquement un adjectif épithète au même titre que dans *le livre rouge*. Bien que non adjectif morphologiquement, il acquiert ainsi les caractéristiques syntaxiques de l'adjectif, c'est-à-dire la valeur adjectivale. Le subordonné *de Pierre* joue dans cette union de mots un rôle en tous points similaire au subordonné *rouge*.
Effectivement, rien ne distingue structuralement le syntagme *le livre de Pierre* du syntagme *le livre rouge*. Dans les deux cas, le subordonné joue le même rôle d'épithète du mot *livre*. Qu'il s'agisse du *livre de Pierre* ou du *livre rouge*, on a affaire à l'expression d'une des qualités du livre considéré qui est destinée à le distinguer des autres livres" (Tesnière, 1966, 364).

La différence entre ces deux prétendues fonctions traditionnelles se trouve uniquement dans la nature catégorielle du constituant qui est expansion de N: traditionnellement, on parle d'épithète, quand l'expansion de N est un simple adjectif, et de complément de nom, quand elle est apparemment un SPrép.

a. Différentes sortes de complément de nom

Faut-il toujours considérer un complément de nom comme un SPrép? Les grammaires scolaires françaises appellent toujours compléments de nom des constituants nominaux qui se rattachent à un nom grâce à une préposition. Elles signalent que le complément de nom "est, en général, introduit par la préposition *de*" (Dubois, Jouannon, Lagane, 1961, 28), mais qu'il peut être introduit par beaucoup d'autres prépositions:

un manteau en laine, une cheminée en marbre, le train pour Le Havre, la lutte pour la vie, le transport par route, l'analogie entre Achille et un lion, des relations avec sa première femme, la marche sur l'ennemi, un plongeon sous la glace, la lutte contre l'exclusion, etc.

Il importe d'abord de distinguer deux classes de prépositions, qu'on peut appeler d'une part les prépositions vides, c'est-à-dire les prépositions dont le contenu n'est pas lexical, mais uniquement grammatical, comme *de* ou *à*, que l'on considérera comme des morphèmes fonctionnels, et d'autre part, les prépositions pleines, c'est-à-dire les autres, comme *en, pour, sur, sous, entre, avec, contre*, etc., qui ont un contenu sémantique propre, et font partie de ce que nous appellerons des morphèmes relationnels, c'est-à-dire des morphèmes qui expriment soit une relation logique soit une relation référentielle entre des objets du monde extralinguistique (cf. Touratier, 2002b, 99 et *sqq.*). Les prépositions qui sont des morphèmes relationnels forment avec le SN avec lequel elles se combinent une construction exocentrique, c'est-à-dire qui ne fonctionne ni comme une préposition seule ni comme un SN seul, mais qui appartient au paradigme de l'Adverbe. Elles forment donc un syntagme qui, contenant un SN, est plus qu'un syntagme nominal. C'est ce qu'on appelle légitimement des SPrép ou mieux des syntagmes adverbiaux (SAdv), dans la mesure où la préposition n'est pas un morphème dans toutes les langues. En allemand par exemple, elle n'est que le premier élément du signifiant discontinu d'un morphème relationnel, le second élément étant le cas qui, d'après la tradition grammaticale, est régi par la préposition. Lorsqu'un tel SAdv est complément de nom comme dans *die Rückkehr aus Paris* «le retour de Paris», *der Überfall auf die Bank* «l'attaque de la banque (l'attaque contre la banque)», ou *das Kloster auf dem Monte Cassino* «le monastère du Mont Cassin (le monastère sur le Mont Cassin)», on ne peut pas dire que sa fonction de complément de nom soit indiquée par la préposition, puisque celle-ci a un véritable sens. Sa fonction n'est donc indiquée que par l'ordre syntagmatique des mots, qui fait que le SPrép se trouve juste après le N dont il est une expansion.

Ce n'est pas le cas du complément de nom introduit par la préposition *de*. Celle-ci n'a manifestement aucun contenu sémantique, pas même l'indication de la possession, comme le dit trop facilement la grammaire traditionnelle, à propos de *Pierre*, dans *le livre de Pierre*, où *Pierre* serait le possesseur du livre en question. Les grammaires latines parlent aussi de génitif possessif ou de génitif d'appartenance à propos du complément de nom *Petri* dans le SN *liber Petri* «le livre de Pierre». Mais il est clair que *de* ne signifie pas la possession, si on dit *le livre d'histoire*, *le livre de Hugo*, *le livre de chevet* ou, dans la culture égyptienne, *le livre des morts*. C'est pourtant le même *de* que présentent tous ces syntagmes qui sont des compléments du nom *livre*. On peut dire de ce morphème ce que nous avons dit du génitif latin:

> "Le signifié de ce morphème fonctionnel étant purement grammatical, il ne correspond à aucune valeur sémantique particulière. Il implique que le SN au génitif entretient une certaine relation sémantique avec le N auquel il se rapporte, c'est-à-dire avec lequel il forme une construction. Mais la nature exacte de cette

relation sémantique n'est nullement spécifiée par ce morphème: elle dépend entièrement du contenu sémantique du SN et du N ainsi mis en relation syntaxique" (Touratier, 1994, 191).

De fait, *le livre de Pierre* peut vouloir dire «le livre que Pierre a acheté et par conséquent qu'il possède» (il y a alors entre le livre et Pierre une relation de possession), mais il peut aussi vouloir dire «le livre que Pierre a entre les mains après l'avoir emprunté à la bibliothèque» (il y a entre le livre et Pierre une relation d'utilisateur). Par contre, *le livre de Hugo* peut certes vouloir dire «le livre que possède Hugo», mais aussi et surtout «le livre qu'a écrit Hugo» (car il y a entre le livre et Hugo une relation d'ouvrage à auteur). Entre le livre et l'histoire, dans *le livre d'histoire*, il ne peut y avoir qu'une relation de contenant à contenu, de document à sujet traité. Bref, la préposition indique seulement qu'il y a une relation syntaxique d'expansion entre les constituants concernés, et l'interlocuteur doit construire la relation sémantique à laquelle correspond cette relation syntaxique à partir de ce qu'il sait de la désignation des noms ainsi reliés. Jespersen, dans sa *Syntaxe analytique*, donne notamment deux exemples qui montrent très bien que la signification correspondant à la relation syntaxique d'expansion de N dépend de la signification ou de la désignation des deux N du SN avec complément de nom:

the discovery of America «la découverte de l'Amérique», *the discoveries of Columbus* «les découvertes de Colomb» (Jespersen, 1971, 112).

Dans le premier, le complément de nom correspond à ce qui a été découvert, et dans le second, à celui qui a découvert. Les grammaires parlent alors volontiers de complément de nom objectif dans le premier cas, et de complément de nom subjectif dans le second. Car l'Amérique est l'objet de la découverte, comme dans *on a découvert l'Amérique*; et dans le second cas, Colomb est le sujet de la découverte, comme dans *Colomb a découvert l'Amérique*.

Dans la mesure où la préposition française ou anglaise (ou bien le génitif latin) n'indiquent rien de plus que la fonction syntaxique d'expansion de N, il n'est guère possible de considérer qu'elles forment avec le SN dont elles indiquent la fonction une construction exocentrique comme dans les SAdv. On a donc envie de dire que le complément de nom n'est pas alors un SPrép ou un SAdv, mais seulement un SN, auquel s'ajoute un morphème qui indique que ce SN est une expansion de N. On pourrait dire que la préposition *de* forme avec ce SN une construction endocentrique, qu'il est cependant impossible de faire commuter avec un SN sans *de*, dans la mesure où un SN complément de nom a besoin en français de voir expliciter sa fonction de complément de N par cette préposition. Mais il existe, en français, des tournures où le complément de nom n'est pas affecté de cette préposition. Tesnière parlait alors de "translation sans marquant" ou de "translation sans translatif" (Tesnière, 1966, 151 et 380), ce qu'il illustrait par:

"*le dîner Durand* (c'est-à-dire le dîner où la personne qui invite ou celle en l'honneur de laquelle on invite porte le nom de *Durand*)" (Tesnière, 1966, 380)

la Tour Eiffel, le boulevard Gambetta, l'affaire Dreyfus (Tesnière, 1966, 151).

Dans un arbre, le problème de l'étiquetage de ce complément de nom ne se posera pas. On indiquera seulement le SN qui est expansion de N, et la fonction d'expansion de N sera marquée par les embranchements qui font de ce SN une expansion de N. Quant à la préposition *de*, elle n'a pas besoin d'une étiquette, puisqu'elle ne fait que marquer la fonction indiquée par ces embranchements. Lui donner une étiquette spécifique serait doublement une erreur, parce que

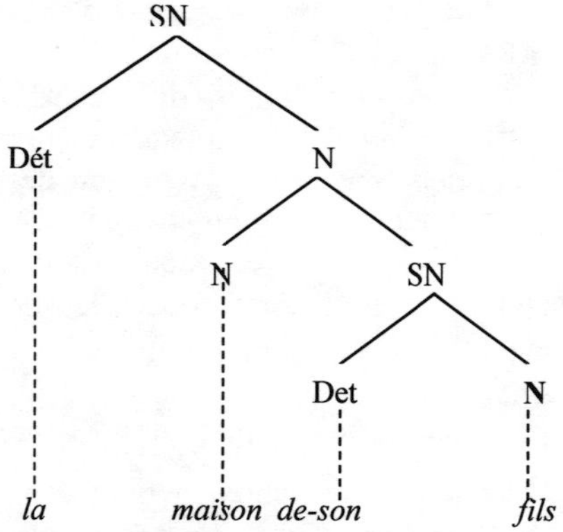

fig. 3: SN expansion de N

cela spécifierait dans l'arbre une seconde fois ce qui est déjà indiqué par les embranchements, et parce que cela ferait ainsi d'une fonction syntaxique une catégorie syntaxique, alors que les fonctions ne sont que des relations entre des catégories syntaxiques.

b. Plusieurs épithètes

Le second constituant immédiat du SN peut très bien présenter plusieurs adjectifs épithètes non coordonnés. On en trouve attestés au moins 2 ou 3. On peut en effet trouver deux adjectifs épithètes, tous deux antéposés au nom:

On savait qu'il y régnait en hiver un terrible silence. Pas de gare à moins de vingt kilomètres, ce qui découragerait probablement d'*éventuels jeunes* visiteurs. (Didier Decoin, 1987, *Autopsie d'une étoile*, éd. du Seuil, 17)

ou postposés au nom:

la guerre *civile espagnole* (Arrivé, Gadet, Galmiche, 1986, 39)

l'armée *romaine victorieuse* (Riegel, Pelat et Rioul, 1994, 180)

ou encore l'un antéposé et l'autre postposé:

la *splendide* victoire *napoléonienne*.

On trouve aussi trois adjectifs dans un même SN: deux sont antéposés et un postposé:

> Et c'était alors, dans mon idée du moins, <...> comme si je me traînais à plat ventre pour dénouer avec mes dents les lacets de leurs *terribles petites chaussures blanches*. (Didier Decoin, 1987, *Autopsie d'une étoile*, 57)

ou un est antéposé et deux postposés:

> la *sanglante* guerre *civile espagnole* (Arrivé, Gadet, Galmiche, 1986, 39)
>
> un *petit* ouvrage *didactique intéressant*, un *excellent petit* plat *roboratif* (Riegel, Pelat et Rioul, 1994, 180).

Il semble possible, d'après les grammaires, de trouver des SN avec 4 adjectifs non coordonnés:

> Un *bon gros* steak *épais bien saignant* (Riegel, Pelat et Rioul, 1994, 180)
>
> Une *grande belle jeune* fille *élégante* et bien faite (L. Foulet, d'après Grevisse & Goosse, 1993, 506)
>
> Un très gentil petit enfant anglais extrêmement poli vient nous ouvrir la porte (Loukili, Omar, 1999, *Le syntagme nominal: théorie et description*, thèse d'Aix-en-Provence, p. 244).

Mais ces exemples inventés ne paraissent pas vraiment acceptables, ou plutôt sonnent un peu faux.

Il importe de bien voir que ces différents adjectifs épithètes ne sont pas tous épithètes du nom. Comme l'a justement remarqué la *Grammaire méthodique du français*, dans les couples hiérarchisés de deux adjectifs, le plus éloigné détermine le groupe formé par le nom et l'adjectif le plus rapproché" (Riegel, Pelat et Rioul, 1994, 180). Ainsi dans *d'éventuels jeunes visiteurs*, l'adjectif *jeunes* est bien une expansion du N *visiteurs*, mais si l'adjectif *éventuels* est aussi une expansion de N, c'est du N syntaxique *jeunes visiteurs*. De même, dans *la guerre civile espagnole*, l'adjectif *civile* est l'expansion du N *guerre*, et l'adjectif *espagnole* une expansion du N syntaxique *guerre civile*. Mais dans la *splendide victoire napoléonienne*, c'est l'adjectif *napoléonienne* qui est l'expansion du N *victoire*; et l'adjectif *splendide* est, lui, expansion du N *victoire napoléonienne*. Dans leurs *terribles petites chaussures blanches*, l'adjectif *blanches* semble être l'expansion du nom *chaussures*, l'adjectif *petites* l'expansion du nom syntaxique *chaussures blanches*, et enfin l'adjectif *terribles* l'expansion du nom syntaxique *petites chaussures blanches* (cf. figure 4). On supposerait donc que, lorsqu'il y a des adjectifs avant le nom et des adjectifs après le nom, ce sont les adjectifs après le nom qui sont les expansions les plus proches du nom, et les adjectifs avant le nom les expansions les moins proches du nom. Mais cela n'est pas si sûr ; on pourrait en effet penser que c'est l'adjectif *petites* qui est l'expansion du nom *chaussures*, que l'adjectif *blanches*

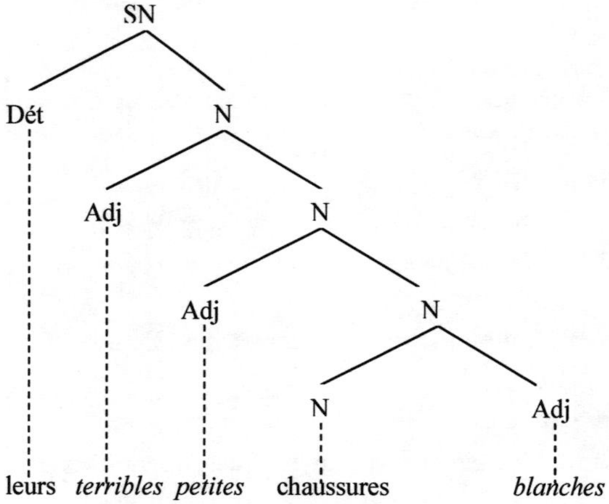

fig. 4: SN à 3 adjectifs épithètes

est l'expansion du N syntaxique *petites chaussures*, et qu'enfin l'adjectif *terribles* est l'expansion de *petites chaussures blanches*. Si le SN *un bon gros steak épais bien saignant* est bien acceptable, la *Grammaire méthodique du français* estime que "les adjectifs *(bien) saignant* et *bon* caractérisent respectivement les groupes *gros steak épais* et *gros steak épais bien saignant*, mais ne précise pas si c'est l'adjectif *épais* ou l'adjectif *gros* qui est l'expansion du N *steak* (Riegel, Pelat et Rioul, 1994, 180). Nous serions tenté, pour notre part, de croire que c'est l'adjectif *épais*, et que l'adjectif *bien saignant* se combine avec le nom syntaxique *steak épais*, et que c'est avec le nom syntaxique *steak épais bien saignant* que l'adjectif *gros* se combine.

c. Plusieurs compléments de nom

De même qu'il peut avoir plusieurs adjectifs épithètes, un SN peut avoir plusieurs compléments de nom. Gleason donne un exemple de deux génitifs saxons successifs:

my wife's brother's child «l'enfant du frère de ma femme».

Il mentionne même un "exemple possible – mais moins probable" (Gleason, 1969, 118) avec quatre génitifs saxons en cascade:

John's partner's wife's brother's child «l'enfant du frère de la femme de l'associé de John».

Les traductions françaises de ces exemples montrent qu'en français, il en est de même. On pourrait bien sûr donner des exemples où un des compléments de nom est un SN et l'autre un SAdv:

> *the control of mind over matter* «le contrôle de l'esprit sur la matière», *the control of matter by mind* «le contrôle de la matière par l'esprit» (d'après Jespersen, 1971, 112)
>
> *the discovery of America by Columbus* «la découverte de l'Amérique par Colomb».

Mais, comme pour les adjectifs épithètes, tous ces compléments de nom ne sont pas au même niveau.

Ainsi dans le SN *le contrôle de l'esprit sur la matière*, c'est le SN *l'esprit* qui est le complément du nom *contrôle*, et le N syntaxique ainsi formé *contrôle de l'esprit* a pour complément de nom le SAdv *sur la matière*, comme le montre clairement le schéma de la figure 5.

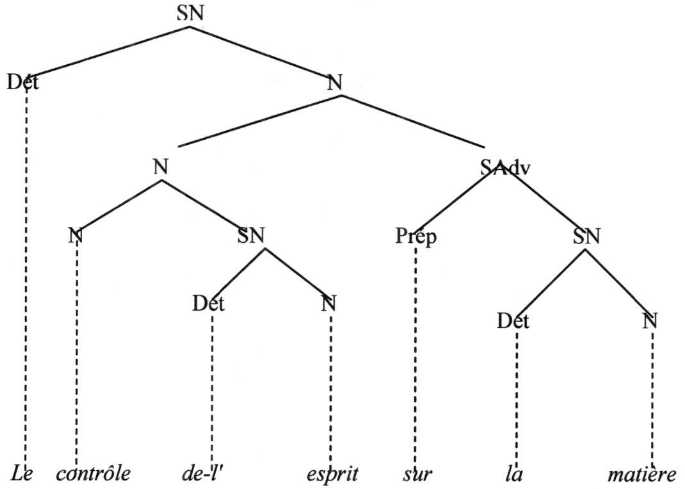

fig. 5: SN avec 2 compléments de nom

d. Autres sortes de constituants du second constituant immédiat du SN

Le second constituant immédiat du SN peut combiner avec un nom tous les types de constituants qui appartiennent au même paradigme que l'adjectif épithète et le complément de nom. Il peut notamment être formé d'une relative dite traditionnellement déterminative, comme dans l'exemple de Port-Royal:

Les hommes qui sont pieux sont charitables

ou dans l'exemple de Tesnière:

les livres que vous avez sont précieux

puisque, comme le disait Tesnière, "il est évident que la subordonnée *que vous avez* est une épithète qui sert à caractériser *les livres* au même titre que l'adjectif épithète *rares* dans *les livres rares sont précieux*" (Tesnière, 1966, 557).

Le second constituant immédiat du SN peut aussi, bien évidemment, combiner un N syntaxique formé d'un nom et d'un complément de nom ou d'un nom et d'un adjectif épithète avec par exemple une subordonnée relative déterminative, comme dans:

the old man who lives there «le vieil homme qui habite ici»

le livre d'histoire que tu lui as prêté.

On remarquera que le second constituant immédiat du SN, quand ce n'est pas un seul lexème, est une construction endocentrique qui semble toujours avoir deux constituants immédiats, tout comme le SN minimal, c'est-à-dire sans apposition, est une construction exocentrique à deux constituants immédiats.

4. Le premier constituant immédiat du SN

"Toutes les unités qui peuvent commuter avec *le* dans *Le chat vient du Siam* appartiennent à la même classe distributionnelle" (ou au même paradigme), disait Mounin (1968, 129). C'est cette classe d'unités significatives qu'on appelle la classe des déterminants. Mounin illustrait ce paradigme par les morphèmes "*un, ce, mon, ton, son*, etc., *certains, quelque*, etc." (Mounin, 1968, 129).

a. Les déterminants d'après Jean Dubois et Françoise Dubois-Charlier

Les Dubois se sont efforcés d'être exhaustifs dans leurs *Eléments de linguistique française: syntaxe*. Utilisant des règles de réécriture qui mettent à gauche d'une flèche le nom d'une construction ou d'un paradigme, et à droite de la flèche le nom des constituants immédiats qui correspondent à cette construction, ils donnent d'abord les premières règles de réécriture du SN, puis ils définissent le déterminant (qu'ils notent D) par la règle suivante:

3: D → (PréArt) + (Dém) + Art + (PostArt) + (Dénotatif) (Dubois & Dubois-Charlier, 1970, 38 corrigé p. 53)

qu'ils commentent en ces termes:

"Cette formule signifie que la règle de réécriture de *D* comporte plusieurs constituants: l'un est obligatoire, c'est *Art* (abréviation de *article*); les autres sont facultatifs: ce sont *PréArt*, abréviation de *préarticle*, *Dém*, abréviation de démonstratif, et *PostArt*, abréviation de *postarticle*" (Dubois & Dubois-Charlier, 1970, 38)

à quoi il faut ajouter la catégorie *Dénotatif*, que les Dubois définiront plus loin comme étant "formée de *même* et *autre*" (Dubois & Dubois-Charlier, 1970, 52), après avoir pensé que cette catégorie devait être intégrée à *PostArt*.

Ils proposent ensuite la réécriture de chacun des constituants qui sont à droite de la règle 3, et d'abord l'article:

$$4: \quad \text{Art} \rightarrow \begin{Bmatrix} \text{Def} \\ \text{nDef} \end{Bmatrix}$$

Cette règle "signifie que la catégorie de l'article peut se réécrire soit sous la forme de la sous-catégorie *Déf* (abréviation de *Défini*) soit sous la forme de la sous-catégorie *nDéf* (abréviation de *non-Défini*)" (Dubois & Dubois-Charlier, 1970, 45), la double accolade correspondant à un *ou* logique exclusif, c'est-à-dire à l'un ou l'autre des termes entre accolades, mais pas aux deux. Cette règle catégorielle doit être suivie par des règles dites terminales, qui vont remplacer chacune de ces catégories syntaxiques par le morphème qui la représente:

Déf → {*le, la, les*} (Dubois & Dubois-Charlier, 1970, 49)

nDéf → {*un, une, des, Ø*} (Dubois & Dubois-Charlier, 1970, 49)

Dém + Déf → {*ce, cette, cet, ces, ...*} (Dubois & Dubois-Charlier, 1970, 49).

Ces règles énumèrent les différents morphèmes (ou plutôt mots) que les grammaires scolaires font rentrer dans les classes concernées. Car les pluriel *les* ou *des* correspondent en fait à deux morphèmes, à savoir le morphème *Déf* ou *nDéf* et le morphème *Plur* (Pluriel). Quant à la règle de *Dém* + *Déf*, elle appelle au moins deux remarques. D'abord, elle n'est pas vraiment canonique, dans la mesure où par définition, il ne doit y avoir qu'une seule catégorie à gauche d'une flèche. Mais cela n'est après tout qu'une question de définition. La seconde remarque est plus grave. Les deux catégories qui sont à gauche de la flèche correspondent à une description sémantique, et non à une analyse morphématique de ce que la grammaire scolaire appelle adjectif démonstratif. Car le segment *ce* n'est qu'un seul morphème. C'est seulement au niveau du sens qu'il peut être considéré comme ajoutant quelque chose à la signification de l'article défini et signifiant par conséquent quelque chose comme «le... que je montre». Il en est de même pour les prétendus adjectifs possessifs *mon, ton, son*, etc. de la grammaire traditionnelle, qui ont le sens de «le... de moi», «le... de toi», «le... de lui». Mais si les Dubois ne les citent pas ici, c'est parce qu'ils les traiteront comme le résultat d'une "transformation adjectivale" (cf. Dubois & Dubois-Charlier, 1970, 277).

Le préarticle (que l'on appelle parfois le prédéterminant) est à son tour spécifié par la règle suivante:

$$5:\quad \text{PréArt} \rightarrow \left\{ \begin{array}{c} \text{QuantA} \\ \text{QuantR} + De \end{array} \right\}$$

ce qui "signifie que le préarticle peut être réécrit soit par la catégorie des *quantitatifs absolus* (par exemple *tout, tous*), dont l'abréviation est *QuantA*, soit par la catégorie des *quantitatifs relatifs* (par exemple *beaucoup*), dont l'abréviation est *QuantR*, suivie obligatoirement de la «préposition» *De*" (Dubois & Dubois-Charlier, 1970, 50). Tout ceci correspond aux deux règles terminales suivantes:

QuantA → {*tout, tous, toutes*}

QuantR → {*beaucoup, trop, peu, assez, moins, plus*} (Dubois & Dubois-Charlier, 1970, 50).

Il ne reste plus qu'à spécifier le postarticle, ce que les Dubois font à l'aide de la règle de réécriture suivante:

$$6:\quad \text{PostArt} \rightarrow \left\{ \begin{array}{c} \text{Cardinal} \\ \text{Numéral} \\ tel \end{array} \right\}$$

Cette règle veut dire que l'on a le choix entre trois constituants: la catégorie *Cardinal*, qui représente "l'ensemble des adjectifs cardinaux des grammaires traditionnelles (*un*, *deux*, *trois*, *cent*, *mille*, etc.)"; la catégorie *Numéral*, qui, elle, désigne l'ensemble "des adjectifs indéfinis distributifs des grammaires traditionnelles (*chaque*, *aucun*, *nul*, *quelque*, etc.)"; et le morphème comparatif *tel*, qui, nous précisent les Dubois, "est le seul membre de sa classe" (Dubois & Dubois-Charlier, 1970, 52). Tout cela est explicité par les deux règles terminales suivantes:

Cardinal → {*un, deux, trois, quatre ... cent ... mille*}

Numéral → {*quelque, quelconque, certain, chaque, différents, maint, plusieurs, aucun, nul*}

A ces règles, il convient d'ajouter la règle terminale qui réécrit le constituant facultatif *Dénotatif*, pour que tous les constituants que les Dubois rattachent au déterminant du SN soient spécifiés:

Dénotatif → {*même, autre*}

b. Réexamen de la liste

L'intérêt du travail de Jean Dubois et Françoise Dubois-Charlier est sa volonté d'exhaustivité. Mais ne peut-on pas reprocher à la liste ainsi obtenue d'être plus riche qu'il ne le faudrait?

Ne convient-il pas, par exemple, de supprimer la catégorie que les Dubois appellent ProArticle? Elle englobe deux types de constituants, appelés respectivement *Quantitatifs absolus* et *Quantitatifs relatifs*. Les *QuantA* ne sont représentés finalement que par *tout* et *tous*. Or, il semblerait que *tout* puisse correspondre à plusieurs choses différentes. D'abord *tout* doit être considéré comme un déterminant, ainsi que le font Grevisse et Goosse, (1993, 939), et non comme un prédéterminant, quand il n'est pas suivi de l'article défini et qu'il a le sens de «n'importe quel, chaque», comme dans:

> Toute peine mérite salaire. A tout péché miséricorde (d'après Grevisse & Goosse, 1993, 939).

Et cela, bien que les morphèmes *chaque* et *quelque* soient curieusement rangés par les Dubois sous l'étiquette de *Numéral*, laquelle correspond théoriquement aux "adjectifs indéfinis distributifs des grammaires traditionnels" (Dubois & Dubois-Charlier, 1970, 52). Mais nous avons vu que Mounin les rangeait justement dans la même classe distributionnelle que l'article *le*.

Le *tout* déterminant n'est apparemment pas le même que le *tout* suivi de l'article défini que l'on a par exemple dans:

> Tout le village sait la vérité. Tous les hommes sont mortels.

Certes il précède l'article; mais peut-on dire pour autant qu'il est un prédéterminant ou un préarticle, quand on constate que dans un certain nombre de cas, ce constituant peut apparaître indépendamment de tout article, comme dans:

> Les hommes sont tous mortels.

Si on pense qu'il s'agit alors du même morphème, il semblerait préférable de dire que le *tous* qui précède l'article défini dans *Tous les hommes sont mortels* est une expansion du SN *les hommes*, et non pas du seul déterminant *les*.

Quant aux *QuantR*, qui appartiendraient aussi au *PréArt*, ils ont également la particularité d'être des préarticles qui, sauf exceptions, ne sont pas suivis de l'article défini, comme dans:

> Beaucoup (ou: peu, trop, pas assez, etc.) de gens pensent malheureusement comme vous.

Il semble donc préférable de dire, avec Grevisse et Goosse, qu'alors, "les adverbes de degré *assez, beaucoup, combien, moins, plus, trop*, etc. sont employés comme déterminants indéfinis" (Grevisse & Goosse, 1993, 872).

Parmi les exceptions, certaines sont parfaitement compréhensibles. "Si le nom est accompagné par un complément ou par une proposition relative ou, plus généralement, si l'article défini est requis parce qu'il s'agit d'une réalité précise et bien connue, on a *du, de la, de l', des*:

> Nous considérons beaucoup des pensées de Valéry [...] comme symptôme d'un certain esprit public (BENDA) <...> Beaucoup des auditeurs étaient cyniques et

> aigres <…> Trop du vin que vous nous avez envoyé était éventé" (Grevisse & Goosse, 1993, 873).

Mais, "au contraire des autres adverbes, *bien* demande après lui *du, de la, de l', des*:

> Watteau, ce carnaval où bien des cœurs illustres, / Comme des papillons, errent en flamboyant <…> Je vous souhaite bien du plaisir, bien de la joie" (Grevisse & Goosse, 1993, 873).

Il est peut-être possible de négliger cette exception, dans la mesure où *bien des gens* est manifestement l'équivalent de *beaucoup de gens*. Mais il faudrait quand même pouvoir expliquer comment cet usage surprenant a pu s'instaurer.

Il semble que comme le *PréArt*, le *PostArt* doive être écarté du Déterminant. Ce que les Dubois appellent *Cardinal*, mais que les grammaires scolaires appelaient adjectifs numéraux cardinaux (cf. Grevisse, 1959, 329) ne peut pas être considéré comme un déterminant, contrairement à ce que prétendent Grevisse et Goosse (1993, 889). Ce ne peut être qu'un authentique adjectif, dans la mesure où, comme non pas tous les adjectifs dits qualificatifs, mais comme une bonne partie d'entre eux, il peut remplir la fonction d'attribut du sujet (ou de l'objet). On trouve dans cette fonction non seulement le numéral *un*, comme dans:

> La vérité est une (d'après *LPLI*). Dans un poème, l'action doit être une (d'après *Lexis*)

mais aussi n'importe quel autre numéral:

> Même dans l'amour, même en étant deux, on ne veut pas être deux, on veut rester seul (Montherlant, d'après *LNPR*). Etre treize à table (d'après *LNPR*)

> Nous partîmes cinq cents; mais par un prompt renfort
> Nous nous vîmes trois mille en arrivant au port (Corneille).

Quant à *tel*, les grammaires lui reconnaissent volontiers deux statuts différents. C'est incontestablement un adjectif qualificatif, quand "il exprime soit la similitude soit l'intensité", comme le disent Grevisse et Goosse (1993, 947). Dans le premier, cas il "signifie «pareil, semblable»" (Grevisse & Goosse, 1993, 947), comme dans:

> C'est un homme tel qu'il vous faut (Académie);

et dans le second, il "signifie «si grand, si fort»" (Grevisse & Goosse, 1993, 947), comme dans:

> Il a fait un tel vacarme (ou: un vacarme tel) qu'il a réveillé toute la rue (d'après (Grevisse & Goosse, 1993, 950).

Il n'est, dans ces conditions, nullement surprenant qu'il puisse remplir la fonction syntaxique d'attribut du sujet (ou de l'objet), comme dans les exemples de Grevisse et Goosse, (1993, 948):

Un îlot de rochers arides ou du moins qui paraissaient tels à distance (Gautier). J'adore les yeux noirs avec des cheveux blonds. / Tels les avait Rosine (Musset).

Mais *Le bon usage* estime que *tel* a un autre emploi que celui d'adjectif:

"*Tel* comme déterminant s'emploie à propos de personnes ou de choses qu'on ne veut ou ne peut désigner précisément:
Il y a tel hôtel à Mons où, le samedi, les gens des petites villes voisines viennent exprès dîner, pour faire un repas délicat (Taine)" (Grevisse & Goosse, 1913[13], 946).

Ne serait-il pas préférable de dire qu'il s'agit d'un emploi indéfini de *tel* qui n'établit pas une comparaison avec quoi que ce soit. C'est ainsi que Littré s'expliquait cet emploi de *tel*, et aussi celui de l'adjectif substantivé *un tel*:

"En un sens indéfini, indéterminé, en parlant de personnes ou de choses qu'on ne veut ou ne peut désigner précisément. *Tout de bon, je suis tout autre que vous ne m'avez vu; et telle personne s'est sauvée autrefois de mes mains, qui ne m'échapperait pas à cette heure* (Voit. Lett. 20)

"*Un tel, une telle*, une personne indéterminée qu'on ne peut nommer plus précisément" (Littré, p. 6224).

Il ne reste plus, parmi les *PostArt* des Dubois, que ce qu'ils appellent *Numéral*, c'est-à-dire les "adjectifs indéfinis distributifs des grammaires traditionnelles (*chaque, aucun, nul, quelque*, etc.)" (Dubois & Dubois-Charlier, 1970, 52). Mais ces constituants, qui ne sont pas compatibles avec l'article défini *le*, doivent, ainsi que nous l'avons déjà remarqué précédemment, être considérés comme d'authentique déterminants, qui, commutant avec *le*, appartiennent donc au même paradigme que lui.

Parmi tous les constituants que les Dubois voyaient dans le déterminant, il faut encore examiner ce qu'ils ont appelé *Dénotatif*, à savoir *autre* et *même*, qu'ils ont d'abord considéré comme faisant partie du *PostArt* (Dubois & Dubois-Charlier, 1970), 38), mais qu'ils ont finalement fait entrer parmi les constituants immédiats facultatifs du *Déterminant*, parce que le *Dénotatif* peut apparaître sans qu'il y ait un constituant de *PostArt*, mais avec seulement des constituants de *Art*, c'est-à-dire avec un article indéfini, comme dans ces exemples que donne Littré:

L'amour et la raison n'est qu'une même chose (Pascal); Rome ne fut plus cette ville dont le peuple n'avait qu'un même esprit, un même amour pour la liberté, une même haine pour la tyrannie (Montesquieu)

ou, bien sûr, avec un article défini, comme dans cet exemple donné par *Lexis*:

"Ils ont les mêmes goûts (syn. *identique, pareil*)".

On remarquera les limites de cette synonymie, dans la mesure où le remplacement par un adjectif comme *identique, pareil, semblable* entraînerait un changement d'article:

Ils ont *des* goûts identiques (*Ils ont *les* goûts identiques).

Le bon usage, après avoir donné des exemples comme:

> Donnez-moi l'autre livre, un autre livre, ces autres livres, quelques autres livres
>
> Les onze personnes

signale curieusement que *autre* "peut aussi être attribut:

> Mon avis est *tout autre*" (Grevisse & Goosse, 1993, 950)
>
> Le temps et les circonstances sont *autres* (A. France, d'après Damourette & Pichon, 1911-1940, t. VII, 97 § 2876).

Voilà qui oblige à penser que le morphème *autre* est bel et bien un authentique adjectif qualificatif, et doit par conséquent être considéré comme une épithète dans les exemples précédemment cités. Il ne convient donc pas de le faire entrer dans le Déterminant du SN, contrairement à ce que font les Dubois. Dans ces conditions, on dira que dans un SN un peu complexe comme:

> Comment se portent mes deux autres fils, le Marquis et le Commandeur? (Molière, d'après Damourette & Pichon, 1911-1940, t. VII, 98 § 2877)

l'adjectif *autres* est épithète de fils.

Pour des raisons de signification qui font que *autre* semble le contraire de *même*, comme on peut le voir dans cet exemple célèbre de Verlaine:

> Je fais souvent ce rêve étrange et pénétrant / D'une femme inconnue, et que j'aime et qui m'aime, / Et qui n'est, chaque fois, ni tout à fait *la même* / Ni tout à fait *une autre* (Verlaine)

on est tenté de dire que *même* est aussi un adjectif qualificatif. Mais on ne peut donner comme preuve que cet adjectif peut être attribut; car, à la différence de *autre*, qui peut soit seul soit avec un article indéfini être attribut, ainsi que le montrent les exemples de Grevisse et Goosse et de Verlaine qui viennent d'être cités, *même* est toujours précédé de l'article défini, ce que montrent le même exemple de Verlaine ou cet autre exemple:

> Les mères sont toutes *les mêmes*, / Mais n'est-ce pas pour cela qu'on les aime!... (Franc-Nohain, d'après Damourette & Pichon, 1911-1940, t. VII, 116 § 2896).

Il est impossible de dire:

> *Les mères sont toutes mêmes. *une femme qui n'est pas tout à fait même.

Mais il doit y avoir là des raisons sémantiques. Dans la mesure où *même* "marque, comme le dit justement *Le Nouveau Petit Robert*, l'identité absolue", celle-ci ne être que parfaitement définie, d'où la nécessité d'employer un attribut avec *même* qui soit expressément définie:

> une femme qui, chaque fois, n'est pas tout à fait *la même femme*

ou

> une femme qui, chaque fois, n'est pas tout à fait *la même*.

A vrai dire, il est sans doute préférable de considérer que *le même* non suivi d'un nom est, comme le disent les grammaires, un pronom (cf. Grevisse & Goosse, 1993, 1100), c'est-à-dire en réalité un adjectif substantivé comparable au prétendu pronom possessif *le mien.* Ceci expliquerait qu'il faille un article défini, dans la mesure où ce prétendu pronom ne peut qu'être anaphorique et prend alors, comme le dit *Le bon usage*, "le genre de l'antécédent:

> Je suis allé dans plusieurs théâtres, tour à tour [...]. Puis j'ai fini par aller toujours dans le même (Romains)" (Grevisse & Goosse, 1993, 1100).

Par contre, lorsque l'adjectif *même* n'est pas substantivé, il peut apparaître dans un SN attribut avec aussi bien l'article *un* que l'article *le*:

> Romain Gary et Emile Ajar sont le même auteur

> Romain Gary et Emile Ajar sont un même auteur.

Un autre argument peut être avancé pour établir le statut d'adjectif qualificatif de *même*, c'est le fait qu'il puisse être coordonné avec un incontestable adjectif qualificatif épithète, comme dans:

> Romain Gary et Emile Ajar sont un seul et même auteur (exemple de *LNPR*).

Ceci prouve que dans les SN *un même auteur* ou *la même femme*, il serait de la même façon épithète du nom qui le suit, et qu'il ne faut donc pas le compter parmi les constituants du Déterminant d'un SN.

Au terme de cet examen, le paradigme du Déterminant est beaucoup plus réduit et simple que ne le pensent les Dubois. En plus de l'article, il n'y a que les adjectifs dits démonstratifs et les adjectifs dits possessifs, ainsi que les adjectifs dits indéfinis comme *chaque, quelque*, *tout* ou *beaucoup de, trop de, peu de*, etc. Mais que faut-il entendre exactement par article? Il est sûr que l'article dit défini *le, la* est un déterminant, puisque c'est lui qui est posé comme modèle de la classe, celle-ci étant définie comme tout ce qui commute avec *le, la.* Les choses sont moins sûres, en ce qui concerne l'article dit indéfini *un, une.*

c. Problème de l'article dit indéfini

Traditionnellement on distingue deux *un*, l'un est appelé article indéfini, comme dans:

> Un agneau se désaltérait / Dans le courant d'une onde pure. / Un loup survient à jeun, qui cherchait aventure, / Et que la faim en ces lieux attirait (La Fontaine, *Fables* I, 10)

et l'on dit généralement qu'il "introduit un nom en le présentant comme distinct des autres de la même espèce, mais sans apporter plus de précision" (Dubois, Jouannon, Lagane, 1961, 48), ou encore qu'il "s'emploie devant un nom désignant un être ou une chose (ou des êtres ou des choses) dont il n'a pas encore été question, qui ne sont pas présentés comme connus, comme identifiés" (Grevisse & Goosse, 1993, 868). L'autre est appelé adjectif numéral cardinal, comme dans:

> un timbre à un euro, il est une heure, il a un ordinateur, etc.

Cet adjectif numéral "exprime d'une façon précise le nombre des êtres ou des choses désignés par le nom" (Grevisse & Goosse, 1993, 887).

Cette distinction est loin d'être claire. Aussi les grammaires s'efforcent-elles de trouver des différences. La *Grammaire d'aujourd'hui* signale par exemple un test particulièrement satisfaisant:

> "La forme *un* appartient à la fois à la série des articles indéfinis et à celle de l'adjectif numéral cardinal; la distinction n'étant pas toujours aisée, on convient d'accorder à cette forme une valeur numérique lorsqu'on peut lui substituer d'autres adjectifs numéraux: *Je vous mets un morceau de sucre? – Non deux.*" (Arrivé, Gadet, Galmiche, 1986, 74).

Mais les choses se compliquent si, avec la *Grammaire méthodique du français*, on distingue deux emplois de l'article indéfini: un emploi spécifique et un emploi générique.

> "En emploi spécifique, l'article indéfini extrait de la classe dénotée par le nom et son expansion un élément particulier qui est uniquement identifié par cette appartenance et qui n'a fait l'objet d'aucun repérage référentiel préalable: *Au village de Claquebue naquit un jour une jument verte* (M. Aymé)" (Riegel, Pellat, Rioul, 1994, 159).

Quant à l'emploi générique, c'est celui où l'article indéfini indique que "l'élément quelconque auquel renvoie le GN (= SN) introduit par *un* est <…> considéré comme un exemplaire représentatif («typique» de toute sa classe: *Une grammaire est un outil de travail – Autrefois, un enfant ne parlait pas à table*" (Riegel, Pellat, Rioul, 1994, 160).

La *Grammaire méthodique du français* signale des tests qui permettent de distinguer ces deux emplois, notamment en position sujet: "une reprise par *ça* permet de tester le sens générique. Inversement, la possibilité d'utiliser *il y a* identifie le sens spécifique <…>. *Un stylo, ça ne se prête pas / *Un stylo, il ne se prête pas – Un enfant jouait dans la cour / Il y avait un enfant qui jouait dans la cour*" (Riegel, Pellat, Rioul, 1994, 160). Ce test est intéressant; mais il n'en reste pas moins que la différence entre l'emploi spécifique de l'article indéfini et l'adjectif numéral cardinal n'est pas évidente. Et si l'on admet que l'emploi spécifique de l'article indéfini est très proche, voire identique à celui de l'adjectif numéral cardinal, il devient tentant de considérer que l'emploi générique de l'article indéfini se distingue de l'emploi spécifique uniquement par le fait que l'individu unique désigné par le SN avec *un* est un membre quelconque et non un membre particulier de la classe d'individus correspondant à ce SN. Du coup, les trois types d'emploi de *un*, c'est-à-dire l'emploi comme adjectif numéral et les deux emplois comme article correspondraient à un seul et même signifié.

Une objection pourrait être faite à cette hypothèse à partir de la langue anglaise. La différence entre le déterminant et l'adjectif numéral doit avoir une certaine raison d'être, puisque l'anglais distingue morphologiquement l'article indéfini *a* ou *an* et l'adjectif numéral *one*. Mais cette différence est plus théorique que rigoureuse. D'abord, au point de vue historique, le prétendu article *an* n'est qu'un affaiblissement du numéral *one*, exactement comme l'article indéfini *un* du français serait une sorte de grammaticalisation à partir de l'adjectif numéral *un*. Ensuite cette filiation laisse des traces dans le fonction-nement actuel de l'anglais. Les grammaires signalent en effet que "*one* peut remplacer *a/an* avec seulement la faible indication d'une emphase plus grande" (d'après Greenbaum & Quirk, 1990, 80), ce qui est illustré par les exemples suivants:

> Our neighbours have *two* daughters *and a/an* son «Nos voisins ont deux filles et un fils»
>
> This cost *a / one* pound «Ceci coûta une livre»
>
> We walked for *a mile or two / one or two miles* «Nous avons marché un ou deux miles»
>
> The water is only *a foot and a half* deep / *one and a half feet* deep «L'eau n'est qu'à un pied et demi de profondeur».

Tout cela montre que la morphologie anglaise, apparemment si claire, ne distingue pas vraiment la valeur de numéral de la valeur de prétendu article. Nous en conclurons que seul l'article défini *le* ou *the* est un déterminant, et que *un* ou *a(n)* ne sont que des adjectifs, qui ne font donc pas partie du déterminant. Il s'ensuit que le français et l'anglais ne sont pas si différents que cela du grec par exemple, à propos duquel on a l'habitude de dire qu'il n'y a qu'un article défini, et que l'article indéfini du français s'y traduit simplement par l'absence de l'article défini. Une grammaire grecque scolaire donne les exemples suivants:

> Ὁ ἄνθρωπος θνητός ἐστι «L'homme (= l'espèce humaine) est mortel» <...> Au contraire ἄνθρωπος signifierait «quelqu'un, un homme quelconque» (Ragon, Dain, Foucault, Poulain, 1953, *Grammaire grecque*, 140).

Une grammaire universitaire dit d'une façon plus complète:

> "Par exemple ὁ ἄνθρωπος peut signifier à la fois *l'homme dont il s'agit* et *l'homme en général*; ἄνθρωπος au contraire voudra dire *un homme quelconque* ou *l'Homme*" (Humbert, 1954, 44).

5. Contribution au sens du SN et de ses constituants immédiats

On admettra, à la suite de Georges Van Hout, que, d'une façon générale, "un SN est une structure linguistique ordonnée signifiant un ensemble (au sens mathématique <du terme ensemble>)" (Van Hout, 1973, I, 23). Il serait plus précis et plus exact de dire qu'il désigne ou dénote un ensemble. Georges Van Hout illustrait cette définition générale par le SN:

les filles de Minos et de Pasiphaé

qui désigne tous les éléments qui ont la propriété d'appartenir à l'ensemble des enfants feminins de Minos et de Pasiphaé.

a. Référentiel, compréhension, extension et extensité

En bonne théorie mathématique, un ensemble est toujours situé dans un univers de référence (ou référentiel), que l'on "représente généralement par un rectangle (un cadre)" (Van Hout, 1973, I, 29), mais dont on fait couramment l'économie, en considérant qu'il est implicitement représenté par le tableau ou la feuille de papier sur lesquels l'ensemble est dessiné. De la même façon, l'ensemble que désigne le SN d'une phrase donnée se situe dans l'univers de discours auquel appartient cette phrase, c'est-à-dire dans la situation énonciative dans laquelle elle apparaît et dans la situation référentielle à laquelle elle renvoie. Georges Van Hout donne comme exemple un passage de l'*Ecole des femmes* de Molière:

Arnolphe. —Vous vous êtes toujours, comme on voit, bien portée?

Agnès. —Hors *les puces*, qui m'ont la nuit inquiétée (Molière, *Ecole des femmes*, 235-236).

Dans cet énoncé, le SN *les puces* "ne désigne nullement, dit-il, la totalité des puces de l'univers, mais bien celles qui logent chez le sieur Arnolphe, et même plus particulièrement qui fréquentent de près la demoiselle Agnès elle-même. <...> Agnès n'a donc pas nommé l'extension universelle du concept signifié par le mot *puce*. Mais Agnès parle dans son univers à elle. <...> Et dans cet univers réduit elle a découpé l'extension du concept. Le syntagme *les puces* ne nomme plus son extension que dans l'univers particulier d'Agnès" (Van Hout, 1973, I, 27). Et Georges Van Hout conclut fort justement que "l'univers du discours, ou référentiel, est l'ensemble délimité au moment de la communication, et dans lequel tout SN vient former un sous-ensemble" (Van Hout, 1973, I, 30).

Pour permettre d'identifier l'ensemble que désigne un SN, ce dernier doit indiquer d'une part la propriété qui permet de dire si tel élément donné appartient ou non à l'ensemble en question et d'autre part le nombre d'éléments qui constituent cet ensemble. Georges Van Hout suppose qu'au point de vue du sens, tout SN doit «se décomposer en marquant de la quantification et marquant de la qualification» (Van Hout, 1973, I, 32), qu'on appellera respectivement son quantificateur et son qualificateur, et qu'on définira en ces termes:

> «Un qualificateur désigne une propriété spécifique pour chaque élément de l'ensemble défini par un SN, et ceci, indépendamment de la quantification de l'ensemble» (Van Hout, 1973, I, 31).

Le qualificateur, qui est la propriété définitoire d'un ensemble, correspond à ce que les logiciens (cf. Arnauld et Nicole, 1662, 166) et les grammairiens (cf. Beauzée, 1767, I, 236-237) appellent la compréhension d'une idée ou d'un concept. Quant au quantificateur, il:

> «désigne une propriété spécifique pour l'ensemble défini par un SN, et ceci, indépendamment de la qualification de l'ensemble (c'est-à-dire de la nature de ses éléments)» (Van Hout, 1973, I, 31).

C'est ce que logiciens et grammairiens appellent l'étendue ou l'extension d'une idée. Cela correspond au nombre d'individus qui, présentant telle qualification ou compréhension particulière, appartiennent à l'ensemble en question.

Toutefois, l'extension d'un SN, ainsi que nous l'avons vu précédemment à propos des puces d'Agnès, n'est pas identique à ce que les logiciens appellent l'extension d'un concept. Pour clarifier les choses, Marc Wilmet a proposé une terminologie apparemment compliquée, mais très précise. Il appelle *extension d'un substantif* «l'ensemble des êtres ou des objets auxquels le substantif <... est> applicable en énoncé» (Wilmet, 1986, 44). Et s'il a besoin de parler de l'extension des logiciens, c'est-à-dire de «l'ensemble des êtres ou des objets auxquels le substantif <ou plutôt le concept ... est> applicable en dehors de tout énoncé», il parlera alors d'extensionalité (Wilmet, 1986, 43). Par contre, pour désigner «la quantité d'êtres ou d'objets auxquels <le> substantif ou <le> syntagme nominal sont appliqués», il parlera d'extensité (Wilmet, 1986, 47). Il faut en effet distinguer l'extension théorique qu'est susceptible d'avoir un SN dans des énoncés de l'extension effective ou discursive qu'il a, à un moment donné, dans un énoncé particulier. C'est cette extension discursive ou, si l'on veut, cette extensité que définit le quantificateur du SN.

De façon parallèle, on appellera *intensionalité* la compréhension logique en dehors de tout énoncé, et *intension* la compréhension linguistique à laquelle est susceptible de correspondre le nom d'un énoncé. Et comme l'extensité, c'est-à-dire l'extension discursive, ne modifie aucunement la compréhension, il n'y a pas lieu, heureusement, d'envisager une intensité, parallèle à l'extensité.

Pour éviter toute confusion de niveau, on se donnera une terminologie rigoureuse. On évitera de considérer le terme de *quantificateur* comme un simple synonyme savant ou moderne d'*article* ou de *déterminant*, même si l'article joue le rôle sémantique de quantificateur de l'ensemble désigné par le

SN. On fera donc de *déterminant* une notion exclusivement syntaxique, désignant le paradigme auquel appartiennent les articles du français, et de *quantificateur* la notion strictement sémantique ou logique définie plus haut. Et l'on dira que si le déterminant est toujours le support du quantificateur, il peut ne pas se restreindre à ce rôle. Il arrive en effet qu'un déterminant apporte, en plus du quantificateur, une partie du qualificateur. C'est le cas par exemple du déterminant français traditionnellement appelé adjectif possessif et que Georges Van Hout proposait assez justement d'appeler «article possessif». Comme l'article défini, il quantifie l'ensemble désigné par le SN; mais, en plus, il «désigne une relation (non précisée) entre l'ensemble nommé et certaines personnes définies par la communication» (Van Hout, 1973, I, 70), comme le locuteur dans le SN *mes élèves* ou l'interlocuteur dans *tes élèves*. Dans ces syntagmes, la relation avec le locuteur ou l'interlocuteur n'entre pas dans le quantificateur, mais dans le qualificateur du SN, bien qu'elle fasse partie du signifié du déterminant.

Essayons maintenant de préciser un peu le rôle sémantique de chacun des constituants syntaxiques du SN.

b. Le déterminant, d'abord

Il a comme rôle sémantique principal mais non exclusif, avons-nous vu à propos des articles possessifs, de déterminer l'ensemble auquel correspond le SN, ensemble qui est certes un sous-ensemble du référentiel, mais aussi, ce qui est plus intéressant, une partie de l'ensemble délimité par l'extension du N.

L'article dit défini, qui n'est que quantification, semble avoir des emplois qui s'expliquent tous à partir d'un seul et même signifié de quantificateur extensif, c'est-à-dire de quantificateur dont l'extensité recouvre toute l'extension, à condition de bien voir d'une part que l'extension d'un SN peut changer avec les conditions d'apparition de ce SN, et d'autre part que la différence entre l'extensité et l'extension est une différence d'emploi et non de nature. Pour cela, il convient de distinguer plusieurs cas de figure.

Si l'ensemble que désigne le SN n'a pas encore été mentionné et ne fait pas expressément partie des données de la situation énonciative, l'extensité du SN est son extension, c'est-à-dire que le SN désigne tous les individus auxquels il est applicable en énoncé:

> "*L'homme est un animal raisonnable* = «tous les hommes»; *Notre leçon d'aujourd'hui portera sur LE chien* = «l'espèce canine»; *Dupont chasse LA perdrix* = «tout ce qui est perdrix»; *André s'est reconverti dans LA chaussure* = «la production et la vente de(s) chaussures»; *LE président change tous les sept ans* <...> = «Les Français élisent un président tous les cinq ans»" (Wilmet, 1986, 58).

Mais si l'ensemble que désigne le SN a déjà été mentionné, il a forcément reçu, à ce moment-là, une extensité. De deux choses l'une: ou cette extensité était égale à l'extension du SN, il n'y a alors pas de raison qu'elle change; ou cette extensité correspondait à une quantification partitive, c'est-à-dire une quantification inférieure à l'extension du nom, cette extensité est du fait même devenue, dans ce discours, la nouvelle extension du SN. Et quand par la suite, le SN désignera ce même ensemble, il ne pourra que présenter l'article défini, c'est-à-dire le quantificateur extensif. Voilà qui explique qu'on reprenne un SN avec le numéral *un* ou tout autre numéral à l'aide d'un SN contenant le même nom, mais avec un article défini auquel les grammaires attribuent une certaine valeur anaphorique:

> Fred m'a parlé d'UN livre et d'UN film intéressants. J'ai lu LE livre, mais je ne connais pas LE film.

> Il était une fois UN Bûcheron et UNE Bûcheronne qui avaient sept enfants, tous garçons; l'aîné n'avait que dix ans et le plus jeune n'en avait que sept. On s'étonnera que que LE Bûcheron ait eu tant d'enfants en si peu de temps (Ch. Perrault, *Le petit Poucet*, p. 113).

L'extension discursive d'un N peut être limitée et donc définie dès sa première apparition par la présence de certains autres constituants du SN. C'est quelquefois le cas avec des adjectifs; mais cela n'arrive qu'assez rarement, parce qu'il n'est pas fréquent que l'adjectif apporte une précision qualitative qui identifie automatiquement l'élément désigné, comme dans:

> L'actuel président (de la République) est de cet avis.

Mais c'est tout le temps le cas, lorsque le SN contient un complément de nom formé d'un autre SN expressément quantifié, que sa quantification soit extensive ou partitive:

> LA branche de l'arbre, LA branche d'un arbre

> L'opinion d'un spécialiste, L'opinion du spécialiste

> LA table des matières de ce livre, LA table des matières d'un livre.

Par contre ce n'est jamais le cas, lorsque le nom du complément de nom n'est pas quantifié, parce qu'alors ledit nom ne contient qu'un qualificateur et ne saurait désigner quelque ensemble que ce soit, ayant un rôle sémantique comparable à celui de l'adjectif:

> une branche d'arbre

> une opinion de spécialiste;

et cela est vrai, même lorsque le complément de nom est au pluriel:

> un éditeur de livres, une vente de livres, un éleveur de chevaux

ce qui montre que le morphème de pluriel ne fait pas partie, contrairement à ce que l'on est généralement tenté de croire, de la quantification.

Remarquons toutefois qu'en français, comme du reste en anglais, un complément de nom avec le numéral *un* peut se rattacher à un nom précédé aussi du numéral *un*.

L'esclave Samson naquit, fut consacré nazaréen; et dès qu'il fut grand, la première chose qu'il fit fut d'aller dans la ville phénicienne ou philistine de Tamnala courtiser *une fille d'un de ses maîtres*, qu'il épousa. (Voltaire, *Dictionnaire philosophique*, Samson)

Mais, le système de transport est très difficile à comprendre surtout pour moi, *une fille d'un petit village qui* n'avait jamais trop voyagé et qui était craintive de se perdre dans ce pays (http://idea12.com/korea/helene_trip_fr.htm: "Une année en Corée du Sud")

Je crois qu'elle est très courageuse, et sa détermination est très importante pour *une fille d'un pays musulman* (http://yo.mundivia.es/jcnieto/journet/irak.htm: "Irak: histoires vécues")

Was it possible I was proposing *a biography of a writer whose* every single book was out of print? «Etait-il possible que je propose une biographie d'un auteur dont chaque livre sans exception avait été épuisé» (http://hcl.harvard.edu/houghton/departments/harvardreview/HR25Fall03/Bailey25html *Harvard Review* ~ Number 25 ~ Fall 2003, "Blake Bailey, *Poor Dick: Looking for the Real Richard Yates*").

Il semble que l'article défini soit alors impossible, parce que l'extensité du SN n'est pas toute son extension, l'interlocuteur sachant ou devant comprendre qu'il y a d'autres éléments qui ne font pas partie de l'ensemble que le locuteur désigne: il y a d'autres "filles d'un de ses maîtres", d'autres "filles d'un petit village qui n'avaient pas voyagé", etc. que celle que désigne les SN en question. On dira donc que l'expansion de N qu'est un complément de nom peut très souvent avoir un rôle logique comparable à celui de la relative déterminative et par conséquent délimiter un sous-ensemble de l'extension du noyau nominal parfaitement identifié, qui devient du fait même l'extensité (c'est-à-dire l'extension discursive) du SN et entraîne par conséquent l'apparition du quantificateur extensif qu'est l'article défini *le* ou *the*. D'où l'impression que, hors contexte, le complément de nom quantifié appelle nécessairement le déterminant défini. Mais, comme nous venons de le voir, ce n'est pas toujours le cas: le SN avec complément de nom quantifié peut fort bien désigner un ensemble dont l'extensité est inférieure à l'extension linguistique et est par conséquent précisée par un adjectif numéral comme *un* ou comme n'importe quel autre adjectif numéral, comme dans:

courtiser *deux filles d'un de ses maîtres*

ou par d'autres moyens linguistiques, comme dans:

pour *des filles d'un pays musulman.*

L'extension d'un SN peut enfin être limitée et donc définie par les données mêmes de l'univers référentiel:

La grande salle de la ferme est pleine de monde. On a tout enlevé, LE buffet, L'armoire, LE pétrin. On a aligné LES chaises à dossier droit ... on a éteint L'âtre (Giono)

Le soleil, LE ciel, LA lune

Cet enfant a LES yeux // noirs (mais: a des yeux noirs)

"Gustave était à l'étude quand LE maître entra = «le maître de ladite étude»" (Wilmet, 1986, 58) ou «le maître de Gustave».

c. Absence de déterminant

L'absence de déterminant ne veut pas forcément dire absence de quantification. Car un nom peut se combiner avec un adjectif numéral qui précise le nombre d'éléments que contient l'ensemble désigné. Une telle combinaison syntaxique n'a nul besoin d'un déterminant et est l'équivalent d'une extensité partitive, c'est-à-dire d'une extensité qui est inférieure à l'extension dudit nom. C'est cette extensité partitive qui a donné l'impression erronée que, syntaxiquement, le numéral *un* était un article indéfini et les autres numéraux, des déterminants.

Quand il n'y a ni déterminant ni adjectif numéral, cela veut théoriquement dire en français, mais non dans les langues sans article défini comme le latin, le russe ou le finnois, qu'il n'y a pas de quantification et que le nom n'est pas utilisé pour désigner un ensemble d'individus; car un ensemble est nécessairement quantifié. Il a un autre rôle sémantique: il est simplement le support d'une certaine qualification, c'est-à-dire d'une propriété sémantique, et joue par exemple le même rôle sémantique qu'un adjectif, comme on le voit notamment dans:

Charlemagne, *empereur* à la barbe fleurie, / Revient d'Espagne (V. Hugo)

Il est *écrivain*.

d. Epithète et caractérisation

Le qualificateur de l'ensemble désigné par un SN est apporté avant tout, mais non exclusivement, par le nom. Nous appellerons, comme le propose Georges Van Hout, noyau du qualificateur cette contribution sémantique du nom, quand elle est complétée ou enrichie par la contribution sémantique d'autres constituants, comme l'adjectif épithète par exemple.

Si l'on prend un des exemples de SN avec adjectif épithète cité par Georges Van Hout:

les sanglots longs

il est clair que pour appartenir à l'ensemble désigné par ce SN, il faut non seulement être un sanglot, mais aussi être long. On peut dire que la contribution sémantique de l'adjectif épithète est de "caractériser" (cf. Van Hout, 1973, I,

82) le noyau du qualificateur, c'est-à-dire d'ajouter quelques traits supplémentaires de qualification à ceux du noyau du qualificateur. Un tel enrichissement de ce que les logiciens appelleraient la compréhension du concept entraîne obligatoirement une diminution de son extension; car l'extension d'un concept est inversement proportionnelle à sa compréhension. Il s'ensuit que l'ensemble désigné par le SN *les sanglots longs* est inclus dans l'ensemble désigné par le SN *les sanglots*, car la caractérisation en ajoutant des propriétés sémantiques au noyau du qualificateur "en réduit l'extension". Mais la contribution au sens de l'épithète n'est pas, contrairement à ce que pense George Van Hout, de réduire l'extension. Ce dernier écrit en effet que "caractériser un qualificateur, c'est former un sous-ensemble de son extension" (Van Hout, 1973, I, 95). Et il suit sur ce point, sans le savoir, la définition que *La logique* de Port-Royal donnait du type d'addition qu'elle appelait une détermination, et qu'elle illustrait par:

> "*les corps transparents: les hommes savants: un animal raisonnable*. Ces additions, disait-elle, ne sont pas de simples explications, mais des déterminations, parce qu'elles restreignent l'étendue du premier terme, en faisant que le mot de *corps*, ne signifie plus qu'une partie des corps: le mot d'*homme*, qu'une partie des hommes: le mot d'*animal*, qu'une partie des animaux" (Arnauld & Nicole, 1662, *La logique ou L'art de penser*, 96).

Cette restriction de l'extension est certes incontestable et bien observée. Car comme le disait Beauzée, "l'idée d'*homme* est applicable à plus d'individus, que celle d'*homme savant*, par la raison que celle-ci comprend plus d'idées partielles que la première" (Beauzée, 1767, I, 230-240). Mais ce n'est là qu'une conséquence logique inéluctable, mais non recherchée comme telle, du fait que la compréhension de *homme savant* ou de *sanglots longs* est plus riche que celle d'*homme* ou de *sanglots*, précisément parce que *homme savant* ou *sanglots longs* contient "plus d'idées partielles" que *savant* ou *sanglot*. Bref la contribution au sens de l'adjectif épithète concerne la compréhension, et non l'extension du SN: elle précise son qualificateur, et non son quantificateur.

Georges Van Hout a proposé une représentation ensembliste, et donc en termes d'extension, de la signification du SN correspondant aux vers de Verlaine:

> Les sanglots longs des violons de l'automne

où le complément de nom "*de l'automne*: épithète prépositionnelle du noyau *violons*", comme le dit Georges Van Hout, apporte un complément de qualification qui caractérise le noyau de qualification correspondant au nom *violons* et, du même coup, détermine implicitement un sous-ensemble dans l'ensemble des violons, à savoir le sous-ensemble des violons de l'automne. Et le complément de nom "*des violons de l'automne*: épithète prépositionnelle du noyau *sanglots longs*" apporte à son tour un complément de qualification à ce

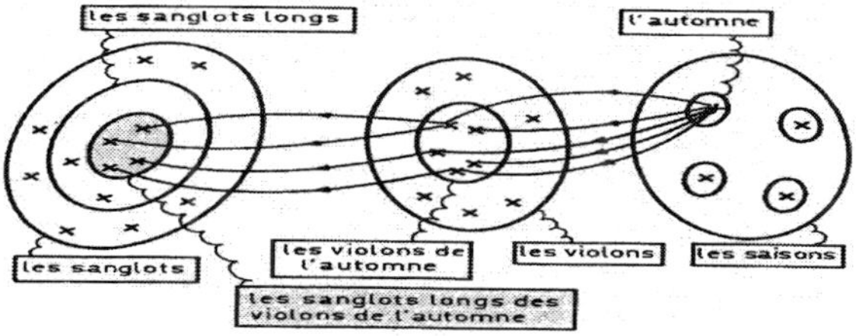

fig. 6: d'après Van Hout, 1973, 95

noyau, qui enrichit la compréhension de ce noyau du SN et, du même coup, détermine indirectement un sous-ensemble dans l'ensemble des longs sanglots, à savoir le sous-ensemble des longs sanglots des violons de l'automne. Car l'adjectif "*longs*: épithète adjective du noyau *sanglots*" caractérisait déjà le noyau de qualification du nom *sanglots*, et déterminait nécessairement un sous-ensemble dans l'ensemble des sanglots.

On pourrait se poser la question de savoir si c'est le complément de nom *des violons de l'automne* qui détermine un sous-ensemble dans l'ensemble des sanglots longs, ou si ce ne serait pas plutôt l'adjectif épithète *longs* qui déterminerait un sous-ensemble dans l'ensemble des sanglots des violons de l'automne. Ceci revient à poser la question de savoir si un tel syntagme nominal laisse la possibilité qu'il y ait des sanglots des violons de l'automne qui ne soient pas longs. Il semble à première vue (mais la chose mériterait d'être vérifiée systématiquement) qu'un tel SN signifie bien, comme le suggère la représentation graphique de Georges Van Hout, que tous les violons de l'automne font entendre des sanglots longs. Une autre façon de poser la même question serait de se demander de quoi l'adjectif *longs* est épithète (du constituant nominal complexe *sanglots des violons de l'automne* ou du seul nom *sanglots*?), et de quoi *des violons de l'automne* est épithète (du seul nom *violons* ou du constituant nominal complexe *sanglots longs*?). Il semble que l'adjectif *longs* soit épithète du seul nom *sanglots*, et que *des violons de l'automne* soit épithète du constituant nominal *sanglots longs*, ce qui correspond à l'interprétation ensembliste que propose Georges Van Hout, et ce qui revient bien à dire que le complément de nom *des violons de l'automne* caractérise le nom syntaxique *sanglots longs*. Dans ces conditions, on peut dire qu'il ne doit pas y avoir de sanglots des violons de l'automne qui ne soient pas longs, ou, en d'autres termes, que tous les sanglots des violons de l'automne sont des sanglots longs.

6. SN et nom propre

Les grammaires scolaires distinguent couramment deux sortes de noms, qu'elles appellent les noms propres et les noms communs:

> "Les noms se répartissent en *noms communs* et en *noms propres*.
> Les *noms communs* désignent tous les êtres, les choses d'une même espèce: *Le FAUTEUIL du salon* est un nom commun; il désigne un objet particulier, mais qui répond à une définition générale; le nom *fauteuil* est *commun* à tous les objets de la même espèce que lui.
> Les *noms propres* donnent aux êtres vivants ou aux choses personnifiées une personnalité qui en fait des individus distincts des autres: *LOUIS, le FRANÇAIS, la LOIRE*, noms propres, prennent la majuscule" (Dubois, Jouannon, Lagane, 1961, 17).

Cette distinction est fondée sur le sens; car au point de vue syntaxique, on ne peut pas dire qu'il y ait deux classes de noms: les noms propres et les noms communs. Ces deux sortes d'unités n'appartiennent pas en effet à la même classe syntaxique. Le nom propre commute avec un SN et appartient donc au paradigme du SN, alors que le nom dit commun appartient, lui, au paradigme d'un constituant immédiat de SN. Certaines grammaires comme *La nouvelle grammaire du français* sentent, tout en parlant de deux sous-classes, cette disparité fonctionnelle:

> "Quelle est la principale différence syntaxique entre ces deux sous-classes? Les groupes du nom dans lesquels entrent les noms communs ont normalement un déterminant, du moins dans la fonction sujet, alors que les groupes du nom dans lesquels entrent les noms propres n'ont pas de déterminant exprimé: *LE LAPIN est craintif. / GEORGES est heureux*" (Dubois, Lagane, 1973, 39-40).

Mais le sentiment de cette différence de fonctionnement est finalement minimisée et donc écartée, à cause de certaines confusions apparentes entre noms propres et noms communs:

> "certains noms, comme les noms de pays ou de région (*la France, la Touraine*) et les noms d'habitants (*un Français, un Grenoblois*), sont classés parmi les noms propres, quoique précédés d'un déterminant exprimé. D'autre part, le déterminant peut, dans certains cas (avec un adjectif, une relative) être exprimé devant les noms propres de villes ou de personnes, etc.: *LE PETIT GEORGES dont je te parle est le cadet de la famille*" (Dubois, Lagane, 1973, 39-40).

La grammaire générative rend compte, de façon satisfaisante, de la différence qu'il y a entre le nom propre et le nom commun, quand elle propose une règle de formation du type:

$$\text{SN} \rightarrow \left\{ \begin{matrix} \text{Det + N} \\ \text{ProSN} \\ \text{N}_{\text{propre}} \end{matrix} \right\}$$

(cf. Ruwet, 1968, 361), qui revient à dire que les noms propres et les pronoms sont, comme la combinaison d'un article et d'un nom commun, des syntagmes nominaux. Cette formulation établit bien la différence fonctionnelle qu'il y a entre le nom propre, qui appartient au paradigme du SN, et le nom commun, qui n'est qu'un constituant immédiat de ce dernier paradigme. Mais elle enlève tout sens au mot syntagme, qui désigne alors tantôt une combinaison d'unités minimales comme Art + N, tantôt une seule unité minimale comme ProSN ou N_{propre}. La terminologie de Georges van Hout présente le même inconvénient, pour le même avantage. Elle parle de syntagme nominal analytique et de syntagme nominal synthétique:

> "Le pronom est un syntagme nominal synthétique disponible" (Van Hout, 1973, I, 148)
>
> "Nous appelons nom propre toute structure synthétique signifiant un et un seul singleton" (Van Hout, 1973, I, 173)
>
> "Le syntagme nominal se rencontre: sous forme analytique (au moins deux unités), sous forme synthétique" (Van Hout, 1973, I, 26).

Mais que veut dire une combinaison d'unités qui n'est constituée que d'une unité?

La règle de formation des générativistes a un second inconvénient implicite: elle privilégie plus ou moins la combinaison Art + N, puisqu'elle parle d'un SN, ce qui revient à dire qu'un SN est, avant tout, une combinaison d'un article et d'un nom, et que par conséquent le nom propre se définira comme l'unité unique qui commute avec la combinaison d'un article et d'un nom. Une telle définition est possible, quand on travaille sur le français ou l'anglais, c'est-à-dire sur une langue à article. Car dans ces langues, on peut définir le SN comme étant avant tout la combinaison d'un article et d'un nom, ou, ce qui revient au même, la plus petite combinaison contenant un nom qui puisse fonctionner par exemple comme le sujet d'une phrase ou comme le complément d'objet d'un verbe. Mais ce type de définition n'est pas généralisable, dans la mesure où il ne peut pas être utilisé pour les langues sans articles. Il est dans ces conditions préférable de considérer le nom propre comme le modèle d'un paradigme auquel appartiennent toutes les formes de SN, et donc d'appeler syntagme nominal toute construction qui commute avec un nom propre, et qui par conséquent a le nom propre pour modèle. C'est ce que fait Denis Creissels, quand, à propos de langues dites exotiques comme le bambara, il écrit:

> "c'est la possibilité de montrer que la position qu'il occupe a un statut combinatoire analogue à celui dont jouissent les positions où figurent des noms propres de personnes. Ce qui est essentiel dans cette démarche d'identification des constituants nominaux, c'est qu'elle n'implique en aucune manière l'existence de propriétés référentielles qui seraient d'une façon ou d'une autre communes à la totalité des constituants nominaux (ou «typiques» des constituants nominaux dans leur ensemble): seule compte une analogie de comportement combinatoire

avec le prototype que constituent les noms propres de personnes" (Creissels, 1995, 20).

Mais cela a une conséquence, au niveau de la formalisation. Il n'est plus possible d'utiliser les règles de formation proposées par la grammaire générative, qui impliquent que le N_{propre} est un cas particulier de SN, ou un SN synthétique, comme le dirait Georges Van Hout. Et puisque Denis Creissels emploie le terme général de "constituant nominal" pour désigner à la fois le nom propre, qui est un seul morphème, et tout syntagme nominal, c'est-à-dire toute combinaison de morphèmes qui a un nom pour noyau central, on remplacera la règle de réécriture du Syntagme Nominal des générativistes par une règle de réécriture du Constituant Nominal:

$$\text{CN} \rightarrow \begin{Bmatrix} \text{Det} + \text{N} \\ \text{ProSN} \\ \text{N}_{\text{propre}} \end{Bmatrix}$$

Ce changement n'est pas important; il n'interdit même pas de continuer à appeler syntagme nominal toute construction qui a un nom pour noyau. Mais il supprime l'incohérence théorique qu'il y aurait à considérer comme un syntagme une seule unité minimale telle qu'un nom propre ou un pronom.

7. Dans les langues sans articles?

Les langues sans articles, comme le latin ou le russe, peuvent donner à penser que le SN est une construction endocentrique, puisque faute d'article, le nom peut toujours être employé seul. A vrai dire, si on y regarde d'un peu près, on verra que dans ces langues, la situation n'est pas vraiment différente de ce qui se passe en français ou en anglais. Si on essaie de formaliser la description du syntagme nominal latin, on voit que les règles suivantes, qui, avec les grammaires scolaires, distinguent au moins deux sortes d'adjectifs, les adjectifs démonstratifs et les adjectifs qualificatifs:

N → Dém + N
N → Adj + N
N → *homo, consul, agricola*
Dem → *hic* «ce, cet»
Adj → *clarus* «célèbre», *fortis* «courageux»

ne permettent pas de décrire les faits correctement. Car elles rendraient possible la dérivation du syntagme nominal suivant:

N
Dem + N
Dem + Adj + N
Dem + Adj + Dem + N
**hic clarus hic homo* «*cet illustre cet homme»

qui est inacceptable en latin. Mais les choses changent, si on réécrit cette petite grammaire, en distinguant deux sortes de N, à savoir N_1 et N_2, de façon à ce que premièrement N_1 soit toujours à gauche de la flèche, et deuxièmement N_2 puisse seul être à droite de la flèche, et ne puisse être à gauche de la flèche que lorsque, étant aussi à droite de la flèche, il se combine avec un adjectif qualificatif:

N_1 → Dém + N_2
N_2 → Adj + N_2
N_1 → *homo, consul, agricola*
Dem → *hic* «ce, cet»
Adj → *clarus* «célèbre», *fortis* «courageux»

Du coup, la dérivation précédente devient impossible:

N_1
Dem + N_2
Dem + Adj + N_2
Dem + Adj + ~~Dem + N~~
**hic* *clarus* ~~*hic homo*~~ «*cet illustre cet homme»

car il n'y a pas de réécriture de N_2 en Dém + N_2. Seule la règle N_2 → Adj + N_2, qui est récursive, donne une construction endocentrique (c'est-à-dire une construction Adj + N_2, qui appartient au même paradigme que N_2). Par contre la règle N_1 → Dém + N_2 donne une construction exocentrique Dém + N_2, qui appartient à un autre paradigme que N_2, à savoir celui de N_1, qui, par hypothèse, est différent de N_2.

Il faut cependant ajouter à cette petite grammaire une règle terminale comme:

N_2 → *homo, consul, agricola*

pour que l'on puisse obtenir *hic clarus homo* aussi bien que *homo* seul comme sujet d'un verbe *uenit* «est arrivé», par exemple dans:

hic clarus homo uenit «Cet homme illustre est arrivé»

homo uenit «L'homme est arrivé».

Mais on évitera alors de postuler implicitement qu'il y a en latin deux lexèmes *homo*, l'un qui est un N_1, c'est-à-dire qui appartient au paradigme du syntagme nominal, et l'autre qui est un N_2, c'est-à-dire un simple nom, en reformulant notre petite grammaire de la façon suivante:

CN → Dém + N
CN → N
N → Adj + N
N → *homo, consul, agricola*
Dem → *hic* «ce, cet»
Adj → *clarus* «célèbre», *fortis* «courageux»

où CN veut dire "Constituant nominal" (ceci pour éviter la circularité théorique qui consisterait à dire d'une part que le N_{propre} appartient au paradigme du SN, et d'autre part que le SN est ce qui commute avec un N_{propre}, c'est-à-dire ce qui appartient au paradigme du N_{propre}). Une telle grammaire revient bien à dire que le CN est soit un nom soit un syntagme exocentrique, et donc que le syntagme nominal dans les langues qui n'ont pas d'article est, comme dans les langues qui ont un article, une construction exocentrique, c'est-à-dire une construction qui est une interdépendance, et non simplement une dépendance. Ce SN peut toutefois sembler endocentrique, par exemple dans une phrase latine comme:

> *clarus homo uenit* «L'homme illustre est arrivé».

Mais si la construction *clarus homo* est effectivement endocentrique, ce n'est pas en tant que SN, mais en tant que N qui est entré dans le paradigme du SN. Ce n'est donc pas, à proprement parler, un SN endocentrique.

On peut donner d'autres arguments, et dire par exemple qu'il existe en latin ou en russe des constituants qui se combinent et s'accordent morphologiquement avec le nom comme l'adjectif épithète, "mais qui néanmoins ne sont pas des adjectifs dans la mesure où ils ne sont pas coordonnables avec des adjectifs <…>. Des énoncés comme:

> **populus ille et romanus* «*ce et romain peuple», **populus ille et imperiosus* «*ce et dominateur peuple»

sont impossibles en latin; car dans des constructions comme:

> *callidus ille et occultus ne se insinuet, studiose cauendum est* (Cic., *Lael.* 99) «mais l'homme rusé et dissimulé, il faut soigneusement veiller à ne pas le laisser s'insinuer»

il n'y a pas coordination entre *ille* et *occultus*, mais entre *callidus* et *occultus*, le déterminant *ille* portant sur les deux adjectifs ainsi coordonnés" (Touratier, 1994, 5). De la même façon, "il est aussi difficile de dire en russe *в этой и красивой комнате qu'en français **dans cette et belle chambre*, en provençal **dins aquesto e poulido chambro*, ou en italien **in questa e bella camera*" (Touratier, 1992, 284). Un tel argument n'est pas entièrement décisif; car tous les adjectifs qualificatifs ne sont pas forcément coordonnables entre eux. "Il est en effet aussi peu aisé de dire en russe *фруктовые и великопиные деревъя que de dire en français **les arbres fruitiers et splendides*, en provençal **lis aubre fruchié e espectaclous* ou en italien **gli alberi fruttiferi e splendidi*" (Touratier, 1992, 284-285), ce qui confirme peut-être la distinction faite, à la suite de Marouzeau, entre deux classes d'adjectifs: les adjectifs déterminatifs ou discriminatifs, comme dans *un arbre fruitier*, et les adjectifs qualificatifs, comme dans *un bel arbre* (cf. Marouzeau, 1969, 9).

On pourrait croire que le russe est plus favorable que le latin, où *meus* «mon» n'est pas comme en français un déterminant, mais un adjectif. Car en russe, alors que, dans le syntagme prépositionnel в большой комнате «dans la grande chambre», il est possible de remplacer le nom комнате «chambre» par le groupe nominal (ou nom syntaxique) новой комнате «chambre neuve» et de dire в большой новой комнате «dans la grande chambre neuve», il est impossible, dans le syntagme prépositionnel в моей комнате «dans ma chambre» de remplacer ce même nom комнате «chambre» par la construction этой комнате «cette chambre» et de dire *в моей этой комнате «*dans ma cette chambre». Nous avons primitivement interpréter ce fait en voyant dans моей un déterminant et en disant par conséquent que "le N n'est pas récursif dans le contexte d'un déterminant, alors qu'il l'est dans le contexte d'un adjectif, ce qui montre bien que le déterminant et l'adjectif n'ont pas les mêmes propriétés syntaxique" (Touratier, 1992, 285).

Cette explication n'est pas exacte; car en russe, le possessif мой «mon, mien» est, comme en latin, un adjectif, ainsi que le prouvent les deux emplois suivants:

> в этой моей комнате «dans cette mienne chambre»
>
> э́то ва́ша ко́мната а не моя́ «Ceci est votre chambre, mais pas la mienne» (cf. Pauliat, 1972, *Dictionnaire Français-Russe*, 261)

où мой est, dans le premier, épithète, et dans le second, attribut. Pour expliquer la non-acceptabilité de *в моей этой комнате «*dans ma cette chambre», il faut dire qu'en l'absence du déterminant э́то toute construction commençant par un adjectif possessif fonctionne comme un SN, et qu'il est donc impossible et impensable d'ajouter un déterminant à l'intérieur de ce SN, qui est contextuellement, c'est-à-dire énonciativement, actualisé ou quantifié.

Un dernier argument serait le fait d'attribuer à certains adjectifs la fonction d'apposition et non d'épithète. Le contenu d'une épithète s'ajoute au contenu du nom ainsi qualifié pour faire partie de la propriété sémantique définitoire qui permet d'identifier l'ensemble d'individus désigné par le SN, alors que l'apposition attribue une qualité supplémentaire à un ensemble d'individus parfaitement identifiés. Ceci se comprend bien, dans une langue comme le français, où il est évident que l'adjectif apposé est une expansion de SN, et l'adjectif épithète une expansion de N, le SN étant quantifié par son déterminant, et le N devant être quantifié par un déterminant qui s'adjoigne à lui. Si donc on distingue un nom quantifié contextuellement (c'est-à-dire un N_1 ou un CN) d'un nom non quantifié contextuellement (c'est-à-dire un N_2 ou un N), on pourra dire qu'un adjectif expansion de N_1 (ou CN) est apposé, et un adjectif expansion de N_2 (ou N) est épithète. Or les grammaires russes distinguent effectivement les adjectifs apposés des adjectifs épithètes. Veyrenc donne plusieurs exemples, dont:

> осо́бенно понра́вились мне глаза́, больши́е и гру́стные «surtout me plurent les yeux, grands et tristes».

Ici le nom глазá seul est contextuellement quantifié, exactement comme le SN éти глаза «ces yeux» de:

> осóбенно понрáвились мне éти глаза, больши́е и грýстные «surtout me plurent ces yeux, grands et tristes».

On peut alors représenter graphiquement les deux organisations structurales par les schémas de la figure 7, où les groupes d'adjectifs sont, tous deux, des expansions de SN.

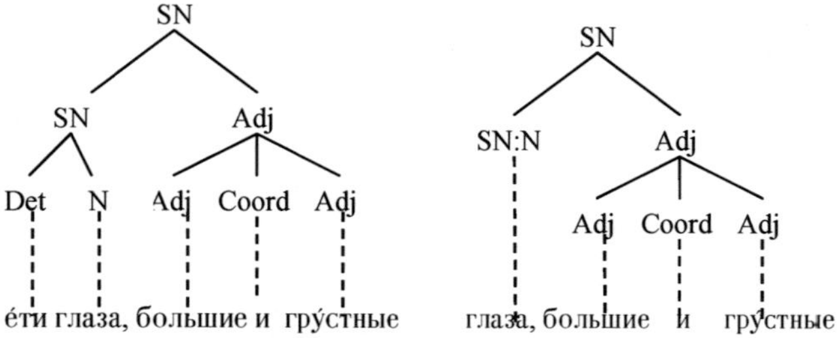

fig. 7: Apposition

Les grammaires russes ont raison de distinguer les adjectifs apposés des adjectifs épithètes. Car l'adjectif apposé se distingue de l'adjectif épithète en ce qu'il est placé après le nom, alors que l'adjectif épithète est avant le nom, particularité morphologique qui marque expressément la différence syntaxique. Certes Veyrenc dit seulement, à ce propos, que "le plus souvent, l'apposition suit le nom déterminé", comme dans l'exemple que nous lui avons emprunté. Mais s'il ajoute qu'"elle peut aussi le précéder" (Veyrenc, 1968, 121), il donne un exemple où l'adjectif n'est nullement apposé, même si certaines grammaires le diraient apposé au sujet он «il, lui»:

> грóзный и блéдныи, стоит он предо мнóй «menaçant et pâle, il se tient debout devant moi».

Ici, les adjectifs, antéposés et séparés du reste par une virgule, ne sont pas des appositions, mais des constituants extraposés.

En conclusion, contrairement à ce que sont tentés de croire les spécialistes de langues sans articles comme le russe ou le latin, postuler l'existence d'un SN construction exocentrique comparable à celle des langues avec article n'est pas une projection sur les langues sans articles de ce qui se passe en français ou en anglais. C'est le fonctionnement même du russe ou du latin qui impose l'obligation de postuler que le SN n'est pas dans ces langues un simple GN, comme pourrait le donner à penser la seule morphologie.

II. Le syntagme verbal et ses constituants

Le SV pose des problèmes assez semblables à ceux que pose le SN. Mais il n'est pas possible de le définir, au moins au départ, comme le plus petit syntagme qui contient un verbe; car le verbe ne semble pas avoir de constituant indispensable qui corresponde au Déterminant du SN. Certes on pourrait, comme dans *La nouvelle grammaire du français* de Dubois et Lagane, poser au départ qu'une phrase comme:

Mon père achève sa lecture

"est constitué de deux groupes d'éléments (*mon père* et *achève sa lecture*)", qui sont remplaçables respectivement par *Mon frère* et *va à son bureau* (ce qui donnerait des phrases comme:

Mon père va au bureau, Mon frère achève sa lecture, Mon frère va au bureau),

mais qui "ne peuvent pas se substituer l'un à l'autre"; car on ne peut pas remplacer *mon père* par *va au bureau*, une phrase comme:

*Va au bureau achève sa lecture

n'étant pas possible en français. On reconnaîtra facilement alors dans le premier groupe ce que nous avons appelé un SN, et on admettra, par hypothèse, que le second groupe d'éléments est un SV. Tout cela n'est pas faux, certes. Mais ce n'est nullement explicatif.

1. Notion de SV

Une autre voix est envisageable, pour définir le SV. C'est de partir de l'opposition que font les grammaires entre le verbe transitif et le verbe intransitif.

a. Deux sortes de verbes?

Les grammaires scolaires ont l'habitude de distinguer au moins deux sortes de verbes, c'est-à-dire deux "sous-classes" (Dubois, Lagane, 1973, 113) de verbes, qu'elles appellent les verbes transitifs et les verbes intransitifs:

"Les verbes transitifs sont ceux qui admettent un complément d'objet.
Le verbe *lire* est un verbe transitif, car, dans la phrase *Mon père lit le journal*, il est suivi d'un complément d'objet (*le journal*).
Les verbes intransitifs sont ceux qui n'admettent pas de complément d'objet.
Le verbe *planer* est un verbe intransitif, car dans la phrase *L'épervier plane dans le ciel*, il n'a pas et ne peut pas avoir de complément d'objet" (Dubois, Lagane, 1973, 113).

Malheureusement, cette différence de fonctionnement semble peu sûre; car les grammaires sont obligées de nuancer immédiatement cette opposition entre verbes intransitifs et verbes transitifs, comme le fait du reste *La nouvelle grammaire du français*:

"On emploie souvent sans complément d'objet des verbes transitifs. On dit alors qu'ils sont employés absolument:

Mon père *lit*.

Il arrive aussi que certains verbes ordinairement intransitifs soient employés transitivement avec un complément d'objet:

Il *a vécu* une vie heureuse.

Plusieurs chevaux n'*ont* pas *couru* cette épreuve" (Dubois, Lagane, 1973, 113).

Remarquons que les grammaires ne disent pas que tous les verbes intransitifs, mais seulement que certains de ces verbes peuvent être employés transitivement. La *Grammaire* de Dubois et Lagane signale par exemple que le verbe *planer* "ne peut pas avoir de complément d'objet". Inversement, elles ne disent pas que tous les verbes transitifs, mais seulement que de nombreux verbes transitifs peuvent être employés absolument. Dans les deux exemples de verbes transitifs que donne par exemple la *Grammaire française des lycées et des collèges*:

Le chat poursuit la souris. Pierre a un cheval (cf. Bonnard, 1950, 145)

le premier peut quelquefois, mais rarement être intransitivé:

Poursuivre: "Dans un récit, sert à indiquer qu'une personne continue à parler: *Pour partir, j'ai besoin d'argent, a-t-elle poursuivi* (Marceau)" (Lexis 1474)

Poursuivre: "Absolument *Il faut poursuivre* => PERSÉVÉRER" (LNPR 1748)

Le second ne le peut jamais. Il existe donc des verbes qui ne sont que transitifs et d'autres qui ne sont qu'intransitifs.

Si l'on ne fonde pas la syntaxe sur la morphologie, mais sur les équivalences paradigmatiques et le fonctionnement des unités minimales, on ne peut pas dire qu'il y ait deux sortes syntaxiques de verbes. Car les verbes qui sont toujours intransitifs ne commutent pas avec les verbes qui sont toujours transitifs; ils n'appartiennent donc pas à la même classe qu'eux. Les verbes qui sont toujours intransitifs commutent avec la construction que forment les verbes qui sont toujours transitifs et leur complément d'objet. Si l'on appelle SV cette construction formée par un verbe transitif et son ou ses compléments, on doit reconnaître d'une part que le verbe toujours intransitif est le modèle de cette construction, c'est-à-dire l'unité syntaxique la plus courte de ce paradigme, et d'autre part que le verbe toujours transitif forme nécessairement avec son ou ses compléments d'objet une construction exocentrique, c'est-à-dire une construction où les deux ou plus de deux constituants immédiats sont nécessaires. Si le verbe toujours intransitif et le verbe toujours transitif sont, au point de vue morphologique, des unités identiques, qui se combinent avec les mêmes classes de segments morphologiques, au point de vue syntaxique, ils ne représentent pas deux sous-classes d'une même classe, comme le prétendent les grammaires scolaires, mais appartiennent à deux classes fonctionnelles différentes, le verbe intransitif étant le modèle d'une classe syntaxique, et le verbe transitif n'étant qu'un des constituants immédiats de cette même classe syntaxique. La linguistique moderne dirait que le verbe toujours transitif est un des constituants immédiats du SN, et que le verbe toujours intransitif est le modèle de cette construction.

On se trouve alors devant la même difficulté théorique qu'en face du N_{propre} et du SN, le verbe intransitif étant à la construction formée par le verbe transitif et son complément d'objet ce que le nom propre est au syntagme nominal. On postulera donc une classe que l'on appellera CV, c'est-à-dire Constituant Verbal, et l'on admettra que ce CV peut être soit un seul morphème, en l'occurrence un V_{intr} soit un syntagme combinant un V_{tr} et un SN ou toute sorte d'autre complément de verbe. On remplacera donc les deux règles de formation envisagées par Ruwet:

$SV \rightarrow V_{intr}$
$SV \rightarrow V_{tr} \cdot SN$

(cf. Ruwet, 1968, 116) par les règles:

$CV \rightarrow V_{intr}$
$CV \rightarrow V_{tr} \cdot SN$

où seule la combinaison $V_{tr} \cdot SN$ peut légitimement être considérée comme un syntagme.

b. La combinaison $V_{tr} \cdot SN$ est-elle toujours exocentrique?

Le problème qu'il convient maintenant d'examiner est celui des verbes transitifs qui peuvent être employés intransitivement et celui des verbes intransitifs qui peuvent être employés transitivement. Bref, ne faut-il pas concéder qu'un verbe qui peut avoir ou ne pas avoir de complément d'objet forme avec ce dernier une construction endocentrique, le complément de verbe étant alors une expansion facultative du prétendu verbe transitif? Et cela impliquerait qu'il faut distinguer deux sortes syntaxiques de complément de verbe: des compléments de verbe qui sont des adjonctions de verbe, quand celui-ci est toujours transitif, et des compléments de verbe qui sont des expansions de verbe, quand celui-ci est tantôt transitif tantôt intransitif. Mais il faudrait aussi repenser la notion de transitivité, qui ne peut pas être la même pour les verbes susceptibles d'avoir ou de ne pas avoir de complément de verbe que pour les verbes qui exigent un complément de verbe. Il faudrait alors postuler une classe spéciale de verbes, celle des verbes qui "ne sont en eux-mêmes ni transitifs ni intransitifs, leur sens <étant> complet ou non suivant les situations" (Blinkenberg, 1960, 22-23).

Remarquons toutefois que les grammaires parlent de verbes transitifs employés absolument ou intransitivement, ce qui semble bien impliquer que même si le verbe n'a pas de complément d'objet, il n'en reste pas moins d'une certaine façon toujours transitif, et ne devient pas pour autant véritablement intransitif. Il faut dire que le problème de la transitivité est complexe; car, comme le disait Blinkenberg (1960, 12), il présente "un double aspect <...>: il est en même temps d'ordre sémantique et syntactique". Winfried Busse précise assez bien la situation:

> "Le concept de la transitivité du verbe peut s'interpréter entre autres du point de vue notionnel ou du point de syntaxique. Dans les explications notionnelles traditionnelles, on peut en distinguer une qui se fonde sur un «schéma actanciel» et une autre qui part d'une «incomplétude» du verbe.
> Comme représentant de la première, citons Grevisse:
> «Les verbes transitifs, appelés parfois objectifs, sont ceux qui expriment une action sortant du sujet et passant sur un objet. Ces verbes appellent, en principe, un complément d'objet, désignant l'être qui est le terme de l'action ou l'objet auquel l'action tend» (Grevisse, 1959[7], 512). <...>
> Selon la deuxième conception, les verbes transitifs sont incomplets d'après leur signification, si bien que doit apparaître dans la phrase un objet qui précise et complète la signification du verbe ou le concept verbal." (d'après Busse, 1974, 113).

Transitivité et valence

Même avec ces précisions, les choses ne sont, à vrai dire, pas complètement nettes, dans la mesure où la complétude syntaxique du verbe transitif est, à chaque fois, plus ou moins expressément associée à son incomplétude sémantique. Nous préfèrerons donc distinguer le sémantique du syntaxique, et voir dans la transitivité d'un verbe une propriété exclusivement syntaxique, en vertu de laquelle un verbe est construit avec un ou plusieurs compléments de verbe, que ceux-ci soient des compléments directs ou indirects d'objet. Par contre, en ne suivant peut-être pas la lettre, mais du moins l'esprit de Tesnière, nous appellerons valence du verbe le fait d'avoir sémantiquement besoin, pour constituer un énoncé doué de sens, d'un nombre donné de participants au procès exprimé par le verbe, participants que Tesnière appelait les actants du verbe, et que les logiciens appellent les arguments (ou les variables) du prédicat.

La distinction de ces deux concepts, l'un syntaxique ou constructionnel, la transitivité, et l'autre sémantique, la valence, permet de réaliser le rêve de Vendryès à propos de la transitivité:

> "On concevrait mieux l'opposition des verbes transitif et intransitif de la façon suivante. Du moment que la notion du transitif suppose un régime, on pourrait appeler transitif tout verbe dont l'action a son terme exprimé dans la phrase, et intransitif au contraire tout verbe qui est employé sans régime exprimé. Ainsi s'opposeraient par exemple les tours comme «j'aime Rose» et «la maison où j'aime», «cet homme boit du vin» et «qui a bu boira». Employé sans régime, le verbe est bien intransitif; l'action qu'il exprime ne porte sur aucun objet" (Vendryès, 1923, 126).

Mais nous préciserons que si *aimer* est, syntaxiquement, transitif dans *j'aime Rose* et intransitif dans *la maison où j'aime*, il est, dans les deux cas, sémantiquement le même, à savoir un verbe bivalent. Le fait que son second actant ne soit pas exprimé dans *la maison où j'aime* n'a nullement pour conséquence sémantique que je n'aime pas quelqu'un de précis. Ceci permet de rejoindre l'intuition de la grammaire traditionnelle, qui parlait alors d'un verbe transitif employé intransitivement, sans la difficulté terminologique de cette façon de parler traditionnelle, qui revient à dire curieusement qu'un verbe construit avec un complément d'objet (c'est-à-dire transitif) n'est pas construit avec un complément d'objet, ce qui peut paraître contradictoire.

Il faut ajouter que, contrairement à ce que semblait admettre Tesnière, il n'y a pas parallélisme entre la structure ou le schéma actanciel du verbe et sa structure syntaxique, même s'il y a entre ces deux types d'organisation un certain rapport. Un verbe monovalent est normalement, au point de syntaxique, un verbe intransitif, sauf si ce verbe est morphologiquement impersonnel, auquel cas le premier et seul actant du verbe devient nécessairement un complément d'objet du verbe, qui, alors, est donc transitif:

> Il souffle un vent terrible (Romains). Dans le désert où il ne pousse rien, par manque d'eau (Maupassant) (d'après Grevisse & Goosse, 1993, 1153).

Un verbe au moins bivalent est normalement transitif, mais il peut être doublement transitif, s'il est morphologiquement impersonnel, comme dans:

> Il est arrivé à Pierre une aventure extraordinaire.

Inversement, la valence sémantique peut ne pas déterminer même partiellement la transitivité d'un verbe, dans la mesure où il est possible d'employer transitivement un verbe monovalent personnel, qui, normalement, devrait être toujours intransitif:

> N'ai-je pas sué la sueur de tes nuits? (Verlaine). Dormir son dernier sommeil. Vivre sa vie.

L'intransitivation des verbes bivalents

Il semble qu'il y ait deux formes différentes d'intransitivation des verbes au moins bivalents, que Blinkenberg a appelé, à la suite de la grammaire traditionnelle "emplois absolus" et "emplois elliptiques":

> "Les termes d'«emploi absolu» et d'«emploi elliptique» peuvent fournir des étiquettes d'une certaine valeur pratique, le premier étant réservé de préférence aux cas où l'objet inexprimé reste dans une généralité assez vague, déterminée seulement par le sens même du verbe:
>
> il regarde
>
> le second portant sur un objet inexprimé, mais plus précis, que la situation permet à l'interlocuteur de suppléer facilement:
>
> on porte en ville" (Blinkenberg, 1960, 46).

Il précise que "dans les deux cas on peut employer aussi le terme de transitivité implicite, le contenu des deux verbes cités indiquant une action extrovertie, de nature spécifiquement transitive, sans qu'on doive nécessairement expliciter l'objet sur lequel porte l'action" (Blinkenberg, 1960, 46). Cette observation terminologique donne une justification théorique à l'usage traditionnel qui parle d'emploi intransitif ou absolu d'un verbe transitif, et suggère assez bien ce que notre propre analyse dit expressément. Car parler de "transitivité implicite" veut très précisément dire que si le verbe est syntaxiquement sans complément, c'est-à-dire intransitif, il est néanmoins, au point de vue sémantique, encore construit avec deux actants et reste donc bivalent. Blinkenberg aura d'ailleurs une formulation encore plus proche de notre explication, quand il dira:

> "Ces verbes restent donc transitifs selon le critère sémantique, tout en étant occasionnellement intransitifs selon le critère syntaxique" (Blinkenberg, 1960, 108).

Il est possible de préciser plus que ne le fait Blinkenberg les conditions de ces deux formes d'intransitivation. Les emplois dits elliptiques n'expriment pas des actants "que fournit la situation", comme le dit fort justement Blinkenberg (1960, 108). On dira plus précisément que ces actants ne sont pas exprimés, parce qu'ils font parties des données énonciatives. Il peut s'agir alors des constituants de la situation énonciative, comme le locuteur:

> Vous permettez? (= Vous *me* donnez la permission de dire quelque chose)
>
> Donnez! (=Donnez-*moi* ce que vous cachez). Faites voir! (=Faites-le *moi* voir)

ou l'interlocuteur:

> Je vais tout dire (= Je vais tout *vous* dire). Je promets de rentrer de bonne heure (= Je *vous* promets de rentrer de bonne heure).

Mais ce peut être une particularité visible ou implicitement connue de la situation dans laquelle apparaît le message, comme dans cet exemple de Blinkenberg:

> "rien, dit-il, n'est plus clair que cette notice affichée dans la devanture d'un magasin: *On porte à domicile*" (Blinkenberg, 1960, 110).

Ce qui sera porté à domicile ne peut être que les denrées qui auront été achetées dans ce magasin.

L'omission d'actants peut aussi affecter des données contextuelles. Des informations qui ont déjà été mentionnées dans le contexte linguistique de l'énoncé, sont en effet forcément encore présentes à l'esprit de l'interlocuteur, et n'ont donc nul besoin d'être mentionnées de nouveau:

> Bartholo: Il vaut mieux qu'elle <Rosine> pleure de m'avoir, que moi je meure de ne pas l'avoir. —Bazile: Il y va de la vie? *Épousez*, docteur, *épousez* (Beaumarchais, *Barbier* IV, d'après Blinkenberg, 1960, 109) (= épousez-*la*, épousez *Rosine*)

L'Église a deux manières de réagir en présence de l'hérésie: *repousser, absorber* (Gide, d'après Busse, 1974, 130) (= repousser *l'hérésie*, absorber *l'hérésie*).

Enfin, la situation référentielle dont parle le message peut aussi permettre l'omission d'actants, puisqu'elle concerne des réalités que connaît forcément le locuteur et que l'interlocuteur peut normalement connaître:

Il se prit à *ranger* dans la chambre (Alain-Fournier, *Grand Meaulnes*, 109) (= ranger *ses affaires*)

Allo! ah! Chéri! c'est toi? <...> On *avait coupé* <...> Non, non. J'attendais. On sonnait, je *décrochais* et il n'y avait personne (Cocteau, *La voix humaine*) (= On avait coupé *la communication*, je décrochais *le téléphone*).

Le principe même de l'économie communicationnelle veut qu'il n'y ait pas lieu d'expliciter ce tout ce qui est déjà donné par la situation énonciative, et donc de redire inutilement tout ce qui fait partie des données énonciatives. Voilà pourquoi Blinkenberg disait en conclusion que "ce sont, si l'on veut, des intransitifs par ellipse" (Blinkenberg, 1960, 108).

"Emplois absolus" des verbes bivalents

On peut distinguer au moins deux types différents d'emplois dits absolus des verbes bivalents. Le premier type d'emploi absolu d'un tel verbe correspond à la non-mention par le locuteur d'un actant qui n'a aucune importance particulière et qui, correspondant à un objet quelconque, n'a nul besoin d'être précisé:

Pierre mange, boit, écrit

à côté de:

Pierre mange de la viande, boit du lait, écrit une lettre.

Le verbe reste manifestement bivalent dans ces exemples, l'argument pouvant très bien être restitué et donc explicité par un complément qui a un sens indéfini, comme *quelque chose, n'importe quoi* ou même *tout:*

L'Église affirme, la raison nie (Hugo)

Ma phrase suggère plutôt qu'elle n'affirme (Gide)

Bon intellectuel, il ne voulait pas seulement expliquer, mais convaincre (Malraux)

Ils ont fait de la justice une chose négative qui défend, prohibe, exclut (Michelet) (exemples empruntés à Winfried Busse, 1974, 130).

Ce premier type d'emploi absolu n'est pas toujours très différent d'un emploi elliptique. Si quelqu'un vous appelle au téléphone vers 20 heures, il risque d'entendre quelqu'un de votre entourage lui répondre: "Veuillez rappeler un peu plus tard, car il mange". Les besoins de la situation de communication n'exigent nullement que lui soit précisé le menu de votre repas; il est néanmoins certain que vous mangez quelque chose, même si on lui dit seulement que vous mangez. Mais, même si l'intransitivation a quelque rapport avec la situation énonciative, on ne peut pas dire que l'actant non exprimé syntaxiquement soit alors fourni par cette situation énonciative. Il s'agit donc bien d'un autre type d'intransitivation que l'emploi elliptique.

Le deuxième type d'emploi absolu d'un verbe bivalent correspond à une sorte de mise entre parenthèses d'un actant par le locuteur. Celui-ci fait quasiment disparaître cet actant en réalisant en quelque sorte un "gros plan" sur le contenu verbal. La signification du verbe est alors amenée à se recentrer sur le seul actant exprimé et donc à présenter un effet de sens monovalent, puisqu'elle est privée du point d'application que devrait préciser l'actant omis. Cet effet de sens dû à l'intransitivation amène le verbe à ne plus exprimer une action particulière faite par la personne désignée par le sujet, mais un état, une propriété intrinsèque de cette personne. Quand on dit:

Pierre pense, chasse, discute, voit

cela signifie que Pierre, suivant le cas, a la faculté de développer une pensée et qu'il est un penseur, qu'il a l'habitude d'aller à la chasse et qu'il est un chasseur, qu'il aime la discussion et qu'il est discuteur, ou qu'il jouit de la vue et qu'il n'est pas aveugle. Le verbe ainsi intransitivé prend un sens partiellement différent du sens de la construction transitive, mais qui se construit néanmoins à partir du sens dit transitif. L'effet de sens apparemment monovalent n'empêche donc nullement le verbe d'être et de rester fondamentalement bivalent. Ce n'est qu'une variante de sens qui apparaît dans le contexte syntaxique particulier de l'intransitivation.

Exocentricité du syntagme verbal

On voit par conséquent que la possibilité pour un verbe bivalent d'être intransitivé n'implique nullement que le complément de verbe soit facultatif, quand il est exprimé, puisque l'intransitivation ne supprime pas le second actant, mais se contente de ne pas l'exprimer syntaxiquement. Le verbe bivalent intransitivé joue donc le même rôle dans la phrase que ce même verbe construit avec un complément de verbe. Et l'on ne peut pas dire que le verbe intransitivé soit alors syntaxiquement le modèle du syntagme verbal formé par le verbe et son complément, puisque le verbe intransitivé ne se comprend que par rapport à la bivalence du verbe et donc par rapport au SV qui est l'expression normale de cette bivalence. Le verbe bivalent transitivé ne saurait donc appartenir à la même classe syntaxique que ce verbe bivalent intransitivé, puisque le verbe bivalent intransitivé est l'équivalent non du seul verbe bivalent transitivé, mais de la combinaison du verbe bivalent transitivé et de son complément. On doit donc postuler que le verbe bivalent transitivé appelle nécessairement son complément de verbe et ne peut pas exister sans ce complément de verbe, ce qui revient à dire que la construction syntaxique V•SN ne peut être qu'une construction exocentrique. C'est ce que signifient les deux règles de réécriture envisagées plus haut:

SV → V_{tr} • SN
CV → V_{tr} • SN

où la catégorie qui est à gauche de la flèche ne se retrouve pas à droite de la flèche, ce qui signifie que le constituant V_{tr} n'appartient pas au même paradigme que la construction, qui est appelée SV ou CV.

En conclusion, on dira qu'un verbe dit intransitif, c'est-à-dire en fait monovalent, est un morphème qui, normalement, peut être, à lui seul, un constituant verbal (CV) de phrase ou de proposition, qu'un verbe dit transitif, c'est-à-dire en fait bivalent ou trivalent, est un morphème qui ne peut être qu'un des constituants immédiats du CV, et que, lorsque ce verbe est intransitivé, il entre seul dans le paradigme du CV, exactement comme le verbe monovalent. Mais si le verbe monovalent est alors le modèle du paradigme du CV, ce n'est pas le cas du verbe bivalent ou trivalent intransitivé.

c. SV endocentrique

Le construction exocentrique qu'est le SV peut recevoir des expansions et entrer par conséquent dans une construction endocentrique, comme les SPrép *avec une extrême gentillesse* ou *avec le sourire dans les phrases*:

Pierre reçoit ses amis avec une extrême gentillesse

Pierre raconta ses ennuis à ses amis avec le sourire

où le SPrép *avec une extrême gentillesse* est une expansion du SV *reçoit ses amis*, et le SPrép *avec le sourire* une expansion du SV à deux compléments

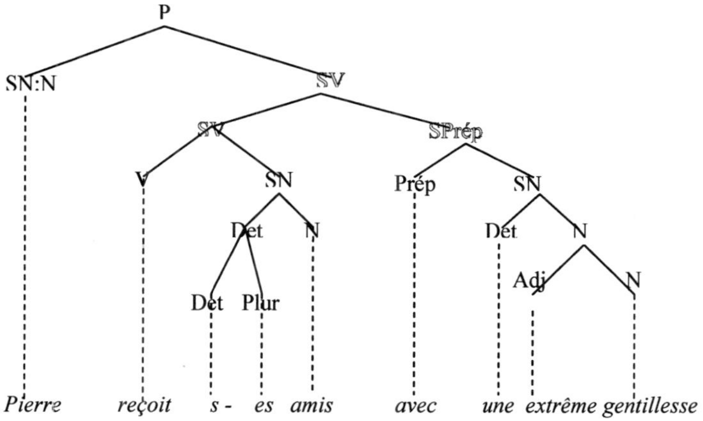

fig. 8: SV avec Circonstant

d'objet *raconta ses ennuis à ses amis*. Les constituants qui forment ainsi une construction avec un SV minimal occupent la fonction syntaxique à laquelle nous donnerons le nom de Circonstant. Elle se définit syntaxiquement, c'est-à-dire constructionnellement, par le fait d'être une expansion de SV, et par conséquent un constituant immédiat d'un SV endocentrique, ce qui est bien représenté par le graphique de la figure 8.

Au point de vue sémantique, la fonction syntaxique de circonstant joue le même rôle de caractérisation que la fonction d'épithète. Le contenu sémantique du SV minimal, à savoir «reçoit ses amis», est un noyau de qualification qui reçoit l'enrichissement de compréhension correspondant à la signification du SPrép, à savoir «une extrême gentillesse». Et cette caractérisation du SV est normalement l'élément le plus informatif du SV endocentrique, dans la mesure où il particularise le contenu sémantique du SV minimal, dont il est l'expansion syntaxique.

Nous verrons, dans le chapitre suivant, qu'un SV endocentrique peut contenir plusieurs Circonstants, mais que ceux-ci ne sont pas au même niveau, du moins s'ils ne sont pas coordonnés. Par exemple dans la phrase suivante de Simenon:

> "Delfosse a tellement peur que, sans réfléchir, il frappe *de toutes ses forces, dans l'ombre, avec sa canne...*" (Georges Simenon, 1991, 17, 94

le SV dont le verbe est intransitivé *il frappe* reçoit comme expansion le Circonstant *de toutes ses forces*, que la grammaire scolaire appellerait un complément circonstanciel de manière. Le SV endocentrique ainsi formé *il frappe de toutes ses forces* reçoit, lui aussi, une expansion, à savoir le deuxième Circonstant *dans l'ombre*, où la grammaire scolaire verrait un complément circonstanciel de lieu. Enfin le SV endocentrique ainsi constitué *il frappe de toutes ses forces, dans l'ombre* reçoit, à son tour, comme expansion le Circonstant *avec sa canne*, qui est, pour la grammaire scolaire, un complément circonstanciel de moyen. On a donc affaire à une cascade de Circonstants, qui sont hiérarchisés les uns par rapport aux autres (cf. la figure 7 du chapitre suivant).

Cet exemple est particulièrement intéressant; car il présente un 4ème SPrép après les trois Circonstants en cascade:

> "Delfosse a tellement peur que, sans réfléchir, il frappe de toutes ses forces, dans l'ombre, avec sa canne, *avec la canne à pomme d'or de son père* qu'il a emportée ce soir-là, comme cela lui arrive souvent..." (Georges Simenon, 1991, 17, 94).

Or ce 4ème SPrép, qui est une reprise du circonstant qui précède, n'est pas comme les trois SPrép précédents un Circonstant. Il n'apporte pas une autre caractérisation au contenu du SV, mais une information supplémentaire par rapport au reste de la phrase. Si cette phrase était intonée, le dernier SPrép serait précédé d'une intonation descendante de fin de phrase et recevrait, pour sa part, une intonation plus ou moins plate. Il ne s'agit pas d'une expansion du SV, mais d'une expansion du reste de la phrase. Nous reconnaîtrons à une telle expansion la fonction d'extraposition, c'est-à-dire d'expansion de P et de constituant immédiat de P endocentrique, et plus précisément d'extraposition postposée (cf. la figure 8 du chapitre suivant).

d. Deux sortes de SV minimal

Nous avons vu, plus haut, dans un exemple de Simenon, un SV comme:

il frappe de toutes ses forces

qui avait, parmi ses constituants, un morphème personnel, en l'occurrence le prétendu pronom *il*. Un tel SV a deux particularités. D'abord, ce type de SV suffit pour former une phrase. Et d'autre part, il ne se combine jamais avec un syntagme sujet. Lorsqu'il se combine avec un SN, comme dans:

Cet homme, il frappe de toutes ses forces

ledit SN est une expansion de ce SV. Et comme ce SV pourrait fonctionner à lui tout seul comme une phrase, on doit dire d'abord que ce SV est en fait une P, et ensuite que le SN qui est son expansion est en réalité une expansion de P, et remplit par conséquent la fonction syntaxique à laquelle nous donnons le nom d'extraposition. Quant au morphème personnel clitique *il*, on est obligé de considérer que c'est une expansion du verbe, puisque le verbe peut très bien,

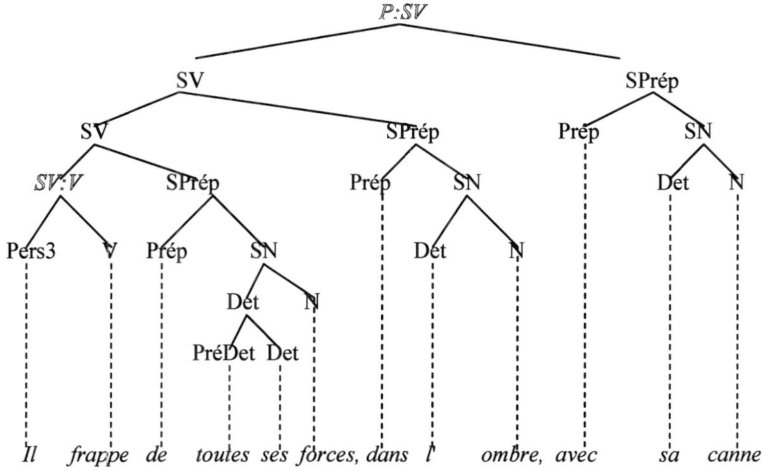

fig. 9: Phrase sans sujet

dans un autre contexte, apparaître sans ce morphème. On voit, dans ces conditions, qu'il y a deux sortes de SV: un SV qui est un constituant immédiat de P et remplit alors la fonction syntaxique dite de prédicat, et un SV qui est une phrase ou une proposition. Si l'on faisait la grammaire formelle qui correspondait à ces définitions, faudrait-il admettre deux axiomes (c'est-à-dire deux points de départ), à savoir P et SV? Dans la mesure où la structure syntaxique la plus neutre ou la plus grammaticale, c'est-à-dire la structure syntaxique qui a le moins besoin de la situation énonciative pour prendre sens est la phrase exocentrique à deux constituants immédiats, à savoir un sujet et un prédicat, il semble préférable de dire que le SV qui fonctionne comme phrase est un SV qui est entré dans le paradigme de P, et représente par conséquent une sous-catégorisation de P, ce que nous notons dans l'arbre grâce à l'étiquette double P:SV, qui veut représenter explicitement le fait que ce SV est en réalité une phrase. Dans notre exemple, il s'agit d'un SV endocentrique; car le SV minimal *il frappe*, qui contient le morphème personnel *il*, reçoit plusieurs expansions de suite.

2. Le lexème verbal et ses expansions

Il est certain qu'il ne faut surtout pas étiqueter par SV la construction qui, contenant le lexème verbal et le ou les morphèmes personnels comme *il*, se combine avec le ou les constituants qui remplissent la fonction de complément de verbe. Car cela reviendrait à dire que le SV, dont les compléments de verbe sont des constituants immédiats, est une construction endocentrique, alors que nous avons vu qu'il devait être une construction exocentrique. C'est exactement le même problème que pour le second constituant immédiat du SN, étiqueté MN ou N. On pourrait donc l'appeler MV (membre verbal), GV (groupe verbal) ou V, cette dernière étiquette ayant l'avantage de montrer immédiatement que cette construction est endocentrique, puisque elle appartient à la même classe paradigmatique que l'un des constituants immédiats, à savoir le lexème verbal.

Le nombre de morphèmes qui, comme le morphème de personne *il*, se combinent directement avec le lexème verbal est différent suivant les langues. En français, on identifie 5 classes de morphèmes, que l'on peut, avec la tradition, appeler les Personnes, les Voix, les Aspects, les Modes et les Temps, ce que, dans notre livre sur *Le Système verbal français* (1996, 63), nous avons représenté par le tableau de la figure 10, où les accolades correspondent à un *ou* logique exclusif, les parenthèses à des catégories facultatives, et les deux couples de crochets droits à des combinaisons ligne à ligne. A cela, il faut ajouter tous les prétendus verbes que les grammaires scolaires appellent auxiliaires, et qui se construisent avec l'infinitif, comme:

aller, avoir coutume de, commencer à, devoir, être en train de, faire, finir de, laisser, pouvoir, etc.

Ces prétendus verbes ont la particularité de ne pas avoir de valence et de ne pas modifier la valence du verbe à l'infinitif avec lequel ils se construisent.

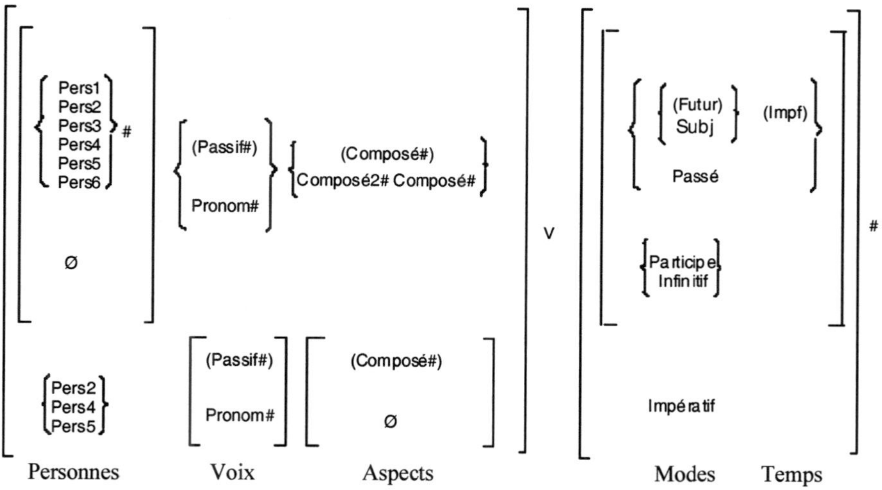

fig. 10: Structure morphologique simplifiée du verbe français

Ils ont aussi la particularité que le contenu du verbe à l'infinitif s'applique toujours au même individu qui est concerné par l'auxiliaire. On ne peut dire que:

> Je dois partir (c'est le prétendu sujet *je* de *dois* qui part). Tu dois partir (c'est le prétendu sujet *tu* de *dois* qui part). Il doit partir (c'est le prétendu sujet *il* de *dois* qui part), etc.

alors qu'à côté de:

> Je veux partir. Tu veux partir. Il veut partir, etc.

on peut parfaitement dire:

> *Je* veux que *tu* partes. *Tu* veux que *je* parte. *Il* veut que *tu* partes. etc.

Tout cela se comprend fort bien, si on admet que le prétendu verbe auxiliaire et le verbe à l'infinitif ne forment qu'une locution verbale, dont le noyau est le lexème verbal mis à l'infinitif. L'auxiliaire n'est pas alors un verbe. Ce qui est un verbe dans ces constructions, c'est le lexème à l'infinitif, dont l'auxiliaire n'est qu'une expansion. Cela est particulièrement clair dans:

> Tu *vas* partir

qui est quasiment la façon parlée de dire:

> Tu part*iras*.

Le morphème personnel, qui syntagmatiquement est lié à l'auxiliaire, est en fait le morphème personnel qui est concerné par la propriété sémantique de toute l'expression verbale. Et cette expression verbale ne peut qu'avoir la valence du lexème verbal à l'infinitif. Dans:

Tu vas (peux, dois, etc.) donner un cadeau à ta mère

il y a trois actants, parce que le verbe *donner* est trivalent. Dans:

tu vas (peux, dois, etc.) partir,

il n'y en a qu'un, parce que le verbe *partir* était monovalent. L'auxiliaire n'est donc pas un verbe; c'est simplement un morphème grammatical qui se combine avec le verbe, comme les morphèmes grammaticaux d'accompli ou de futur peuvent se combiner avec un verbe.

3. La phrase de type SN + V + SN

Nous avons considéré que les compléments de verbe faisaient en quelque sorte corps avec le verbe qu'ils complètent, et formaient une construction que l'on appelle traditionnellement un syntagme verbal (SV). Mais cela est peut-être moins évident que nous ne l'avons cru. Car dès que l'on a trois éléments, ces derniers peuvent, en théorie, donner lieu à plusieurs sortes de combinaisons différentes: certes une combinaison du premier élément avec la combinaison des deux autres éléments, mais aussi la combinaison des deux premiers éléments avec le dernier, ou encore la combinaison de trois éléments autonomes. On constate d'ailleurs que les grammairiens et les linguistes ne sont pas forcément d'accord sur l'organisation qu'il faut reconnaître à une phrase présentant un sujet, un verbe et un objet.

a. Combinaison (SN + V) + SN

Il y a en effet des grammaires et des linguistes pour réunir le syntagme sujet et le verbe, et pour estimer que le sujet forme avec le verbe une construction, à laquelle s'ajoute dans un second temps les compléments, qu'il s'agisse de compléments de verbe ou de compléments dits circonstanciels. La *Grammaire du français classique et moderne* fait par exemple, au chapitre des verbes intransitifs la remarque suivante:

> "Les verbes intransitifs ont une propriété: celle de ne pas pouvoir être tournés au passif. Le procès qu'ils évoquent (action: *nuire, tomber*, état: *peiner, s'amuser*; changement d'état: *pâlir*) ne peut être présenté que du point de vue de celui qui en est l'agent ou le siège:
> *Nous jouons à la balle. Cet homme peine à la tâche.*
> Dans ces phrases, la relation entre le groupe sujet-verbe et le complément n'est pas réversible contrairement à ce qui se passe pour les verbes transitifs suivis d'un complément d'objet" (Wagner & Pinchon, 1962, 280).

Dans de telles phrases, il semble donc y avoir, d'après ces auteurs, une double relation: l'une entre le sujet (*nous* et *cet homme*) et le verbe (*jouer* et *peiner*), et l'autre entre le groupe sujet-verbe et les compléments (*la balle* et *la tâche*), ce qui correspond bien à une organisation interne de ces phrases du type:

Sujet + Verbe	Complément

qui ne serait pas réversible. Mais les auteurs ne précisent pas ce qu'il faut entendre par cette réversibilité du verbe transitif. Au chapitre des verbes transitifs, ils se contentent de dire:

> "Les verbes transitifs s'opposent aux verbes intransitifs par la propriété qu'ils ont d'être tournés à la voix passive. En passant à cette voix ils prennent pour sujet grammatical le terme qui était leur complément d'objet à la voix active:
> *N'écrivez que quand l'inspiration vous possède et vous presse.* (G. SAND)
> Cette phrase, tournée au passif, devient: *N'écrivez que quand vous êtes possédé et pressé par l'inspiration.*
> La transitivité se définit par la propriété qu'a un procès, évoqué par un verbe, d'être décrit alternativement du point de vue du sujet (agent) et du point de vue de l'objet (patient)" (Wagner & Pinchon, 1962, 284).

Cela veut peut-être dire qu'au passif, on a le même groupe étroit sujet-verbe que dans les phrases à verbe intransitif, puisque le complément dit d'agent n'est nullement obligatoire, et puisque la phrase passive peut se contenter de son sujet et du verbe mis au passif, sans exprimer le complément d'agent. Cela correspondrait au schéma suivant:

Sujet + Verbe au passif	Complément d'agent

Mais qu'en est-il, lorsque le verbe transitif est à l'actif? Les auteurs diraient-ils qu'il connaît le même regroupement avec le sujet, en invoquant par exemple le fait que le verbe transitif puisse très souvent être employé de façon intransitive, c'est-à-dire sans complément d'objet? Probablement, mais cela paraîtrait quelque peu contradictoire avec le fait que le verbe transitif soit dit régir ses compléments, c'est-à-dire imposer, dans les langues casuelles, tel ou tel cas particulier, et, dans les langues non flexionnelles, l'absence de toute préposition ou la présence de telle ou telle préposition particulière à son ou ses compléments d'objet.

Le linguiste hollandais Uhlenbeck, dans sa critique assez systématique de la théorie de Noam Chomsky, à laquelle il reproche notamment ses bases toutes traditionnelles, refuse l'analyse de la phrase en sujet et prédicat, qui, dit-il, "a son origine dans la logique aristotélicienne et se fonde essentiellement sur des considérations non-linguistiques" (d'après Uhlenbeck, 1972, 8):

> "La phrase *the man hit the ball* («L'homme frappe le ballon») est d'abord divisée par Chomsky en un syntagme nominal *the man* et un syntagme verbal *hit the ball*

et ces deux constituants sont ensuite analysés en constituants plus petits jusqu'à ce qu'on arrive au niveau des mots. En fait, poursuit Uhlenbeck, une analyse linguistique de cette phrase simple révèle une structure assez différente. L'auditeur, après avoir entendu les trois premiers mots, établira deux relations (1) entre *the* et *man* et 2) entre *the man* et *hit*. Alors, le quatrième mot *the* ne peut pas être rattaché aux trois précédents, mais peut être rattaché au mot suivant *ball*. Une fois que ces derniers mots ont été perçus par l'auditeur, toutes les connections peuvent être établies. *The ball* peut maintenant être rattaché au groupe déjà existant *the man hit*. La structure syntaxique de l'ensemble de la phrase peut être représentée par le schéma suivant:

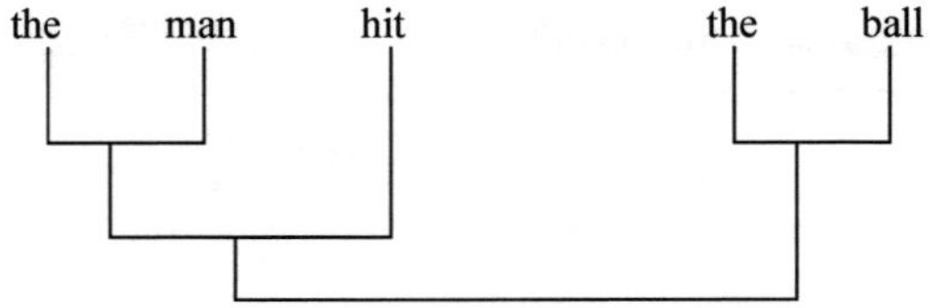

(d'après Uhlenbeck, 1970, 8). Mais cette organisation décrit le processus de perception de la phrase par l'auditeur, non la façon dont l'auditeur doit organiser ce qu'il perçoit, pour en appréhender le sens. Il s'agit d'un processus qui est forcément marqué par la successivité de l'axe syntagmatique de la production et par la progression de la perception, et non d'une analyse globale de la façon dont les unités perçues successivement doivent être syntaxiquement combinées et situées les unes par rapport aux autres. Et invoquer le fait que dans les phrases sans lexème sujet, comme:

fr. je lis un livre, lat. librum lego, it. leggo un libro

le sujet se trouve morphologiquement associé au verbe soit sous la forme d'une pronom clitique comme en français, soit sous la forme d'un désinence personnelle en latin ou en italien, pour réunir le SN sujet et le verbe serait une faute de raisonnement; car cela reviendrait à tirer une conclusion syntaxique à partir d'une donnée simplement morphologique, qui, par elle-même, n'a aucune pertinence proprement syntaxique.

On a pu donner un autre argument morphologique (et psychologique!) pour réunir le sujet et le verbe:

> "Sujet et procès formant un couple psychologiquement solidaire, il est naturel que cette union se marque visiblement par l'accord en personne et en nombre. Remarquons que c'est le sujet qui régit le verbe. Rien d'étonnant à cela, car s'il est vrai que le sujet s'achève dans le procès, celui-ci ne prend existence que par le sujet. Cet être qu'il tire du sujet se marque les catégories de nombre et de personne. L'accord grammatical du verbe et du sujet est donc plus qu'une convention: il est la conséquence et le signe visible du rapport psychologique qui les unit" (Galichet, 1947, 133).

Mais, même si l'accord morphologique du verbe avec son sujet est fondé sur une raison psychologique plutôt métaphorique, il n'a par lui-même aucune pertinence véritablement syntaxique. Voilà ce qui explique que les grammaires (ainsi du reste que Galichet lui-même!) préfèrent souvent admettre qu'une phrase avec sujet, verbe et objet est une phrase à trois constituants immédiats.

b. Tripartition SN + V + SN

C'est ainsi qu'un ouvrage à portée pédagogique a proposé de faire, au cours moyen, l'analyse structurale suivante:

> "«*L'écureuil* | *écoute* | *le vent.*» [...] La proposition contient maintenant trois parties ou termes (sujet, verbe, complément). [...] L'on montrera aux élèves que le pivot de la proposition est le verbe" (Galichet, 1963, 202)

> "L'utilisation de schémas avec usage de la couleur permettra de donner aux élèves une représentation visuelle de la structure de la proposition. Le verbe pourrait être symbolisé par un cercle rouge et les autres termes de la proposition (sujet, complément, attribut) par des rectangles bleus.
> Exemple:

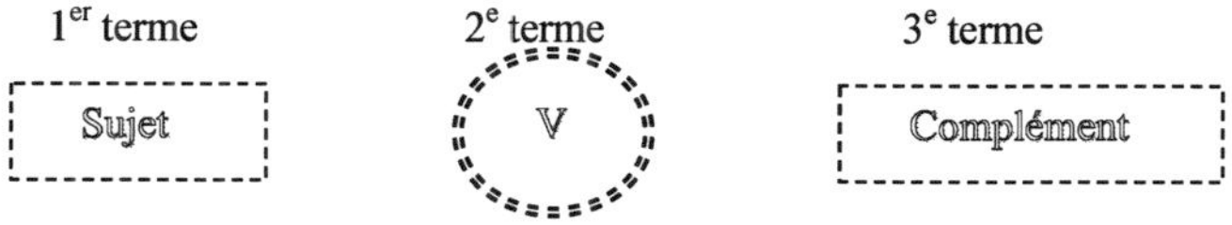

> «Le petit écureuil écoute le vent d'automne»

(Galichet, 1963, 204). Dans un ouvrage plus théorique, le même auteur avait tenu le même discours:

> "Dans l'énonciation à trois termes (sujet, verbe, compléments), le deuxième terme sert de pivot aux deux autres; il est leur point d'actualisation. En entrant en rapport avec lui, le premier terme établit un type de fonction: la fonction sujet. En entrant en rapport avec lui, le troisième terme établit un autre type de fonction: la fonction complément" (Galichet, 1947, 128).

C'est le point de vue que l'on trouve par exemple dans la *Grammaire française des lycées et des collèges*, où il est dit, à propos des verbes transitifs:

> "Quand nous disons:
> *Le chat* poursuit *la souris*
> Ou: *Pierre* a *un cheval*
> nous exprimons une action (*poursuit*) ou un état (*a*) qui associent un être à un autre être ou à une chose; une relation entre deux termes est exprimée dans le verbe, passe par le verbe.
> De tels verbes sont dits transitifs (du latin *transire*, passer)" (Bonnard, 1950, 18).

Les représentations graphiques utilisées dans cette grammaire sont particulièrement claires:

> "Le complément d'objet peut-être:
> 1° Un nom ou un pronom:

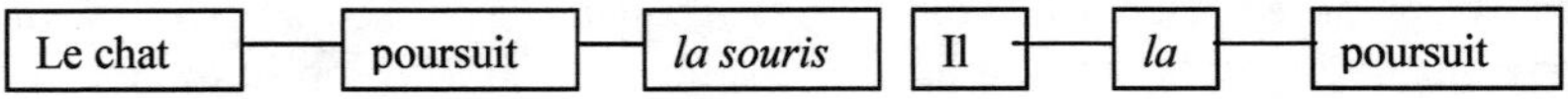

2° Un verbe à l'infinitif:

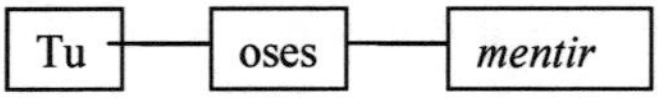

(Bonnard, 1950, 19). On voit que le verbe n'est rattaché ni au sujet ni au nom.

C'est la conception théorisée par Tesnière et, à sa suite, par ce qu'on appelle la grammaire dépendancielle. Pour Tesnière en effet, la phrase est un "nœud verbal", "le verbe est au centre du nœud verbal" (Tesnière, 1966, 103), et "est donc un régissant de toute la phrase verbale" (Tesnière, 1966, 103). Le sujet et les compléments, étant également régis par le verbe, sont par conséquent des compléments de même nature. Tesnière représente une phrase avec verbe transitif par le schéma simplifié de la figure 11, qu'il appelle un

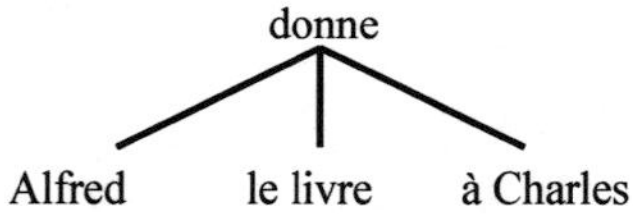

fig. 11: Stemma de Tesnière

stemma, en précisant bien que "*Charles*, et même *le livre*, bien que n'agissant pas par eux-mêmes, n'en sont pas moins des actants au même titre qu'*Alfred*" (Tesnière, 1966, 102). Il estime que la structure qu'il propose est véritablement linguistique, alors que le découpage en un sujet *Alfred* et un prédicat *donne le livre à Charles* n'est, pour lui, "qu'une survivance non encore éliminée, de l'époque, qui va d'Aristote à Port-Royal, où toute la grammaire était fondée sur la logique" (Tesnière, 1966, 103).

Quoi qu'en prétende Tesnière, sa description est aussi une description logique. Si elle ne correspond pas ce que lui appelle la logique, c'est-à-dire la logique classique, qui est effectivement d'inspiration aristotélicienne, elle correspond à une logique qui a été inventée au début du XXe siècle par des logiciens comme Frege et Russel, que l'on appelle la logique moderne ou la logique mathématique, et qui est devenue ce que, de nos jours, on nomme tout simplement la logique. Sur le modèle des fonctions mathématique, la logique moderne conçoit le jugement ou la proposition comme l'assertion d'une fonction propositionnelle, c'est-à-dire l'assertion d'une relation entre des variables ou arguments, relation qu'elle note par exemple *tuer(x, y)*, où *(x, y)* note "l'ensemble des couples tels que *x tue y* soit une proposition vraie" (Van Hout, 1973, II, 97). Cette conception correspond assez bien, *mutatis mutandis*, à la théorie de Tesnière, selon laquelle la proposition est un noeud verbal dont le centre est le verbe, et où le sujet et les compléments ont, tous, le même rôle d'actant du verbe, à l'intuition de Galichet, qui voit dans le verbe "le pivot de la proposition", ainsi qu'à l'idée qu'Henri Bonnard se fait la proposition, définie comme "une relation entre deux termes <qui> est exprimée dans le verbe".

Les énoncés, décrits selon une telle logique relationnelle, peuvent facilement se traduire en langage mathématique, et, en l'occurrence, en langage ensembliste. Si par exemple, on note par *R* la fonction propositionnelle *tuer(x, y)*, et par *i* la valeur «Brutus» et par *j* la valeur «Cassius» de la variable *x*, et par *k* la valeur «César» de la variable *y*, les énoncés:

Brutus tue César

Cassius tue César

Brutus et Cassius tuent César

"peuvent être traduits soit par une appartenance soit par une inclusion" (Van Hout, 1973, II,99):

$(i, k) \in R$ $(j, k) \in R$ "L'énoncé exprime l'appartenance d'un couple à la relation	$\{(i, k)\} \subset R$ $\{(j, k)\} \subset R$ L'énoncé exprime l'inclusion d'un singleton (formé d'un couple) dans la relation
$[(i, k) \in R] \wedge [(j, k) \in R]$ L'énoncé désigne un produit logique d'appartenances? relation	$\{(i, k), (j, k)\} \subset R$ L'énoncé exprime l'inclusion d'un ensemble de couples dans la

Les deux interprétations sont équivalentes" (Van Hout, 1973, II, 99).

Le schéma ensembliste de la figure 12 représente ce que Georges van Hout appelle la structuration relationnelle de ces énoncés. Mais il est possible

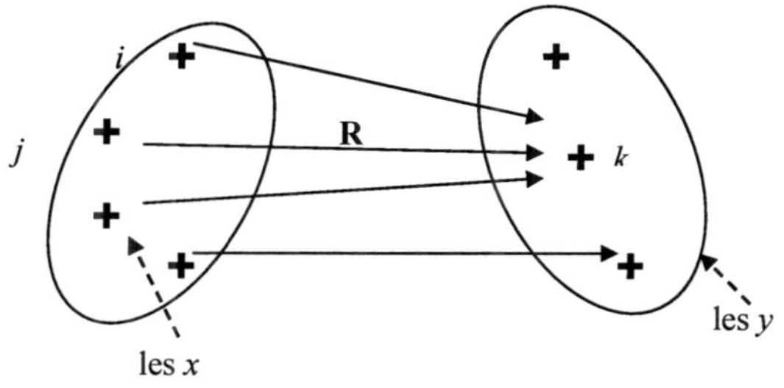

fig. 12: Structure relationnelle

d'imaginer une autre façon de présenter la même chose:

"Définissons l'ensemble de ceux qui tuent César:

$$E = \{x \mid (x, \text{César}) \in \text{TUER}\}$$

(c'est-à-dire E est l'ensemble des x tels que le couple (x, César) appartient à la relation TUER). L'énoncé *Brutus tue César* peut, mathématiquement, s'écrire de deux façons:

(Brutus, César) $\in$ TUER	Brutus $\in$ E
Aucun actant n'est privilégié.	Un actant est privilégié.
On a une «structure relationnelle générale».	On a une «structure prédicative».

L'appartenance d'un n-uple à une relation peut s'écrire:

Enonciation générale	Enonciation prédicative
$(x_0y_0z_0 \ldots t_0) \in R$	$z_0 \in \{z \mid (x_0y_0z_0 \ldots t_0) \in R$
aucun actant n'est privilégié	l'actant z_0 est privilégié par l'écriture.

Les deux énonciations sont équivalentes, mais l'énonciation prédicative fait jouer un rôle particulier à l'un des actants" (Van Hout, 1973, 116-117).

Ces deux énonciations sont certes logiquement équivalentes, c'est-à-dire qu'elles ont la même valeur de vérité et qu'elles correspondent à la même situation extralinguistique. Mais quand on distingue très nettement, à la suite notamment de Frege, la dénotation (qu'il appelait *Bedeuntung*) et le sens (qu'il appelait *Sinn*), on doit préciser que ces deux notations logiques ont la même dénotation, mais n'ont pas la même signification. Et si Van Hout appelle la seconde "énonciation (ou: structuration) prédicative", c'est parce qu'elle correspond, en quelque sorte, au découpage logique de la proposition en deux parties, appelées traditionnellement sujet et prédicat, découpage que "les aristotéliciens, comme le dit Van Hout (1973, 2, 94), ont mis en évidence", et qui correspond à la signification d'une proposition (ou d'une phrase), où le prédicat est dit du sujet, c'est-à-dire plus précisément où le contenu sémantique exprimé par le prédicat est dit du référent désigné par le sujet. En termes proprement linguistiques, on pourrait appeler support informatif (ou thème) et apport informatif (ou rhème) ces deux parties de la signification d'un énoncé que la logique classique appelait sujet et prédicat.

En conclusion, on peut dire que les deux notations logiques de l'énoncé *Brutus tue César* ou de tout énoncé à n arguments correspondent, la première, à l'analyse de la logique moderne ou mathématique, et, la seconde, à l'analyse de la logique classique d'inspiration aristotélicienne. Mais si ces deux notations sont logiquement équivalentes, celle qui correspond à la logique aristotélicienne est, contrairement à ce que prétendait Tesnière, plus proche de la signification linguistique des énoncés que celle qui correspond à la logique moderne. Cette pertinence linguistique de la notation dite prédicative par Georges Van Hout relève néanmoins du domaine de la signification, et ne prouve nullement que dans une phrase à trois constituants (sujet, verbe et complément) le complément forme un syntagme avec le verbe et que ce syntagme se combine, à son tour, avec le sujet. Par contre, cette pertinence linguistique s'expliquerait très bien, si on pouvait dire qu'elle est fondée sur le fait syntaxique que le complément forme une unité syntaxique avec le verbe, laquelle justifierait que le contenu sémantique de ces deux éléments forme une unité que la logique traditionnelle appelle prédicat, et la linguistique, apport informatif.

De fait, il y a une raison proprement syntaxique ou constructionnelle de prouver que le complément se combine avec le verbe, si toutefois on ne se contente pas de définir les classes de morphèmes d'une façon morphologique, et si on leur donne une définition fonctionnelle et syntaxique. On ne peut pas en effet se contenter de dire que les verbes sont des lexèmes qui ont la propriété morphologique de se conjuguer; car cela entraînerait la conclusion fausse qu'il y a deux classes syntaxiques de verbes: ceux qui, ne se combinant syntaxiquement jamais avec un complément, sont intransitifs, et ceux qui se combinant syntaxiquement avec un ou plusieurs compléments de verbe sont transitifs. Il faut voir qu'au point de vue fonctionnel et syntaxique, les verbes dits intransitifs et les verbes dits transitifs n'appartiennent pas au même paradigme fonctionnel. On ne peut jamais en effet remplacer un verbe transitif seul par un verbe intransitif:

Le chat *poursuit* la souris / *Le chat *dort* la souris / Le chat dort

Le chat *ouvre* la porte / *Le chat *court* la porte / Le chat court

etc.

C'est le verbe transitif plus son complément qui peut être remplacé par un verbe intransitif:

Le chat *poursuit la souris* jusqu'au matin / Le chat *dort* jusqu'au matin

Le chat *ouvre la porte* avec agilité / Le chat *court* avec agilité

etc.

Cela veut dire d'une part que le verbe intransitif appartient à la même classe fonctionnelle que la combinaison du verbe transitif et de son complément, et non à celle du seul verbe transitif, et d'autre part que les deux constituants que sont le verbe transitif et son complément forment nécessairement une unité syntaxique, puisque commutant ensemble avec le seul lexème qu'est un verbe intransitif, ils fonctionnent à eux deux comme le seul lexème verbal intransitif. C'est donc une raison d'équivalence paradigmatique et de fonctionnement syntaxique qui regroupe le verbe transitif et son ou ses compléments en un syntagme que l'on appelle traditionnellement SV, paradigme dont le modèle est par conséquent le verbe intransitif. Et c'est parce que le SN est un constituant syntaxique de ce SV qu'au point de vue sémantique, il entre, avec le verbe, dans ce que la logique classique appelle le prédicat, et la linguistique moderne l'apport informatif de l'énoncé.

III. Le syntagme prépositionnel

A côté du SV et du SN, on postule un autre type de syntagme qu'on appelle couramment la syntagme prépositionnel (en abrégé SPrép). Il est difficile de ne pas voir dans ces syntagmes ce que Bloomfield appelait une construction exocentrique, ou Hjelmslev, une interdépendance. C'est en effet une construction exocentrique, dans la mesure où, dans une phrase française comme:

Le chien est entré dans la maison

le syntagme *dans la maison* ne peut commuter avec aucun de ses constituants immédiats. La préposition *dans* doit être accompagnée d'un SN ou d'un nom propre, et le SN *la maison* doit être précédé d'une préposition comme *dans, à, près de, vers*, etc., du fait de l'inacceptabilité en français de phrases comme:

* Le chien est entré dans

* Le chien est entré la maison

où le SPrép commuterait avec la seule préposition ou avec le seul SN. Si l'on recourt à la définition de l'interdépendance de Hjelmslev, il faut bien reconnaître qu'une préposition comme *dans* ne peut pas apparaître sans être suivi notamment par un SN, comme *la maison.*

Toutefois, les grammaires signalent qu'il y a des cas où la préposition apparaît sans SN. Cela veut-il dire qu'il n'y a pas interdépendance entre le Préposition et ce que la grammaire scolaire appelle son "régime"? En vérité, les grammaires décrivent cette anomalie en parlant de "préposition à régime implicite" (Grevisse & Goosse, 1993, 1483). Elles expliquent que dans un certain nombre de cas, le régime n'est pas exprimé, parce qu'il a déjà été mentionné dans le contexte antérieur, comme dans:

Les uns attendent les emplois, les autres courent APRÈS (*Académie*), Quand on fit cette proposition tout le monde s'éleva CONTRE (*Académie*) Le chameau était lancé [...] Quatre mille Arabes couraient DERRIÈRE (A. Daudet). Il a pris son manteau et s'en est allé AVEC (*Académie*)

et que, dans les autres, il découle de la situation énonciative:

AVANT [= avant le moment où le locuteur parle], nous étions souillés par l'envahisseur. Maintenant, nous sommes souillés par nous-mêmes (Montherlant)? Je n'ai rien à dire CONTRE [= contre la proposition qui vient d'être faite] (Académie) Marchez DEVANT [= devant moi, le locuteur], s'il vous plaît.

Cela ne veut pas dire que le SN est une expansion de la préposition et formerait donc avec elle une construction endocentrique. Cela veut dire que normalement, c'est-à-dire sans conditions d'emploi particulières, le SN régime a aussi besoin d'une préposition que la préposition a besoin d'un régime pour former la construction syntaxique que l'on appelle un SPrép, mais que, dans certains cas particuliers, la préposition peut être, à elle seule, l'équivalent d'un SPrép. Normalement la préposition appartient au paradigme des constituants

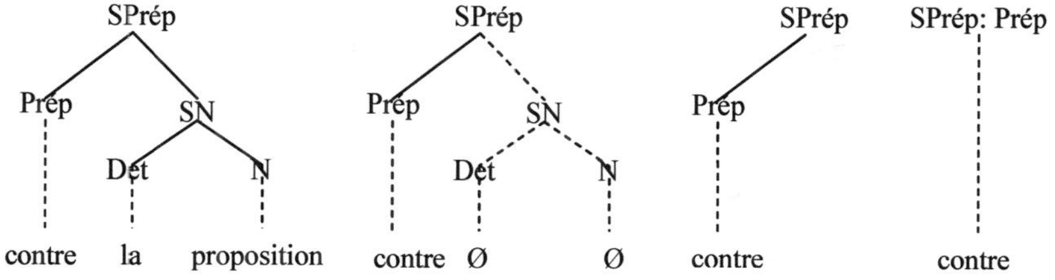

fig. 13 fig. 14 fig. 15 fig. 16

immédiats du SPrép (cf. figure 13). Mais elle peut remplir, à elle seule, le paradigme du SPrép, ce qui ne veut pas dire qu'elle se combine avec un SN implicite ou à signifiant zéro (cf. figure 14), mais qu'elle est le seul constituant du SPrép (cf. figure 15), et qu'elle est par conséquent entrer dans le paradigme du SPrép (cf. figure 16). De même qu'un adjectif peut occasionnellement être substantivé, comme dans:

Il a deux ballons: un bleu et un rouge

une préposition peut être adverbialisée, c'est-à-dire fonctionner occasionnellement comme un SPrép. Nous ne noterons pas cette entrée dans un paradigme supérieur comme dans la figure 18; car cela entraînerait une confusion théorique grave. Cela voudrait dire que la construction étiquetée SPrép n'est en réalité qu'un morphème, ce qui serait un non sens, puisque par définition, une construction est une combinaison de morphèmes et contient donc au moins deux constituants. Nous la noterons comme dans le figure 19, ce qui permet de bien distinguer les décompositions en constituants, qu'indiquent les embranchements des arbres, et les sous-catégorisations ou simples équivalences paradigmatiques, qui ne seront donc pas indiquées par un seul embranchement entre un noeud supérieur et un nœud inférieur, mais par deux points. Ceci ne signifiera donc pas que la construction SPrép n'est formée que d'un seul constituant (règle aberrante de décomposition en constituants), mais que la Prép est entrée dans le paradigme du SPrép (règle de sous-catégorisation paradigmatique).

L'étiquette de SPrép donnée couramment à la combinaison exocentrique d'une préposition et d'un SN est certainement valable pour le français. Mais elle ne saurait avoir une portée générale, dans la mesure où la préposition n'est pas une unité syntaxique minimale dans toutes les langues. Dans les langues à flexion casuelle, la préposition n'est pas, comme en français, un morphème, et n'est donc pas une unité syntaxique. C'est seulement une unité morphologique, ce qu'on peut appeler un segment morphologique. Car dans ces langues, la préposition n'est qu'un des deux morceaux du signifiant discontinu d'un morphème. Dans les grammaires latines ou allemandes, on a l'habitude de dire que *in* «dans» ou *post* «après», et *in* «dans» ou *nach* «après» sont des prépositions comme *dans*. Mais il s'agit d'une façon de parler fautive; car l'équivalent de «dans» du français est en latin *in* + Ablatif, en allemand *in* + Datif, et l'équivalent de «après» du français est *post* + Accusatif en latin et *nach* + Datif en allemand. Ceci veut dire que les morphèmes de signifié «dans» ou «après» sont associables au signifiants discontinus /*in*... Abl./ ou /*post*... Acc./ en latin, et /*in*... Dat./ ou /*nach*... Dat./ en allemand (cf. Touratier, 2002, 99-103).

Comme les prépositions ne sont pas des morphèmes dans toutes les langues, l'appellation de syntagme prépositionnel n'est pas entièrement satisfaisante pour désigner une unité syntaxique. On pourra proposer, à la place, l'appellation de syntagme adverbial (en abrégé SAdv), dans la mesure où, d'une part, les adverbes sont bien des morphèmes, et où, d'autre part, les prétendus syntagmes prépositionnels commutent, dans la langue à flexion casuelle comme dans les langues sans flexion casuelle, avec des adverbes.

Chapitre 5

Les fonctions syntaxiques de la phrase dite simple

I. Les constituants immédiats de la phrase simple

Si après avoir analysé en constituants immédiats quelques phrases particulières, on essaie de généraliser les résultats obtenus, on va constater que l'analyse en constituants immédiats permet de donner une définition précise aux différentes fonctions syntaxiques, définition qui sera expressément relationnelle, et par conséquent vraiment syntaxique, dans la mesure où ces fonctions syntaxiques seront alors caractérisées en termes de position dans l'organisation structurale de la phrase, et donc en termes proprement structuraux ou, comme nous aimons à le dire, en termes constructionnels. Chaque fonction syntaxique va en effet pouvoir être définie comme une sous-configuration donnée de l'arbre qui correspond à l'analyse en constituants immédiats de la phrase où elle est réalisée.

Mais pour cela, il faut préalablement disposer de l'inventaire des catégories syntaxiques auxquelles peuvent appartenir les différents constituants de ladite phrase. Dans la mesure où, pour commencer, nous travaillons principalement sur des phrases dites simples – notion qu'il faudrait définir (cf. chap. 6, pages 207-215) –, on se contentera de supposer définies et identifiées les principales catégories suivantes: P (= Phrase ou, à l'intérieur d'une phrase, Proposition), SN (= Syntagme Nominal), Det (= Déterminant), N (= Nom), Adj (+ Adjectif), SV (Syntagme Verbal), V (Verbe), Adv (= Adverbe), SPrép (= Syntagme Prépostionnel) – ou SAdv (= Syntagme Adverbial) –, Prép, etc.

On s'intéressera, pour commencer, aux fonctions des constituants immédiats de la phrase dite simple, c'est-à-dire aux fonctions qui sont constitutives de la structure syntaxique de la phrase simple.

1. Sujet et prédicat

a. Définition

On pourrait, à partir des exemples analysés, "définir la fonction de sujet comme le fait d'être un constituant immédiat de P et une adjonction de SV" (Touratier, 1977, 38), c'est-à-dire le constituant immédiat d'une construction exocentrique qui fonctionne comme une phrase et dont le second constituant immédiat est un SV, lequel remplirait alors la fonction de prédicat. Cette définition pourrait être opératoire en français, en allemand ou en anglais, comme le montrent les différentes phrases que nous avons analysées en C.I. Car, dans ces trois langues, c'est normalement un constituant verbal qui fonctionne comme prédicat en se combinant avec un sujet. Ceci permettrait d'attribuer la fonction de sujet à tout constituant entrant dans la configuration de la figure 1.

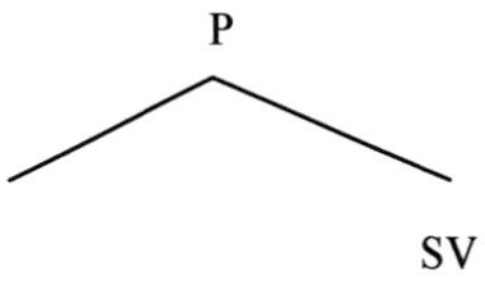

fig. 1: Sujet

Mais une telle définition ne pourrait pas être généralisée, car il existe des langues où la fonction de prédicat n'est pas remplie par un constituant verbal, mais par un constituant dit, par abus de langage, nominal. C'est le cas par exemple dans:

lat. *omnia praeclara rara* (Cic., *Lael.* 79) «tout ce qui a de l'éclat est rare» (cf. Benveniste, 1966, 158)

rus. *Dom nov* «la maison (est) neuve»

indon. *Wanita itu guru-ku* «cette femme (est) mon professeur (femme ce professeur-moi)».

On pourrait tenir compte de ce fait en reformulant la définition du sujet, et en disant par exemple que "la fonction de sujet est remplie par un constituant qui, dans une phrase exocentrique, est l'adjonction d'un SV ou de tout syntagme susceptible de commuter avec un syntagme verbal personnel" (Touratier, 1994, 335). Mais une telle reformulation aurait l'inconvénient de reconnaître une priorité du syntagme verbal sur le SN dans la fonction de prédicat, ce qui impliquerait plus ou moins que le SV est lié à la fonction de prédicat. Or il lui est parfaitement possible de remplir la fonction de sujet comme dans:

Faire des voyages est le rêve préféré des jeunes

Mourir n'est pas mourir, c'est changer de forme.

Il est par conséquent préférable de proposer une définition qui ne semble pas totalement syntaxique, mais qui se fonde néanmoins sur la syntaxe. On définira le sujet et le prédicat par deux caractéristiques simultanées, mais de niveau différent. La première caractéristique est proprement structurale et syntaxique, et est commune et au sujet et au prédicat: elle définit le sujet et le prédicat comme les deux constituants immédiats d'une construction exocentrique étiquetée P. La seconde caractéristique est sémantique, et distingue entre eux les deux constituants immédiats de la P exocentrique: elle identifie comme prédicat celui de ces deux constituants immédiats de P dont le contenu se rapporte ou s'applique à ce qui est désigné par l'autre constituant immédiat de P, et par conséquent comme sujet cet autre constituant immédiat de P au référent duquel est attribuée la propriété sémantique signifiée par l'autre constituant immédiat. Mais ces définitions fondamentalement syntaxiques du sujet et du prédicat posent quelques problèmes.

b. Faut-il parler de sujet à propos du pronom personnel *il*?

Le prétendu pronom *il* présente plusieurs fonctionnements syntaxiques différents.

Il dit pronom sujet

Les grammaires scolaires parlent de pronom sujet à propos des pronoms inaccentués que l'on a par exemple dans les phrases:

> *Je* comprends son émotion. *Tu* ne m'as rien dit. *Il* n'a pas entendu. *Elle* n'est pas venue. *Ils* sont partis (Dubois, Jouannon, Lagane, 1961, 50).

Mais de tels morphèmes ne peuvent pas plus être considérés comme des sujets que les désinences personnelles *-o* «je» ou *-e* «il» des exemples italiens comme:

> *Capisc-o* «je comprends», *non sent-e* «il n'entend pas».

Ce ne sont pas en effet des constituants immédiats de phrase, mais des constituants immédiats de verbe, comme le montre bien le fait qu'on ne puisse pas les séparer du verbe en ajoutant par exemple des appositions:

> *Je, son ami de toujours, comprends son émotion

ou en intercalant des syntagmes prépositionnels ou propositionnels:

> *Tu, ce matin-là, comme je le craignais, ne m'as rien dit.

Il existe par conséquent au moins deux types différents de phrase verbale: des phrases à sujet et des phrases sans sujet.

Mais tous les pronoms dits personnels du français ne forment pas forcément des phrases sans sujet. A la 3ème personne du singulier, en effet, à côté de la phrase sans sujet, mais à pronom inaccentué ou clitique comme:

Il n'a pas vu ce pays

il existe une authentique phrase à sujet, avec le pronom dit accentué *lui*:

Lui a vu ce pays

où le pronom personnel n'est pas un constituant immédiat de V comme on le voit dans:

Lui, ce grand voyageur, a vu ce pays.

On remarquera qu'au niveau sémantique le pronom clitique *il* joue le même rôle que le sujet *lui*: il désigne l'individu qui est concerné par le reste de l'énoncé, et surtout correspond à ce qu'on appelle le premier actant du verbe utilisé. Et c'est parce que les grammaires traditionnelles avaient une définition avant tout sémantique du sujet qu'elles considéraient que *il* était comme *lui* le sujet du verbe, et parlaient donc de pronom sujet. Au niveau sémantique, *il* et *lui* jouent le même rôle, mais au niveau syntaxique, ils ne remplissent pas la même fonction, ce que montre très clairement une description en termes de constituants immédiats.

Et *il* dit sujet apparent?

Les grammaires parlent de sujet apparent pour le même pronom *il*, dépourvu pourtant de signification et de référence, que l'on a dans des phrases que nous disons sans sujet comme:

Il lui est arrivé une aventure étonnante

Il court des bruits fâcheux.

C'est un sujet apparent, parce qu'il semble avoir la position d'un sujet, mais ne pas avoir de sens. Les grammaires considèrent alors comme un sujet, qu'elles appellent le sujet réel ou encore, ce qui est particulièrement révélateur, le sujet logique (est-on encore en syntaxe?), le SN qui suit le verbe ainsi employé impersonnellement, lequel SN ne peut avoir que la position et la fonction de complément de verbe. Mais la particularité de ce complément de verbe vient de qu'il représente effectivement le premier actant du verbe utilisé, alors que normalement un complément de verbe correspond au 2ème actant du verbe. Quant à *il*, il n'a aucune valeur anaphorique ou déictique, exactement comme dans *il pleut*. C'est un segment morphologique nécessaire, sans lequel le lexème verbal ne peut pas apparaître dans la chaîne parlée. C'est donc tout simplement une variante du lexème verbal, lorsque celui-ci est construit impersonnellement ou, mieux, sans sujet syntaxique.

c. Faut-il parler de prédicat à propos de phrases comme *Bobo! Il pleut* ou *Voilà le facteur*?

C'est ce que l'on admet traditionnellement, en disant que la phrase est alors réduite au seul prédicat. Cette conception est plus ou moins impliquée par la définition que Marouzeau donnait du *prédicat*:

> "le mot désigne, dans une proposition composée essentiellement de deux termes, celui des deux qui est affirmé de l'autre (gr. *kat-êgorêma*, lat. *praedicatum*), qui exprime une attribution à l'autre (d'où aussi le nom d'attribut, parfois employé dans le même sens): *le jour* (sujet) *paraît* (prédicat)" (Marouzeau, 1969[3.3], 184).

Voilà qui pourrait sous-entendre que le prédicat peut apparaître dans une proposition à un seul terme, que les genevois appelaient du reste "phrase monorème". Mais si, comme dans notre définition, il n'y a pas de prédicat sans sujet, ni de sujet sans prédicat, on ne qualifiera pas de prédicat le seul constituant verbal (ou nominal) d'un énoncé.

Ceci n'empêchera pas de dire, comme dans la langue courante, qu'il y a prédication, quand l'énoncé se réduit à un seul constituant exprimant une propriété sémantique qui est attribuée à celui qui parle, comme dans *Bobo!*, à la situation dans la laquelle se trouve celui qui parle, comme dans *Il pleut* ou *Voilà le facteur*, ou même à un individu donné que rappelle le morphème personnel du verbe, comme dans *Il écoute la radio*. Mais si l'on craint que l'acception logique du mot *prédication* n'entraîne une dérive du mot *prédicat* vers son sens logique primitif, il suffira de ne plus employer le mot *prédication*, quand on entend désigner le fait d'énoncer un certain contenu sémantico-logique, et d'utiliser alors le terme d'*assertion*, qui, chez les linguistes comme chez les logiciens, a toujours un sens logique et sémantique.

Et *Pas mal, la nana* ou *Pas folle, la guêpe*?

Pour ces énoncés, on peut envisager deux analyses différentes. On peut dire qu'il s'agit de phrases à deux constituants immédiats dont le premier est le prédicat, et le second le sujet, l'inversion pouvant alors être considérée comme la marque formelle permettant d'identifier le constituant nominal comme remplissant la fonction de sujet. C'est par exemple le point de vue de Mario Rossi:

> "L'intonation terminale, dans l'une de ses trois modalités (représentation, appel, expression), accompagne toujours le prédicat – quelle que soit sa place dans la phrase – du moins en français. Ainsi dans la phrase nominale *Pas folle, la guêpe*, l'intonation terminale se réalise sur le prédicat (*Pas folle*); sur le syntagme sujet (*la guêpe*) se réalise l'intonation de type parenthétique" (Rossi, 1977, 61).

Ceci amène Mario Rossi à parler alors de "la fonction prédicative de l'intonation" (Rossi, 1977, 62). L'intonation qui accompagne l'inversion assignerait la fonction de prédicat au premier constituant non verbal de ces énoncés.

Une autre analyse voit plutôt dans ces phrases une variante familière de:

Elle n'est pas mal, la nana

type de phrase qui semble recevoir exactement la même intonation. Et le SN postposé ne peut plus être interprété comme un sujet, au sens syntaxique du terme, puisque *la nana* est un constituant immédiat de P endocentrique, et non exocentrique.

Bref, tout le problème est de savoir si la phrase *Pas mal, la nana* est une construction exocentrique ou endocentrique. Il me semble que la seconde analyse est préférable pour au moins deux raisons. D'abord parce que les prétendus prédicats nominaux peuvent fort bien fonctionner à eux seuls comme des énoncés:

Pas mal ou *Pas folle*

lesquels, suivant les cas, concernent l'interlocuteur, la situation désignée par le message du locuteur ou la personne dont parle le locuteur. Une telle réduction invite à voir dans la phrase *Pas mal, la nana* une construction endocentrique. D'autre part, ces constructions nominales semblent pouvoir mettre aussi en première position leur prétendu sujet, comme dans:

«Le fond est sec. Sec aussi, le jardin qui l'entoure, où la famille royale pique-niquait au milieu de la foule. *Piétinées, les plates-bandes. Les arbres, abattus*. Il reste, sur les rebords de la piscine, quelques peintures de lotus et de nénuphars qui semblaient, jadis, émerger de l'eau» (Andrée Chedid, 1974, *nefertiti et le rêve d'akhnaton*, 34).

Une telle mobilité du SN rappelle celle du constituant auquel nous reconnaîtrons par la suite la fonction d'extraposition, celui-ci pouvant être aussi bien au début qu'à la fin de l'énoncé:

La nana, elle est pas mal. ou: Elle est pas mal, *la nana*.

d. Marques formelles du sujet et prédicat

La marque formelle du sujet est son antéposition par rapport au verbe. Comme le disent les grammaires scolaires, "le nom sujet est, en général, placé avant le verbe:

Le jardinier gardait ses fleurs. Le chat dort près du feu" (Dubois, Jouannon, Lagane, 1961, 26).

Mais il importe de préciser que le sujet peut cependant être placé après le verbe. Cette postposition est du reste obligatoire dans au moins quatre cas de figure.

"a) Dans les propositions interrogatives directes qui commencent par le pronom interrogatif *que*, complément d'objet ou attribut, et par l'adjectif *quel*:

Que veut *ce malheureux*? Que devient *votre fils*? Quel est *votre avis*?

b) Dans les propositions incises ou intercalées:

Je pourrai, répondit *Pierre*, venir demain à votre rendez-vous.

c) Dans les propositions indiquant un souhait ou une hypothèse, ou commençant par les expressions *peu importe, qu'importe?*

Puisse votre *père* guérir vite! Soit le *cercle* de centre O.

Peu importe mon *plaisir* personnel!

d) Dans les propositions commençant par un adjectif attribut:

Tel est mon *conseil*.

Il plut ce jour-là; grande fut ma *déception*" (Dubois, Jouannon, Lagane, 1961, 26).

Par contre la postposition du sujet est facultative dans au moins cinq cas:

"a) Dans les propositions relatives commençant par un relatif complément d'objet, attribut ou complément circonstanciel:

Le crayon qu'a trouvé *Paul*, ou Le crayon que *Paul* a trouvé

Le mal dont votre *mère* souffre, ou Le mal dont souffre votre *mère*.

b) Dans les propositions infinitives

J'ai entendu chanter le *coq*, ou J'ai entendu le *coq* chanter.

c) Dans les propositions interrogatives indirectes commençant par un mot interrogatif *quel, quand, comment*, etc.

Je me demande quel livre m'a prêté *Jacques*, ou quel livre Jacques m'a prêté.

d) Dans les propositions qui commencent par un adverbe ou un complément circonstanciel de lieu ou de temps:

Ici habitent mes *parents*, ou Ici mes *parents* habitent.

Le long d'un clair ruisseau buvait une *colombe*.

e) Dans certaines subordonnées conjonctives:

Comme le croient les *enfants*, ou Comme les *enfants* le croient" (Dubois, Jouannon, Lagane, 1961, 26-27).

La marque formelle pour le prédicat est son accord avec le sujet, du moins quand le verbe n'est pas invariable.

e. Signification du sujet et du prédicat

Le sujet n'est pas celui qui fait l'action exprimée par le verbe ; car cela n'est vrai que lorsque le prédicat contient un verbe d'action, mais non dans des exemples comme:

Jean reçoit un cadeau

où le sujet correspond au bénéficiaire,

Jean souffre beaucoup du froid

où le sujet correspond au patient,

Le magasin ouvre à 9 heures

où le sujet désigne le lieu d'une action.

Le sujet n'est pas non plus, comme le suggèrerait sa propre dénomination traditionnelle, ce dont on parle, ni le prédicat ce qu'on en dit, ainsi qu'on le voit dans:

Mon frère, ce garçon le connaît bien

où le thème (ou topique) dont on parle est l'individu désigné par le SN *Mon frère*, et où la signification du sujet, en l'occurrence *ce garçon*, fait partie du rhème (ou du commentaire), c'est-à-dire de ce qui est dit du sujet dont on parle. Ce n'est que dans une phrase minimale, c'est-à-dire exocentrique, et en l'absence de toute rhématisation intonative que le sujet syntaxique désigne ce dont parle le locuteur.

Par lui-même, le sujet ne désigne rien de plus que ce qui est concerné par le prédicat, et le prédicat rien de plus que la propriété sémantique que le locuteur attribue à ce que désigne le sujet. La valeur éventuelle de thème ou d'agent que lui reconnaissent facilement les grammaires n'est qu'un effet de sens dû à des conditions particulières d'emploi, c'est-à-dire à des contextes sémantiques, structuraux ou intonatifs particuliers.

Pour clarifier les choses, on ne désignera donc par les termes de sujet et de prédicat que des fonctions proprement syntaxiques, c'est-à-dire constructionnelles, et on réservera les termes de thème et rhème, ou topique et commentaire, ou encore support (informatif) et apport (informatif) uniquement pour les faits du niveau informatif. Mais si on cantonne expressément à la syntaxe le nom *prédicat*, et peut-être l'adjectif *prédicatif*, rien n'empêche de continuer, comme nous l'avons envisagé plus haut, à appeler *prédication* le rôle sémantique du prédicat, c'est-à-dire le fait d'attribuer une propriété sémantique à un individu ou à un objet, et de parler de prédication quand l'énoncé n'a qu'un seul constituant de base, c'est-à-dire, selon nous, ne contient pas un prédicat, au seul sens syntaxique que nous donnons à ce terme.

2. L'extraposition (ou dislocation)

a. Définition constructionnelle

Il convient de postuler une fonction syntaxique partiellement comparable à celle de sujet, dont les grammaires traditionnelles n'ont pas bien vu la spécificité syntaxique, parce que probablement, elle leur semblait à tort relever plutôt de l'oral un peu familier que de l'écrit digne de ce nom. Il s'agit de la fonction du SN *Ce garçon* dans des phrases comme:

Ce garçon, mon frère le connaît bien

Ce garçon, il est vraiment sympathique

Ce garçon, je lui dois beaucoup

phrases que l'on appelle parfois phrases disloquées (cf. Dauzat, 1950, p. 267, 289) ou segmentées (cf. Chevalier et *alii*, 1964, 100). Comme au point de vue sémantique, ces phrases présentent, à une mise en relief près, la même signification, ou plus exactement la même désignation, que les phrases non disloquées:

Mon frère connaît bien ce garçon

Ce garçon est vraiment sympathique

Je dois beaucoup à ce garçon.

et comme on conçoit traditionnellement les fonctions syntaxiques sur des bases plutôt sémantiques, on est tenté d'attribuer au syntagme *Ce garçon* des phrases disloquées la même fonction syntaxique que dans les phrases non disloquées. Et l'on dit que c'est un complément d'objet (ou un sujet ou un complément d'objet indirect) détaché ou, ainsi que le dit expressément la petite *Grammaire française* de Dubois, Jouannon et Lagane, "placé en tête afin d'être mis en valeur" (1961, p. 30).

Mais si on tient compte des propriétés combinatoires de ce SN, et si l'on ne définit pas les fonctions syntaxiques en termes plutôt sémantiques, il est clair que la phrase disloquée ne correspond pas au même réseau de commutations ni par conséquent à la même structure en constituants immédiats que la phrase non segmentée. De fait, si le premier constituant de la phrase disloquée a un rôle comparable à celui respectivement du complément d'objet direct, du sujet ou du complément d'objet indirect, c'est au pronom clitique *le, il* ou *lui* que la grammaire scolaire reconnaît – d'ailleurs à tort – la fonction respectivement de complément d'objet direct, de sujet ou de complément d'objet indirect. Et c'est à cause de la relation sémantique d'anaphore entre le SN initial et ce pronom clitique que l'on peut avoir l'impression que le SN joue dans la construction du sens de ces phrases le même rôle sémantique qu'un complément d'objet direct, un sujet ou un complément d'objet indirect.

Dans les phrases disloquées, le syntagme placé en tête de phrase est, au niveau syntaxique, à chaque fois un constituant immédiat de P comme le sujet; mais il se distingue du sujet par le fait qu'il se combine avec une construction qui pourrait fort bien fonctionner seule comme un énoncé. Il forme donc avec cet autre constituant immédiat une construction endocentrique, en l'occurrence une P qui contient une autre P, une P endocentrique, ce qui correspond à l'organisation du schéma de la figure 2. Le sujet, lui par contre, appartient à une construction P exocentrique.

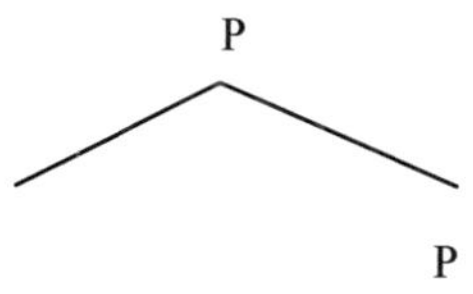

fig. 2: Extraposition

On peut appeler extraposition cette fonction d'expansion de P, en reprenant une dénomination utilisée par la "grammaire générative", mais sans supposer que cette fonction correspond à une règle dite transformationnelle qui aurait fait sortir d'une phrase normale le constituant disloqué. Cette dénomination reprend partiellement et corrige le nom d'apposition ou d'apposition détachée que certaines grammaires scolaires (Grevisse & Goosse, 1993, 520 *sqq.*) donnent à cette fonction. Une telle appellation risque de gêner les anglicistes qui, sous l'influence de la "grammaire générative", ont pris l'habitude de parler d'extraposition, quand on place en fin de phrase un sujet propositionnel comme dans *Il est évident que Pierre est malade*, qui serait dérivé par une transformation dite d'extraposition à partir de *Que Pierre est malade est évident*:

> "En grammaire générative, la *transformation d'extraposition* déplace en fin de phrase le syntagme nominal sujet si ce dernier est issu d'une phrase enchâssée; l'extraposition est accompagnée de la formation du pronom neutre *il*. Soit la phrase *Que Pierre est malade est évident*, où la phrase enchâssée *Que Pierre est malade* est le sujet de *est évident*; la transformation d'extraposition déplace ce syntagme nominal en fin de phrase avec formation de *il*: *Il est évident que Pierre est malade*." (Dubois et *alii*, 1973, 204).

Pour notre part, nous préférons utiliser le mot *extraposition* comme le faisait Jespersen, qui dans *La syntaxe analytique* écrivait:

> "L'extraposition est un phénomène analogue à l'apposition dont nous avons donné des exemples au chapitre 4: un mot ou un groupe de mots se trouve placé en quelque sorte hors de la phrase, comme s'il n'y appartenait pas. Lorsqu'on parle, l'extraposition se manifeste souvent par une pause, représentée dans l'écriture par une virgule ou un tiret, et parfois par un point ou un point virgule.
> Angl. *Zionism – what is that to me?* «Le sionisme – qu'est-ce que cela peut me faire?»,
> *The rain it raineth every day*, «La pluie elle tombe tous les jours», <...>
> fr. *La dame qui vient d'entrer, la connais-tu?*
> all. *Die Sterne, die begehrt man nicht*, «Les étoiles, on ne les désire pas»,
> *Das Pergament, ist das der heil'ge Brunnen?* «Le parchemin, est-ce là la source sacrée?»" (Jespersen, 1969, 71).

N'importe quel type de syntagme peut être extraposé: adjectif, N, SPrép, Adv et même V. Il est alors normalement repris, en français, par un pronom anaphorique, sauf si, en l'absence de la dislocation, il avait assumé la fonction syntaxique de circonstant:

Ami sincère, il *l'*avait toujours été (Dubois, Jouannon, Lagane, 1961, 31)

Courageux, il *l'*a toujours été

Attentifs, les élèves buvaient les paroles du maître

A Paris, il *y* va tous les mois

Le mardi matin, à huit heures, il prit le train de Lyon (Dubois, Jouannon, Lagane, 1961, 36)

Remplir son devoir, il *l'*a toujours fait

Fort courtoisement, il les introduisit dans le salon.

Dans les langues à flexion casuelle, il est fréquent qu'il n'y ait pas du tout de pronom de rappel; car alors le constituant extraposé prend le cas du pronom de rappel, lequel soit présente une variante à signifiant zéro soit plutôt est purement et simplement supprimé. C'est le cas par exemple en finnois, où il n'y a pas plus de pronom de rappel lorsque un génitif, cas du complément de verbe, est extraposé:

Omenaa-n Kalle sö-i «La pomme, Kalle l'a mangée»

que lorsqu'un adessif, cas du circonstant de lieu ou de temps, est extraposé:

Kesä-llä juo-da-an olut-ta «En été, on boit de la bière».

En latin, la situation est composite. On peut avoir un pronom de rappel, comme dans la première phrase de l'exemple suivant. Mais, le plus souvent, il n'y a pas de pronom de rappel, comme dans la seconde phrase du même exemple:

Ill-os qui da-nt, e-os deride-s; qui delud-unt, deperi-s (Plaut., *Asin.* 527) «ceux qui paient, tu te moques d'eux; de ceux qui se jouent de nous, tu es folle» (P. Grimal).

Mais on pourrait aussi avoir ce qu'on appelle un *nominativus pendens*, comme dans:

Femin-ae qu-ae non habe-nt uir-os, licet e-is nube-re (Aug., *serm.* 260) «Les femmes qui n'ont pas de mari, il leur est possible de se marier».

En allemand, il n'y a jamais de pronom de rappel:

Dies-en Knabe-n kenn-t mein Bruder gut «Ce garçon, mon frère le connaît bien».

Et comme, dans cet exemple, le constituant extraposé est à l'accusatif (c'est-à-dire au cas du complément de verbe), les grammaires sont tentées de dire qu'il s'agit d'un véritable complément d'objet mis en tête de phrase. Elles voient dans cette antéposition un simple phénomène d'ordre des mots, sans tenir compte du fait que la rupture intonative et la pause éventuelle après ce constituant antéposé implique une organisation constructionnelle qui n'est pas celle du complément de verbe à l'intérieur d'un SV.

b. Valeur sémantique

Au point de vue sémantique, l'extraposition fait du contenu du syntagme concerné le thème, ou mieux le support informatif par rapport auquel le reste de l'énoncé est un rhème, ou mieux un apport informatif. Quand le locuteur dit:

Ce garçon, mon frère le connaît bien

c'est à propos de ce garçon que le locuteur communique quelque chose. Il dit en effet à propos de ce garçon que son frère le connaît bien. L'extraposition est donc une fonction syntaxique où la structure syntaxique et la structure informative de l'énoncé sont en contact, puisqu'elle a pour valeur de donner une information relevant de la structure informative.

Quand une phrase contient plusieurs constituants extraposés non coordonnés, ses différentes extrapositions ne doivent pas être situées au même niveau. Par exemple dans:

Pierre, son vélo, on l'a volé (ou: on le lui a volé)

le constituant *Pierre* est le support informatif qui reçoit comme apport informatif la proposition:

son vélo, on l'a volé.

Et cette proposition est à son tour décomposable en un support informatif apporté par le SN *son vélo,* et un apport informatif qui est le contenu de la proposition *on l'a volé*. On aurait la même chose, mais avec trois niveaux différents dans la phrase:

Moi, mon fils, sa femme, elle est malade

cascades de constituants extraposés que l'on rencontre bien sûr surtout dans la langue parlée.

L'organisation syntaxique du premier exemple correspond à l'arbre de la figure 3. Et si on met les supports informatifs dans des cartouches, les apports

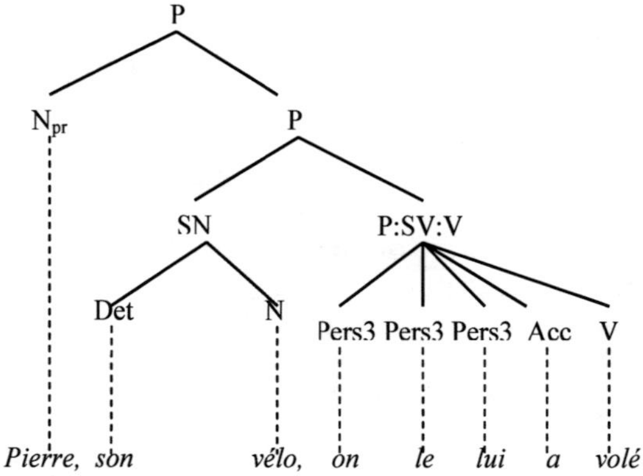

fig. 3: Cascade d'extrapositions

informatifs dans des rectangles, et les éventuels reports informatifs dans des rectangles en pointillé, la structure informative qui correspond à cette structure syntaxique sera représentée par le schéma de la figure 4.

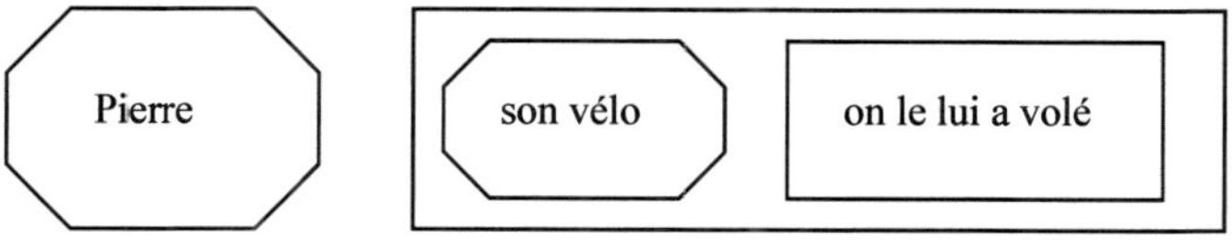

Support de l'énoncé — Apport de l'énoncé
Support de niveau 2 — Apport de niveau 2

fig. 4: Structure informative

c. Faut-il distinguer *Il est venu, Pierre* de *Pierre, il est venu*?

Au niveau syntaxique, le nom propre *Pierre* est dans les deux cas une expansion de phrase, et par conséquent un constituant extraposé. Il n'y a aucune raison de ne pas voir dans les deux cas la même fonction d'extraposition. Mais qu'en est-il au point de vue informatif?

Certains, comme Mario Rossi, sont tentés de penser qu'il s'agit simplement d'un thème postposé. Il voit en effet dans le premier constituant immédiat de l'énoncé:

Pierre l'a acheté /CC/ le château du marquis /IN/

qui est marqué par une intonation conclusive majeure (/CC/), le rhème, et dans le second constituant immédiat, qui est affecté d'une intonation incidente thématique (/IN/), le thème (cf. Rossi, 1981, 217). Par la suite, Mario Rossi parlera de thématisation externe à propos de:

Tu l'aimes *le chocolat*? J'en mange énormément *du chocolat* (cf. Rossi, 1999, 88)

par opposition à la thématisation interne, qu'il définit comme "une extraposition à droite ou à gauche, marquée par une dislocation syntaxique et intonative" (Rossi, 1999, 97):

Il est capable, *cette course*, de la gagner en jours deux (Rossi, 1999, 97)

Votre fils, *ses devoirs*, il ne les a pas faits (Rossi, 1999, 101).

Mary-Annick Morel fait une distinction partiellement comparable, en appelant postrhème ce que Mario Rossi appelle thématisation externe. Elle ajoute justement que l'hypothèse qui parle de thème à propos de l'extraposition postposée "néglige le fait que le postrhème est totalement plat, contrairement au thème qui est, lui, soumis à une variation de FØ à la finale" (Morel & Danon-Boileau, 1998, 29).

En ce qui concerne la valeur, voici comment Mario Rossi définit la thématisation externe:

> "Quel est le rôle du thème externe? Il rappelle le contexte de l'énonciation que le locuteur suppose connu de l'allocutaire; il ne le pose pas à la manière du topique comme l'objet de l'assertion que l'on montre ou dont on vérifie le degré de vérité, il ne le rappelle pas pour lui-même mais pour assurer la plausibilité de l'assertion" (Rossi, 1999, 92).

Pour ce qui est du postrhème, Mary-Annick Morel suppose que:

> "le postrhème apparaît chaque fois que l'énonciateur ou bien est surpris par un fait qui avait échappé à son attention, ou bien pense mettre en jeu un élément de connaissance que le coénonciateur ignore, mais qui vient à l'appui d'une considération sur laquelle il anticipe un désaccord" (Morel & Danon-Boileau, 1998, 30).

Pour notre part, en reprenant la trilogie informative de Jean Perrot, nous dirions que l'extraposition antéposée apporte un thème, ou mieux un support informatif, et l'extraposition postposée un report informatif, c'est-à-dire une information de second ordre qui n'est pas l'information pour laquelle l'énoncé est asserté, mais néanmoins une information à laquelle le locuteur tient, soit parce qu'elle précise bien et de façon insistante les choses (par exemple en rappelant le thème de l'énoncé) soit parce qu'elle ajoute une information supplémentaire qui est en quelque sorte un *in cauda venenum*, c'est-à-dire une rosserie de la fin. La fonction syntaxique est donc la même pour les deux sortes d'extraposition, mais leur contribution à l'information que véhicule le message n'est pas du tout la même, s'il est vrai que, dans les deux cas, elle n'a rien à voir avec le rhème ou apport informatif.

d. Toute antéposition n'est pas une extraposition

Il convient de ne pas confondre l'extraposition antéposée, qui pose un support informatif, avec le constituant antéposé qui fournit un apport informatif et que Daniel Bresson qualifie d'"attaque rhématique" (Bresson, 1995, 148), ce qu'il illustre notamment par:

> *also Erfahrung muss man sammeln* signifiant «bref c'est de l'expérience qu'il faut acquérir», et non «bref l'expérience, on doit l'acquérir».

Une telle antéposition a plusieurs particularités. "D'abord l'impossibilité de séparer intonativement le constituant antéposé du reste de l'énoncé, quand il correspond à une attaque rhématique, alors qu'une telle séparation est toujours possible, quand il est un support informatif. Ensuite le fait que la même mise en relief informative puisse se faire en laissant le complément de verbe à sa place ordinaire après le verbe, mais en lui donnant la même intonation descendante que dans l'attaque rhématique. <Tout> cela voudrait dire que la rhématisation de ce que Daniel Bresson appelle une "attaque rhématique" ne serait qu'une rhématisation intonative, à laquelle s'ajouterait, en quelque sorte facultativement, une modification de l'ordre des mots, mais qu'elle n'aurait aucune incidence proprement syntaxique. Tel semble bien du reste être le point de vue de Daniel Bresson, qui parle en effet d'"attaque rhématique de l'énoncé, sans restructuration, simplement en faisant passer en première position l'élément rhématique mis en valeur» (Bresson, 1995, 148)" (Touratier, 1998, 65-66).

Une telle construction existe aussi en français. Claire Blanche-Benveniste relève en effet en français parlé des sortes de "compléments antéposés" qui occupent une position centrale de "noyau" d'énoncé – c'est-à-dire d'"unité qui, dans un énoncé, est dotée d'une autonomie intonative et sémantique <et qui> peut faire un énoncé à soi seul" (Blanche-Benveniste, 1997, 113) – et dont le constituant verbal auquel il se rattache est ainsi rejeté "<en> position finale et sous une accentuation secondaire" (Blanche-Benveniste, 1997, 114). Elle illustre ce phénomène par les exemples:

> plus de Blédine – *toute la rangée* ils nous ont piqué (Ghioldi 69,3)
>
> *à la caisse* ils se pèsent (Sabio 1995, 119 et 117)

dont elle précise le contour intonatif en ces termes:

> "Ce type de complément antéposé, *toute la rangée* occupant une position de noyau a, en ce cas, une mélodie caractéristique de fin d'énoncé, la partie verbale, en position post-finale, étant fournie comme «après-coup»" (Blanche-Benveniste, 1997, 114).

Elle signale même que les dernières versions du Grevisse ont justement observé que cette antéposition de complément sans pronom de rappel apparaissait dans la langue écrite, "moins rarement que ne le disent certains grammairiens" (Grevisse & Goosse, 1993, 455). *Le Bon usage* de Grevisse et Goosse donne comme exemples notamment:

> *Un joli attrapage* vous allez voir! (Zola, *Nana*, I.)
>
> *Une seule chose* il voyait: la divine bonté de son sourire compatissant (R. Rolland, *Jean-Chr.*, L.P., t. III, p. 148).
>
> *Treize ans*, elle avait (Giono, *Que ma joie demeure*, Pl., p. 454).

Il ne s'agit pas alors d'une extraposition syntaxique, mais d'un simple phénomène d'ordre des mots accompagné d'une particularité intonative. Tout en étant antéposé, le constituant concerné reste, au point de vue syntaxique, un complément de verbe ou un circonstant suivant les cas. Bref il s'agit non pas d'une particularité syntaxique comme dans l'extraposition, mais seulement d'une particularité syntagmatique

II. Fonctions des constituants des constituants immédiats de la phrase simple.

Si les fonctions syntaxiques de sujet, de prédicat et d'extraposition sont des fonctions constitutives de la phrase minimale, elles concernent des constituants qui peuvent être complexes. Quelles sont donc les fonctions syntaxiques que connaissent les constituants de ces constructions premières de la phrase simple? Et notamment, quelles sont les fonctions constitutives d'un syntagme verbal, que celui-ci soit le prédicat d'une phrase simple ou le constituant unique d'une phrase simple.

1. Compléments de verbe et Circonstants

a. Théorie de la valence (verbale)[1]

La valence est un concept linguistique inventé par Tesnière, qui l'a en fait emprunté aux chimistes. Pour ces derniers, la valence d'un atome donné correspond au nombre d'atomes avec lesquels celui-ci doit se combiner à l'intérieur d'une molécule: l'hydrogène ayant par exemple une valence 1 et l'oxygène une valence 2, un atome d'oxygène se combinera avec deux atomes d'hydrogène pour former une molécule d'eau. C'est ce qu'indique la formule de l'eau, qui est H_2O. Tesnière a donc imaginé que le verbe était "une sorte d'atome crochu" (Tesnière, 1966, 238) susceptible de se combiner pour former une phrase avec un certain nombre d'éléments qu'il dénommait "actants" et qui correspondaient, pour lui, aux "acteurs" du "petit drame" exprimé par le verbe (cf. Tesnière, 1966, 102), ou plus prosaïquement aux "personnes ou choses qui participent à un degré quelconque au procès" (Tesnière, 1966, 105) qu'exprime le verbe.

Il a dans ces conditions appelé "valence du verbe" "le nombre de crochets que présente un verbe et par conséquent le nombre d'actants qu'il est susceptible de régir" (Tesnière, 1966, 239), c'est-à-dire apparemment le nombre d'unités linguistiques qui forment ce que les dictionnaires appelleraient sa construction. Cette métaphore est très intéressante et très féconde, comme l'a montré le développement, notamment en Allemagne, de ce qu'on a appelé la "grammaire dépendancielle" ou la "grammaire de dépendance" (*Dependenz-Grammatik*). Mais elle pose le problème de savoir avec précision quel est exactement son niveau de pertinence.

Son niveau de pertinence?

La syntaxe de Tesnière est ambiguë, parce qu'elle se fonde sur "des rapports de dépendance" entre un "terme supérieur" ou "régissant" et un "terme inférieur" ou "subordonné" (Tesnière, 1966, 13), et se ramène donc à la

[1] Reprise plus ou moins simplifiée de Touratier, 2000, chap. 5, p. 117-124

conception sémantico-syntaxique de la grammaire traditionnelle. Sa grande différence d'avec la grammaire traditionnelle est d'avoir remplacé la division (considérée comme logicienne) de la phrase en sujet et prédicat par une conception verbocentrique de la phrase, et par conséquent les notions traditionnelles de sujet, complément d'objet et complément d'attribution par celles respectivement de "prime actant" (Tesnière, 1966, 108), "second actant" (Tesnière, 1966, 108) et "tiers actant" (Tesnière, 1966, 109). Or cette différence d'avec la grammaire traditionnelle rapproche beaucoup de la logique moderne la conception prétendument plus linguistique que Tesnière propose de la syntaxe, rapprochement qui invite à penser que loin d'être syntaxique, comme on le prétend généralement, et comme le prétendrait sûrement Tesnière lui-même, la notion de valence est fondamentalement sémantico-logique.

Comparaison avec la "logique des prédicats" ou "logique mathématique"

La relation entre verbe et actants qui, d'après Tesnière, est constitutive de la phrase est, en effet, vraiment parallèle à ce que les logiciens appellent aujourd'hui la logique des prédicats ou la logique du premier ordre, le verbe de Tesnière correspondant au prédicat des logiciens, et les actants de Tesnière correspondant aux arguments des logiciens.

Depuis Frege et Russel en effet, les logiciens empruntent aux mathématiciens la notion de fonction pour analyser les propositions, et décomposent un énoncé comme:

Pierre est mortel

en "un élément stable mais incomplet" (Blanché, R., 1970, *La logique et son histoire (d'Aristote à Russel)*, Paris, Colin, 314), à savoir «... est mortel», qu'ils appellent "prédicat" ou "fonction propositionnelle", "et un élément variable qui vient saturer le premier et former avec lui une proposition" (Blanché, 1970, 314), qu'ils appellent "argument" ou "variable", en l'occurrence «Pierre».

La fonction propositionnelle qu'est le "prédicat" peut, comme toute fonction mathématique, avoir un ou plusieurs arguments. Les logiciens sont donc conduits à penser que chaque prédicat est caractérisé par le nombre d'arguments qui doivent être individualisés ou remplis pour que soit constituée une proposition. Ils appellent ainsi "prédicats nullaires" ou "prédicats à zéro place" les prédicats qui n'ont pas besoin d'argument pour former une proposition, comme dans:

il *pleut*, il *neige*

"prédicats unaires" ou "prédicats à une place" ceux qui n'ont besoin que d'un seul argument pour former une proposition, comme dans:

Pierre *gesticule, court, dort, dîne, pleure*

"prédicats binaires" ou "à deux places" ceux pour lesquels il faut saturer deux arguments afin de constituer une proposition, comme dans:

> J'*ai vu* les portes Scées. Il *entendit* le tonnerre. Il *a accepté* un cadeau. Il *admire* la France. On *recherche* le coupable. J'*ai ressenti* une vive douleur. Il *veut* un fruit. Il *veut* partir.

"prédicats ternaires" ou "à trois places" ceux auxquels il faut remplir trois places pour obtenir une proposition, comme dans:

> Le jury *a attribué* le premier prix à M. X. Il *donne* un ordre à son employé. Il *ordonne* à tout le monde de se taire. Il *demande* son chemin à un passant.

Le prédicat étant conçu comme une fonction propositionnelle, les logiciens le notent comme toutes les fonctions mathématiques, c'est-à-dire en mettant les arguments entre parenthèses après le nom de la fonction propositionnelle et en séparant les différents arguments par une virgule, par exemple:

> gesticuler (quelqu'un)
>
> voir (quelqu'un, quelque chose)
>
> attribuer (quelqu'un, quelque chose, à quelqu'un).

Les linguistes organisent implicitement de la même façon la signification de l'énoncé, quand ils adoptent la théorie tesniérienne de la valence, à cette différence terminologique près qu'ils appellent alors verbe ce que les logiciens nomment prédicat (logique), et actants ce que les logiciens qualifient d'arguments. C'est ainsi qu'ils appellent "verbes avalents" "les verbes sans actants <...> qui <...> sont connus dans la grammaire traditionnelle sous le nom de verbes impersonnels" (Tesnière, 1966, 239) et qui correspondent aux prédicats nullaires des logiciens. Ils appellent ensuite "verbes monovalents" les verbes à un actant qui "sont connus dans la grammaire traditionnelle <...> sous le nom <...> de verbes intransitifs" (Tesnière, 1966, 240) et qui correspondent, eux, aux prédicats unaires des logiciens. Ils appellent encore "verbes bivalents" les verbes à deux actants que les grammaires appellent traditionnellement verbes transitifs et qui correspondent très exactement aux prédicats binaires des logiciens. Ils appellent enfin "verbes trivalents" les verbes à trois actants que "la grammaire traditionnelle ne <...> distingue pas des verbes à deux actants, avec lesquels elle les confond sous le titre global de verbes transitifs" (Tesnière, 1966, 255) et qui correspondent aux prédicats ternaires des logiciens.

Spécificités linguistiques de la théorie de la valence

S'il y a analogie entre l'approche de la théorie de la valence et celle de la logique mathématique, il ne faut pas pour autant ramener la valence, concept fondamentalement sémantique, à une simple notion logique. Car la situation n'est pas la même en linguistique et en logique.

Omission possible des actants et non des arguments: En logique en effet, un prédicat est défini par le nombre de ses arguments; et ceux-ci sont toujours individualisés dans les différentes propositions qu'il est susceptible de constituer, si bien qu'un prédicat logique ne saurait, par définition, changer de nombre d'arguments, tout changement de nombre d'arguments correspondant à un changement de prédicat. Dans les langues naturelles par contre, il est fréquent qu'un ou même plusieurs actants exigés par le sémantisme du verbe n'apparaissent pas dans tel ou tel énoncé particulier, et cela sans que le verbe change pour autant de valence. Si un argument est obligatoirement saturé dans une proposition logique alors qu'un actant peut ne pas être expressément représenté dans un énoncé, il est préférable de ne pas identifier complètement ces deux notions. On dira donc que l'actant et l'argument, qui ont un rôle sémantique ou logique comparable, n'ont pas exactement le même comportement. L'actant sera dans ces conditions un concept sémantique, et l'argument un concept logique. Mais cette différence de fonctionnement ne change en rien la nature logico-sémantique des phénomènes désignés par ces deux termes; car on peut montrer que lorsqu'un actant n'est pas syntagmatiquement exprimé, il n'en est pas moins sémantiquement présent, la signification du verbe se construisant alors malgré tout sur la même base actancielle que lorsque l'actant est explicité.

Opposition actants ~ circonstants: Une autre différence importante distingue la théorie linguistique de la valence de la logique des prédicats. Tesnière oppose en effet aux actants ce qu'il a appelé les circonstants, qui, eux, n'ont aucun équivalent dans la logique des prédicats, où ils seraient simplement considérés comme des arguments de plus. Alors que les actants désignent les acteurs du procès, les circonstants, d'après la définition un peu vague qu'en donne Tesnière, expriment "les circonstances de temps, lieu, manière, etc.... dans lesquelles se déroule le procès" (Tesnière, 1966, 102). A côté des actants, qui sont exigés par la valence verbale, Tesnière distinguait des éléments qui ne sont pas exigés par la valence verbale, qu'il appelait des circonstants. Si la notion d'actant est, comme nous l'avons admis, une notion sémantique, la notion de circonstant, qui est son contraire, ne peut être elle aussi que sémantique. C'est d'ailleurs en termes sémantiques que, comme nous venons de le voir, Tesnière la définissait. Nous en ferons pour notre part une fonction syntaxique, en l'opposant à la fonction de complément de verbe, comme l'ont fait les linguistes allemands qui, en s'appuyant sur Tesnière, ont fondé ce qu'ils ont appelé la "grammaire dépendancielle (*Dependenzgrammatik*)". Ils opposent en effet ce qu'ils appellent respectivement *Verberganzungen* («compléments de verbe») et *freie Angabe* («données libres»).

b. Complément de verbe et circonstant

Si la théorie de la valence est une notion fondamentalement sémantique, elle peut avoir une portée syntaxique, si on l'utilise pour classer les constituants non verbaux du seul syntagme verbal, et non plus, comme le faisait Tesnière, ceux de toute la phrase. Les grammairiens en effet ont souvent remarqué que parmi les syntagmes qui s'ajoutent au verbe pour constituer un syntagme verbal, certains sont plus excentriques que d'autres par rapport au verbe. Il y a des constituants périphériques, qui peuvent s'ajouter à n'importe quel verbe et dont le verbe peut toujours se passer sans que cela nuise à la grammaticalité de l'énoncé. Et il y a des constituants centraux, qui sont propres à chaque verbe et appartiennent à ce que les dictionnaires appellent la construction du verbe, ou les grammaires la rection du verbe.

Il est possible de rapprocher ces observations de la théorie de la valence, en appelant Compléments de verbe les constituants centraux du SV, et Circonstants ses constituants périphériques, et en disant que les Compléments de verbe sont les constituants nominaux du syntagme verbal qui appartiennent à la valence du verbe et les Circonstants ceux qui n'appartiennent pas à la valence du verbe. Une telle façon de voir est à la fois proche et différente de la théorie de Tesnière: si tous les Compléments de verbe sont bien des actants, tous les actants par contre ne sont pas, contrairement à ce que pensait Tesnière, des Compléments de verbe, l'actant que représente le sujet, qui, pour Tesnière, était un Complément de verbe, n'est pas un constituant du SV, mais une adjonction du SV.

Par ailleurs, tout en reposant sur le critère sémantique de la valence, la distinction entre Compléments de verbe et Circonstants est en même temps une distinction véritablement syntaxique, puisqu'il est tout à fait possible d'en donner une formulation strictement structurale. Le Complément de verbe peut en effet se définir comme un constituant immédiat de syntagme verbal qui est une adjonction de verbe et le Circonstant comme un constituant immédiat de SV qui est aussi une expansion de SV, ce qui veut dire que le Complément de verbe appartient à un SV exocentrique, alors que le Circonstant appartient à un SV endocentrique. Il s'agit donc de deux configurations structurales

Complément de verbe — Circonstant

fig. 5: Complément de verbe et Circonstant

différentes, qui ne paraissent plus ou moins identiques qu'à ceux qui ne distinguent pas les structures endocentriques des structures exocentriques. Il importe donc d'éviter tout risque de confusion que pourrait entraîner la terminologie traditionnelle de «complément circonstanciel», en donnant à penser que le Circonstant n'est, après tout, qu'un complément particulier.

La différence de configuration apparaît très nettement, lorsqu'on voit l'arbre d'une phrase comme:

Pierre raconta ses ennuis à ses amis avec le sourire

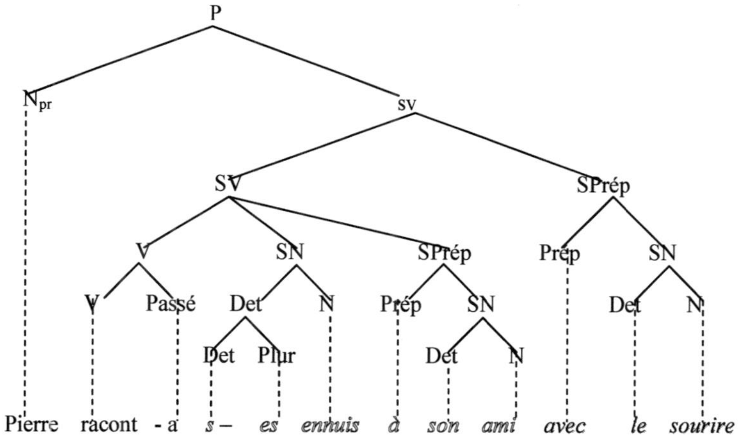

fig. 6: *Compléments de verbe* et *Circonstant*

où le Circonstant avec *le sourire* (appelé complément circonstanciel de manière) est manifestement plus périphérique par rapport au verbe *raconta* que les deux Compléments de verbe *ses ennuis* (appelé «complément d'objet») et *à son ami* (appelé deuxième complément ou complément d'objet indirect ou complément d'attribution), puisque c'est une expansion du SV formé par le verbe *raconta* et ses deux Compléments: le complément direct *ses ennuis*, et le complément indirect *à son ami.*

c. Valeur sémantique des Compléments de verbe et des Circonstants:

Le Complément de verbe spécifie un actant, le plus souvent le deuxième, de la fonction propositionnelle signifiée par le verbe, et forme avec ce dernier une propriété sémantique susceptible d'être affirmée à propos du premier actant du verbe, du moins dans les langues dites à construction objective. Dans les langues dites ergatives, il en est de même avec la différence que c'est le premier actant qui remplit la fonction de Complément de verbe, et que la propriété sémantique qu'il forme avec le verbe est attribuée au deuxième actant.

Il est certain que chaque Circonstant a une signification propre qui dépend du signifié de son morphème relationnel et du contexte énonciatif. Mais il n'est pas moins vrai que tous les Circonstants semblent présenter une certaine valeur sémantique commune. Assez généralement, on estime que le Circonstant est une sorte de "prédication sur le reste de la phrase", comme le dit Jean David (1976, 197), en rappelant l'enseignement de linguistes allemands comme Hans-Jürgen Heringer et Gerhard Helbig. Ce dernier a notamment écrit: "Les Circonstants sont des phrases réduites (des prédications autonomes au sens logique) et peuvent être rapportées à des phrases complètes; les actants obligatoires et facultatifs au contraire occupent les places vides (arguments du prédicat) et ne peuvent être rapportées à des phrases" (Helbig-Buscha, 1975, 549 traduit dans David, 1976,198), ce qu'il illustre par l'équivalence entre:

Er arbeitete *in Dresde* "Il travailla à Dresde"

Er arbeitete, *als er in Dresde war* "Il travailla, quand il était à Dresde"

en face de l'impossibilité d'équivalence entre:

Er legt das Buch *auf den Tisch* "Il pose le livre sur la table"

*Er legt das Buch, *als er auf dem Tisch war* "Il pose le livre, quand il était sur la table".

Une telle présentation n'est après tout que la théorisation des tests mis au point par les mêmes linguistes pour distinguer les Compléments de verbe des Circonstants. Mais ces tests sont contestables. Et, de toute façon, la définition de la signification ainsi attribuée au circonstant n'est pas acceptable pour au moins deux raisons. D'abord il n'est pas vrai qu'il y ait deux propositions logiques, c'est-à-dire deux assertions dans *Il travailla à Dresde*, ni même dans *Il travailla, quand il était à Dresde*. Il n'y en a qu'une seule. Tout au plus, y aurait-il le contenu sémantique de deux propositions logiques; mais ce qui est asserté, c'est l'ensemble, l'assertion complexe n'étant pas la somme de deux assertions minimales. D'autre part, l'énoncé "Il travailla à Dresde" n'est pas plus l'équivalent sémantique de "Il travailla, quand il était à Dresde" qu'il n'est l'équivalent de "Il travailla et il était à Dresde" ou "Il était à Dresde et il travailla". En fait cet énoncé ne dit pas quand, mais où le premier actant a travaillé, ce qui est différent.

Une telle définition de la valeur sémantique des Circonstants conviendrait plutôt à ce que nous appelons extraposition. Elle s'appliquerait en effet assez bien aux énoncés français avec extraposition antéposée ou postposée du type: *A Dresde, il travailla* ou *Il travailla, à Dresde*. On pourrait dire de ces constituants extraposés ce que Georges van Hout dit de l'adverbe *heureusement* dans:

heureusement, Bourbaki réussit son examen de mathématique:

"*heureusement* est prédicat de l'événement exprimé par tout l'énoncé; (*on trouve heureux que Bourbaki ait réussi son examen*)" (van Hout, 1973, II, 185). Et Georges van Hout oppose cet *heureusement* à celui de l'énoncé:

Bourbaki réussit heureusement son examen de mathématique,

où "*réussir heureusement* est un sous-ensemble de *réussir*" (van Hout, 1973, II, 185). Il serait plus significatif d'employer un autre adverbe et de dire par exemple:

Bourbaki réussit brillamment son examen de mathématique.

Dans le second emploi de l'adverbe *heureusement* (équivalent de l'emploi de l'adverbe *brillamment*), nous reconnaissons un Circonstant. Et nous sommes tenté de dire du Circonstant ce que Georges van Hout dit de ce second type d'emploi des adverbes (où pour sa part il ne voit malheureusement pas un circonstant): au point de vue sémantique il "forme un sous-ensemble de l'extension de la relation verbale" (van Hout, 1973, II, 185). C'est-à-dire que *réussir heureusement* a une extension moindre que *réussir* (il y a moins de gens qui réussissent heureusement ou brillamment que de gens qui réussissent tout court), la réussite brillante est une sous-classe de réussite. De la même façon, on peut dire que *travailler à Dresde* a une extension moindre que *travailler*: il y a en effet moins de gens qui travaillent à Dresde que de gens qui travaillent. Cependant, pour exacte, au point de vue logique, que soit cette présentation en termes extensionnels de la signification générale des Circonstants, elle n'est qu'une conséquence non expressément signifiée du rôle en fait intensionnel que joue le Circonstant. Le Circonstant ne limite pas l'extension possible d'un verbe, mais il précise ou enrichit sa compréhension, c'est-à-dire qu'il précise et enrichit le contenu notionnel de la propriété sémantique qui est prédiquée dans l'énoncé en question. Or quand on augmente la compréhension d'un concept, on diminue nécessairement son extension, l'extension étant inversement proportionnelle à la compréhension. La présentation extensionnelle de Georges Van Hout est donc logiquement juste, mais elle n'est pas linguistiquement pertinente, la contribution sémantique du Circonstant relevant de la compréhension. Si on appelle caractérisation tout ajout de compréhension à un terme, on pourra dire qu'au point de vue sémantique, le Circonstant caractérise le contenu du noyau verbal d'un SV, à peu près comme l'adjectif épithète caractérise le contenu du noyau nominal d'un SN, ce qui explique le parallélisme souvent signalé par les grammaires entre l'adverbe de manière et l'adjectif épithète:

il marche rapidement = la marche rapide

il dort profondément = le sommeil profond

il dépense somptueusement = une dépense somptueuse, etc.

2. Hiérarchie des Circonstants

Un même SV non minimal peut contenir plusieurs Circonstants. Il n'est pas rare qu'il ait par exemple deux Circonstants:

> "Mon père espéra le sauver, mais il mourut, *tout maigre et tout sec, en même temps que Bayssan*" (Marie Rouanet, 1994, 19)
>
> "L'hiver que j'appelle celui du grand froid, celui où les flamants roses périrent *par centaines sur les étendues des étangs* prises de glaces bleues où on voyait *marcher en titubant avant de mourir* les longs oiseaux roses, <...> les oiseaux vinrent en foule" (Marie Rouanet, 1994, 169-170)
>
> "J'avais cherché un bouquet qui puisse dire tout le bonheur que j'avais à les voir, lui et sa femme, *le soir, à l'orée d'un jardin intérieur en pleine ville*, que fréquentaient l'hypolaïs polyglotte et un couple de rossignols des murailles" (Marie Rouanet, 1994, 219)
>
> Rêve que le père, vieux, quitte la mère pour partir faire le tour du monde, *seul, une sacoche vide et ouverte à la main.* (Hervé Guibert, 1986, *Mes parents*, 155)

ou même trois Circonstants:

> Nus sous la douce chaleur du soleil de juin, six ou sept cents petits garçons et petites filles couraient sur les gazons avec des cris aigus, ou jouaient à des jeux de balle, ou étaient accroupis *en silence par groupe de deux ou trois parmi les buissons en fleur*. (Huxley, Aldous, 1932, *Le meilleur des mondes*, 48)
>
> Je tenais ce mot de mon père et me le répétais *depuis l'enfance, pour le plaisir, avec un étonnement qui ne faiblissait pas* (Marie Rouanet, 1994, 20)
>
> Delfosse a tellement peur que, sans réfléchir, il frappe *de toutes ses forces, dans l'ombre, avec sa canne*, avec la canne à pomme d'or de son père qu'il a emportée ce soir-là, comme cela lui arrive souvent... (Georges Simenon, 1991, La danseuse du Gai-Moulin, 94).

Ce dernier exemple est particulièrement intéressant, parce que le verbe bivalent *frapper* est intransitivé, c'est-à-dire est employé seul comme SV. Il montre donc que, grâce à l'étiquetage SV:V, qui veut dire qu'un simple verbe est entré dans le paradigme du syntagme verbal, le SPrép *de toutes ses forces* est bien une expansion de SV et se conforme donc à la définition générale que nous avons donnée du Circonstant. Il entre ainsi dans un SV endocentrique, en l'occurrence *frappe de toutes ses forces*, par rapport auquel le second SPrép *dans l'ombre* est, lui aussi, une expansion, et se conforme donc aussi à la définition générale du Circonstant. Il en va de même du SPrép *avec sa canne*.

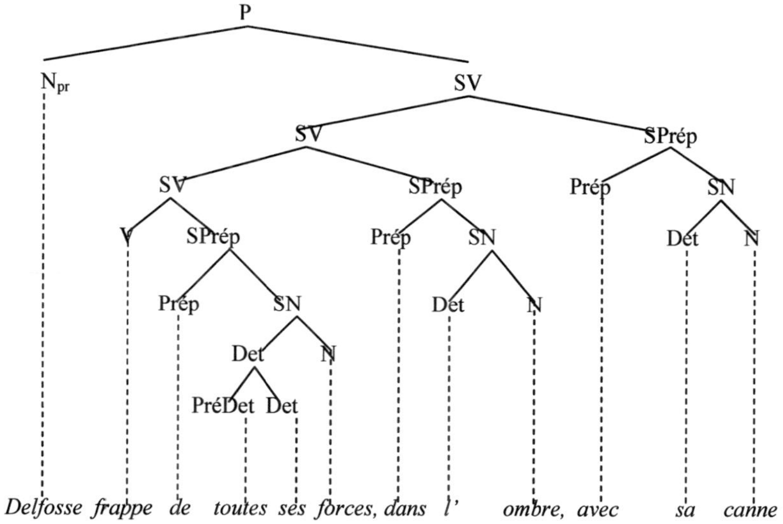

fig. 7: Série de trois circonstants

On remarquera qu'au point de vue sémantique, les Circonstants en cascade semblent bien caractériser (ou particulariser) de plus en plus le procès au fur et à mesure qu'ils s'ajoutent au SV minimal, le Circonstant qui suit un autre Circonstant étant toujours plus caractérisant que le précèdent, et le Circonstant le plus caractérisant et le plus important pour le sens étant toujours le dernier. Normalement donc, le Circonstant apporte l'élément informatif central du contenu du SV, parce qu'il le spécifie et le particularise; et le dernier Circonstant d'une série est celui qui est le plus informatif dans le SV endocentrique, car il est le plus caractérisant.

3. Circonstant et autres fonctions

a. Différence avec le constituant extraposé postposé?

Il ne faut pas confondre le Circonstant, qui est un constituant immédiat de SV, avec l'extraposition postposée, qui est, elle, un constituant immédiat de P. Dans la phrase:

> "Delfosse a tellement peur que, sans réfléchir, il frappe de toutes ses forces, dans l'ombre, avec sa canne, *avec la canne à pomme d'or de son père* qu'il a emportée ce soir-là, comme cela lui arrive souvent..." (Georges Simenon, 1991, 17, 94)

le dernier SPrép n'est pas un quatrième Circonstant, juxtaposé aux trois SPrép précédents. Il est à part par rapport à ces derniers et n'apporte nullement, à la différence de ces derniers, une caractérisation supplémentaire au contenu du

SV. Au niveau intonatif aussi, il est à part, recevant une intonation plate comme si le locuteur voulait, après une intonation de fin de phrase, poursuivre ou reprendre cette phrase terminée, en apportant un complément d'information qu'il n'avait primitivement pas prévu. Il est tentant d'expliquer toutes ces particularités en considérant que ce prolongement d'une phrase quasi terminée est un constituant immédiat de P. Il s'agirait donc non d'un Circonstant, mais d'une extraposition. Cette extraposition est en fin de phrase, et non en début.

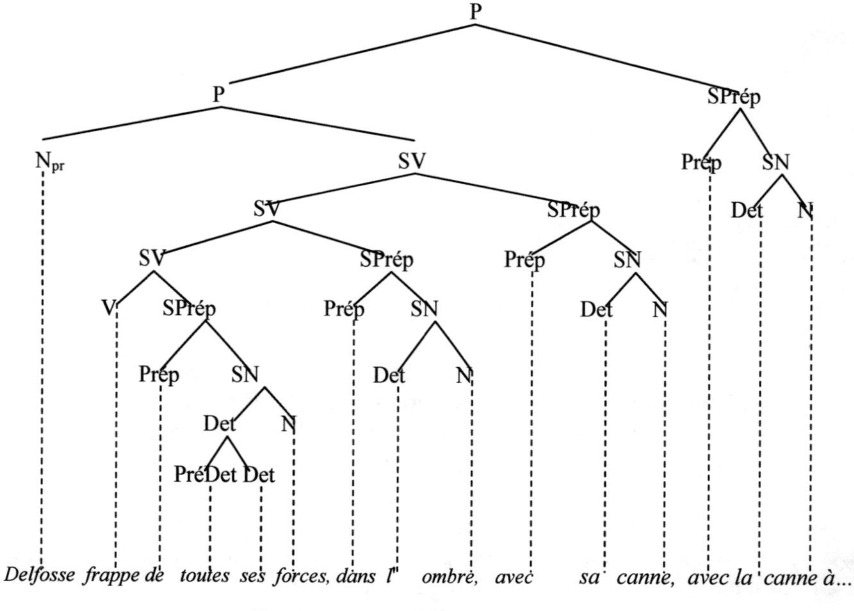

fig. 8: Extraposition postposée

Elle n'a donc pas la valeur sémantique de support informatif des extrapositions antéposées. Elle apporte une information secondaire, qui est ajoutée à l'information principale de l'énoncé. C'est donc ce que l'on pourrait appeler, avec Jean Perrot, un report informatif, parce qu'elle est reportée à la fin de l'énoncé, une fois que l'essentiel du message a été communiqué.

Les grammaires modernes d'inspiration chomskyenne ont bien admis l'existence de ce qu'elles ont appelé "adjoint de la phrase" (Dubois & Lagane, 1973, 20) ou "complément de phrase" (Dubois & Lagane, 1973, 153), constituant qui n'est pas "dominé par le nœud GV", mais qui "est dominé directement par P comme SN et SV" (Dubois & Dubois-Charlier, 1970, 117).

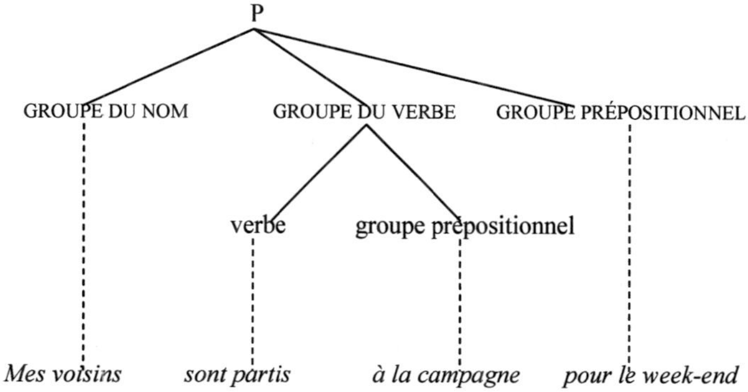

fig. 9: d'après Dubois & Lagane, 1973, 153

Mais si l'on se fie aux exemples qu'elles proposent:

> Pierre parle à Paul dans le salon (Dubois & Dubois-Charlier, 1970, 117)
>
> Mes voisins sont partis à la campagne pour le week-end (Dubois & Lagane, 1973, 153)

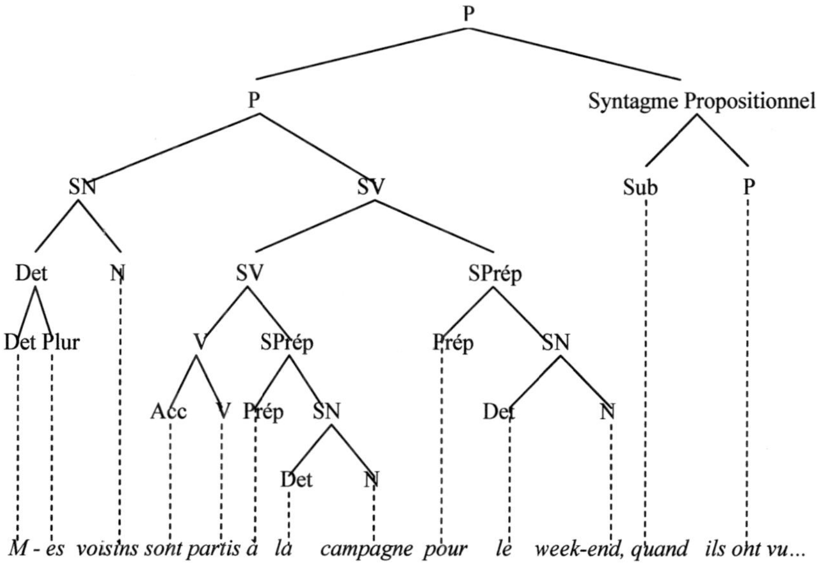

fig. 10: Complément de verbe, Circonstant et Complément de phrase

exemples qui sont représentés par des arbres tripartites (cf. figure 9), les constituants concernés sont en fait des Circonstants: ils appartiennent au SV des énoncés où ils se trouvent. Ce ne serait pas le cas de la subordonnée temporelle *quand ils ont vu le temps qu'il faisait*, que l'on pourrait ajouter à l'un ces énoncés, subordonnée qui ne ferait pas partie du prédicat de l'énoncé, mais apporterait une information explicative supplémentaire à l'apport informatif central de l'énoncé, à savoir qu'*ils sont partis à la campagne pour le week-end*, en réponse par exemple à une question comme *Vos voisins ne sont pas là?*. Nous représenterons, dans ces conditions, la structure syntaxique de cette phrase par l'arbre de la figure 10.

b. Différence avec l'interposition?

Faut-il considérer comme un Circonstant le constituant qui vient entre le Verbe et son Complément de verbe:

> Mes parents louaient, *l'été*, un minuscule bungalow à Deauville, près de l'avenue de la République. (Patrick Modiano, 1993, *Chien de printemps*, 30) ?

Est-ce la même chose que si l'on avait le SV:

> louaient un minuscule bungalow, l'été, à Deauville?

Est-ce un troisième Circonstant, qui ne serait que syntagmatiquement déplacé? On a plutôt l'impression qu'il s'agit d'une information superflue et en quelque sorte parenthétique. De même dans:

> Il but à nouveau et l'eau tombait, *trop lourde, trop fade*, sur son estomac (Georges Simenon, 1991, *La danseuse du Gai-Moulin*, 42).

Ici le verbe est transitivé, et reçoit un complément de verbe non appelé par sa valence, *sur son estomac*. Un attribut du sujet *trop lourde, trop fade* est placé entre le V et son Complément, et semble bien apporter une information supplémentaire, qui n'est pas l'essentiel du message. On retrouve la même chose quand un constituant prépositionnel ou propositionnel s'intercale, par exemple, entre le sujet et le prédicat comme dans:

> Une femme, *derrière moi*, bavardait avec une amie et leurs paroles me berçaient (Patrick Modiano, 1993, *Chien de printemps*, 116)
>
> Celui-ci, *quand le consulat avait fait libérer Jansen du camp*, lui avait demandé d'aller à cette adresse pour donner de ses nouvelles à des parents et à une amie (Patrick Modiano, 1993, *Chien de printemps*, 110).

Les grammaires scolaires parleraient de compléments circonstanciels, faisant de la déplaçabilité dans la phrase une des propriétés fondamentales du complément circonstanciel. Certes au point de vue de la désignation référentielle, de telles phrases ont le même sens que si le constituant déplacé ou déplaçable était effectivement une expansion de SV. Mais il serait plus juste de voir dans de tels tours une construction à trois constituants immédiats, là où l'on n'en attendrait que deux. On attend un SV + un SPrép Circonstant, et l'on a un V + un SPrép + un SN complément de verbe. On attend une P + un SPrép extraposé, on a un Sujet + un SPrép + un Prédicat. Si l'on considère que le constituant en surnombre est un Circonstant, cela veut dire que l'on confond syntaxe et sémantique; car une telle identification néglige la disposition constructionnelle des constituants au profit de l'équivalence sémantique. Il est donc préférable de postuler une fonction syntaxique particulière qui soit différente et de la fonction de Circonstant et de la fonction de constituant extraposé. On l'appellera interposition. Cette fonction n'est pas étrangère à la grammaire traditionnelle, mais uniquement quand il s'agit d'une proposition utilisée "pour indiquer qu'on rapporte les paroles de quelqu'un ou pour exprimer une sorte de parenthèse" (Grevisse, 1959[7], 125), proposition qu'elle appelle "proposition intercalée ou incise" (Grevisse, 1959[7], 125). Aux exemples de paroles rapportées ou plus ou moins rapportées que propose Grevisse:

> Allons, faites donner la garde, *cria-t-il* (Hugo, Châtiments)
>
> Un soir, *t'en souvient-il?* nous voguions en silence (Lamartine, Méditations, Le Lac)
>
> Vous devez, *je le répète*, apprendre à bien vous connaître

on pourrait ajouter l'exemple suivant:

> Et ces sortes d'aboiements, *on ne l'imaginerait pas*, ce sont des grenouilles. (Rouannet, 1994, 182)

qui n'est nullement du discours rapporté.

Mais tous les constituants intercalés entre un verbe transitif et son complément de verbe ne sont pas forcément des interpositions. Il y a notamment des adverbes que Christian Molinier range dans la sous-catégorie d'adverbes intégrés à la proposition et qu'il appelle les adverbes de manière verbaux. "Dans leur grande majorité (85 %), précise-t-il, les adverbes de manière verbaux n'apparaissent qu'en position post-verbale. La position initiale détachée est exclue:

> Max a fermé *hermétiquement* le bocal. Max regardait *fixement* l'horizon.
> *Hermétiquement, Max a fermé le bocal. *Fixement, Max regardait l'horizon." (Molinier & Levrier, 2000, 157).

"Plus rarement, observe aussi Guimier, on peut trouver l'adverbe après l'objet du verbe:

> J'ai entendu cette voix distinctement (Fleutiaux). Elle tourna sa figure lentement (Flaubert). Il vous saignait les gens largement, comme les chevaux (Flaubert). (Elle) s'était levée avec une fébrilité qui prouvait qu'elle espérait Vernat bien impatiemment, du fond de sa solitaire rêverie (Bourget). Je tenais mon plateau bien sagement, silencieux (Céline)" (Guimier, 1996, 40).

Inversement, à côté de:

Vous profitez *impudemment* de ma détresse

on dira plus facilement:

Vous profitez de ma détresse *d'une façon impudente*

même s'il n'est pas impossible de dire:

Vous profitez *de façon impudente* de ma détresse.

Il y a une légère différence de sens entre l'adverbe placé après tout le SV et l'adverbe intercalée dans le SV. L'adverbe qui suit le SV correspond à "une sorte de surenchérissement" (Guimier, 1996, 41), que Claude Guimier qualifie justement de rhématique: il marque un "apport d'information nouvelle et essentielle" (Guimier, 1996, 41). Ceci rejoint ce que nous avons dit du Circonstant, qui apporte l'élément le plus rhématique du SV. On admettra que l'adverbe placé après le verbe, qui n'a pas ce rôle rhématique et se distingue par là du Circonstant, est une simple expansion du verbe. Il joue donc par rapport au verbe le même rôle syntaxique d'expansion que l'adjectif épithète par rapport au nom. Et dans la mesure où les SPrép appartiennent au même paradigme que les adverbes, il est probable que tous les SPrép non appelés par la valence du verbe qui sont inclus dans un SV ne sont pas des interpositions. Certains doivent pouvoir être des expansions de verbe. Et la différence entre un SPrép fonctionnant comme interposition et un SPrép fonctionnant comme expansion de V ne doit correspondre qu'à une différence intonative, l'interposition ayant notamment une intonation parenthétique ou présentant une rupture mélodique. C'est ainsi que dans l'exemple suivant:

Très bien! je le transporte, moi, *dans une malle d'osier*, au jardin d'Acclimatation, avec la complicité d'un chauffeur de taxi qui, entre nous, a accepté de se taire moyennant cent francs, ce qui n'est vraiment pas cher… (Georges Simenon, 1991, *La danseuse du Gai-Moulin*, 78)

on est tenté de penser qu'après l'indignation marquée par le ProSN *moi* interposé, tous les compléments prépositionnels qui suivent devraient être prononcés d'une seule traite et sans rupture mélodique. Si tel est le cas, alors le SPrép *dans une malle en osier*, qui se trouve entre le V *je le transporte* et son complément de verbe *au jardin d'Acclimatation* est une expansion du verbe, et le SPrép *avec la complicité d'un chauffeur de taxi* est une expansion de ce SV et par conséquent un Circonstant.

On voit, en conclusion, combien il est important de distinguer le Circonstant du traditionnel complément circonstanciel. Car cette dernière notion regroupe abusivement des fonctions syntaxiques très différentes, qui certes ne changent pas la désignation de la phrase, mais qui en change beaucoup le contenu proprement sémantique et informatif. D'autre part, si tous les Circonstants sont des compléments circonstanciels, inversement tous les compléments circonstanciels de la tradition grammaticale ne sont pas des Circonstants.

Chapitre 6

La phrase dite complexe

On entend traditionnellement par phrases complexes "les phrases qui comportent plusieurs propositions" (Wagner-Pinchon, 1962, 505) ou, comme le dit Marouzeau, toute phrase qui renferme "autant de propositions qu'elle comporte de prédicats" (Marouzeau, 1969, 177). On dira par exemple que la phrase:

> Lorsque les enfants furent montés dans la voiture, que chacun se fut bien installé, Georges s'aperçut qu'il avait oublié la valise et dut remonter quatre à quatre (Dubois, Jouannon, Lagane, 1961, 133)

est une phrase complexe, parce qu'elle est formée de cinq propositions:
1) "une proposition subordonnée conjonctive" (Dubois, Jouannon, Lagane, 1961, 133):

> Lorsque les enfants furent montés dans la voiture,

2) "une proposition subordonnée conjonctive juxtaposée à la précédente" (Dubois, Jouannon, Lagane, 1961, 133):

> que chacun se fut bien installé,

3) une proposition dite principale:

> Georges s'aperçut

4) une "proposition subordonnée conjonctive" (Dubois, Jouannon, Lagane, 1961, 133), que l'on pourrait même qualifier de "subordonnée conjonctive objet" (Dubois, Jouannon, Lagane, 1961, 137) ou encore de subordonnée complétive objet:

> qu'il avait oublié la valise

et 5) une "proposition principale coordonnée à *Georges s'aperçut*" (Dubois, Jouannon, Lagane, 1961, 133):

> et dut remonter quatre à quatre

Si la grammaire scolaire citée avait proposé une phrase complexe un peu plus simple comme:

> Georges s'aperçut qu'il avait oublié la valise.

elle aurait dit qu'il s'agissait encore d'une phrase complexe, parce qu'elle est formée de deux propositions, à savoir une proposition principale:

Georges s'aperçut

et une proposition subordonnée complétive:

qu'il avait oublié la valise.

Sans être fondamentalement inexact, un tel genre de définition de la phrase complexe a au moins l'inconvénient théorique d'admettre la notion traditionnelle de proposition principale.

I. Notions de phrase et de proposition

1. Proposition dite principale

Or cette notion de proposition principale, qui semble ne pouvoir se définir pratiquement que comme ce qui reste dans une phrase quand on enlève les subordonnées, "n'a de pertinence ni grammaticale ni logique", et est même, comme l'écrit un peu rudement Jean-Marie Zemb, une "absurdité pure et simple" (Zemb, 1969, 6, 20). Car "ce qui reste lorsqu'on a éliminé les propositions subordonnées n'a très souvent plus aucun sens" (Jespersen, 1971, 135) et ne pourrait pas former à soi seul un énoncé acceptable. Certes on trouvera des exemples particuliers où ce qui reste quand on supprime la ou les propositions subordonnées pourrait être une phrase ou, comme le disent les grammaires scolaires, une proposition indépendante. C'est le cas dans les exemples suivants:

Quelle émotion a été la nôtre quand nous l'avons revu! (d'après Dubois, Jouannon, Lagane, 1961, 133)

Je l'ai rencontré alors que je sortais de chez moi (d'après Dubois, Jouannon, Lagane, 1961, 135)

où, toujours d'après la Grammaire de Dubois, Jouannon et Lagane "il y a deux propositions: *je l'ai rencontré*, proposition principale; *alors que je sortais de chez moi*, proposition subordonnée qui ajoute une idée de temps à la proposition principale" (Dubois, Jouannon, Lagane, 1961, 135). Cela est peut-être moins vrai dans:

Cette nouvelle avait abattu le courage dont il avait fait preuve jusqu'ici (d'après Dubois, Jouannon, Lagane, 1961, 133)

avec "*Cette nouvelle avait abattu le courage*, proposition principale; *dont il avait fait preuve jusqu'ici*, proposition subordonnée" (Dubois, Jouannon, Lagane, 1961, 133). Car la prétendue principale formerait une phrase bien peu acceptable.

Et il faut bien reconnaître que ce n'est pas du tout le cas dans le premier exemple donné précédemment. Car ni:

*Georges s'aperçut

ni:

*dut remonter quatre à quatre

ne peuvent être des phrases ou des propositions indépendantes. Il leur manque au moins un constituant pour pouvoir être considérées comme des phrases:

Georges s'aperçut *de son oubli, de son erreur*, etc.

Georges dut remonter quatre à quatre. ou: *Il* dut remonter quatre à quatre.

Des linguistes ont déjà signalé, depuis pas mal de temps, que, dans un certain nombre de cas, la proposition principale n'est même pas une proposition. Le premier, à ma connaissance, est le linguiste danois Jespersen. Il a remarqué en 1924 que "ce qui reste lorsqu'on a éliminé les propositions subordonnées n'a très souvent plus aucun sens" (Jespersen, 1971, 135) et ne saurait former à soi seul une phrase acceptable, ce qu'il a illustré par l'exemple anglais suivant:

(Who steals my purse) steals trash «Celui (qui vole mon porte-monnaie) vole moins que rien»,

et par un exemple qui donne "un résultat encore plus absurde", dit-il (Jespersen, 1971, 135):

(What surprises me) is (that he should get angry) «Ce (qui m'étonne) c'est (qu'il se mette en colère)»"

Dans le premier cas, la principale serait:

**steals trash* «vole moins que rien»,

et dans le second:

**is* «est».

Et dans la traduction française de ces deux exemples, la proposition principale serait respectivement:

*Celui ... vole moins que rien

*Ce... c'est.

Un autre danois avait déjà fait une remarque similaire à propos du français, cette fois. "On n'a pas manqué de faire observer, disait en effet Sandfeld dans le 2ème volume de sa *Syntaxe du français contemporain*, sous-titré *Les propositions subordonnées*, que dans bien des cas il ne reste pas de proposition principale ni même de proposition, si on retranche la ou les subordonnées, par exemple:

(qui dort) dîne,

ou bien que ce qui reste ne donne pas de sens, par exemple:

(si je vous raconte cela), c'est (que je vous sais discret)"

(Sandfeld, 1965, p. X).

Jean-Marie Zemb, pour sa part, insiste sur le fait que lorsque la prétendue principale pourrait être une proposition, cette proposition n'a souvent pas le même sens que la prétendue principale. Donnons au moins deux exemples:

> "Prenons d'abord l'exemple proposé par le *Code de Terminologie grammaticale du Ministère belge de l'Instruction publique* en 1949: «Un ingénieur avait rêvé toute sa vie qu'il parviendrait à extraire l'or contenu dans l'eau de mer». Les élèves apprennent sur ce modèle à établir que la proposition principale est, dans cette phrase, *un ingénieur avait rêvé toute sa vie*. Non seulement, ce n'est plus du tout le même sens, mais ce n'est plus la même structure, à moins de garder la transitivité de *rêvé* et de transformer l'information temporelle *toute sa vie* en contenu, à la place de *l'extraction de l'or* ! Certes, la commission responsable de cet exemple précise qu'elle a rencontré bien des difficultés en essayant de concilier le point de vue de la science et celui de la pédagogie. Le résultat est un véritable pâté d'alouette" (Zemb, 1969, 19).

> "On pourrait multiplier les problèmes insolubles, cela ne nous rapprochera pas de la solution: indiquons cependant le cas de *elle ouvre toujours son parapluie avant qu'il ne pleuve*. Si le reste est *elle ouvre toujours son parapluie*, le discours décrira une folle et non une personne avisée; si le «reste» est *elle ouvre son parapluie*, cet énoncé virtuel peut être faux, car il se peut que précisément *elle n'ouvre pas son parapluie en ce moment, aucun nuage ne menaçant de crever*! Nous rappelons également le cas des *grenouilles* qui *se réjouissent quand il pleut*; le fabuliste peut évoquer cette implication au milieu de la sécheresse la plus épouvantable: celui qui dit que *les grenouilles se réjouissent quand il pleut* n'a pas dit que *les grenouilles se réjouissent*" (Zemb, 1969, 21).

En raisonnant de cette façon, les linguistes raisonnent certes mieux que les grammaires scolaires; mais leur raisonnement se place malgré tout dans une perspective comparable à celle des grammaires scolaires. Ils raisonnent en effet plus ou moins en termes de signification, comme les grammaires scolaires. Mais il est possible de reformuler leur raisonnement en termes purement syntaxiques, en disant par exemple que ce que les grammaires scolaires appellent proposition principale, bien souvent, n'est même pas un constituant de la phrase à laquelle la prétendue proposition principale est censée appartenir.

Si par exemple on fait l'analyse en constituants immédiats de la phrase simplifiée de départ:

> Georges s'aperçut qu'il avait oublié la valise.

en admettant qu'elle contient les dix morphèmes suivants:

> Georges, s'aperç-, -ut, qu', il, av-...-é , -ait, oubli-, la, valise

on constate que les trois morphèmes *Georges*, *s'aperç-* et *-ut* ne forment pas une construction et ne sont donc pas du tout un constituant de l'énoncé. On pourrait en effet proposer le tableau de commutations de la figure 1.

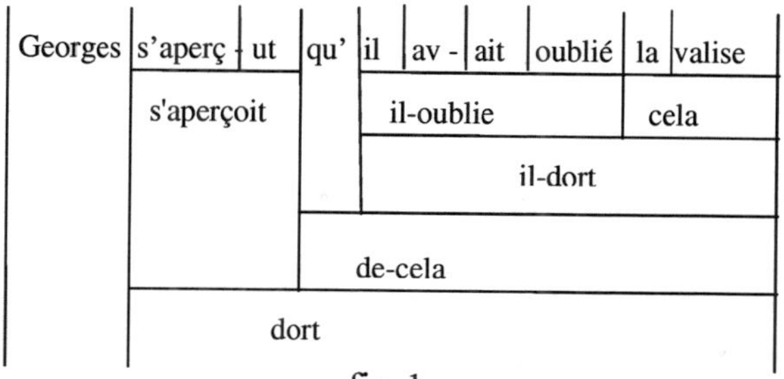

fig. 1

C'est donc toute la subordonnée complétive qui se combine avec la forme verbale *s'aperç-ut* et forme avec elle une construction, laquelle construction se combine à son tour avec le nom propre *Georges* pour former une construction de rang supérieur. Ce n'est pas *Georges s'aperç-ut*, prétendue proposition principale, qui est un constituant syntaxique dans cette phrase, mais l'ensemble *Georges s'aperç-ut qu'il av-ait oubli-é la valise*, c'est-à-dire l'énoncé lui-même. Voilà pourquoi on peut dire avec Jespersen qu'"il n'est pas du tout nécessaire de disposer d'un terme particulier pour désigner ce qu'on entend généralement par «proposition principale»" (Jespersen, 1961, 134). Car "la véritable unité grammaticale ne peut être composée que de la phrase tout entière, qui comprend tout ce que celui qui la prononce ou qui l'écrit a rassemblé pour exprimer sa pensée" (Jespersen, 1961, 135). Si la suite de morphèmes *Georges s'aperçut* n'est même pas un constituant de cette phrase, on ne peut pas dire que c'est la proposition principale de cette phrase. Et les grammaires qui continueraient malgré tout à prétendre que c'est une proposition principale doivent reconnaître que leur notion de proposition principale n'est nullement syntaxique, ni même logique, puisque le verbe *s'aperçut* ne peut pas être, à lui seul, un prédicat logique. Il convient donc de bannir de la description linguistique ce que la grammaire scolaire appelle proposition principale.

2. La proposition

Le fait de récuser cette notion de proposition principale n'implique nullement le rejet par le linguiste de la notion de proposition subordonnée, ni même de celle de proposition tout court.

On peut en effet trouver à l'intérieur de certains énoncés des constituants qui, avec ou sans modification morphologique de détail, pourraient, dans une autre communication, former à eux seuls un énoncé. Ils ont donc une structure syntaxique d'énoncé tout en étant des constituants d'énoncé. C'est cela qu'on appellera des propositions, en donnant à ce terme la portée exclusivement syntaxique de constituants phrasoïdes de l'énoncé, pour reprendre un adjectif créé par Damourette et Pichon (1911-1934, t. IV, 210 *sqq.*), ou encore de constituants phrastiques, c'est-à-dire de constituants de phrase qui ont néanmoins une structure interne de phrase et qui pourraient donc de ce fait être à eux seuls une phrase.

Ainsi la phrase simplifiée donnée plus haut en exemple:

> Georges s'aperçut qu'il avait oublié la valise

contient, dans ce que les grammaires appellent une proposition subordonnée complétive un constituant phrasoïde. De fait la construction formée par les six morphèmes:

> il av-ait oubli-é la valise

pourrait fort bien dans un autre contexte être une phrase. Quant à la construction *Georges s'aperçut* + Complément, c'est-à-dire *Georges s'aperçut de son erreur*, qui ne fait pas partie à proprement parler de ladite phrase, ou *Georges s'aperçut qu'il avait oublié la valise*, qui, elle, constitue la phrase en question, elle ne peut évidemment pas être considérée comme une proposition (principale ou autre); car, correspondant à la phrase elle-même, elle ne saurait être en même temps un de ses constituants.

Dans la phrase plus complexe d'où cette phrase simplifiée a été tirée:

> Lorsque les enfants furent montés dans la voiture, que chacun se fut bien installé, Georges s'aperçut qu'il avait oublié la valise et dut remonter quatre à quatre

nous avons d'autres propositions. D'abord les deux propositions subordonnées temporelles juxtaposées contiennent chacune une construction qui pourrait, telle quelle, fonctionner comme une phrase, à savoir:

> les enfants furent montés dans la voiture

et

> chacun se fut bien installé.

Même si le passé antérieur dans ce que les grammaires appellent une proposition indépendante a quelque chose d'inhabituel, on le trouve attesté dans la langue écrite bien entendu:

> Ce brouet fut par lui servi sur une assiette: / La cigogne au long bec n'en peut attraper miette; / Et le drôle eut lapé le tout en un moment (La Fontaine, *Fables*, I, 18)

(d'autres exemples dans Touratier, 1996, 157). Le reste de la phrase contient deux autres propositions, la première, qui correspond à la phrase simplifiée précédemment étudiée:

> Georges s'aperçut qu'il avait oublié la valise

et qui contient elle-même, avons-nous vu, une autre proposition, à savoir:

> il avait oublié la valise

et la seconde, que la grammaire scolaire considérerait comme une proposition principale coordonnée et à laquelle il faudrait ajouter un pronom clitique pour en faire la phrase canonique:

il dut remonter quatre à quatre

pronom que la coordination permet de supprimer dans la phrase complexe. Il y aurait donc bien 5 propositions différentes dans la phrase examinée, mais ces propositions ne correspondent pas à celles que reconnaît la grammaire scolaires: trois sont des constituants seulement de ce que celle-ci appelle des propositions subordonnées (*les enfants furent montés dans la voiture* de *lorsque les enfants furent montés dans la voiture*, *chacun se fut bien installé* de *que chacun se fut bien installé*, et *il avait oublié la valise* de *qu'il avait oublié la valise*), une autre n'est qu'un constituant de ce qu'elle appelle une proposition indépendante coordonnée (*il dut remonter quatre à quatre* de *et il avait oublié la valise*), et la dernière englobe et ce que la grammaire scolaire appelle la proposition principale et ce qu'elle appelle la subordonnée complétive (*Georges s'aperçut qu'il avait oublié la valise*). Mais si l'on fait véritablement une analyse en constituants immédiats, on s'aperçoit qu'il n'y a pas, dans cette phrase complexe, cinq propositions, mais sept (cf. figure 2). Car le constituant combinant la conjonction de coordination *et* avec la proposition *il dut remonter quatre à quatre* est lui-même une proposition, comme l'admet la grammaire scolaire quand elle parle de "proposition principale coordonnée", et la

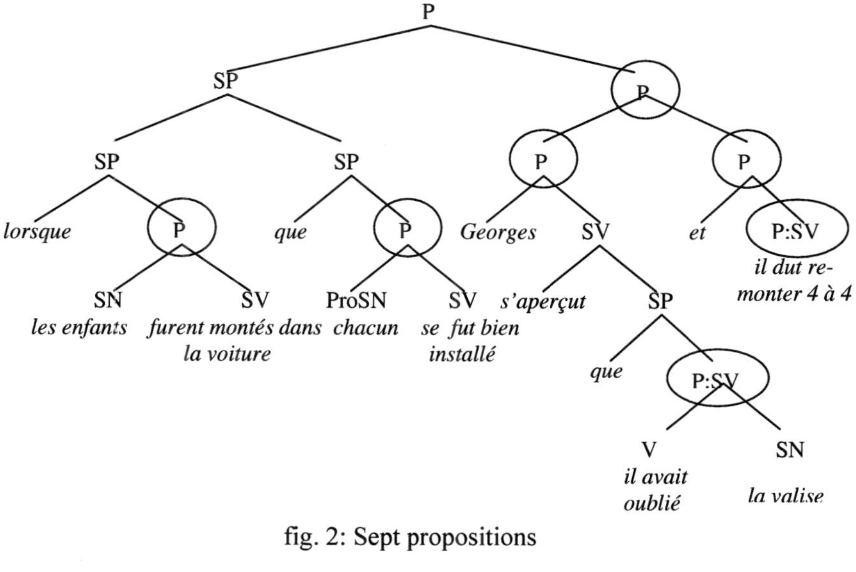

fig. 2: Sept propositions

combinaison de cette dernière proposition avec la proposition *Georges s'aperçut qu'il avait oublié la valise* est aussi une proposition, dans la mesure où, dans un autre contexte, cela pourrait fort bien être une phrase.

Toutefois plutôt que d'admettre dans *et dut remonter quatre à quatre* une "proposition principale coordonnée à *Georges s'aperçut* " (Dubois, Jouannon,

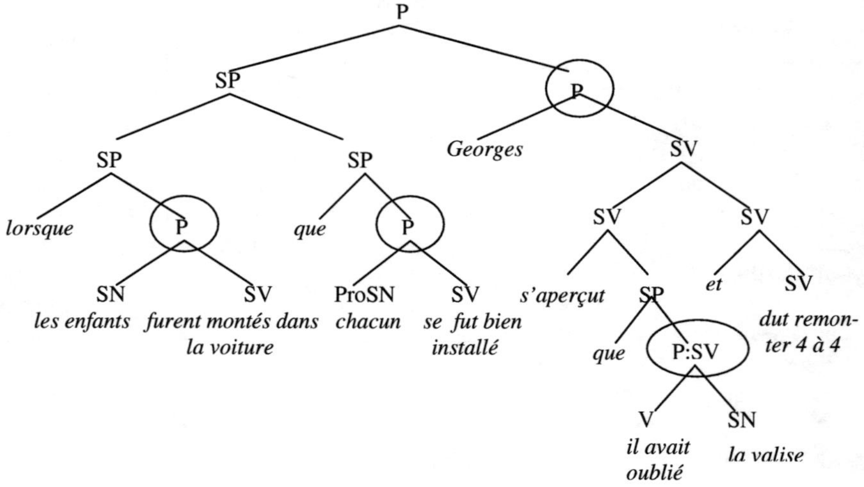

fig. 3: Quatre propositions

Lagane, 1961, 133), il serait préférable d'y voir un simple SV coordonné au SV *s'aperçut qu'il avait oublié la valise*, le sujet *Georges* étant en fait le sujet de la coordination de ces deux SV. Il n'y aurait dans ce cas-là plus que quatre propositions dans cette phrase complexe, conformément à l'arbre de la figure 3.

Si l'on veut que la notion de proposition reste opératoire et non contradictoire en syntaxe, il ne faut pas plus parler de "proposition indépendante" que de "proposition principale", contrairement à l'usage scolaire en vigueur. En effet si *Georges s'aperçut + Complément* n'est pas différent de l'énoncé lui-même, il en est de même d'une phrase comme *Georges s'aperçut de son oubli*, que les grammaires considéreraient comme une proposition indépendante: une telle construction, étant une phrase, ne peut pas être en même temps un constituant phrasoïde de phrase. Ce n'est donc pas une proposition. La restriction que nous proposons d'apporter à la définition de la proposition a l'avantage de ne pas rendre circulaires les définitions de la proposition et de la phrase, qui ainsi ne s'appuient pas toutes les deux l'une sur l'autre, et de ne pas conduire à fonder finalement la notion de proposition sur des bases plus logiques que linguistiques, contrairement à ce que font ordinairement les grammaires scolaires, qui assimilent plus ou moins explicitement la proposition grammaticale à ce que les logiciens appellent une proposition.

Une remarque s'impose, lorsqu'on représente graphiquement sous la forme d'un prétendu "arbre" la structure syntaxique d'une phrase. On utilise le même symbole P pour désigner une phrase ou une proposition. On pourrait penser que cela vient de ce que la phrase peut être une proposition indépendante, et donc de ce que la phrase n'est finalement qu'une proposition au sens logique de ce terme. En fait, cette pratique est beaucoup plus légitime et syntaxique qu'on ne le croirait a priori. La proposition étant un constituant phrasoïde, c'est-à-dire un constituant qui a une structure interne de phrase, il est normal qu'on voie dans la phrase et la proposition une même catégorie syntaxique. Mais la proposition se distinguant syntaxiquement de la phrase parce qu'elle est un constituant de phrase, c'est uniquement lorsque le symbole P n'est pas dominé qu'il correspondra à une phrase. Dans tous les autres cas, étant dans une configuration syntaxique dominée par un P, il ne pourra que correspondre à une proposition. Bref quand P est une construction maximale, c'est une phrase; quand elle n'est pas maximale, c'est une proposition. Il s'agit là aussi d'une différence proprement syntaxique.

3. Phrase complexe

S'il n'y a ni proposition indépendante ni proposition principale, on ne peut plus définir l'énoncé complexe comme une phrase formée de plus d'une proposition. Il nous semble que la définition de Peter Matthews est plus juste: "Une phrase ou une proposition, dit-il, peut être décrite comme complexe si elle inclut au moins une proposition plus petite" (d'après Matthews, 1981, 170). C'est le cas de la phrase simplifiée citée plus haut, dont la subordonnée complétive contient le seul constituant phrasoïde. C'est aussi le cas, bien entendu, de la phrase avec coordination dont elle est la simplification. Mais ce serait aussi le cas de la phrase simplifiée avec coordination et modifiée comme:

> Georges s'aperçut qu'il avait oublié la valise et il dut remonter quatre à quatre

et même de la phrase sans proposition subordonnée:

> Georges s'aperçut de son oubli et il dut remonter quatre à quatre

qui, ainsi que nous le verrons par la suite, contient deux constituants phrasoïdes, alors que la phrase:

> Georges s'aperçut de son oubli et dut remonter quatre à quatre

présentant une coordination de SV et non de P, ne contient aucun constituant phrasoïde.

Mais cette définition de la phrase complexe doit encore être légèrement restreinte, car il existe des phrases contenant des constituants phrasoïdes que

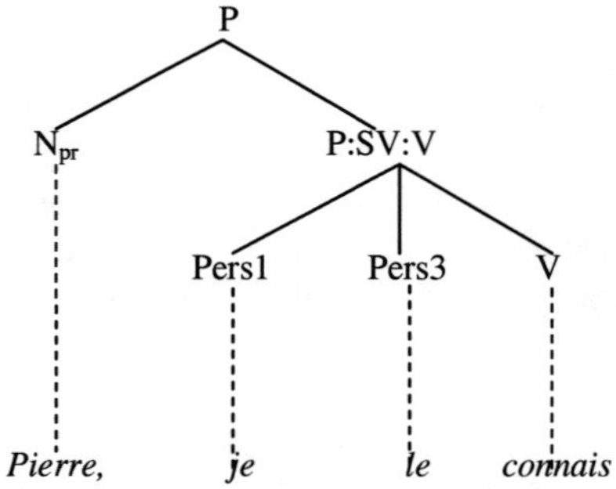

fig. 4: Phrase complexe?

l'on n'a pas l'habitude de considérer comme des phrases complexes. Ce sont les phrases avec constituants extraposés, comme:

Pierre, je le connais. Ce garçon, mon frère le connaît bien

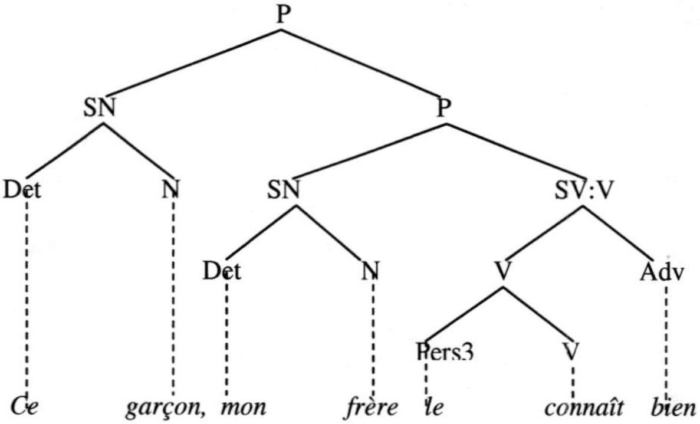

fig. 5: Phrase avec constituant extraposé

qui, en tant que phrases endocentriques, sont formées d'un constituant phrasoïde étiqueté P. Pour se conformer à la tradition grammaticale, on qualifiera donc de complexes uniquement les phrases qui comptent parmi leurs constituants au moins une proposition dont le verbe est différent de celui de la phrase elle-même, ce qui exclut les phrases à constituant(s) extraposé(s), lesquelles ne sont traditionnellement pas rangées parmi les phrases complexes.

4. Verbe principal

Une phrase complexe ainsi définie peut fort bien contenir une ou plusieurs propositions subordonnées elles-mêmes complexes, comme on l'a vu dans l'exemple de départ, dont la proposition:

Georges s'aperçut qu'il avait oublié la valise

est elle-même une proposition complexe, puisqu'elle contient parmi ses constituants le constituant phrasoïde de la proposition subordonnée complétive, à savoir:

il avait oublié la valise.

C'est dans des cas comme celui-là que l'intuition qui a conduit à développer la notion de proposition principale pourrait rendre service. Il serait en effet intéressant de disposer d'un terme qui permette de situer les différentes propositions subordonnées éventuellement enchâssées les unes à l'intérieur des autres. La notion de principal pourrait avoir cette utilité, à condition qu'elle ne soit pas appliquée à une prétendue proposition. Si on disait par exemple que *s'aperçut* est le verbe principal de la phrase ou de la proposition, suivant le cas, cela indiquerait clairement que c'est dans la phrase ou dans la proposition qui a ce verbe comme constituant important que la proposition complétive est un constituant phrasoïde. Et si cette phrase ou cette proposition était encore plus complexe, comme dans:

Georges s'aperçut qu'il avait oublié la valise que sa femme avait pourtant préparée

le verbe de la subordonnée complétive serait le verbe principal du constituant phrasoïde de la proposition subordonnée relative *que sa femme avait pourtant préparée*; car c'est dans la proposition dont il est le constituant central que la subordonnée relative est un constituant phrasoïde. Cette notion de verbe principal permettrait donc de situer clairement les niveaux différents de subordination des différents constituants phrasoïdes d'un énoncé.

Il est possible maintenant de définir la phrase complexe de la tradition scolaire comme une phrase qui comprend au moins un constituant phrasoïde ayant un verbe ou un constituant central différent du verbe principal.

II. Subordination[1]

On définit traditionnellement la notion de subordination à l'aide du terme de dépendance. Ce terme ne désigne généralement rien d'autre que le fait de ne pas pouvoir exister seul de façon autonome et d'avoir par conséquent un sens et un rôle qui, comme le dit Marouzeau, "sont fonction d'une proposition dite principale" (Marouzeau, 1969, 71). Mais une telle définition n'est pas sans

[1] Reprise légèrement modifiée de Touratier, 1994, 548-551.

analogie avec le sens technique de relation syntaxique ou sémantique analogie avec le sens technique de relation syntaxique ou sémantique d'infériorité hiérarchique par rapport à un constituant principal et indispensable que le terme "dépendance" a reçu dans la théorie générale d'inspiration tesniérienne que l'on appelle la "grammaire dépendancielle". De fait Marouzeau a écrit:

> "Subordination: rapport de dépendance, soit logique soit grammatical, d'une proposition dite subordonnée par rapport à une autre dite principale" (Marouzeau, 1969[3.3], 214).

Et plus récemment le dictionnaire de Jean Dubois reprend la même idée dans les termes suivants:

> "La subordination est la situation dans laquelle se trouve la proposition qui dépend de la principale (ou d'une autre subordonnée jouant par rapport à elle le rôle de principale)" (Dubois et *alii*, 1973, 462).

Il est évident que ces définitions doivent être quelque peu modifiées une fois que l'on a récusé, comme nous l'avons fait, la notion de proposition principale.

1. Syntagme propositionnel

Nous proposons d'appeler syntagme propositionnel (en abrégé SP) toute construction exocentrique qui a parmi ses constituants immédiats un constituant phrasoïde. En termes traditionnels, on dirait: toute construction qui combine une conjonction dite de subordination (ou un morphème fonctionnellement équivalent) et une proposition dite subordonnée. La particularité de ce syntagme est précisément son caractère exocentrique, ce que Bloomfield avait expressément noté en disant à propos d'une proposition subordonnée comme:

> *if John ran away* «si John s'enfuyait»

que "le syntagme résultant n'a la fonction d'aucun de ses constituants" immédiats (Bloomfield, 1970, 184). La nature exocentrique du SP est d'ailleurs ce qui distingue fondamentalement la subordination de la coordination. Car nous verrons que la coordination est une structure endocentrique particulière. Bloomfield distinguait d'ailleurs deux sortes de constructions endocentriques, qu'il appelait respectivement "coordinatives (ou sérielles) et subordinatives (ou qualificatives)" (Bloomfield, 1970, 184), et qu'il caractérisait en ces termes:

> "Dans les constructions endocentriques subordonnées le syntagme résultant appartient à la même classe formelle que l'un de ses constituants" (Bloomfield, 1970, 184) immédiats

alors que dans les constructions endocentriques coordinatives:

> "Le syntagme résultant appartient à la même classe formelle que deux ou plus de ses constituants" (Bloomfield, 1970, 184) immédiats.

Étant une construction différente de P et ne pouvant pas de ce fait appartenir à une structure coordinative qui relèverait forcément du paradigme de P, le SP a forcément un rôle structural propre dans la phrase où il se trouve, c'est-à-dire qu'il doit remplir une des différentes fonctions syntaxiques qui sont susceptibles d'organiser la phrase dont il est un constituant.

2. Subordination et conjonction de subordination?

Il n'existe guère en français de proposition subordonnée sans conjonction de subordination, ou du moins sans marque segmentale de subordination, à la différence de ce que l'on peut observer en anglais par exemple dans:

> *I think he is dead* «Je pense qu'il est mort» (cf. *I think that he is dead*); *He says he will go* «Il dit qu'il ira»; *I believe he saw me* «Je crois qu'il m'a vu»; *What do you suppose he said?* «Que pensez-vous qu'il a dit? » – cf. Jespersen, 1956, 3, 32-38

où la suppression du segment de subordination *that* est compensée par "l'intonation et l'absence de toute pause" (*the tones of the voice and the absence of any pause*), comme le remarque Jespersen lui-même (1956, 3, 33), ce qui veut dire qu'il y a alors un morphème de subordination à signifiant non segmental.

Salem Chaker a montré qu'en berbère, la subordination pouvait n'être indiquée par aucun morphème de subordination, mais qu'alors la prosodie était un critère "permettant d'établir une distinction entre coordination et subordination sans marque monématique" (Chaker, 1983, 417). Quand les deux verbes sont "intégrés dans la même courbe d'enveloppe" et que toute pause entre les deux est exclue (Chaker, 1983, 417), il y a subordination; mais

y - sla, *y* - Čḥ	*y - sla*, *y* - Čḥ
il – a appris il- est fâché	il – a appris il- est fâché
= "il a appris qu'il était fâché"	= "il l'a appris, (et), il est fâché"

fig. 6: Subordination et coordination en berbère

quand il y a deux retombées mélodiques et la possibilité d'une pause après le premier constituant, il y a coordination, ce que Salem Chaker représente à l'aide des deux schémas de la figure 6.

3. Incise

Il existe bien, en français, des propositions subordonnées qui semblent dépourvues de toute marque de subordination: ce sont les propositions couramment appelées incises ou incidentes que l'on a par exemple dans:

> «Rends-toi donc, répond-il, ou meurs <...> (Vigny, *Cor*)
>
> «Donne-lui tout de même à boire, dit mon père (Hugo, *Légende* XLIX, 4)

Il est très gentil, vous savez, Margot... risquais-je timidement (Colette, *Vagabonde* II, 2)

«Elle exagère», pensa Henri avec humeur (Beauvoir, *Mandarins*, p. 84)

"Raconte, je te prie, ce qui t'arrive" (J. Marouzeau), trad. de: *Narra istuc, quaeso, quid siet* (Ter., *Eun.* 562)

Pierre, dit-il (ou: j'espère, je suppose...), viendra demain.

"On appelle incise, ou incidente, dit en effet le dictionnaire de Jean Dubois, une proposition parenthétique enchâssée dans une autre proposition, sans mot de subordination" (Dubois et *alii*, 1973, 253).

Les incises ont la particularité sémantique de compter le reste de l'énoncé comme un actant de la valence de leur verbe. Mais elles ne représentent pas pour autant le verbe principal de la phrase, lequel verbe aurait pour complétive dite d'objet le reste de l'énoncé. Telle serait pourtant l'analyse des grammaires scolaires, quand elles admettent que "les propositions <...> principales peuvent être affirmatives <...> interrogatives <...> ou incises", et qu'elles soulignent typographiquement les prétendues principales comme dans l'exemple:

Je vous invite, *dit-il*, à venir dîner chez nous (Dubois, Jouannon, Lagane, 1961, 132).

A vrai dire, ces incises pourraient commuter avec des adverbes dits de phrase comme *officiellement, en quelque sorte, confidentiellement, assurément* ou avec des subordonnées formulaires comme *si vous le voulez*, ce qui montre bien qu'elles n'appartiennent pas au simple paradigme de P. Ce sont donc des Syntagmes Propositionnels. Il s'agit par conséquent ou de Propositions qui sont entrées dans le paradigme du SP ou de SP dont le morphème de subordination a pour signifiant l'intonation parenthétique qui les affecte. Leur statut de proposition subordonnée (ou SP) est d'ailleurs confirmé par le fait que certaines de ces incises, plus ou moins stéréotypées ou plutôt familières, contiennent une authentique conjonction de subordination:

Pauvre bête, *que je lui dis*, si on doit tuer tout ce qui est vilain, je n'aurais pas plus que toi le droit de vivre (Sand, *Petite Fadette*, XVIII)

Elle n'est pas gentille pour son père, *à ce qu'on dit* (Proust, *Recherche* t. I, p. 536)

Mallarmé, *que je sache*, n'était pas mallarméen (Cocteau, *Poésie critique*, p. 86)

Emmenons la Zazie avec nous, *qu'il dit Gabriel* (Queneau, d'après Wilmet, 1997, 567).

4. Parataxe

Mais ce qu'on appelle traditionnellement la parataxe pourrait bien correspondre à une subordination sans morphème de subordination.

> "La parataxe, dit en effet le *Dictionnaire linguistique* de Jean Dubois, est un procédé syntaxique consistant à juxtaposer des phrases sans expliciter par une particule de subordination ou de coordination le rapport de dépendance qui existe entre elles dans un énoncé, dans un discours, dans une argumentation <...>. Il y a parataxe quand on a deux phrases: *Cet homme est habile, il réussira*, par opposition à l'*hypotaxe* que constituent les phrases *Cet homme réussira parce qu'il est habile. Cet homme est habile, aussi réussira-t-il. Cet homme est habile et il réussira*, etc. On parle aussi de juxtaposition, par opposition à subordination et à coordination." (Dubois et *alii*, 1973, 356).

Malgré les apparences, cette définition ne clarifie pas vraiment les choses. Ce qui est clair, c'est qu'elle oppose la parataxe et à la subordination et à la coordination; mais ce qui peut paraître gênant, c'est qu'elle identifie la parataxe à la juxtaposition. Certes le mot *juxta-position* est l'équivalent latin du mot grec *para-taxe*, soit «auprès de» et «poser». Mais quand on remarque que ce que les grammaires scolaires ont pris l'habitude d'appeler juxtaposition est en réalité, comme nous le verrons par la suite, une coordination sans morphème de coordination, l'opposition devient moins claire.

Pour clarifier les choses, il est peut-être préférable de définir, avec le *Lexique* de Marouzeau, la parataxe comme un:

> "procédé qui consiste à disposer côte à côte (gr. *para-taxis*) deux propositions, dites *paratactiques*, sans marquer le rapport de dépendance qui les unit: fr. *Vous viendrez, j'espère*, par opposition à l'hypotaxe: *j'espère que vous viendrez.*" (Marouzeau, 1969[3.3], 166).

La parataxe n'est plus alors qu'une combinaison de propositions, différente formellement de la coordination et de la subordination, qui semble avoir la valeur d'une subordination. Elle serait donc une combinaison syntaxique de propositions qui correspondrait en réalité à une relation logique de subordination, alors que ce que les grammaires scolaires appellent juxtaposition est une combinaison syntaxique de propositions qui correspond à une relation logique (et nous ajouterons, par la suite, syntaxique) de coordination. Il y aurait ainsi deux formes de simples combinaisons syntaxiques de propositions, que l'on appellerait respectivement parataxe et juxtaposition. Et comme ces deux mots signifient étymologiquement la même chose, on comprend la définition ambiguë du dictionnaire de Jean Dubois.

La parataxe définie comme une subordination sémantique non marquée morphologiquement et syntaxiquement a pu être considérée par la linguistique historique comme l'ancêtre de la subordination, appelée alors hypotaxe, pour mieux souligner la différence qu'il doit y avoir entre la subordination et la parataxe. Une grammaire latine scientifique d'inspiration historique comme celle de Kühner et Stegmann dit par exemple:

> "La liaison paratactique entre phrases est, comme cela se comprend de soi-même, la liaison originelle. De simples propositions principales auraient été mises côte à côte, sans que soit considéré si, logiquement, c'est-à-dire au point de vue de la pensée, elles étaient semblables ou différentes; la relation logique aurait été, en cas de besoin, exprimée par l'intonation, occasionnellement aussi par des pauses. Mais notre littérature (c'est-à-dire, bien sûr, la littérature latine) ne remonte pas jusqu'à ce stade primitif de la seule juxtaposition; car même les textes les plus anciens qui nous sont parvenus, connaissent déjà la liaison hypotactique. Néanmoins, en latin, comme dans les langues modernes, la structure paratactique a toujours été cultivée dans la langue de la vie quotidienne" (Kühner & Stegmann, 1955, 2, 159-160).

Reste à savoir si les exemples par lesquels les grammaires illustrent ce phénomène correspondent bien à la définition que nous venons de voir proposer.

a. Parataxe complétive?

D'après Kühner et Stegmann, "le cas le plus simple et le plus courant de parataxe grammaticale à côté de l'hypotaxe logique se présente lorsqu'un verbe d'opinion ou de parole est construit avec, à la place d'une subordonnée à l'infinitif, une proposition principale qui exprime le contenu de l'affirmation" (Kühner & Stegmann, 1955, 2, 161). C'est exactement le cas de l'exemple proposé par Marouzeau:

> Vous viendrez, j'espère, par opposition à l'hypotaxe: *j'espère que vous viendrez.*" (Marouzeau, 1969, 166).

Kühner et Stegmann donnent d'autres exemples du même type:

> Hic ero usque; ad noctem saltem, *credo*, intromittar domum (Plaut., Men. 965) «Je vais rester ici; à la nuit au moins, *je pense*, on me laissera rentrer chez moi» (P. Grimal)
>
> Fecerat temere, *fateor* (Cic., *Rab. post.* 26) «Il avait agi à la légère, *j'en conviens*» (A. Boulanger)
>
> A quo uitio tu longe recessisti, *scio* (Plin., *epist.* 9,5,3) «Ce défaut, vous en êtes bien éloigné, *je le sais*» (A.-M. Guillemin).

Il s'agit manifestement de ce que nous avons appelé précédemment des incises, que nous avons considérées comme des propositions subordonnées placées à la fin ou intercalées à l'intérieur de la phrase. Mais, sous la même rubrique ou sous des rubriques voisines, on trouve des exemples à propos desquels on peut hésiter à parler d'incise, parce que le verbe se trouve en tête de phrase:

> *Credo*, aurum inspicere uolt, ne subreptum siet (Plaut., *Aul.* 39) «Je crois qu'il a l'intention d'aller regarder son or, pour savoir si on ne le lui a pas dérobé» (P. Grimal), «Sans doute veut-il aller jeter un coup d'œil sur son or» (A. Ernout)

> *Scio* ego, multos iam lucrum lutulentos homines reddidit (Plaut., Capt. 326) «Le gain, je le sais, a fait tomber plus d'un homme dans la boue» (A. Ernout), «je le sais parfaitement, il y a bien des gens que le profit a totalement souillés» (P. Grimal)
>
> *Quaeso*, aequo animo patitor (Plaut., *Asin.* 375) «Je t'en prie, laisse-toi faire de bonne grâce» (A. Ernout)
>
> *Obsecro uos*, Tarquinii tribuni plebis, putate me ex media contione <...> succlamare (Liv. 6,40,10) «Je vous en prie, tribuns de la plèbe Tarquin, supposez que, du milieu de l'assemblée, je crie <...>».

Kühner et Stegmann donnent également des exemples où l'énoncé contient une interrogation apparemment directe:

> *Dic*, quis emit? (Plaut., Merc. 620) «Dis-moi, qui l'a achetée?» (P. Grimal)
>
> Quid autem urbani deliquerunt? *dic mihi.* Cupio hercle scire (Plaut., *Merc.* 718) «Quel mal ont donc fait les citadins? Dis-le-moi. J'ai envie de le savoir» (P. Grimal).

Si on hésite à parler de propositions incises, il faut bien reconnaître que ces verbes en tête d'énoncé ont tout l'air de fonctionner comme des adverbes de phrase. A la place de *dis-moi*, *je crois*, ou *je pense*, on pourrait avoir *franchement*, *assurément*, ou *à mon avis*, en début comme en fin de phrase, ainsi du reste qu'en milieu de phrase. En début et en fin de phrase, cette proposition incise, au sens large, qui ne peut être qu'un Syntagme Propositionnel, puisqu'elle appartient au paradigme de l'adverbe, est une extraposition; en milieu de phrase, c'est une interposition (une incise au sens propre). Et si l'on admet de parler d'incise dans tous ces cas, il n'y a pas lieu de voir dans ces constituants extraposés ou interposés un fait de parataxe. Cela s'impose d'autant moins qu'un certain nombre de ces expressions sont des locutions plus ou moins phraséologiques et adverbialisées, qui ne sont plus vraiment analysables et où l'éventuel morphème censé reprendre ou annoncer ce qui est demandé n'est plus réellement anaphorique, comme dans fr. *je t'en prie, dis-moi, écoute*, qui ne sont pas plus anaphoriques que *s'il te plaît*.

b. Parataxe hypothétique?

Kühner et Stegmann relèvent un autre cas de prétendue parataxe "extrêmement courant", disent-ils, où "une proposition principale est employée à la place d'une subordonnée hypothétique en *si*" (Kühner & Stegmann, 1955, 2, 164):

> Amat: dabitur a me argentum, dum erit commodum <...>. Fores effregit: restituentur; discidit Vestem: resarcietur (Ter., *Ad.* 118-121) «il fait l'amour: c'est moi qui lui donnerai l'argent, tant que cela me conviendra <...>. Il a enfoncé une porte: on la réparera; il a déchiré des vêtements: on les raccommodera» (J. Marouzeau). «Il a une maîtresse? C'est moi qui lui donnerai l'argent, aussi long-

temps que cela me plaira <...> Il a enfoncé une porte? On la réparera. Il a déchiré un vêtement? On le recoudra» (P. Grimal)

Vim uolumus extingui, ius ualeat necesse est <...>. Iudicia displicent aut nulla sunt: uis dominetur necesse est (Cic., *Sest.* 92) "Voulons-nous l'extinction du recours à la force? Il faut nécessairement faire prévaloir le droit <...>. Si l'on récuse les tribunaux ou s'il n'y en a pas, la force l'emporte nécessairement" (J. Cousin)

Quidquid dicunt, laudo; id rursum si negant, laudo id quoque; Negat quis: nego; ait: aio (Ter., Eun. 251-252) «à tout ce qu'ils disent, j'applaudis; s'ils disent le contraire, j'applaudis encore; quelqu'un dit non, je dis non; on dit oui, je dis oui» (P. Grimal).

La particularité des exemples de ce type vient de ce chacune des deux éventuelles propositions ainsi combinées est en soi sémantiquement indépendante. Il est absolument impossible de considérer que l'une des deux fournit un actant propositionnel exigé par la valence du verbe de l'autre proposition, ce qui distingue radicalement ce tour syntaxique des incises vues précédemment. Et le parallélisme que le dernier exemple établit entre ces deux propositions simplement combinées et une période conditionnelle est particulièrement intéressant, parce qu'il explicite le sens hypothétique que les grammaires reconnaissent volontiers à ce type de parataxe. Il justifie en outre les traducteurs, qui se croient plus ou moins obligés d'exprimer expressément la relation sémantique de subordination, et notamment d'une subordonnée conditionnelle, qu'ils sentent entre les deux propositions de cette construction paratactique. Est-ce à dire pour autant que la proposition traduite par une conditionnelle ou une autre subordonnée est vraiment une subordonnée?

La plupart des grammaires le prétendraient, mais en parlant d'une subordination particulière qu'elles appelleraient volontiers une subordination paratactique, ce qui a peut-être l'inconvénient de brouiller les concepts, si l'on admet une certaine synonymie entre subordination et hypotaxe. Car cela reviendrait à parler d'une hypotaxe paratactique, alors qu'on oppose ordinairement l'hypotaxe à la parataxe. Tel semble bien être le point de vue de Pierre Le Goffic, qui, après avoir justement reconnu que le terme de parataxe est un terme "aux contours mal définis (= subordination non marquée, c'est-à-dire en pratique non marquée autrement que par la prosodie)" (Le Goffic, 1993, 502), a risqué les expressions paradoxales de "subordonnée paratactique" ou "subordination paratactique" (Le Goffic, 1993, 502). C'est aussi ce qu'admet la *Grammaire méthodique du français*, qui pense que "la juxtaposition et la coordination s'opposent à la subordination <ce qui nous semble envisageable> par le mode de jonction fondamentalement parataxique <ce qui nous paraît plus surprenant>", mais qui ne craint pas de voir dans des exemples comparables à ceux de Kühner et Stegmann une authentique subordination, au sens syntaxique du terme:

"Des propositions juxtaposées peuvent néanmoins entretenir un rapport de dépendance syntaxique généralement conditionné par la présence d'un indice formel dans la première proposition:
•type de phrase ou mode verbal: *Chauffe un marron, ça le fait éclater – Je te l'aurais dit, tu ne m'aurais pas cru – Jean serait ici, il vous prouverait le contraire;*
•inversion du sujet: *Lui demandait-on un service, il était toujours disponible – Fussiez-vous l'empereur de Chine, je ne vous prêterais pas un kopek;*
•<...> adverbe repris par un terme correspondant dans le deuxième terme juxtaposé: *Plus on est de fous, plus on rigole – Moins je le vois, mieux je me porte* " (Riegel, Pellat, Rioul, 1994, 520).

Plutôt que de parler de subordination, Marie-Christine Hazaël-Massieux préférerait opposer ce type de construction à la subordination, en postulant trois sortes de relations à l'intérieur de ce qu'elle appelle la période et qui nous semble correspondre à la phrase. Préférant parler d'implication plutôt que de parataxe, elle oppose la subordination, la coordination et l'implication, en illustrant l'implication par:

«Pierre est arrivé. Je suis reparti» ou «Pierre est arrivé, je suis reparti»

la coordination par:

«Pierre est arrivé, donc je suis reparti»

et la subordination par:

«Comme Pierre est arrivé, je suis reparti».

Et elle oppose très clairement ces trois notions de la façon suivante:

"la subordination est définie comme réunissant dans une relation de dépendance des unités n'appartenant pas au même paradigme;
la coordination est définie comme réunissant par énumération des unités appartenant au même paradigme;
l'implication (qui est une relation à part entière, ni une pseudo-subordination, ni une pseudo-coordination) est définie comme réunissant dans une relation de dépendance des unités appartenant au même paradigme" (Hazaël-Massieux, 1983, 142-143).

L'implication, précise-t-elle, est marquée par une courbe intonative qu'elle note ainsi:

«Pierre est arrivé. Je suis reparti»
(a) (b)
— # \

"où (a) et (b) ont des intonations différentes de (a) formant période et de (b) formant une autre période" (Hazaël-Massieux, 1983, 140).

Nous serions d'accord avec Marie-Christine Hazaël-Massieux pour opposer cette parataxe à la subordination, mais non à la coordination. Car au niveau syntaxique, la prétendue implication et la coordination réunissent toutes deux "des unités appartenant au même paradigme", selon les mots mêmes de Marie-Christine Hazaël-Massieux. Cette prétendue implication n'est en fait rien de plus que ce que les grammaires scolaires appellent une juxtaposition, c'est-à-dire une coordination sans morphème coordonnant, comme le montre bien le fait qu'il soit toujours possible d'ajouter entre les propositions juxtaposées une conjonction de coordination, qui serait, suivant les cas, *et, mais, donc* ou *car*. C'est le cas des exemples de Marie-Christine Hazaël-Massieux:

> Pierre est arrivé, donc je suis reparti. Pierre est arrivé, et je suis reparti

Mais aussi de ceux de la *Grammaire méthodique du français*:

> Chauffe un marron, et ça le fait éclater. Je te l'aurais dit, mais tu ne m'aurais pas cru
> Moins je le vois, et mieux je me porte.

Il est intéressant qu'à propos de certains des cas de ce qu'il appelle "subordination paratactique", Pierre Le Goffic signale expressément qu'une coordination est possible:

> Qu'il parte, tout est à recommencer (proche de *s'il part*). Qu'il parte, et tout est à recommencer (Le Goffic, 1993, 504)
> Plus il crie, moins il écoute! (paraphrase: *d'autant plus que*: *On l'écoute d'autant moins qu'il crie*, moins naturel). Plus il crie, et moins on l'écoute (Le Goffic, 1993, 508).

On pourrait montrer qu'il en va de même des autres types de "subordination paratactique":

> Il n'avait pas cinq ans, il savait déjà écrire (= "alors qu'il n'avait pas cinq ans, il savait déjà lire") (Le Goffic, 1993, 507). Il n'avait pas cinq ans, mais il savait déjà écrire.
> J'ai beau essayer, je n'y arrive pas (Le Goffic, 1993, 507). J'ai beau essayer, mais je n'y arrive pas.

Et si à propos de:

> Il s'est endormi, tellement il était fatigué (paraphrase "il était tellement fatigué qu'il s'est endormi") (Le Goffic, 1993, 508)

Pierre Le Goffic observe que "l'emploi de *et* entre les deux propositions est exclu" (Le Goffic, 1993, 508), il ne signale pas qu'une autre conjonction de coordination serait possible:

> Il s'est endormi, car il était tellement fatigué

voire peut-être:

> Il s'est endormi, car tellement il était fatigué.

Nous divergeons de l'analyse de Marie-Christine Hazaël-Massieux sur un autre point. Elle assimile exclusivement la coordination à une énumération. Or, la coordination syntaxique, c'est-à-dire la réunion en un même syntagme de plusieurs constituants syntaxiques appartenant au même paradigme, ne correspond pas seulement, au plan sémantique, à une énumération. Elle peut fort bien correspondre aussi à une autre relation logique, et notamment à une implication. Mais la particularité de ces structures implicatives est double. D'abord, il s'agit toujours d'une juxtaposition à deux termes seulement. Et d'autre part, le premier terme reçoit une intonation qui en fait le thème ou le support informatif de l'énoncé; et de ce fait, le second terme ne peut être par rapport à lui qu'un apport informatif. C'est alors le contenu sémantique même des deux propositions ainsi réunies qui permettra d'inférer le lien logique que l'apport informatif peut entretenir avec ce qui est présenté comme son support informatif. Etant donné que le support informatif présente le cadre dans lequel l'apport informatif est asserté ou assertable, le premier terme de la construction devient assez facilement la condition qui permet de poser l'apport informatif.

Si ces structures à deux éléments propositionnels sont les seuls cas où l'on puisse parler de parataxe, il faut abandonner l'opposition envisagée plus haut entre la parataxe des comparatistes, qui serait une subordination sans subordonnant, et la juxtaposition des grammaires scolaires, qui est une coordination sans coordonnant. La prétendue parataxe ne serait plus qu'un cas particulier de juxtaposition, c'est-à-dire une coordination sans coordonnant de deux propositions. Et du coup, l'étymologie retrouve une certaine légitimité, le mot d'origine grecque ayant du coup un sens apparenté à celui du mot d'origine latine, qui le calque.

c. Un cas faussement litigieux

Dans un article relativement récent cependant (cf. Touratier, 2002, 401-402), nous avons cru, à propos d'un exemple latin, qu'il existait peut-être une parataxe qui correspondait à une subordination sans subordonnant. Il s'agissait de:

> meminimus, fatemur, eiecisti reges (Liv. 2,2,7) «Nous nous en souvenons, nous le reconnaissons: tu as chassé les rois».

C'est un cas où la dernière proposition sature le second actant des verbes *memini* «se souvenir de» et *fateor* «reconnaître quelque chose», mais où la place initiale qu'occupent ces deux verbes dissuaderait d'y voir des incises. Et comme cette dernière proposition pourrait apparemment alterner avec une subordonnée complétive comparable à celle de:

> Nous nous en souvenons et nous le reconnaissons, que tu as chassé les rois

nous avons été tenté d'y voir une sorte de subordonnée sans subordonnant en fonction de constituant extraposé postposé, et donc, au point de vue du sens, un report informatif. Si l'on regarde le contexte de cet énoncé, notre interprétation est impossible. Voici ce contexte, dans la traduction proposée par la Collection des Universités de France:

> «C'est toi, Lucius Tarquin, dit-il, qui dois prendre l'initiative de dissiper cette crainte. Oui, nous le savons, nous le proclamons: tu as chassé les rois. Achève ta bonne action: emporte leur nom loin d'ici» (G. Baillet).

Manifestement, la proposition «tu as chassé les rois» ne peut être que l'apport central, donc l'apport informatif de la phrase où elle se trouve, puisqu'elle permet d'introduire l'énoncé suivant, qui demande à Tarquin d'aller jusqu'au bout de ce qu'il a commencé (qui vient d'être fortement rappelé) et de faire disparaître le nom même des rois. La traduction française, qui fait des deux premiers verbes une incise, en ajoutant l'adverbe *oui*, nous montre que ces deux verbes ne sont qu'un développement de ce *oui*. En latin, où il n'y a pas d'adverbe comme *oui*, les deux verbes « nous le savons, nous le proclamons » tiennent lieu de constituant extraposé antéposé, qui donne le cadre dans lequel est asserté l'apport de l'énoncé, celui-ci devenant ainsi une sorte de profession de foi. On a quelque difficulté à parler alors d'une incise, à cause de la position initiale de cette expression. Mais c'est un phénomène syntaxique et informatif assez comparable. Et si cette expression est un constituant extraposé, on doit dire que c'est une proposition qui est entrée dans le paradigme du Syntagme Propositionnel, exactement comme la plupart des incises. Ce n'est donc pas une juxtaposition de simples propositions.

d. Les interrogations

Le cas particulier des interrogations mérite d'être examiné à part. Contrairement à ce qu'on est peut-être tenté de penser, on doit admettre qu'une proposition interrogative qui précède le verbe interrogatif peut être une subordonnée. L'anglais, qui ordinairement distingue morphologiquement les subordonnées interrogatives des phrases interrogatives, le montre assez nettement. Dans par exemple:

> *How you have escaped them, I don't know* «Comment y avez-vous échappé, je ne le sais pas» (Col 108) (d'après Léonarduzzi, Laetitia, 2000, *La subordonnée interrogative en anglais contemporain*, thèse d'Aix, 77 et 79)

> *What it was made of, I don't know. What it did, I can tell you in two words- it sank.* «Ce qu'il en résulta, je ne le sais pas. Ce que cela fit, je puis vous le dire en deux mots: cela coula» (Col 85) (Léonarduzzi, 2000, 79)

> *But whether those two lamps spotted me moving and starting, or whether I came to my senses, I don't know* «Mais si ces deux lampes m'ont repéré me déplaçant ou partant, ou si j'ai repris conscience, je ne le sais pas» (LR I 498) (Léonarduzzi, 2000, 78)

> *Whether the letter (...) did, or did not contain the confession (...), it was impossible to say* «Si la lettre contenait ou non la confession, il est impossible de le dire» (Col. 230) (Léonarduzzi, 2000, 78)

"l'absence d'inversion et la présence de *whether* sont des marques de subordination" (Léonarduzzi, 2000, 78). On pourrait interpréter ces énoncés en disant qu'ils contiennent une subordonnée interrogative extraposée, qui est donc le support informatif des énoncés en question. Le SV principal serait alors leur apport informatif.

On peut aussi trouver, en anglais, des interrogations avec inversion devant le verbe de question, le point d'interrogation étant à la fin de la phrase:

> *"Who does he think he is, I wonder?", thought Victoria to herself.* «"Pour qui se prend-il, je me le demande?", se dit Victoria» (A Ch 68)
> *"Sir Rupert," murmured Mrs Clipp, "Now who would he be, I wonder?"* «M. Rupert, murmura Mme Clipp, maintenant qui serait-il, je me demande?» (A Ch 64)
> *Where is he staying, do you know?* «Où reste-t-il, le savez-vous?» (A Ch 89)
> *What do they mean, do you know?* «Que veulent-ils dire, le savez-vous?» (Jespersen, 1954, III, § 2.412) (Léonarduzzi, 2000, 102)

> *"I'd like to know what we are waiting for like this. That plane's revved up for times. We' re all here. Why can't they get on with things?"* <...> *"Would you like a cup of coffee, Mrs Clipp? I see there is a buffet at the end of the room." "Why, no, thank you, Miss Jones. I had coffee before I started, and my stomach feels too unsttled right now to take anything more.* What are we waiting for, I'd like to know?" *Her question seemed to be answered almost before her words were out of her mouth.* «"J'aimerais savoir ce que nous attendons comme ça. Cet avion s'est emballé quatre fois. Nous sommes tous ici. Pourquoi ne peuvent-ils en finir avec ça?" "Aimeriez-vous une tasse de café, Mme Clipp? Je vois qu'il y a un buffet au bout de la salle". "Pourquoi, non merci, Mlle Jones. J'ai pris un café avant de partir, et mon estomac set trop perturbé en ce moment pour prendre quelque chose de plus. *Qu'est-ce que nous attendons, j'aimerais le savoir?"* Sa question parut recevoir une réponse presque avant que ses mots sortent de sa bouche." [ils voient arriver un personnage apparemment important] (A Ch 63).

> Pour qui se prend-il, je vous demande un peu?

Ici, "le point d'interrogation, ainsi que l'intonation globalement montante proche de celle d'une question, montrent que c'est <...> la question qui constitue le message principal" (Léonarduzzi, 2000, 103). D'après Quirk et *alii*, 1985, §15.54 note d, *I wonder* serait une "proposition commentaire", un commentaire après coup, qui indiquerait la réserve du locuteur, avec une intonation montante ou neutre, ou la désapprobation, avec une intonation descendante" (Léonarduzzi, 2000, 107-108). Ce serait donc une incise, par rapport à une phrase interrogative.

De la même façon, on a sûrement affaire à une vraie phrase interrogative après l'expression phatique *dis-moi*, dans des phrases comme:

> *But tell me, what were they doing in the desert?* «Mais dis-moi, qu'est-ce qu'ils font dans le désert?» (T 35)

> *"Now tell me, my dear," I said, "what are you crying about?"* «Bon alors, dites-moi, mon cher, sur quoi pleurez-vous?» (Col 56)

qui sont différentes de la phrase complexe avec subordonnée interrogative comme:

> *"Tell me what you know about him, and I'll tell you how my father came to be his executor."* «Dites-moi ce que vous savez sur lui, et je vous dirai comment mon père en est venu à être son exécuteur testamentaire.» (Col 62) (Léonarduzzi, 2000, 120).

L'interrogation semble bien être l'apport informatif, *tell me* ou *dis-moi* étant une sorte de synthème adverbial, "une expression stéréotypée" (Léonarduzzi, 2000, 119).

Pour conclure, il semblerait qu'on ne puisse pas vraiment parler de parataxe à propos des interrogatives. Par contre quand la parataxe semble effective, ce n'est pas une subordination sans morphème subordonnant. C'est une coordination de propositions sans morphème coordonnant, c'est-à-dire une forme particulière de ce qu'on appelle traditionnellement une juxtaposition. D'autre part, si la parataxe n'est pas une subordination sans conjonction de subordination, nous avons vu qu'il était possible de trouver des propositions subordonnées sans morphème subordonnant. C'est le cas des propositions dites incises. Mais c'est aussi le cas, du moins en français et en anglais, de la majorité des subordonnées interrogatives, qui, à la différence du latin ou du grec, commencent avec un simple constituant interrogatif: seules les subordonnées interrogatives dites totales recourent à un morphème interrogatif propre aux subordonnées, à savoir *si* ou *whether*. Lorsqu'il n'y a pas de morphème subordonnant, on dira que l'on a affaire à une P(roposition) qui est entrée dans le paradigme du SP, qui est donc une sous-catégorisation de SP.

III. Différents classements des subordonnées

A. Classement traditionnel

1. Les différentes propositions subordonnées

Il faut noter, pour commencer, que les critères d'identification des différentes propositions subordonnées sont plutôt hétérogènes, les grammaires scolaires combinant, conformément à leur habitude, sans véritable rigueur et surtout sans systématicité, des critères syntaxiques avec des critères morphologiques et des critères sémantiques.

C'est ainsi qu'elles distinguent par exemple des propositions infinitives, des propositions participiales et des propositions relatives, en s'appuyant surtout sur la morphologie, des propositions complétives, en se fondant sur la morphologie et le rôle syntaxique, et des propositions interrogatives et des propositions circonstancielles, en se fondant surtout sur la signification.

Les infinitives et les participiales sont en effet les subordonnées qui, comme leur nom l'indique, contiennent un segment morphologique de participe ou d'infinitif; et les relatives, celles qui sont introduites par un pronom relatif, c'est-à-dire par une combinaison morphologique qui a deux rôles syntaxiques, "l'un d'être pronom, et l'autre de marquer l'union d'une proposition avec une autre", selon la formule de la Grammaire dite de Port-Royal, ou, pour dire la même chose en termes plus modernes, qui amalgame un morphème de subordination et un morphème anaphorique.

Quant aux complétives, ce sont des subordonnées qui, d'une part, sont dites conjonctives, c'est-à-dire contiennent un morphème de subordination totalement ou partiellement autonome dans la chaîne syntagmatique, suivant que son signifiant est formé d'une simple conjonction dite de subordination ou d'une conjonction de subordination et du subjonctif, et qui, d'autre part, remplissent la fonction syntaxique de complément, et "fourni<ssent> à la principale, comme le disait Marouzeau, un complément nécessaire" (Marouzeau, 1969, 53-54). Mais cette particularisation syntaxique est trop limitée; car les complétives, ainsi que le signale justement Grevisse, "peuvent aussi s'employer comme sujets, comme attributs et comme appositions" (Grevisse, 1959, 971).

Les subordonnées interrogatives et circonstancielles enfin sont définies par leur signification; ce sont les subordonnées qui expriment, les premières, une question et, les secondes, une circonstance. Ces subordonnées sont ensuite subdivisées sur des critères manifestement sémantiques aussi. On distingue en effet des interrogatives totales ou partielles, suivant que toute la proposition ou seulement un de ses constituants est interrogatif. Et l'on identifie des circonstancielles temporelles, causales, finales, conditionnelles, concessives, comparatives ou consécutives, suivant la circonstance particulière qui est signifiée.

2. Combinaison de deux classements

Quand il s'agit de classer des subordonnées définies de façon aussi hétérogène, les grammaires scolaires combinent deux classements différents, un classement d'après la "nature des subordonnées" et un classement d'après la "fonction des subordonnées", pour reprendre les mots mêmes de la petite *Grammaire française* de chez Larousse (Dubois, Jouannon, Lagane, 1961, 135). Mais ces deux classements ne se recoupent pas, s'ils permettent, à eux deux, d'épuiser toutes les différentes subordonnées identifiées.

a. Nature des subordonnées

Du point de vue de la "nature des subordonnées", c'est-à-dire du constituant qui introduit la subordonnée, la petite *Grammaire française* par exemple distingue trois sortes de subordonnées, à savoir 1) "la proposition subordonnée relative", qui est "introduite par un pronom relatif":

> "Je n'ai point lu le livre // *dont vous me parlez.*
> *dont*, pronom relatif, introduit la subordonnée relative" (Dubois, Jouannon, Lagane, 1961, 135)

2) "la proposition subordonnée conjonctive", qui est introduite par "une conjonction de subordination":

> "Il raconte // *qu'il a été témoin d'un terrible accident.*
> *Qu'il a été témoin d'un terrible accident*: subordonnée conjonctive introduite par la conjonction *que.*" (Dubois, Jouannon, Lagane, 1961, 135)

3) "la proposition subordonnée interrogative indirecte", qui, ordinairement, n'est pas introduite par une conjonction de subordination, mais par "un interrogatif (adverbe, pronom, adjectif)":

> "Je lui disais // *combien cette dent me faisait souffrir.*
> *Combien cette dent me faisait souffrir*: subordonnée interrogative indirecte introduite par l'adverbe interrogatif *combien.* " (Dubois, Jouannon, Lagane, 1961, 135).

On trouve exactement le même classement chez Grevisse et Goosse en "propositions relatives", "propositions conjonctives" et "interrogations indirectes ou exclamations indirectes" (1993[13], 1580), ou chez Riegel, Pellat et Rioul, en "subordonnées introduites par une conjonction de subordination", "subordonnées introduites par un terme relatif" et "subordonnées introduites par des termes interrogatifs" (Riegel, Pellat, Rioul, 1994, 475).

Chacune de ces grammaires ajoutent cependant une remarque pour signaler que ce classement exclut certaines subordonnées:

> "Il arrive, dit par exemple la petite *Grammaire française*, que les propositions subordonnées ne soient introduites par aucun mot subordonnant (conjonction, relatif, mot interrogatif). C'est le cas des propositions infinitive et participiale" (Dubois, Jouannon, Lagane, 1961, 135).

b. Fonction des subordonnées

Du point de vue de la fonction des subordonnées, les grammaires distinguent trois sortes de propositions, à savoir 1) les propositions relatives, qui "sont complément du nom ou du pronom antécédents" (Dubois, Jouannon, Lagane, 1961, 135), 2) les "subordonnées complétives", qui "jouent le rôle de complément d'objet ou de sujet du verbe principal, ou d'attribut du sujet de ce verbe" (Dubois, Jouannon, Lagane, 1961, 137), lesquelles "peuvent être introduites par une conjonction (subordonnées conjonctives), par un mot interrogatif (subordonnées interrogatives indirectes), ou être construites sans aucun mot subordonnant (subordonnées infinitives)" (Dubois, Jouannon, Lagane, 1961, 137), et 3) les subordonnées circonstancielles", qui sont "complément circonstanciel" (Dubois, Jouannon, Lagane, 1961, 135), et "peuvent être des subordonnées conjonctives, commençant par une conjonction de subordination, ou des subordonnées participiales (ou participes)" (Dubois, Jouannon, Lagane, 1961, 142).

B. Classement en termes de paradigmes

Certaines grammaires et certains linguistes reformulent ce classement fonctionnel des subordonnées en termes de classes de mots ou de morphèmes. Elles rangent alors les complétives, les infinitives et les interrogatives dans une seule et même classe, qu'elles opposent d'une part à la classe des relatives et d'autre part à la classe des circonstancielles et éventuellement des participiales. Et elles justifient ce classement par une équivalence en quelque sorte fonctionnelle entre ces trois classes de subordonnées et trois des quatre classes majeures de parties du discours, à savoir les noms, les adjectifs et les adverbes.

1. Classes de subordonnées et classes de mots

Tel est le classement que propose, pour le français, *Le bon usage* de Grévisse (1959[7], 970), qui distingue "les subordonnées substantives" des "subordonnées adjectives ou relatives" et des "subordonnées adverbiales ou circonstancielles" (Grevisse, 1959[7], 971). Ce rapprochement est ancien. On le trouve par exemple dans une grosse grammaire latine de 1878, publiée par Kühner et Stegmann.

Ces deux auteurs, qui disent avoir emprunté leur classement des subordonnées au germaniste S. A. Herling, précisent que les subordonnées ont, en tant que constituants complexes de la phrase, les mêmes relations grammaticales avec la proposition dite principale que les constituants de la phrase simple (Kühner-Stegmann, 1955, 2, 171). Ils ont donc étudié sous le titre de *Substantivsätze* les différentes complétives, sous celui de *Adjektivsätze* les relatives et sous celui de *Adverbialsätze* les différentes sortes de circonstancielles, en signalant expressément que les subordonnées interrogatives appartiennent aussi aux *Substantivsätze* (Kühner-Stegmann, 1955, 2, 171), et que les participes remplacent des propositions substantives, adjectives ou adverbiales (Kühner-Stegmann, 1955, 1, 766), l'ablatif absolu du latin étant une subordonnée adverbiale (Kühner-Stegmann, 1955, 1, 771). Mais ils ne semblent pas oser considérer les subordonnées infinitives comme des propositions substantives.

On retrouve plus ou moins la même idée chez Benveniste, quand il conclut son article sur "La phrase relative" en disant:

> "la phrase relative, de quelque manière qu'elle soit rattachée à l'antécédent (par un pronom, une particule, etc.), se comporte comme un «adjectif syntaxique» déterminé, de même que le pronom relatif joue le rôle d'un «article syntaxique» déterminatif. En somme les unités complexes de la phrase peuvent, en vertu de

leur fonction, se distribuer dans les mêmes classes de formes où sont rangées les unités simples, ou mots, en vertu de leurs caractères morphologiques" (Benveniste, 1969, 222).

2. Théorie de la translation

Tesnière est probablement celui qui a le plus théorisé le parallélisme entre les subordonnées et les classes de constituants syntaxiques. Il a en effet postulé le mécanisme de la translation, qui consiste à changer une catégorie grammaticale en une autre catégorie grammaticale. Ce sera une translation du premier degré, quand elle "transformer<a> une espèce de mot en une autre espèce de mot" (Tesnière, 1966, 364), par exemple un "adjectif qualificatif en substantif" (Tesnière, 1966, 411), un "substantif en adjectif de couleur, de matière", etc. (Tesnière, 1966, 441) ou un "verbe en adjectif" (Tesnière, 1966, 451). Ce sera une translation du second degré, quand elle transformera "un nœud verbal", c'est-à-dire en fait une phrase, en "un élément de la proposition principale", dit Tesnière (1966, 546), c'est-à-dire en réalité en un simple constituant de phrase.

a. Trois sortes de subordonnées

Tesnière admet trois sortes de translation du second degré.

D'abord la translation par laquelle "une proposition indépendante <...> se trouve transférée en substantif subordonné au verbe d'une proposition régissante" (Tesnière, 1966, 546), c'est-à-dire en subordonnée complétive ou en subordonnée interrogative.

Tesnière présente ainsi la subordonnée substantive:

> "Soit la proposition indépendante *Alfred a raison*, je peux la transférer, au moyen du translatif *que* en substantif *qu'Alfred a raison* susceptible de jouer le rôle de second actant d'une proposition indépendante, *je crois* : *je crois qu'Alfred a raison* " (Tesnière, 1966, 546).

Il s'agit donc d'une subordonnée complétive. Tesnière range dans la même catégorie des subordonnées substantives les subordonnées interrogatives:

> "on désigne communément sous le nom d'interrogation indirecte une interrogation avec translation secondaire, c'est-à-dire une interrogation formulée sous forme de proposition subordonnée:
> Interrogation directe: *Alfred frappe-t-il Bernard?*
> Interrogation indirecte: *Je te demande si Alfred frappe Bernard*" (Tesnière, 1966, 553).

Ensuite la translation par laquelle "la proposition subordonnée est transférée en adjectif" (Tesnière, 1966, 557), c'est-à-dire en subordonnée relative. Tesnière formule les choses en ces termes:

> "1. Lorsque la translation du second degré est le type I >> A [= Verbe translaté en Adjectif], la proposition subordonnée est transférée en adjectif.

> 2. Soit par exemple la phrase: *les livres que vous avez sont précieux*, il est évident que la subordonnée *que vous avez* est une épithète qui sert à caractériser *les livres* au même titre que l'adjectif épithète *rares* dans *les livres rares sont précieux*. <...>
> 4. C'est pourquoi nous donnerons à une proposition indépendante transférée en adjectif épithète le nom de subordonnée adjective" (Tesnière, 1966, 557).

Enfin la translation par laquelle "une proposition indépendante se trouve transférée en circonstant d'une autre proposition indépendante <et est donc> l'équivalent d'un adverbe" (Tesnière, 1966, 582). La proposition ainsi transférée en adverbe peut être une subordonnée circonstancielle de temps et de lieu, une subordonnée causale, une subordonnée conditionnante ou hypothétique, une subordonnée concessive, consécutive, finale ou modale.

Tesnière illustre ainsi ces subordonnées qu'il ne qualifie pas d'adverbiales, mais de circonstancielles:

> "Le circonstant étant normalement un adverbe, la proposition subordonnée circonstancielle sera, dans la régissante qui la régit, l'équivalent d'un adverbe. Ainsi, s'il se trouve que vous êtes arrivé hier, la phrase *je vous ai reçu quand vous êtes arrivé* est l'équivalent de *je vous ai reçu hier*" (Tesnière, 1966, 582).

b. Les autres subordonnées

Les propositions infinitives et les propositions participiales correspondent, chez Tesnière, à une translation du premier degré, ce qui peut paraître surprenant. Mais il l'explique en ces termes:

> "1. Lorsqu'un verbe est transféré en substantif par l'emploi de l'infinitif, le noeud qu'il constitue reçoit le nom de proposition infinitive.
> 2. La proposition infinitive repose sur une translation du premier degré, puisque la translation du verbe en substantif au moyen de l'infinitif est une translation du premier degré.
> 3. La proposition infinitive est loin d'être inconnue en français: *Alfred veut partir, Bernard sait chanter, Alfred regardait valser les danseurs, saint Pierre entendit le coq chanter, Bernard sentit la terre trembler, je désirais vous voir* " (Tesnière, 1966, 421).

Cela veut dire que Tesnière ne fait pas vraiment la distinction que font les grammaires scolaires entre l'infinitif et la subordonnée infinitive. Car dans *Alfred veut partir*, les grammaires aiment à parler d'infinitif complément. Elles voient par contre une subordonnée infinitive dans les exemples comme *Alfred regardait valser les danseurs*. Pour lui, la subordonnée infinitive se ramène simplement à un infinitif, puisqu'il s'agit aussi d'une translation du premier degré.

Il tient le même discours à propos du participe et de la proposition participiale:

> "Lorsqu'un verbe est transféré en adjectif par l'emploi du participe, le noeud qu'il constitue reçoit le nom de proposition participe: *(un livre) racontant la mythologie aux enfants*.

2. Comme la proposition infinitive, à laquelle elle répond sur le plan adjectival, la proposition participe repose sur une translation du premier degré.
3. C'est ainsi que, par la translation du premier degré réalisée au moyen du participe, la proposition indépendante *(ce livre) raconte agréablement la mythologie aux enfants* est susceptible d'être transférée en la proposition participe *(un livre) racontant agréablement la mythologie aux enfants*" (Tesnière 1966, 454).

Tesnière ne fait donc pas de différence entre le participe et la proposition participiale. Il considère au moins verbalement que la participe (sans sujet) est une proposition participiale. Mais dans sa théorie, il ne fait pas de la subordonnée participiale une véritable subordonnée, puisque, pour lui, c'est, comme le participe, le résultat d'une translation du premier degré.

c. Discussion

Malgré la beauté et la généralisation de cette analogie brillante entre subordonnées et catégories syntaxiques, la position de Tesnière peut paraître excessive. Si les complétives semblent fonctionner comme des noms ou les relatives comme des adjectifs, cela ne veut pas forcément dire que pour autant ce sont de véritables noms ou de véritables adjectifs. Il serait moins triomphal, mais plus réaliste de prétendre simplement qu'elles appartiennent aux mêmes paradigmes que les substantifs ou les adjectifs, c'est-à-dire qu'elles remplissent dans la phrase les mêmes fonctions ou certaines des mêmes fonctions syntaxiques que les noms ou les adjectifs, sans être pour autant devenues des noms ou des adjectifs.

Car passer d'une équivalence fonctionnelle à une identité de nature, c'est incontestablement forcer et fausser les choses. De fait, les subordonnées complétives ne sont pas à proprement parler des substantifs, dans la mesure où, contrairement aux substantifs, elles ne peuvent pas se combiner avec un adjectif épithète, ni du reste avec un complément de nom. Elles ne remplissent donc que certains des rôles syntaxiques susceptibles d'être remplis par un substantif.

De la même façon, la relative n'est pas véritablement une subordonnée adjective; car si elle peut recevoir les fonctions syntaxiques d'épithète et d'apposition comme tous les adjectifs, il ne semble pas qu'elle puisse, seule, c'est-à-dire sans antécédent ou sans être substantivée, avoir la fonction d'attribut, qui est pourtant une fonction que remplissent sinon tous, du moins beaucoup d'adjectifs qualificatifs.

Tout cela nous conduit à corriger ou plutôt à nuancer l'hypothèse de l'analogie entre classes de subordonnées et classes de constituants syntaxiques, en essayant de classer les différentes sortes de subordonnées d'après les classes paradigmatiques dans lesquelles elles entrent, et d'après les fonctions syntaxiques auxquelles correspondent ces classes paradigmatiques. C'est le classement que nous avons proposé à propos du latin dans Touratier 1994b, 209-223, que nous allons reprendre ici pour partie.

3. Notre classement paradigmatique des subordonnées latines

a. Première classe de propositions subordonnées

Cette classe comprend tous les syntagmes propositionnels qui commutent avec un SN ou un ProSN, et qui appartiennent donc au paradigme du SN, et non pas seulement au paradigme du nom, comme l'implique la dénomination traditionnelle de "subordonnée substantive". On constate en effet que la subordonnée de:

> Scimus *L. Acilium apud patres nostros appellatum esse sapientem* (Cic., *Lael.* 6) «nous savons que Lucius Acilius, du temps de nos ancêtres, fut appelé sage» (L. Laurand)

peut commuter avec le prétendu pronom *aliquid* «quelque chose» ou avec les SN *ueritatem tuam* «ta vérité».

Dans ce type de subordonnées, on distinguera deux sous-classes principales, suivant que le constituant phrasoïde de la subordonnée est interrogatif ou non interrogatif. On devrait plutôt dire suivant que ce constituant phrasoïde pourrait être une phrase interrogative, exclamative, impérative ou assertive. Les deux premiers types de phrases simples correspondent à deux emplois différents de ce que les grammaires appellent les subordonnées interrogatives; le reste, c'est-à-dire les deux autres types, forme ce qu'on pourrait appeler les subordonnées non interrogatives. Ces subordonnées non interrogatives se subdivisent à leur tour en quatre sous-classes non plus sémantiques, mais morphologiques, suivant le signifiant de leur morphème de subordination. Celui-ci en effet peut être soit un segment morphologique d'infinitif syntagmatiquement soudé au lexème verbal dans les propositions dites infinitives, soit un segment morphologique de subjonctif également soudé au verbe dans les complétives dites au subjonctif seul comme:

> oportet *discas* «il faut que tu apprennes»

soit un segment syntagmatiquement autonome appelé conjonction de subordination comme dans:

> Bene mihi euenit *quod mittor ad mortem* «C'est un bien pour moi d'être envoyé à la mort»

soit enfin un signifiant discontinu formé d'une conjonction de subordination syntagmatiquement autonome et d'un segment morphologique de subjonctif soudé au verbe, comme dans:

> Saepe fit *ut erremus* «Il arrive souvent que nous nous trompions»
>
> Suadeo tibi *ut legas* «Je te conseille de lire»
>
> timeo *ne ueniat* «Je crains qu'il ne vienne»
>
> non impedio *quominus ueniat* «Je ne l'empêche pas de venir»

pour reprendre des exemples scolaires.

Les deux grandes sous-classes de subordonnées relevant du paradigme du SN peuvent remplir quasiment toutes les fonctions syntaxiques du SN, c'est-à-dire aussi bien les fonctions actancielles de sujet, de complément de verbe ou d'attribut que des fonctions non actancielles comme celle d'apposition, d'épithète, de constituant extraposé ou de complément d'adjectif.

La situation est à peu près la même en français; mais les grammaires embrouillent un peu les choses. A côté des subordonnées interrogatives, les subordonnées non interrogatives françaises se distinguent aussi au point de vue morphologique suivant le signifiant de leur morphème de subordination, lequel peut être soit la conjonction *que*, comme dans:

Il affirme *que tout est en ordre*

soit la conjonction *que* plus le subjonctif, comme dans:

Je veux *qu'on soit sincère*

soit l'infinitif, comme dans:

J'entends Pierre *chanter dans la pièce*

pour reprendre des exemples de la petite *Grammaire française* (Dubois, Jouannon, Lagane, 1961, 137 et 139). Mais les choses se compliquent de façon peu logique, avec les infinitives, que les grammaires scolaires opposent étrangement au complément à l'infinitif. Elles trouvent que l'exemple cité est une subordonnée infinitive, parce que "l'infinitif *chanter* a pour sujet *Pierre*" (Dubois, Jouannon, Lagane, 1961, 139), alors qu'elles devraient voir dans *Pierre* le même complément d'objet qu'elles admettent dans *le* de:

Je l'entends *chanter*.

En l'absence de ce prétendu sujet, elles refusent de parler de subordonnée infinitive. Dans par exemple:

J'entendais *chanter dans la pièce voisine*

"il n'y a pas de proposition infinitive: *chanter* est un infinitif sans sujet, et qui est complément d'objet direct de *entendais*" (Dubois, Jouannon, Lagane, 1961, 139). Mais si *J'entends Pierre chanter* est une subordonnée infinitive, bien qu'il n'ait pas de sujet, puisque *Pierre* est le premier complément du verbe *J'entends*, il n'y a pas de raisons de ne pas parler aussi de subordonnée infinitive à propos de *J'entendais chanter dans la pièce voisine*. D'ailleurs *Je l'entend chanter* est une sorte de variante de *J'entends qu'il chante,* et *J'entendais chanter dans la pièce voisine* une variante de *J'entendais que quelqu'un chantait dans la pièce voisine*. Et il y a des cas où cette variante est obligatoire. Par exemple à côté de:

Je veux *que tu chantes*, Je veux *qu'il chante*, etc.

où tout le monde verra une subordonnée conjonctive, on ne peut pas dire:

*Je veux *que je chante*

et l'on doit dire:

Je veux *chanter*

qui, étant en distribution complémentaire avec des subordonnées complétives, est par conséquent lui aussi une subordonnée complétive.

b. Deuxième classe paradigmatique de subordonnées

Certaines propositions subordonnées appartiennent à un paradigme plus petit que celui du SN. Elles commutent avec un adjectif, quelle que soit sa position dans le SN, c'est-à-dire qu'il soit épithète ou apposé. Tel est le cas des subordonnées relatives et des participes autres que ceux de l'ablatif absolu en latin ou de la subordonnée dite participiale en français.

Une relative qui, d'après la grammaire traditionnelle, peut être explicative, comme dans:

fr. Les hommes, *qui sont mortels*...

lat. Alesia, *quod est oppidum Mandubiorum*... «Alésia, qui est la place forte des Mandubiens...»

ou déterminative, comme dans:

fr. Les hommes qui sont pieux sont charitables

lat. litterae *quas scripsisti* mihi iucundissimae fuerunt «la lettre que tu m'as écrite m'a été très agréable»

remplit, dans le premier cas, la fonction syntaxique d'apposition, pouvant commuter avec un adjectif ou tout syntagme susceptible d'être expansion de SN:

Les hommes, mortels, ...

Alesia, oppidum Mandubiorum, ...

et, dans le second cas, la fonction syntaxique d'épithète, pouvant commuter avec un adjectif ou tout syntagme susceptible d'être expansion de N:

Les hommes pieux sont charitables

Eae litterae mei patris mihi iucundissimae fuerunt «Cette lettre de mon père m'a été très agréable».

Tout comme l'adjectif peut être substantivé et fonctionner non plus comme un constituant de nom ou de SN, mais comme un nom et éventuellement un SN, les subordonnées relatives ont également la possibilité d'entrer dans le paradigme du nom et dans celui du SN. Les grammaires parlent alors de "relative sans antécédent" ou "relative substantive", comme dans:

Qui aime bien châtie bien

Qui bene amat, bene castigat.

Et de même qu'un SN peut entrer dans le paradigme d'un SAdv et être par conséquent adverbialisé en étant mis à l'ablatif, de même une relative qui, sans antécédent, est entrée dans le paradigme du SN peut alors fonctionner comme un SAdv. Cela arrive aux relatives de lieu comme dans:

Où il y a de la gêne, il n'y a pas de plaisir.

et *quo imperatum est* transeunt (Caes., *civ.* 2,25,7) «et ils se rendent où ils en ont reçu l'ordre».

Mais l'appartenance au paradigme de l'adjectif ne correspond pas à tous les emplois de la subordonnée relative. Elle peut aussi appartenir, en latin, au paradigme du complément d'adjectif, comme dans:

Dignus est *qui imperet* «Il est digne de commander»

ou, en français, au paradigme du SN deuxième complément de verbe, comme dans:

C'est Paul *qui commande*

Je le vois *qui arrive*.

La grammaire scolaire ne reconnaît le statut de subordonnée participiale qu'aux constructions formées d'un participe et d'un sujet, comme dans:

"*Le beau temps revenant*, nous pourrons reprendre nos sorties.

Le beau temps revenant, proposition participiale formée du participe présent *revenant*, dont le sujet *le beau temps* n'est rattaché à aucun mot de la principale" (Dubois, Jouannon, Lagane, 1961, 151). Quelques lignes plus bas, la même grammaire ajoute:

"*Ayant franchi la barrière*, nous nous sommes trouvés dans un jardin merveilleux,

il n'y a pas de proposition participiale, car le sujet de *ayant franchi* est *nous*, également sujet de la principale" (Dubois, Jouannon, Lagane, 1961, 151). C'est le même problème que pour le prétendu infinitif complément qui ne serait pas une subordonnée infinitive, avec, en plus, un rappel implicite aux grammaires latines, comme le suggérait clairement le titre de ce paragraphe: "Subordonnée participiale ou participe absolu". On retrouve en effet la distinction que les grammaires latines scolaires font entre le participe et la subordonnée au participe, qu'elles appellent l'ablatif absolu. On peut lire en effet dans une bonne grammaire latine comme le *Précis de Grammaire des Lettres Latines* édité par Magnard:

"DIFFÉRENCE ENTRE L'ABLATIF ABSOLU ET LE PARTICIPE APPOSÉ.

1. Si le nom ou le pronom auquel se rapporte le participe ne peut pas entrer dans la proposition comme sujet ou comme complément, le nom et le participe forment un ablatif absolu:

VRBE CAPTĀ, hostis ábiit.

<La ville ayant été prise, l'ennemi s'en alla.>

Après avoir pris la ville, l'ennemi s'en alla.

Après qu'il eut pris la ville, l'ennemi s'en alla.

L'ennemi prit la ville, puis s'en alla.

2. Si le nom ou le pronom auquel se rapporte le participe ne peut pas entrer dans la proposition comme sujet ou comme complément, le participe est apposé au nom ou au pronom, avec lequel il s'accorde en cas:

VRBEM CAPTAM hostis dirípuit.

<L'ennemi pilla la ville prise.>

Après avoir pris la ville, l'ennemi la pilla.

Après qu'il eut pris la ville, l'ennemi la pilla.

L'ennemi prit la ville et la pilla.

En thème, on n'emploiera l'ablatif absolu qu'après avoir constaté qu'il est impossible de faire du nom ou du pronom le sujet ou le complément du verbe à un mode personnel" (Gason, Baudiffier, Thomas, 1963, 145).

En réalité, dans tous ces cas, on a affaire à une subordonnée, puisqu'il y a une forme verbale qui ne constitue pas une phrase. Ceux auxquels les grammaires scolaires du latin comme du français ne veulent pas reconnaître le statut de subordonnée peuvent, exactement comme les subordonnées relatives, être épithètes ou appositions du nom auxquel ils se rattachent. Leurs constituants phrasoïdes correspondraient à des phrases sans sujet, donc à des SV avec morphème personnel.

c. Troisième classe de subordonnées

Une autre classe paradigmatique de subordonnées n'est même pas envisagée par l'hypothèse qui voit une équivalence entre subordonnées et parties du discours. Il s'agit de certaines des subordonnées qualifiées traditionnellement de comparatives et de consécutives, qui appartiennent manifestement au paradigme des expansions d'adjectif. De fait dans:

> *Qualis* pater, *talis* filius «Le fils est tel qu'est le père»

la comparative *qualis pater «qu'est le père»* est une expansion de l'adjectif *talis «tel»*, de même que dans:

> *Tam prudens* est hic homo *ut* decipi non possit «Cet homme est si avisé qu'on ne peut le tromper»

la consécutive *ut decipi non possit* est une expansion du syntagme adjectival *tam prudens*. Et cela est vrai, même si la subordonnée est linéairement séparée du syntagme adjectival ou de l'adjectif dont elle est l'expansion.

Mais ces expansions d'adjectif peuvent, surtout lorsqu'elles sont comparatives, remplir à elles seules le paradigme de l'adjectif et apparaître donc sans corrélatif comme dans:

sapiens praetor, *qualis* hic fuit, offensionem uitat (Cic., *Mur.* 41) «un sage préteur, tel que fut mon client, échappe aux rancunes» (A. Boulanger).

En français, cela n'est possible que pour la conjonction *comme*:

Un sage préteur, *comme* fut mon client, échappe aux rancunes

à côté de:

Un préteur *sage comme* le fut mon client échappe aux rancunes.

Enfin, dans la mesure où un adjectif est susceptible de recevoir un morphème adverbialisant, ces subordonnées peuvent aussi fonctionner en tant qu'expansion d'adverbe, comme dans:

Amaui consummatissimum iuuenem *tam ardenter quam* nunc impatienter requiro (Plin., *epist.* 2,7,6) «J'ai aimé ce jeune homme si parfait *aussi ardemment que* maintenant je le regrette violemment»

Ut sementem feceris, *ita* metes «Tu moissonneras comme tu auras semé».

Tarquinius <...> *sic* Seruium diligebat, *ut* is eius uulgo haberetur filius (Cic., *rep.* 2,37) «Tarquin aimait *tellement* Servius *que* ce dernier était couramment pris pour son fils».

Rien ne les empêche alors d'entrer également, en français comme en latin, dans le paradigme des adverbes:

Loquor *ut* opinor (Cic., *Brut.* 131) «Je parle *comme* je pense» (Oudot, 1964, 465)

mons autem altissimus impendebat, *ut* facile perpauci prohibere possent (Caes., *Gall.* 1,6,1) «d'ailleurs, une très haute montagne la dominait, *de sorte qu*'une poignée d'hommes pouvait facilement l'interdire» (L. A. Constans).

d. Quatrième classe de subordonnées

Si certaines subordonnées comme les consécutives ou les comparatives peuvent occasionnellement tenir lieu de SAdv, ce qui est un constituant plus grand que le SN et dont le SN est un constituant immédiat, il en est d'autres dont c'est le seul paradigme possible. Elles forment la quatrième classe de subordonnées, et remplissent donc la fonction syntaxique de circonstant ou de constituant extraposé ou interposé. En dehors de l'ablatif absolu des grammaires latines ou de la subordonnée participiale des grammaires française, ainsi que des incises, ces subordonnées adverbiales sont introduites par un morphème que nous qualifions de relationnel, qui précise expressément la relation sémantique ou logique qui relie ces subordonnées à leur contexte. Ces morphèmes jouent le même rôle sémantique que les morphèmes avec préposition des SAdv, au paradigme desquels ces subordonnées appartiennent. Ils permettent de distinguer différentes sous-classes sémantico-logiques de subordonnées adverbiales, dont la grammaire traditionnelle a identifié les principales. Mais ces différentes sous-classes sont peut-être moins distinctes et moins exhaustives que ne semblent le croire les grammaires. Existe-t-il, par exemple en latin, un *cum* + subjonctif concessif que les grammaires scolaires illustreraient par:

> *Cum absit a culpa*, tamen accusatur «Bien qu'il soit innocent, il est pourtant accusé. Il a beau être innocent, il est pourtant accusé» (cf. Gason, Baudiffier, Thomas, 1963, 159)

alors qu'il est fort possible d'y voir le morphème temporel *cum* «quand» combiné avec le morphème de possibilité qu'est le subjonctif (cf. Touratier, 1994, 689-690). Et quelle sorte de subordonnée est introduite, en français, par *sans que*, conjonction qui, comme le dit *Le Bon usage*, "est difficile à classer. La proposition qui suit peut être considérée comme une adverbiale de manière ou de conséquence (conséquence non réalisée):

> Les dents lui poussèrent *sans qu'il pleurât une seule fois* (Flaubert, Tr. Contes)" (Grevisse & Goosse, 1993, 1647).

Et que dire de ce que les grammaires appellent des comparatives conditionnelles, lesquelles semblent combiner une conjonction de subordination comparative et une conjonction de subordination conditionnelle, comme dans:

> absentis Ariouisti crudelitatem, *uelut si coram adesset, horre<bant>* (Caes., *Gall.* 1,32,4) «et, en l'absence d'Arioviste, <ils> redoutaient sa cruauté *comme s*'il était là» (L. A. Constans)

> Eius negotium *sic* uelim suscipias *ut si esset res mea* (Cic., *epist.* 2,14,1) «Je voudrais que tu prennes en main son affaire, *comme s*'il s'agissait de mes propres intérêts» (L. A. Constans)?

Les subordonnées adverbiales se répartissent donc en subordonnées temporelles, illustrées par les exemples latins et leurs traductions françaises:

> *Haec ubi (ut) dixit*, abiit «*Quand* il eut dit cela, il partit»

> *Cum Caesar in Galliam uenit*, factiones erant «*Lorsque* César arriva en Gaule, il y avait des partis rivaux»,

en subordonnées causales, illustrées par:

> *Quoniam id cupis*, maneo «*Puisque* tu le désires, je reste»,

en subordonnées finales, illustrées par:

> Audi *ut discas* «Ecoute *pour* apprendre»

> Hoc fecit *ne poenas daret* «Il a fait cela *afin de ne pas* être puni»,

et en subordonnées conditionnelles, illustrées par:

> *Si sunt dii*, sunt boni «*Si* les dieux existent, ils sont bons»

> *Si uenias*, laetus sim «*Si* tu venais, je serais content».

Les conditionnelles peuvent cependant poser un petit problème théorique, dans la mesure où il ne semble pas y avoir vraiment d'adverbe ou de SAdv à valeur conditionnelle. Le seul exemple d'adverbe de condition que cite Tesnière est *sinon* (Cf. Tesnière, 1966, 79). Mais, comme l'adverbe *oui*, que Tesnière qualifie justement de "mot-phrase" (cf. Tesnière, 1966, 95), cet adverbe a moins une signification adverbiale qu'une signification propositionnelle. De même, les syntagmes prépositionnels qui pourraient être considérés comme conditionnels reprennent anaphoriquement un contenu propositionnel:

Dis-moi toujours ce que tu penses; on ne sera ami qu'*à cette condition*

ou sont l'équivalent sémantique d'un contenu propositionnel:

En cas d'échec, il ne courra pas un grand danger.

Cela n'est grave que si l'on admet, avec Tesnière, que les subordonnées conditionnelles sont des propositions qui sont devenues des adverbes par une translation du second degré. Mais si on n'assimile pas appartenance à un même paradigme et appartenance à une catégorie syntaxique, il devient possible de prétendre que les subordonnées conditionnelles représentent le même paradigme que les adverbes sans être pour autant des adverbes, et sans que pour autant il existe nécessairement des adverbes de même valeur sémantique. Car cela veut simplement dire qu'elles commutent avec des adverbes, qu'elles ont un fonctionnement syntaxique comparable à celui des adverbes.

La dernière sous-classe traditionnelle de subordonnées adverbiales est formée de subordonnées dites concessives, que les grammaires scolaires illustrent par:

Quamquam abest a culpa, accusatur «*Bien qu'il soit innocent*, il est accusé»

Quamuis callidus sis, tamen deceptus es «*Quelque rusé que tu sois*, tu t'es cependant laissé prendre».

La signification de ces subordonnées peut être rapprochée aussi bien de celle des conditionnelles que de celle des causales. "Tandis que la proposition causale, écrit en effet Tesnière, est celle qui exprime la cause qui entraîne l'effet exprimé par la proposition régissante, la proposition concessive est celle qui exprime la cause qui devrait entraîner l'effet contraire" (Tesnière, 1966, 600). "Dans tous les types de concessives, dit par ailleurs justement Robert Martin, on perçoit, sous-jacente, une relation hypothétique dont l'antécédent est vrai et le conséquent faux (*si p, non q*)" (Martin, 1983, 5). Une phrase comme:

Iste *quanquam est incredibili importunitate et audacia*, tamen subito solus destitutus pertimuit (Cic., *Verr.* 2,2,74) «Cet individu, bien qu'il soit d'une brutalité et d'une audace incroyable, il eut très peur quand il se trouva tout à coup laissé seul»

"comporte, dirait en effet Robert Martin, deux assertions" que l'on peut résumer par: «il est innocent» et «il est accusé». "Mais *bien que*, poursuivrait-il, véhicule l'idée sous-jacente que l'on pouvait penser ceci" (Martin, 1983, 5): «s'il est innocent, il n'est pas accusé», "soit *si p, non q*". Il y a donc quelque chose de commun entre les concessives et ce que Tesnière appelait les conditionnelles amplificatives, puisque dans les deux cas il y a un implicite du type *si p, non q*. Mais la particularité des concessives vient précisément du rapport sémantique qu'elles entretiennent aussi avec les causales: le contenu de la subordonnée n'y est pas supposé, comme dans les conditionnelles; il est bel et bien asserté, comme dans les causales. Ces subordonnées adverbiales sont donc partagées, en quelque sorte, entre les subordonnées conditionnelles et les subordonnées causales.

C. Classement d'après la structure interne

S'il est intéressant de préciser à quel paradigme peuvent appartenir les différentes sortes de propositions subordonnées, on a constaté qu'une même subordonnée appartient parfois à plusieurs paradigmes grammaticaux différents, et surtout qu'il n'y a pas parallélisme entre ces différents paradigmes et les différentes sortes de subordonnées. L'identification de ces paradigmes ne peut donc pas permettre de classer véritablement les propositions subordonnées.

Il n'est pas non plus intéressant de les classer d'après le contexte syntaxique dans lequel elles entrent, c'est-à-dire d'après les fonctions syntaxiques qu'elles sont susceptibles de remplir. Car une même fonction syntaxique peut être remplie par différentes sortes de subordonnées. La fonction d'épithète par exemple, que la subordonnée relative aurait vocation à remplir, peut aussi fort bien être remplie par une subordonnée temporelle:

> Elle me racontait sa lutte *quand elle recevait mes lettres* (d'après de Boer, 1947, 126). Il lui fit raconter sa vie *depuis qu'ils s'étaient perdus de vue*

par une subordonnée comparative:

> C'est plein de livres *comme tu les aimes*. Un Saint-Emilion *comme je n'en ai jamais bu depuis*. C'était un médecin original et *comme on n'en voit plus* (d'après de Boer, 1947, 125, 126)

ou même par une subordonnée complétive:

> Je ne puis me faire à l'idée *que vous êtes médecin* (Brieux). Je lui fis <...> le serment *que cette bague ne me quitterait jamais* (Loti) (d'après Sandfeld, 1965, 24).

Pas plus que la fonction d'épithète, les autres fonctions syntaxiques ne seront propres à un type de subordonnée, et ne permettront donc d'identifier et de classer les subordonnées.

Il serait donc peut-être préférable de classer syntaxiquement les différents types de subordonnées d'après une particularité syntaxique de leur structure interne, c'est-à-dire d'après les caractéristiques de chacun de leurs deux constituants immédiats, à savoir d'une part le morphème de subordination et d'autre part le constituant phrasoïde.

1. Nature du subordonnant

Le subordonnant peut être soit segmental soit suprasegmental.

a. Subordonnant segmental

Les subordonnées contenant un subordonnant segmental semblent former deux classes différentes. Il y a en effet d'une part des subordonnées dont le morphème subordonnant est un simple morphème grammatical qui n'indique rien de plus que la subordination, et d'autre part des subordonnées dont le morphème subordonnant apporte en plus une signification propre. Cette opposition rejoint partiellement l'idée qui est à l'origine de la distinction traditionnelle entre les conjonctives complétives et les conjonctives circonstancielles, ainsi que la distinction que Damourette et Pichon faisaient entre les subordonnées à "assemblage centrosynaptique" et les subordonnées à "assemblage ptérosynaptique". Dans:

Je sais bien que votre existence n'est pas gaie

Tu me demandes si j'aime les femmes!

"c'est, comme ils le disent, le centre factival même de la subordonnée qui intervient vis-à-vis du fait principal" (Damourette & Pichon, 1911-1934, IV, 117), alors que dans:

J'ai marché près de toi quand le bois s'est fait sombre

Je ne sais pas quand je me guérirai de ma maladresse

la liaison ne se fait pas par le centre même de la subordonnée, mais par une circonstance (ou une aile – cf. τὸ πτερόν «1. plume, 2. aile» –) de la subordonnée. (cf. 1911-1934, IV, 117).

Morphème fonctionnel et morphème relationnel

Cette première opposition est illustrée par Damourette et Pichon notamment d'un côté par les subordonnées en *que* qui sont qualifiées par la tradition grammaticale de complétives, et d'un autre côté par les subordonnées temporelles en *quand*. Dans le premier cas le subordonnant n'est qu'un simple morphème fonctionnel qui est chargé d'indiquer uniquement la subordination syntaxique, tandis que dans le second cas, le subordonnant correspond à ce que nous appelons un morphème relationnel, c'est-à-dire qu'il a un contenu non grammatical et exprime une relation soit logique soit référentielle. Dans le cas de *quand*, il s'agit d'une relation de situation temporelle. On peut toutefois se demander si en fait *quand* n'ajoute pas cette signification temporelle à un signifié grammatical de subordination identique à celui de *que*. L'existence de conjonction de subordination comme *avant que* ou *après que*, qui, étant composées, ont l'air de contenir et un morphème relationnel et un morphème fonctionnel *que* milite en ce sens. Si tel est bien le cas, cela voudra dire qu'il y a, en français, deux morphèmes homonymes, le subordonnant temporel *quand* et l'interrogatif temporel *quand*.

La première classe de subordonnées est plus large que celle des conjonctives complétives traditionnelles, et la seconde moins large que celles des conjonctives circonstancielles. Car on a une subordonnée avec simple morphème de subordination dans des exemples où les grammaires scolaires parlent de subordonnées circonstancielles comparatives ou consécutives comme:

> Jacques est aussi bavard *que son frère est taciturne*. Nous étions d'autant plus inquiets *que le bois devenait maintenant plus épais* (Dubois, Jouannon, Lagane, 1961, 150)
>
> Le bruit devint si intense *que l'on dut fermer la fenêtre* (Dubois, Jouannon, Lagane, 1961, 146).

On mettra dans la classe des subordonnées à simple morphème fonctionnel ce que les grammaires scolaires appellent la subordonnée participiale, que l'on a par exemple dans

> Le beau temps revenant, nous pourrons reprendre nos sorties. La barrière une fois franchie, nous nous sommes trouvés dans un jardin. (Dubois, Jouannon, Lagane, 1961, 151)

Le morphème qui a pour signifiant le participe n'indique rien de plus que la subordination. Alors qu'en latin, ce type de subordonnée se combine avec un ablatif (d'où le nom d'ablatif absolu) que l'on peut considérer comme le signifiant d'un morphème adverbialisant (cf. Touratier, 1994, 655), il n'y a peut-être pas lieu de voir dans le segment de participe des subordonnées participiales un amalgame d'un semblable morphème adverbialisant et d'un morphème subordonnant. Car cela permettra de voir le même morphème subordonnant dans le participe de ce que les grammaires scolaires appellent subordonnée participiale et dans celui de ce qu'elles se refusent à considérer comme une subordonnée participiale. On dira en effet que, dans ces subordonnées, le SV à la forme non personnelle du participe correspond aux deux sortes de SV que l'on aurait dans des phrases: un syntagme verbal sans morphème de personne, dans une phrase avec sujet, et un syntagme verbal avec morphème personnel, dans une phrase sans sujet. Et la différence entre ce que les grammaires scolaires appellent subordonnée participiale et simple participe viendrait de ce que la subordonnée participiale avec sujet peut seule entrer dans le paradigme de l'adverbe et être employée comme subordonnée adverbiale, la subordonnée participiale sans sujet entrant, elle, dans le paradigme de l'adjectif. C'est parce que la subordonnée participiale avec sujet commute avec des adverbes que les grammaires lui reconnaissent la fonction de complément circonstanciel de temps, de cause, de concession ou de condition, ce qu'elles illustrent par:

> Une fois ses mains lavées, il passa à table. (Temps)
>
> La fatigue venant, il s'endormit. (Cause)
>
> Ses erreurs cependant démontrées, il s'obstinait dans son opinion. (Concession)
>
> Cette erreur évitée, l'accident ne serait pas arrivé. (Condition) (d'après Dubois, Jouannon, Lagane, 1961, 151).

Mais il est clair que la nature de la relation sémantique prétendument exprimée est en réalité inférée à partir de la situation désignée et aussi de certains éléments du contexte linguistique.

Relatif

Il existe une troisième sorte de subordonnant, ce sont les relatifs, qui amalgament un morphème n'indiquant rien de plus que la subordination, et donc identique à la simple conjonction *que*, avec un constituant pronominal qui est syntaxiquement extraposé. Voilà qui représente bien un troisième type de structure interne de proposition subordonnée, qui est précisément la subordonnée relative. Il y a donc tout intérêt à définir les relatives par cette particularité à la fois syntaxique, sémantique et morphologique, et donc à appeler propositions relatives toutes et rien que les subordonnées introduites par ce subordonnant amalgamé dit relatif, c'est-à-dire aussi bien:

> J'allais contempler le soleil qui se couchait sur la mer. (Celui) qui agit ainsi n'est pas digne de vivre. (Dubois, Jouannon, Lagane, 1961, 163)

que:

> C'est moi qui lui ai parlé (Dubois, Jouannon, Lagane, 1961, 50)
>
> Dignus est qui imperet «Il est digne de commander (litt. que lui, il commande)» (cf. Touratier, 1994, 637).

Et l'on ne parlera de relative pléonastique qu'à propos de phrase comme:

> L'homme *dont* je vous *en* parle (d'après Pierre Guiraud, dans Langages 3, 1960, 40)
>
> Nous avons remarqué cet individu *dont son* aspect nous a paru fugitif (d'après Damourette & Pichon, 1911-1934, IV, 227)
>
> Beatus uir *cuius* est nomen Domini spes *eius* (Vulg., Ps. 39,5) «Heureux l'homme *dont* le Seigneur est *son* espérance»
>
> Mon Sion, *in quo* habitasti *in eo* (Vulg., Ps. 73,2) «montagne de Sion, *où* tu *y* as habité»

mais pas à propos de exemples grecs empruntés à la *Grammaire du grec moderne* de Mirambel:

> ὁ φίλος *πού* τὸν εἶδα ou ὁ φίλος *πού τὸν* εἶδα «l'ami que j'ai vu»

τὸ παιδὶ *πού* εἶδα τὴ μητέρα *του* «l'enfant dont j'ai vu la mère» (d'après Mirambel, 1969, 105)

parce ποὺ n'est pas un relatif, mais un simple morphème de subordination, comme on peut le voir dans:

λυπήθηκα *πού* δὲν τὸν εἶδες «j'ai regretté *que* tu ne l'aies pas vu» (d'après Mirambel, 1969, 190).

b. Subordonnant suprasegmental

Il s'agit d'une variante de la subordination à morphème simplement grammatical. La différence est donc morphologique et non pas syntaxique. Quand, pour le sens, on a l'impression d'avoir affaire à l'équivalent d'une subordonnée à morphème relationnel, la situation est comparable à celle de la subordonnée participiale: rien ne manifeste linguistiquement la relation entre cette subordonnée et le reste de l'énoncé. Cette relation est seulement inférée du contexte et de la situation désignée.

Quand le subordonnant a un signifiant suprasegmental, on peut ou représenter ce morphème comme un noeud de l'arbre syntaxique, ou mieux, considérer que l'on a une P(roposition) qui est entrée dans le paradigme du SP.

2. Nature du second constituant immédiat

Le second constituant immédiat d'un SP est forcément une Proposition. Mais il existe deux sortes différentes de propositions minimales, à savoir les propositions avec sujet, c'est-à-dire constituées le plus souvent d'un SN et d'un SV, et les propositions sans sujet, c'est-à-dire les propositions formées seulement d'un SV, mais d'un SV avec morphème personnel. Cette différence de nature syntaxique de la proposition ne change, bien sûr, en rien la nature et la fonction du SP. On a les deux mêmes sortes de propositions dans les subordonnées, c'est-à-dire des constituants phrasoïdes avec sujet et prédicat, et des constituants phrasoïdes à simple SV, par exemple dans des subordonnées avec simple morphème fonctionnel comme:

Il arrive souvent que les hommes se trompent. Il arrive souvent que nous nous trompions.

Je crains que mon frère ne vienne. Je crains qu'il ne vienne.

ou dans des subordonnées avec morphème relationnel:

Il est arrivé quand ses voisins sont partis. Il est arrivé quand nous sommes partis.

On pourrait avoir des hésitations, quand le morphème de subordination est un participe ou un infinitif. Mais dans la mesure où ces formes verbales sont des formes non personnelles, du fait de la présence du morphème subordonnant d'infinitif ou de participe, il n'y a pas lieu de ne pas considérer comme un constituant phrasoïde formé d'un simple SV ce que la grammaire scolaire, à cause de l'absence d'un sujet, refuse d'admettre comme une subordonnée participiale ou une subordonnée infinitive:

> Approchant de Rome, les Carthaginois prirent peur
>
> Je veux aller à Rome.

Pour ce qui est des prétendus infinitifs compléments, il est clair qu'ils appartiennent au même paradigme que des propositions subordonnées sans sujet, comme le montrent les commutations de la conjugaison du verbe à l'infinitif:

> Je veux aller à Rome, je veux que tu ailles à Rome, je veux qu'il aille à Rome, je veux que nous allions à Rome, etc.

On constate ainsi que le SV à l'infinitif est en distribution complémentaire avec les subordonnées complétives sans sujet: il apparaît obligatoirement quand la subordonnée concerne la même personne que le verbe principal, **je veux que j'aille à Rome* étant impossible. De même, **tu veux que tu ailles à Rome* est obligatoirement remplacé par *Tu veux aller à Rome*, **il veut qu'il aille à Rome* par *Il veut aller à Rome*, etc.

On a donc de la même façon non pas un simple complément circonstanciel, comme le voudrait la grammaire scolaire, mais une subordonnée temporelle dans:

> Avant de partir, il salue sa mère

une subordonnée finale dans:

> Il travaille pour réussir ses examens

une subordonnée causale dans:

> Vous serez condamné pour avoir fait cette injustice

une subordonnée consécutive dans:

> Il n'est pas parti assez vite pour gagner cette course (Dubois, Jouannon, Lagane, 1961, 146).

Il n'est pas possible de faire de semblables commutations avec le participe. Mais il est également vrai que le contenu du SV au participe concerne alors la même personne que celle qui est concernée par le contenu du SV principal.

En conclusion, on peut dire que seul est véritablement syntaxique le classement des subordonnées qui, se fondant sur leur structure interne, les classe d'abord d'après le type de subordonnant qu'elles utilisent, puis, à l'intérieur de chacun de ces types, d'après la catégorie de leur constituant phrasoïde.

Chapitre 7

La subordonnée relative

Pronom relatif

Ordinairement on définit simplement la relative en disant que c'est une proposition subordonnée introduite par un pronom ou un adverbe relatif. C'est par exemple la définition que propose Grevisse:

> "Les propositions relatives sont introduites par un pronom relatif ou un adverbe relatif: *qui, que quoi, lequel, dont, où* : <...>
> *L'enfant QUE le Seigneur aime* (Racine, *Ath.* II, 9)
> *Cette mer OÙ tu cours est célèbre en naufrages!* (Boileau, *Ép.*, I)" (Grevisse, 1959[7], 1003)

Cette définition suppose deux choses: que l'on sache d'abord ce qu'il faut entendre par "proposition subordonnée", et ensuite ce qu'on appelle pronom ou adverbe relatif. On admettra qu'on sait définir la notion de proposition subordonnée. Et comme les grammaires, au lieu de définir le pronom ou l'adverbe relatif, on énuméra tout ce qui peut être considéré comme tel. Mais cette énumération aura forcément l'inconvénient de n'être valable que pour une seule langue, en l'occurrence le français. Pour d'autres langues, il faudra donner à chaque fois une autre liste, par exemple en anglais:

> "who, whom, which, that, whose" et "where, when, why" (Rogero, 1979, 185)

en allemand:

> "der, das, die" et leur déclinaison, à savoir les accusatifs, les datifs et les génitifs, welcher, welches, welche, et les adverbe "wo, wohin" (cf. Bresson, 1988, 224-225).

Cette définition courante et simple est incomplète; car en français, la relative peut commencer avec un syntagme contenant un pronom relatif, lorsque "le relatif est complément d'un nom introduit par une préposition" (Grevisse-Goosse, 1993[13], 1042), comme dans ces deux exemples du nouveau Grevisse:

> *S'asseyant devant le poêle À LA BOUCHE DUQUEL elle présenta ses souliers* (Balzac, *Goriot,* p. 46)

Cet étendard glorieux, PAR LE SECOURS DE QUI René II déconfit les Bourguignons et leur téméraire chef devant sa ville de Nancy (Barrès, *Colline insp.* I, 3)

Elle peut aussi commencer par un nom précédé de ce qu'on appelle traditionnellement un adjectif relatif et qu'il serait plus juste d'appeler un déterminant relatif (cf. Grevisse-Goosse, 1993[13], 1582; Riegel, Pellat, Rioul, 1994, 478):

Il logea une balle sous la sixième côte de son adversaire, *LAQUELLE BALLE fut extraite par le propre médecin du cercle* (Capus, d'après K. Sandfeld, 1965[2], 179) (cf. Touratier, 1980, 159)

Les regards des alliés étaient fixés sur Pétrograd, *CONTRE LAQUELLE CAPITALE on croyait que les Allemands commençaient leur marche* (Proust, *Temps retrouvé*, I, 90) d'après Grevisse-Goosse, 1993[13], 924).

Une construction semblable existe en anglais et en allemand:

A youg woman with a wedding-ring and a baby, *WHICH BABY she carried about with her when serving at the table* (Bennet *PL* 309, d'après Jespersen, 1974, 3, 126) «Une jeune femme avec une alliance et un bébé, bébé qu'elle portait avec elle quand elle servait à table».

Un manuel d'allemand conseille d'utiliser ce type de relative pour traduire un tour comme:

"Il m'autorisa à les accompagner, possibilité avec laquelle je n'avais pas compté (= avec laquelle possibilité" (d'après Jongen, 1971, 180), ce qui donnerait:
Er hat mich bevollmächtigt sie zu begleiten, *AUF WELCHE MÖGLICHKEIT ich nicht gerechnet hatte.*

Et c'est comme cela qu'il convient d'analyser le tour latin que les grammaires scolaires illustrent par:

Quas litteras scripsisti, eae litterae mihi iucundissimae fuerunt «La lettre que tu m'as écrite, elle m'a été très agréable (litt. : laquelle lettre tu as écrite, cette lettre m'a été très agréable)»

avec cette particularité que la liberté de l'ordre des mots latins permet de mettre en premier la relative introduite par un déterminant relatif. Si l'on sait qu'un pronom appartient normalement au paradigme du SN, on voit qu'une expression relative comme *laquelle balle* joue le même rôle qu'un pronom relatif *qui*, ce qui invite à considérer *laquelle balle* comme un SN relatif, c'est-à-dire comme un SN qui a la particularité d'être relatif, comme le pronom relatif est un pronom qui a la particularité d'être relatif. Et du coup *laquelle* ne peut être que le déterminant de ce SN. C'est la raison pour laquelle il est préférable d'y voir un déterminant relatif plutôt qu'un adjectif relatif.

Antécédent

La définition de la subordonnée relative à l'aide de la notion de pronom (adverbe ou déterminant) relatif est ordinairement complétée par la notion d'antécédent du constituant relatif. C'est ainsi qu'une petite grammaire scolaire comme la *Grammaire française* de Larousse écrit:

> "La proposition subordonnée relative est introduite par un pronom relatif (voir *Pronoms relatifs*, p. 60). Elle complète un nom ou un pronom exprimé dans la proposition principale qui précède, et que l'on appelle antécédent:
> J'allais contempler le *soleil// qui se couchait sur la mer.*
> *QUI se couchait sur la mer*: relative complément du nom *SOLEIL* (antécédent)" (Dubois, Jouannon, Lagane, 1961, 136).

Cette notion d'antécédent précise et caractérise un peu celle de relatif. De fait, si, comme le suggère la *Grammaire française* de Larousse, on se reporte au paragraphe consacré aux pronoms relatifs, on trouvera la définition suivante:

> "Le pronom relatif remplace un nom ou un pronom, nommé antécédent, exprimé dans la proposition qui précède. Il établit une relation entre cette proposition et la seconde, dite relative, qui complète ou explique cet antécédent:
> *Il régnait un silence DONT chacun finissait par s'inquiéter.*
> *Dont*, pronom relatif remplace *silence*: chacun finissait par s'inquiéter de *ce silence*. La proposition relative qui commence par *dont* complète le nom *silence*. *Silence* est l'antécédent de *dont*." (Dubois, Jouannon, Lagane, 1961, 60).

Mais il faut préciser que si la notion d'antécédent complète celle de relatif, elle présente au moins une difficulté, que la *Grammaire française* de Larousse signale tout de suite. Il peut y avoir des relatives sans antécédent. Cette notion n'est donc peut-être pas si importante qu'on le croit.

> "L'antécédent, avoue en effet notre grammaire, peut ne pas être exprimé (dans les proverbes, en particulier); le pronom relatif a alors un sens indéfini:
> *QUI dort dîne.*
> Le sujet de *dîne* serait *celui*, antécédent de *qui*, dans: *CELUI QUI dort dîne*." (Dubois, Jouannon, Lagane, 1961, 60).

La grammaire esquive apparemment la difficulté; mais elle le fait assez habilement. Elle ne dit pas expressément, ce que diraient sûrement des grammaires plus scolaires, que l'antécédent est un pronom *celui* sous-entendu. Ceci pourtant résoudrait la difficulté, puisque le pronom relatif aurait alors toujours un antécédent. Mais résoudre une difficulté en disant qu'il y a un élément qu'on ne voit pas, n'est-ce pas un tour de passe-passe un peu trop commode? Si on ne se donne pas cette facilité, il faudra revenir sur le problème de la relative sans antécédent, d'autant qu'il y a des relatifs qui n'ont jamais d'antécédent, comme:

QUICONQUE a beaucoup voyagé *sait comme les heures des repas sont variables.*

Le maquis est la patrie des bergers et DE QUICONQUE s'est brouillé avec la justice (Mérimée, *Mosaïque*, Mateo Falcone)

exemples de Grevisse & Goosse, 1993[13], 1582.

I. Particularités morphématiques et structurales

Pour que la définition de la relative en tant que proposition subordonnée introduite par un pronom relatif devienne plus intéressante, il faudrait pouvoir remplacer l'énumération de tout ce qu'on appelle pronom relatif par une définition qui préciserait les propriétés qui permettent de dire que tous les éléments de l'énumération appartiennent bien à l'ensemble de ce qu'on s'accorde à appeler les pronoms relatifs.

1. La double valeur du pronom relatif

a. Analyse de Port-Royal et de Tesnière

"Depuis la *Grammaire générale et raisonnée* de Port-Royal, on a noté les «deux usages du pronom relatif, l'un d'être pronom, et l'autre de marquer l'union d'une proposition avec une autre" (Arnauld et Lancelot, 1969, 52); et Tesnière est un de ceux qui ont le plus insisté sur ces deux fonctions du pronom relatif: il a précisé que «le pronom relatif est un mot de *nature double*, composé de deux éléments syntaxiques fondus ensemble, que l'analyse syntaxique révèle comme syntaxiquement distincts» (Tesnière, 1966, 560 §11). Cette analyse fonctionnelle exacte l'a même amené à proposer une reconstruction historique qui, elle, est très discutable. Il écrivit en effet: «Cette analyse conduit à entrevoir que le pronom relatif personnel des langues indo-européennes est sans doute le résultat d'une agglutination préhistorique entre un élément translatif (c'est-à-dire à peu de chose près un mot de subordination) invariable et un élément anaphorique variable» (Tesnière, 1966, 561 §17), d'où l'étymologie suivante: «lat. **que* + *is* / pronom relatif *qui*, dont le pronom interrogatif *quis* peut conserver une variante plus ancienne, neutre **que* + *id* / pronom relatif *quod*, dont le pronom interrogatif *quid* peut conserver une variante plus ancienne» (Tesnière, 1966, 562 §19). L'analyse historique de Tesnière est probablement fausse, mais son analyse structurale ou fonctionnelle est incontestable" (Touratier, 1980, 71).

Soit le texte suivant:

En ce moment mon père lui raconte comment il a mis en fuite les légions de l'ennemi, et de quelle façon il a reçu force récompenses. *Ces récompenses, qui* ont été données là-bas à Amphitryon, nous les avons dérobées; il est aisé à mon père de faire *ce qu'* il <veut> (Grimal, 1971, *Amphitryon*, 16)

—en latin, cela s'était dit:

> *Ea dona, quae* illic Amphitruoni sunt data, Abstulimus: facile meus pater *quod* uult facit (Plaute, *Amph.* 138-139)—

"le pronom relatif *qui* et *que* (lat. *quae* et *quod*) indiquent respectivement que les suites de mots *qui ont été données là-bas à Amphitryon* (lat. *quae illic Amphitruoni sunt data*) et *qu'il veut* (lat. *quod uult*) sont des propositions subordonnées dont les constituants phrasoïdes correspondraient aux phrases *celles-ci ont été données là-bas à Amphitryon* (lat. *ea illic Amphitruoni sunt data*) et *cela il le veut* (lat. *id uult*). Ils servent donc de morphème de subordination exactement comme les conjonctions de subordination *que* ou *après que* (lat. *quod, ut* ou *postquam.*). Mais, ainsi que le signale justement Tesnière, "alors que les autres translatifs qui marquent la proposition subordonnée <...> sont des mots invariables, le pronom relatif est un mot variable" (Tesnière, 1966, 560). Cette variabilité vient de ce que les relatifs *qui* et *que* (lat. *quae* et *quod*) sont également des pronoms anaphoriques, qui correspondent très exactement aux anaphoriques *celles-ci* et *cela* (lat. *ea* et *id*) des phrases auxquelles sont assimilables les constituants phrasoïdes des deux subordonnées. De fait, dans la première subordonnée relative le pronom *que* (lat. *quae)* représente, de toute évidence, le contenu sémantique du SN *ces récompenses* (lat. *ea dona*) qui précède. Dans la seconde relative, la situation est plus délicate" (Touratier, 1994, 617).

Si le relatif correspond à un morphème de subordination et à un morphème anaphorique, on dira que ces deux morphèmes amalgament leur signifiant dans *qui* ou *que*, et que le relatif *que* est un homonyme du morphème *que* de subordination, avec lequel il ne faut pas le confondre.

b. Relatif anaphorique?

Toutes les relatives n'ont pas un pronom relatif aussi clairement anaphorique.

Si l'on avait un ensemble de phrases du type suivant:

> En ce moment mon père lui raconte comment il a mis en fuite les légions de l'ennemi. Mais nous avons dérobé les récompenses qui ont été données là-bas à Amphitryon

l'anaphore correspondrait au point de vue du sens à quelque chose comme:

> des récompenses ont été données là-bas à Amphitryon; nous avons dérobé ces récompenses.

Le pronom relatif *qui* est bien l'équivalent sémantique de *des récompenses*, mais, dans sa prétendue principale, nous n'avons pas *des récompenses*, avec un article indéfini, mais *les récompenses*, avec un article défini. Le relatif correspond à un syntagme nominal comparable à celui que l'on appelle l'antécédent; mais on ne peut pas dire qu'il reprenne tout le contenu sémantique de ce syntagme nominal antécédent. Il semble ne reprendre que le noyau nominal de ce SN.

c. Relatives avec déterminant relatif

Dans la relative de:

> Il logea une balle sous la sixième côte de son adversaire, *LAQUELLE BALLE fut extraite par le propre médecin du cercle*

il y a effectivement une anaphore; mais celle-ci est non pas grammaticale, mais lexicale, la relative étant introduite par le SN anaphorique *laquelle balle*, où le pronom a la valeur anaphorique que présente, en français, l'article défini, lorsqu'un SN désigne un individu ou un objet qui a déjà été introduit dans le discours:

> *Un* Agneau se désaltérait Dans le courant d'une onde pure. <...> Tu seras châtié de ta témérité. —Sire, répond *l'*Agneau, que votre Majesté Ne se mette pas en colère (La Fontaine, *Fables*, 1,10, 3-11).

L'amalgame du relatif est donc dans ce cas entre un morphème de subordination et un déterminant défini, ce qui donne un déterminant relatif, et non un adjectif relatif.

2. Position syntaxique du relatif

Les grammaires admettent habituellement que le pronom relatif a une fonction syntaxique dans la subordonnée relative, ce qui se comprend assez bien, quand on a reconnu qu'il contient un pronom anaphorique. Ainsi *qui* est considéré comme le sujet de *ont été données là-bas à Amphitryon*, et *que* comme le complément de *il lui plaît.*

a. Extraposition du relatif

Il semble plus juste de dire que le pronom relatif ou le syntagme avec déterminant relatif est l'un des deux constituants immédiats de la subordonnée relative, le second constituant immédiat étant un constituant phrasoïde formé par le reste de la subordonnée relative (cf. Touratier, 1980, 77 *sqq.*), ce qui signifie que le pronom relatif ou le syntagme avec déterminant relatif a en réalité une fonction d'extraposition, comme le montre la figure 1.

Plusieurs raisons peuvent être invoquées pour justifier cette analyse. D'abord la place en début de subordonnée que le relatif occupe ordinairement en français ou en anglais, où l'ordre des mots est indicateur de fonction syntaxique, mais aussi très souvent en latin, où l'ordre des mots est considéré comme libre, doit avoir une signification proprement syntaxique, d'autant qu'une analyse en constituants immédiats des subordonnées relatives faite à l'aide de la commutation attribuerait toujours deux constituants immédiats à ladite relative, à savoir le relatif d'une part et le reste de la proposition subor-

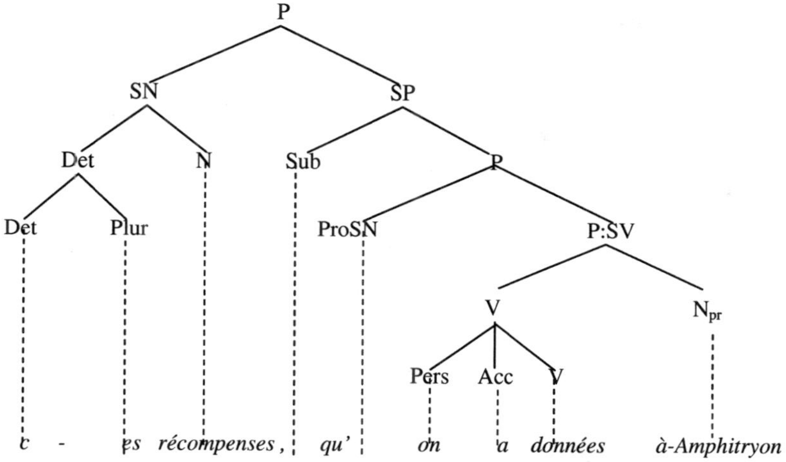

fig. 1: Relatif: constituant extraposé

donnée relative d'autre part, et cela quelle que soit la fonction que la grammaire traditionnelle reconnaisse au pronom relatif. Si on définit syntaxiquement et non sémantiquement les fonctions syntaxiques, cela veut dire qu'en dépit de ces fonctions différentes que la grammaire traditionnelle affecte au pronom relatif, celui-ci a toujours la même fonction structurale de constituants immédiats de la subordonnée relative. Cette fonction identique de tous les pronoms relatifs ne peut être que la fonction d'extraposition, laquelle se définit comme le fait d'être constituant immédiat d'une P (proposition) endocentrique.

Cela veut dire 1) que le constituant anaphorique du pronom relatif est un constituant immédiat de P, comme tout constituant extraposé, 2) que la subordonnée relative a deux constituants immédiats: un morphème de subordination et une Proposition, comme toute subordonnée, mais 3) que cette Proposition est une proposition endocentrique formée d'un constituant extraposé et d'une autre Proposition dont il est l'expansion, et 4) que le reste de subordonnée relative, quand on enlève le pronom relatif, est lui-même une Proposition, mais une proposition exocentrique ou minimale, cette fois. Cette dernière caractéristique peut surprendre quand on pense à une relative avec pronom relatif prétendument sujet comme dans notre exemple:

ces récompenses, qui ont été données là-bas à Amphitryon,

où le reste de la subordonnée relative a l'air d'être tout simplement un SV. Mais cette analyse ne serait pas généralisable au cas où la relative contient un sujet différent du pronom relatif, comme dans:

ces récompenses, que les soldats ont données là-bas à Amphitryon,

où il serait absolument impossible de parler d'un simple SV. On doit donc dire que, dans tous les cas, on a une proposition, mais que cette proposition peut fort bien être une proposition sans sujet, c'est-à-dire un SV avec pronom personnel. Toutefois la proposition qui entre dans la constitution d'une subordonnée relative a, par rapport à une proposition canonique, la particularité d'avoir un constituant de moins, c'est-à-dire d'être dépourvu du constituant qui devrait reprendre anaphoriquement ce qui est désigné par le pronom relatif, comme dans les phrases:

ces récompenses, les soldats *les* ont données là-bas à Amphitryon

ces récompenses, *elles* ont été données là-bas à Amphitryon.

On pourrait dire qu'il y a dans cette proposition un anaphorique à signifiant zéro. Mais cela serait bien artificiel et compliqué. Il nous semble donc préférable d'admettre que l'extraposition du relatif présente une particularité linguistique: elle entraîne la non expression linguistique du constituant anaphorique qui, normalement en français, reprend le contenu d'un syntagme extraposé. Ainsi, dans l'exemple représenté par la figure 1, le constituant phrasoïde qui serait une phrase sans sujet, mais formée d'un SV avec morphème personnel désignant le premier actant, est dépourvu du morphème personnel désignant le deuxième actant que présenterait la phrase équivalente *On les a données à Amphitryon*. De la même façon, le constituant phrasoïde de la relative:

ces récompenses, qui ont été données là-bas à Amphitryon,

ne correspond pas à un SV avec un morphème personnel à signifiant zéro pour le premier actant, mais à un SV sans morphème personnel. Ce SV est donc morphologiquement identique au SV des phrases avec sujet. Mais syntaxiquement, il en est différent : il appartient au paradigme de P, alors que l'autre n'est qu'un constituant immédiat de P. Une telle structure est représentée par la figure 2. Ce schéma montre clairement que l'anaphorique amalgamé dans le pronom relatif n'est pas un sujet, mais un constituant extraposé. C'est au point de vue sémantique que cet anaphorique désigne le deuxième actant du verbe *donner* mis au passif.

La position syntaxique particulière d'extraposition que nous reconnaissons au pronom relatif a le gros avantage de permettre de comprendre que ce pronom relatif puisse être interprété comme le topique ou le support (cf.

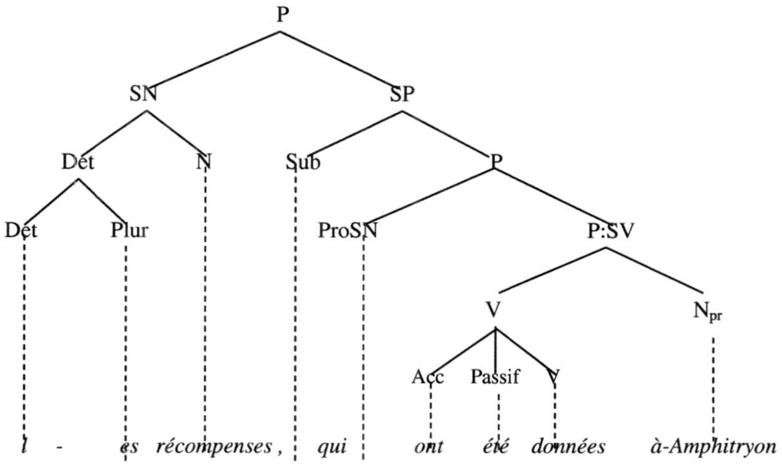

fig. 2: Relative avec relatif prétendument sujet

Touratier, 1980,79-80) par rapport auquel le reste de la relative est un apport informatif. De fait,

> "dans *les hommes qui s'asseyent habituellement ici*, comme l'a justement remarqué Charles Hockett, *qui* est vraiment une partie de la proposition *qui s'asseyent habituellement ici* ; c'est son topique et le sujet de *s'asseyent habituellement ici* ; dans *l'homme que je vois*, *que* est le topique de la proposition et l'objet du verbe *vois*" (d'après Hockett, 1969[14], 194).

Cette observation se comprend très bien, si l'on admet que le pronom relatif est extraposé. Car l'extraposition a précisément pour valeur de faire du contenu du constituant extraposé un topique ou support informatif, à quoi doit être rattaché le commentaire ou apport informatif de la proposition dont le constituant extraposé est l'expansion. Et comme ce topique ne désigne par lui-même aucun individu particulier, on comprend en outre que la signification de toute la subordonnée soit uniquement du domaine de la compréhension ou plus exactement n'ait qu'une extension virtuelle, exactement comme les adjectifs (cf. Touratier, 1980, 26-28).

Certaines langues, comme le latin, apportent une preuve supplémentaire. Elles présentent des coordinations de relatives pour le moins curieuses. Dans une phrase comme:

Tune id dicere audes, *quod* nemo umquam homo antehac *Vidit nec potest fieri*, tempore uno Homo idem duobus locis ut simul sit? (Plaut., *Amph.* 566-567) "Toi, tu oses affirmer des choses que personne jusqu'ici n'a jamais vues et qui ne peuvent pas arriver, à savoir qu'un même homme peut se trouver en deux endroits en même temps"

il faudrait pouvoir dire que le relatif *quod* a la même fonction par rapport à la proposition *nemo umquam homo antehac uidit* et par rapport à la proposition *non potest fieri*, à cause de la coordination de ces propositions. Une telle identité de fonction est évidemment impensable, si le relatif doit être analysé comme le complément d'objet de la première proposition et le sujet de la seconde. Mais elle devient parfaitement envisageable et même évidente, dès qu'on admet que le pronom relatif remplit la fonction de constituant extraposé par rapport à l'une et à l'autre de ces deux propositions (cf. Touratier, 1980, 82-84 et 93), la particularité de cette coordination étant que le constituant extraposé représente sémantiquement le second actant du verbe de la première proposition et le premier actant du verbe de la seconde proposition.

b. Relative pléonastique

La fonction d'extraposition du pronom relatif pourrait aussi être indirectement justifiée par ce qu'on appelle les relatives pléonastiques, c'est-à-dire les relatives comme:

l'homme *dont* je vous *en* parle (d'après Guiraud, Pierre, "Le système du relatif en français populaire", in: *Langages* 1960, 3, 40)

Nous avons remarqué cet individu *dont son* aspect nous a paru fugitif (Damourette & Pichon, 1911-1940, t. IV, p. 227 § 1327).

Ce tour est actuellement marqué comme populaire, mais il n'a pas toujours été dédaigné par la langue littéraire. On le rencontre, comme le signalent Damourette et Pichon, chez les bons auteurs de la langue classique:

Doutez-vous que l'Euxin ne me porte en deux jours // aux lieux *où* le Danube *y* vient finir son cours (Racine)

Il est certaines choses *que*, une fois que nous les avons sues, nous *les* savons toujours (Malherbe).

Dans ces tours, l'extraposition du pronom relatif se conforme à la syntaxe usuelle de l'extraposition, en ce sens qu'elle s'accompagne d'un pronom de rappel dans la proposition par rapport à laquelle elle est extraposée, comme dans:

Pierre, je vous *en* parle; *ces choses*, nous *les* savons bien.

Le pronom anaphorique de ces relatives est dit pléonastique, parce qu'en ayant la même valeur anaphorique que le pronom relatif, il ne signifie rien de plus que ce dernier. Dans la mesure où cette prétendue répétition du relatif est possible, elle montre que si le pronom pléonastique a, dans ces exemples, une fonction syntaxique de complément de verbe, le pronom relatif doit nécessairement avoir une autre fonction syntaxique, précisément celle que nous appelons extraposition.

Ce tour pléonastique est bien attesté en latin et en grec chrétiens:

Beatus *cuius* Deus Iacob adiutor *eius*, spes *eius* in Domino Deo ipsius (Vulg., *Ps.* 145, 5) «heureux celui *dont* le Dieu de Jacob est *son* aide, *dont son* espoir est dans le Seigneur, son Dieu».

μακάριος *οὗ* θεὸς Ἰακὼβ βοηθός, ἡ ἐλπὶς *αὐτοῦ* ἐπι κύριον τὸν θεὸν αὐτοῦ (Sept., *Ps.* 145, 5) «heureux celui dont le Dieu de Jacob est l'aide, *dont son* espoir est dans le Seigneur, son Dieu».

Il importe de distinguer cette relative dite pléonastique de ce qu'on pourrait appeler une relative phrasoïde, en reprenant la terminologie de Damourette et Pichon (1911-1940, t. IV, 174 §1296), où le pronom relatif est remplacé par quelque chose qui n'est qu'une conjonction de subordination, comme dans:

gr. mod.: ὁ φίλος ποὺ εἶδα ou ὁ φίλος ποὺ (τὸν) εἶδα «l'ami que j'ai vu», τὸ παιδὶ ποὺ εἶπα «l'enfant auquel j'ai dit», ἡ γυναῖκα ποὺ τῆς μίλησα «la femme à qui j'ai parlé», τὸ παιδὶ ποὺ εἶδα τὴ μητέρα του «l'enfant dont j'ai vu la mère» (d'après Mirambel, 1969, 105).

Le morphème ποὺ est en effet un "mot invariable" (Mirambel, 1969, 104), "qui peut aussi introduire une complétive d'objet comme dans λυπήθηκα ποὺ δὲν τὸν εἶδες «j'ai regretté que tu ne l'aies pas vu», ou servir à former toute sorte de conjonctions de subordination circonstancielles comme εκεῖ ποὺ «alors que», μιὰ ποὺ «dès que», κάθε ποὺ «chaque fois que», ὅσο ποὺ «jusqu'à ce que», μ'ὅλο ποὺ «quoique» (A. Mirambel, *Précis de gram. élém. du grec moderne*, p. 189-191; A. Mirambel, *La langue grecque moderne, description et analyse*, p. 179, 323 et 325)" (Touratier, 1980, 512). Les deux constituants que sont la conjonction de subordination ποὺ et le pronom anaphorique (quand il est employé) sont certes l'équivalent d'un pronom relatif, avec toutefois cette double différence: d'abord ces deux morphèmes n'amalgament pas leur signifiant; et ensuite l'anaphorique n'est pas extraposé: il remplit la fonction syntaxique qu'il aurait dans une proposition simple, c'est-à-dire, dans les exemples cités, complément de verbe ou complément de nom.

La situation est la même en hébreu, du moins quand cette langue n'emploie pas une relative dite asyndétique, c'est-à-dire une relative sans relatif, comme:

Jér. 13, 20: ayeh ha-'eder nitan-Ø l-akh
où? le-troupeau être.donné(Acc)-il à-toi
«où est le troupeau qui te fut donné (litt. il te fut donné)?» (d'après Joüon, 1923, 481).

Après un subordonnant invariable *asher* par exemple, on trouve assez souvent, mais facultativement un pronom de rappel, appelé "pronom rétrospectif", comme dans cet exemple biblique:

Gen 45, 4: aniy yosef ah-iykem asher məkər-tem otiy
moi Joseph frère-votre que vendre(Acc)-vous moi(Objet)
«je suis Joseph votre frère, que vous avez vendu» (litt. que vous m'avez vendu) (d'après Joüon, 1923, 483, 485-486).

Même si les grammaires parlent alors ordinairement de pronom relatif, il est certain que *asher* est un simple morphème de subordination, comme le montre le fait qu'il puisse introduire des subordonnées complétives sujet ou objet, des subordonnées consécutives et même parfois des subordonnées finales (cf. Joüon, 1923, 480, 521 et 519). L'arabe, qui emploie aussi des relatives asyndétiques, comme dans:

sā'ad-nā sajh-a-n ya-murr-u fī š-šari
aider(Acc)-nous vieillard-Obj-un passer-Pers3 dans le-rue
«nous avons aidé un vieillard qui passait dans la rue» (Lecomte, 1968, 118), litt. «il passe dans la rue»

présente par contre une relative pléonastique, quand il exprime le subordonnant de la proposition relative, ce qui n'arrive que lorsque "l'anté-cédent <...> est déterminé" (Kouloughli, 1994, 280). Car le pronom rétrospectif de la relative accompagne alors un subordonnant *('a)lladi*, qui est un authentique pronom relatif, puisqu'il "s'accorde<...> en genre, en nombre et, pour le duel, en cas avec l'antécédent" (Kouloughli, 1994, 281), comme dans:

'a-'if-u 'al-rağul-a 'allaḍi ği'-ta ma'a-hu
je-connaître le-homme que venir(Acc)-tu avec-lui «je connais l'homme avec lequel tu es venu (litt. ... l'homme que tu es venu avec lui)»

'a-'if-u 'al-rağul-a 'allaḍi ta-takallam-u 'an-hu
je-connaître le-homme que tu-parler de-lui «je connais l'homme dont tu parles (litt. ... l'homme que tu parles de lui)» (d'après Kouloughli, 1994, 282)

où le subordonnant est au masculin, comme son antécédent.

S'il est parfaitement légitime de parler de relative à propos de ce que Damourette et Pichon ont appelé "relative pléonastique", puisque ces propositions subordonnées sont véritablement introduites par un pronom relatif, il est au contraire tout à fait discutable d'employer le terme de relative à propos de ce que Damourette et Pichon ont appelé "relative phrasoïde", comme à propos de ce que les grammaires des langues sémitiques appellent "relative asyndétique". Car ces deux sortes de subordonnées ne contiennent pas de pronom relatif. Cela est évident pour les prétendues relatives qu'on qualifie d'asyndétiques (cf. gr. ἀ-σύνδετος «non lié, sans conjonction»), précisément parce qu'elles ne présentent aucune liaison entre la subordonnée et la prétendue principale. Mais cela n'est pas moins vrai pour les subordonnées introduites par *asher* en hébreu ou par ποὺ en grec, qui sont de simples conjonction de subordination. Même dire comme le fait Joüon que *asher* est "au point de vue syntaxique, une conjonction relative" (Joüon, 1923, 447) est partiellement faux: c'est effectivement une conjonction, mais elle n'a rien de relative, si ce n'est que la subordonnée qu'elle introduit se traduit en français par une relative. A vrai dire, cette subordonnée est une simple complétive ou conjonctive, qui peut être complément d'objet comme une authentique complétive du français, mais qui, en hébreu ou en grec moderne, a en plus la possibilité d'être complément de nom (ou épithète) ou apposition à un nom.

3. Structures relativisables

Toutes les langues ne jouissent pas des mêmes possibilités de relativisation, et ne peuvent pas faire entrer dans une structure relative n'importe quelle structure de phrase simple ou complexe. Edward Keenan et Bernard Comrie (1972) ont en effet montré que, suivant les langues, toutes les fonctions syntaxiques du nom ne peuvent pas également devenir des pronoms relatifs. En termes de grammaire traditionnelle, on dirait que le pronom relatif ne peut pas remplir également toutes les fonctions qu'un nom est capable de remplir. Ils ont même établi une hiérarchie entre les différentes fonctions susceptibles d'être relativisées. "Le sujet serait plus facilement relativisé que le complément d'objet direct, le complément d'objet direct plus facilement que le complément d'objet indirect, le complément d'objet indirect plus facilement que le complément circonstanciel, le complément circonstanciel plus facilement que le complément de nom, et enfin le complément de nom plus facilement que le complément du comparatif" (Touratier, 1980, 389).

Le malgache jouit de la relativisation minimale: il ne peut relativiser que des sujets. "Le pronom relatif *izay*, dit expressément une grammaire du malgache, est toujours sujet" (Rajemisa-Raolison, 1971[7], 67). Ainsi à partir d'une phrase comme:

manasa	ny lamba	ny	vehivavy	
laver	le vêtement	le	femme	«la femme lave le vêtement»

le malgache peut dire:

ny vehivavy izay manasa ny lamba «la femme qui lave le vêtement»

mais nullement:

*ny lamba izay manasa ny vehivavy «le vêtement que lave la femme».

Pour exprimer la même chose, il faudrait dire:

ny lamba izay asà-in-' ny vehivavy
le vêtement qui laver-Passif-par le femme «le vêtement qui est lavé par la femme»

en utilisant un passif (*asàina* est en effet un passif en *-ina* de *manasa*, et le remplacement du *-na* final par *n'* est la marque du complément d'agent comme du complément de nom). L'équivalent des compléments indirects ou circonstanciels du français, comme "*de qui, à qui, auquel, par lequel, dans lequel* " (Rajemisa-Raolison, 1971,68) serait rendu en malgache par un *izay* sujet du verbe mis à la voix dite circonstancielle, ce que Régis Rajemisa-Raolison illustre par l'exemple suivant:

Ny kaopy izay isotro-a-ko dia kely
le coupe qui boire-Circ-moi c'est petit «La coupe dans laquelle je bois est petite»

(où *isotro-ana* est le verbe *m-isotro* «boire» à la voix circonstancielle, et *-ko* le complément personnel de ce verbe).

Le français a beaucoup plus de possibilités. Il peut relativiser aussi bien un sujet, un complément d'objet direct, un complément d'objet indirect, un complément circonstanciel qu'un complément de nom. Mais néanmoins, comme le font remarquer Edward Keenan et Bernard Comrie, il "est incapable de relativiser *le jeune homme* dans l'exemple 32:

(32) Marie est plus grande que le jeune homme

(33) *le jeune homme que Marie est plus grande que" (Keenan & Comrie, 1972, 5)

alors que l'anglais et l'hébreu peuvent fort bien relativiser le complément d'un comparatif. De fait, disent Edward Keenan et Bernard Comrie (1972, 5), "nous avons en anglais (ce qui est peut-être un peu maladroit) l'exemple 35 à partir de 34, et en hébreu l'exemple 37 à partir de 36":

(34) Mary is taller than that man «Marie est plus grande que cet homme»

(35) Here comes the man that Mary is taller than «l'homme que Marie dépasse en taille (= *que Marie est plus grand que <lui>) arrive ici»

(36) John govorha mi-Mary «John est plus grand que Marie» (= John plus.grand que-Marie)

(37) ha-ish she John govorha min-enou «l'homme que John dépasse en taille» (= le-homme que John plus.grand que.lui).

On pourrait citer d'autres constructions qui ne sont pas relativisables en français, mais le sont en anglais, en latin ou dans d'autres langues. Le latin et l'anglais peuvent par exemple relativiser des phrases à l'impératif:

remque commouisti noua disputatione dignam, *quam* in aliud tempus *differamus* (Cic., *Brut.* 297) "et la question soulevée par toi mériterait une discussion nouvelle, que nous remettrons (litt.: que remettons-la) à un autre moment" (J. Martha)

There is one road To peace and that is truth, which follow ye! (Shelley 213) «Il y a une route vers la paix et c'est la vérité: suivez-la!»

Le latin peut fort bien relativiser un seul des constituants d'un SN formé de plusieurs SN coordonnés. A partir d'une phrase comme:

elle avait paré de gazon vert la tombe d'Hector et les deux autels

le latin peut relativiser le SN complément d'objet en ne faisant que de son constituant *la tombe d'Hector* l'antécédent du pronom relatif. Ceci donnera:

manisque uocabat Hectoreum ad tumulum, uiridi *quem* caespite <...> *Et geminas* <...> sacrauerat *aras* (Verg., *Aen.* 3,303-305) «elle appelait les Mânes près du tombeau d'Hector, après l'avoir paré, lui et les deux autels, de gazon vert».

Il semblerait qu'on puisse avoir en anglais et en arabe de semblables coordinations, impossibles en français:

The faithfull Sam, *between whom and his master* there exists a steady and reciprocal attachment (Charles Dickens, *The Pickwick Papers*, dernier paragraphe) «le fidèle Sam, qui est uni à son maître par un attachement durable et réciproque» (litt.: entre lequel et son maître il existe un attachement)

Ra'ayt alrajul *allathi hua wa ibnahu* thahabu ille New York
(I) saw the man that he and son-his went to New York
«Je vois l'homme qui est venu avec son fils à New York» (d'après E. L. Keenan, 197, p. 6).

II. L'antécédent du relatif

L'anaphorique que contient le relatif implique l'existence de ce que Tesnière appelait une "source sémantique" (Tesnière, 1966, 87), c'est-à-dire d'un constituant nominal dont le relatif reprenne le contenu sémantique, comme *ea dona* «ces récompenses» dans l'exemple de Plaute cité plus haut. Les grammaires ont l'habitude de donner le nom d'antécédent à ce constituant, sous prétexte que souvent il précède le relatif dans la chaîne syntagmatique. Cette dénomination morphologisante est quelque peu malheureuse, dans la mesure où il n'est pas rare qu'en latin ce prétendu antécédent apparaisse après le pronom relatif. On gardera néanmoins ce terme en disant que l'antécédent précède de droit, sinon de fait le constituant qui reprend son contenu.

1. Nature syntaxique de l'antécédent

L'antécédent du relatif est soit un SN soit un N, suivant qu'au point de vue sémantique la relative est explicative ou déterminative.

a. Relative déterminative et relative explicative

Depuis que *La logique* dite de Port-Royal a distingué un *qui* "explicatif" et un *qui* "déterminatif" (cf. Arnauld & Nicole, 1970, 166), on appelle relative déterminative (ou restrictive ou classificatrice) celle qui s'ajoute au noyau de qualification sémantique qu'apporte le nom d'un SN en lui fournissant un supplément de qualification, dont on peut dire qu'elle est une caractérisation du noyau de qualification donnée par le nom. Tout SN désignant un ensemble au sens mathématique du terme, le SN dont le noyau nominal de qualification est ainsi caractérisé par une relative, délimite un ensemble d'individus que les logiciens identifient comme une partie de l'ensemble que désignerait le noyau de qualification seul ou, selon une formulation plus traditionnelle, comme une restriction de l'extension à laquelle correspondrait le nom seul qui est l'antécédent de la relative, c'est-à-dire comme une diminution du nombre d'individus que désigne le nom sans la relative. Ainsi dans l'exemple célèbre de *La logique* de Port-Royal:

> les hommes qui sont pieux sont charitables

le SN désigne un ensemble donné d'hommes, à savoir ceux qui sont pieux, et non pas l'ensemble des hommes. Et les logiciens remarquent justement que *les hommes qui sont pieux* ne représentent qu'une partie seulement des hommes, qu'une sous-classe prise dans l'ensemble des hommes. Et c'est seulement des hommes de cette sous-classe et non de l'ensemble de tous les hommes qu'on affirme qu'ils sont pieux. Arnaud et Nicole disaient expressément:

> "quand le *qui* est déterminatif, l'attribut de la proposition incidente n'est point proprement affirmé du sujet auquel le *qui* se rapporte. Car si après avoir dit, *les hommes qui sont pieux sont charitables*, on vouloit substituer le mot d'*hommes* au *qui*, en disant, *les hommes sont pieux*, la proposition seroit fausse, parce que ce seroit affirmer le mot de *pieux* des hommes comme hommes" (Arnauld & Nicole, 1970, 167),

alors qu'on ne l'affirme que de l'idée totale qui joint ensemble l'idée de *pieux* avec celle d'*hommes*. La relative déterminative paraît donc établir une restriction dans l'extension du nom qu'elle a pour antécédent, d'où sa dénomination usuelle de "relative restrictive" ou "relative déterminative".

Une telle analyse en termes quantitatifs est évidemment juste: *les hommes qui sont pieux* représentent effectivement une sous-classe dans l'ensemble des hommes. Toutefois la signification de la relative n'est pas, à notre avis, d'ordre quantitatif, mais d'ordre qualitatif. Le SN avec relative déterminative ne signifie pas expressément une partition dans l'ensemble des hommes, ainsi que le ferait un SN avec un complément justement dit partitif du type:

ceux des hommes (ou: ceux parmi les hommes) qui sont pieux sont charitables.

Comme tout SN, le SN avec relative déterminative désigne un ensemble d'individus et non pas une sous-classe dans un ensemble d'individus. La contribution au sens de la relative n'est donc pas une restriction d'extension, mais plutôt une augmentation de compréhension, ce que nous avons appelé plus haut une caractérisation, laquelle caractérisation forme avec le contenu sémantique du nom auquel s'ajoute la relative ce qu'on peut appeler la qualification du SN, c'est-à-dire la propriété définitoire complexe que doivent présenter les individus pour appartenir à l'ensemble désigné par le SN. Certes, tout enrichissement de la compréhension entraîne logiquement une restriction de l'extension; les logiciens le savent bien. Mais cette restriction n'est qu'une inférence logique, qui n'est ni expressément ni linguistiquement signifiée par la relative dite déterminative (cf. Touratier, 1980, 357-361).

Et quand on n'envisage pas les choses en termes d'extension, il est plus aisé d'admettre qu'une relative puisse être déterminative, même si elle ne restreint pas l'extension de l'antécédent, comme c'est le cas lorsque cet antécédent correspond à un singleton, c'est-à-dire à un ensemble auquel n'appartient qu'un seul élément. Dans des phrases comme:

Il cherche une secrétaire qui parle l'anglais

J'ai un fils qui travaille bien

Un homme pieux qui n'est pas charitable est un hypocrite

la relative ne peut pas restreindre l'extension de l'antécédent, puisque celle-ci est déjà réduite à un seul individu par le prétendu article indéfini (cf. Touratier, 1980, 349-357). Mais la relative n'en est pas moins déterminative, dans la mesure où le SN auquel elle appartient désigne une sorte particulière d'individu, qui est caractérisée par le contenu de la relative. Elle fait donc partie de la qualification du SN. Une secrétaire qui parle l'anglais, ce n'est pas en effet n'importe quelle secrétaire; c'est ce qu'on appelle une secrétaire bilingue.

Depuis *La logique* de Port-Royal, on oppose aux relatives déterminatives les relatives explicatives. Ce sont des relatives qui n'entrent pas dans la formulation de la propriété définitoire de l'ensemble désigné par le SN antécédent et ne font donc pas partie de la qualification dudit SN. Elles correspondent seulement à une propriété secondaire qui est reconnue à tous les individus de l'ensemble préalablement délimité que désigne le SN. *La logique* de Port-Royal proposait les exemples suivants:

l'homme qui est un animal doué de raison

l'homme qui désire naturellement d'être heureux

l'homme qui est mortel

qu'elle commentait en ces termes:

> "Ces <relatives> ne sont que des explications, parce qu'elles ne changent point du tout l'idée du mot d'homme, et ne la restreignent à ne signifier qu'une partie des hommes; mais marquent seulement ce qui convient à tous les hommes" (Arnauld & Nicole, 1970, 96).

Elle ajoutait que, contrairement aux relatives déterminatives, il est parfaitement possible de remplacer le "*qui* explicatif" par son antécédent:

> "quand le *qui* est explicatif, l'attribut de la proposition incidente est affirmé du sujet auquel le *qui* se rapporte, quoique ce ne soit qu'incidemment au regard de la proposition totale, de sorte qu'on peut substituer le sujet même au *qui*, comme on peut le voir dans <l'...> exemple: *Les hommes qui ont été créés pour connoître et pour aimer Dieu.* Car on peut dire: *Les hommes ont été créés pour connoître et pour aimer Dieu* " (Arnauld & Nicole, 1970, 167).

Si le pronom relatif *qui* est, dans cet exemple, l'équivalent sémantique de *les hommes*, cela veut dire qu'il reprend anaphoriquement l'ensemble désigné par ce SN et qu'il a par conséquent pour antécédent tout ce SN. La situation n'est pas la même, quand la relative est déterminative. Car, comme l'ont justement remarqué, ainsi que nous l'avons rappelé plus haut, Arnaud et Nicole, le relatif n'est pas alors l'équivalent sémantique du SN auquel il se rattache. La relative de:

Les hommes qui sont pieux sont charitables,

ne correspond en effet pas du tout au contenu de l'énoncé:

Les hommes sont pieux

que l'on obtiendrait en remplaçant le relatif *qui* par le SN *les hommes*. Cette particularité de la relative déterminative invite à penser que l'antécédent du relatif y est non pas un SN, comme dans le cas de la relative explicative, mais simplement le N d'un SN, c'est-à-dire un constituant nominal de SN qui n'est pas explicitement ou implicitement quantifié par le déterminant. Les figures 3 et 4 montrent bien à quoi correspond cette différence structurale, l'antécédent repris par l'anaphorique du relatif étant seulement un N, lorsque la relative est sémantiquement déterminative, alors que c'est un SN, quand la relative est

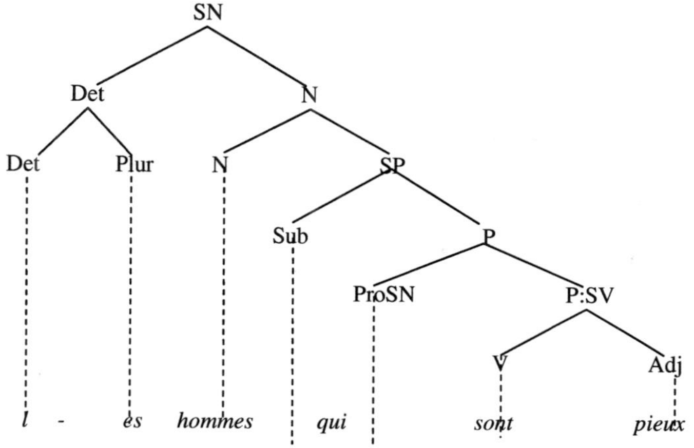

fig. 3: Relative déterminative

explicative. Et c'est le même type d'organisation structurale qui expliquerait la

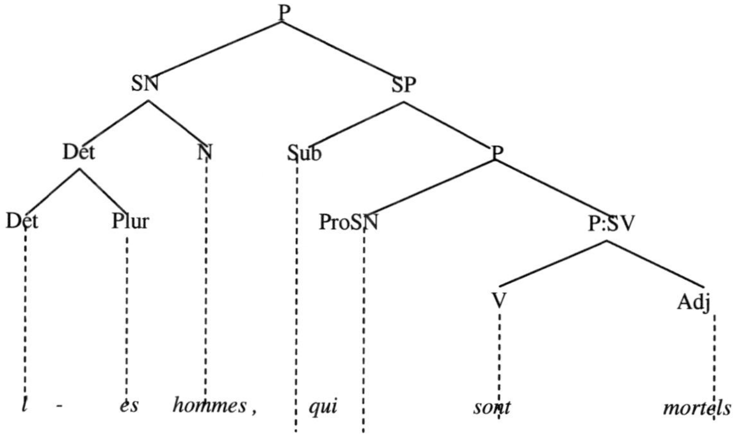

fig. 4: Relative explicative

valeur déterminative des relatives dont l'antécédent est précédé de ce que les grammaires appellent l'article indéfini comme dans:

Il cherche une secrétaire qui parle l'anglais.

La relative a alors pour antécédent, comme le montre la figure 5, le seul N *secrétaire*, ce qui lui donne une valeur déterminative, même s'il est parfaitement possible d'inférer à partir de cet exemple la proposition logique:

Une secrétaire parle l'anglais

et même si cette relative n'a pas pour conséquence logique de changer l'extension de l'antécédent.

b. Relative épithète et relative apposée

Sans nier la pertinence logique et peut-être sémantique de cette distinction faite par les logiciens, on remarque, si l'on se situe simplement au niveau syntaxique, que ces deux sortes de relatives n'entrent pas dans le même type d'organisation structurale. Une différence de structure syntaxique apparaît clairement dans les schémas que nous avons proposés de ces deux sortes de relatives, différence de structure qu'une analyse en constituants immédiats à l'aide de la commutation mettrait immédiatement en évidence.

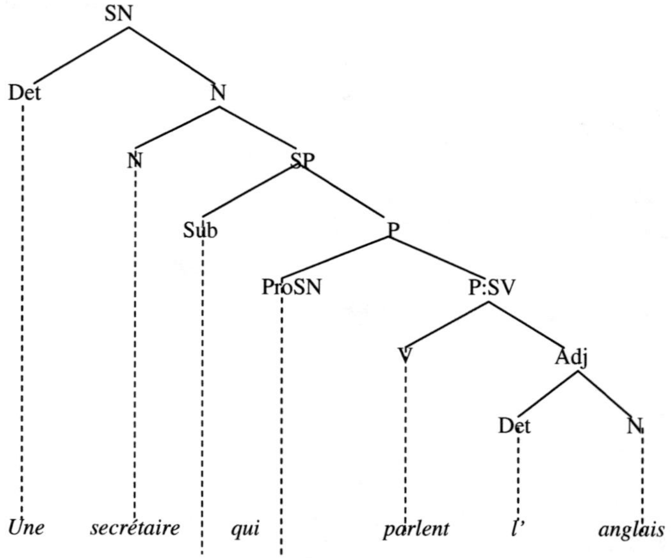

fig. 5: Relative épithète ou déterminative

Avec la relative dite explicative de *les hommes, qui sont mortels*, le SN a deux constituants immédiats, dont les modèles pourraient être respectivement *Paul* et *courageux* dans le syntagme *Paul, courageux*, où l'adjectif *courageux* est une apposition, laquelle peut se définir comme un constituant immédiat de

SN et en même temps une expansion de SN, c'est-à-dire par conséquent comme un constituant immédiat de SN endocentrique, ce qui correspond très exactement au schéma de la figure 4. Par contre, avec la relative dite déterminative de *les hommes qui sont pieux*, la relative commute avec l'adjectif *courageux* du SN *les hommes courageux*, où *courageux* est épithète du nom *hommes*. Epithète veut dire que cet adjectif forme une construction avec le seul nom *hommes*, construction qui commuterait par exemple avec le nom *héros*, ce qui donnerait le SN *les héros*. En termes de constituants immédiats, cela revient à dire que l'épithète est une expansion de N, et se distingue ainsi radicalement de l'apposition, qui est, elle, une expansion de SN.

On peut en conclure que au lieu de parler de relatives déterminatives et relatives explicatives, ce qui est une terminologie logique, les linguistes devraient plutôt recourir à la terminologie syntaxique, et par conséquent proprement linguistique, de relatives épithètes et relatives apposées, ce qui permettrait de bien voir que c'est uniquement dans le cas d'une relative épithète que le pronom relatif a pour antécédent un nom (ou un groupe nominal sans déterminant); car, lorsque la relative est apposée, elle a pour antécédent non pas ce seul nom (ou groupe nominal), mais tout le SN, c'est-à-dire le nom (ou groupe nominal) et son déterminant.

c. Différence de signification entre relatives épithètes et relatives apposées

D'ailleurs la distinction telle qu'elle est présentée par les logiciens quand ils parlent de relative déterminative et relative explicative n'est pas vraiment pertinente en linguistique. Car s'il est vrai que la relative épithète procède à une réduction de l'extension du nom antécédent et désigne donc une partie seulement de cette dernière, il n'en reste pas moins que le SN:

les hommes qui sont pieux

n'a pas le même sens que le SN:

ceux des hommes qui sont pieux

où la présence d'un complément de nom entraîne effectivement une valeur partitive qui correspond à «ceux parmi les hommes», et signifie précisément une partition dans l'ensemble des hommes. A vrai dire, la contribution au sens de la subordonnée relative ne se situe pas au niveau de l'extension, mais au niveau de la compréhension. Elle ne réduit pas la quantification du contenu du SN auquel elle appartient, elle apporte un supplément de qualification à la propriété sémantique définitoire que doivent présenter tous les individus pour appartenir à l'ensemble que désigne le SN. Certes quand la compréhension augmente, l'extension diminue. Il n'est donc pas étonnant que l'on puisse inférer à partir de cet enrichissement de la compréhension une réduction d'extension, puisque elle en est la conséquence logique nécessaire. Mais la relative ne signifie pas expressément cette conséquence logique; elle ne désigne pas une sous-classe d'individus, mais une classe particulière d'individus. Elle ne signife rien de plus qu'un accroissement de compréhension.

2. Relative sans antécédent (cf. Touratier, 1994, 627-629, 635-636)

Il existe des subordonnées relatives qui sont apparemment dépourvues d'antécédent, et ne mettent en œuvre que la forme de relatif *qui*. On les trouve le plus souvent dans des proverbes comme:

> Qui aime bien châtie bien. Qui veut voyager loin ménage sa monture. Qui vivra verra.

Mais c'est aussi une construction relativement vivante, avec peut-être un certain caractère littéraire:

> Interrogez qui vous voudrez (cf. Bonnard, 1950[3], 169)

> Il répétait cela à qui voulait bien l'entendre (cf. Riegel, Pellat et Rioul, 1994, 486).

Par contre avec l'adverbe relatif *où*, elle est des plus usuelles:

> Allez où vous voulez. Je ne sais pas où passer la nuit.

Ces relatives peuvent recevoir deux descriptions différentes.

a. Avec *celui* sous-entendu

On les explique d'ordinaire en disant qu'il s'agit d'une variante des relatives en *celui qui...*, où le pronom *celui* serait sous-entendu:

> "généralement, il est facile, dit la *Grammaire française des lycées*, de sous-entendre un antécédent indéterminé, qui sera, si l'on veut, le pronom *celui* <...>:
> *Qui aime bien* châtie bien (= celui qui aime bien)
> Interrogez *qui vous voulez* (= celui que vous voulez)" (Bonnard, 1950[3], 169)

avec, dans ce second exemple, un *qui*, théoriquement complément d'objet, impossible dans une relative avec antécédent exprimé. Ceci revient à ramener ces constructions au tour considéré comme canonique, où la relative a un antécédent; car cette description admet que le pronom relatif *qui* reprend un pronom antécédent à signifiant zéro. On aurait donc une variante zéro du morphème *celui*, variante qui serait une variante libre, sauf dans les proverbes.

Une telle explication est peut-être plus difficile à admettre pour les relatives sans antécédent apparent qui commencent en français avec *quiconque*, ou en allemand avec *wer*, pronoms relatifs qui sont "toujours employé<s> sans antécédent" (Bonnard, 1950, 169), comme dans:

Quiconque est loup agisse en loup (La Fontaine). Arrêtez quiconque passera (Bonnard, 1950, 169)

Quiconque a beaucoup vu Peut avoir beaucoup retenu (La Fontaine, *L'hirondelle et les petits oiseaux*)

Wer wagt, der gewinnt «La fortune sourit aux audacieux». Wer arbeitet, der wird bestehen «Qui travaille réussira» (d'après Bresson, 1988, 226).

Daniel Bresson estime – à tort, nous semble-t-il – que "ces propositions ne sont pas de véritables relatives, car le pronom qui les introduit n'a pas d'antécédent auquel il rattacherait la relative. Celle-ci <...> est l'équivalent d'un groupe nominal à valeur indéfinie; *Wer wagt* désigne toutes les personnes qui correspondent à cette description. Le pronom démonstratif *d-* reprend devant le verbe le membre de phrase ainsi placé en tête" (Bresson, 1988, 226). Toutefois le neutre *was* peut recevoir un antécédent de sens indéfini:

etwas, was ich nicht wusste «quelque chose que je ne savais pas», alles, was du willst «tout ce que tu veux», das schönste, was ich je gesehen habe «ce que j'ai jamais vu de plus beau» (Bresson, 1988, 224).

b. Relative substantivée

Une autre description est envisageable, qui ne prétendrait pas que ces constructions sont autre chose que des subordonnées relatives, par exemple des subordonnées substantives, la relative étant alors limitée à n'être qu'une subordonnée adjective. Elle refuserait de postuler un antécédent à signifiant zéro, et admettrait qu'il s'agit d'une relative nominalisée ou substantivée. La relative, qui est normalement une expansion de nom (c'est-à-dire une épithète), entrerait dans le paradigme du nom, exactement comme l'adjectif entre dans le paradigme du nom, quand il est substantivé, par exemple dans:

Il y a les mauvais joueurs et les bons. Joindre l'utile à l'agréable.

Un aveugle, un malade. Les jeunes, les vieux. Les blonds, les roux (Grevisse-Goosse, 1993, 254).

Et ce constituant nominalisé n'aurait pas besoin de se combiner avec un déterminant pour constituer un SN. La relative fonctionnant comme un nom, fonctionnerait ainsi du même coup comme un SN. Il s'agirait donc toujours d'une relative, mais elle serait entrée dans le paradigme du SN et fonctionnerait donc comme un SN, ce qu'on peut représenter par le schéma de la figure 6. Les exemples de relatives sans antécédent précédées d'une préposition comme dans:

Il raconte son amour à qui veut l'entendre (Alphonse Daudet)

elle le trompait joyeusement avec qui voulait l'y aider (Gyp)

Nous sommes attirés par qui nous flatte (Radiguet)

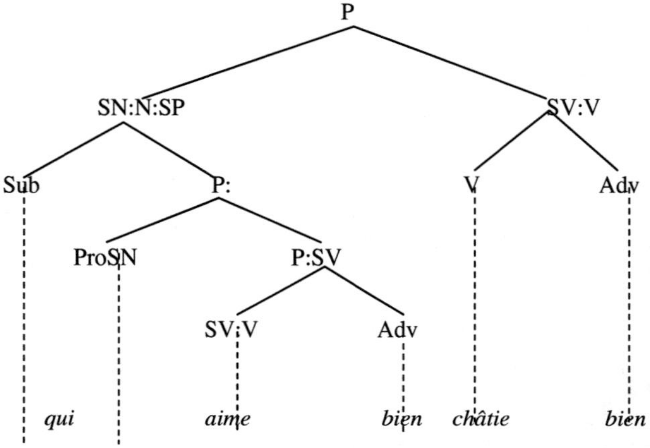

fig. 6: Relative substantivée

(cf. Sandfeld, 1965, 90-91 et Touratier, 1980, 137) inviteraient à penser que la relative sans antécédent est effectivement moins un nom qu'un nom propre, c'est-à-dire l'équivalent d'un SN. Par contre la relative du tour populaire qui est précédé de l'article *un* (cf. Le Bidois, 1938, II, 385, § 1356 N.B.) comme dans:

Un qui est intelligent, c'est Pierre!

s'expliquerait par une relative qui est entrée simplement dans le paradigme du N. Ce tour populaire permettrait de bien se représenter la remontée paradigmatique de la relative. Normalement, elle est une expansion de N, comme dans la figure 7. Du paradigme de constituant immédiat de N elle passe au paradigme du N, quand elle se combine avec le déterminant *un* comme dans la figure 8. Et enfin, elle passe du paradigme du N et donc du constituant immédiat de SN au paradigme du SN lui-même, quand elle apparaît sans antécédent comme dans la figure 6. Mais si *un* n'est pas un déterminant, il faudrait admettre que c'est le seul exemple de relative combinée avec un adjectif épithète, auquel cas il faudrait étiqueter SN:N le syntagme formé d'un Adj (*un*) et d'un SP (*qui aime bien*).

On pourrait faire une objection à la description qui voit dans la relative sans antécédent une relative entrée dans le paradigme du SN, et dire qu'il ne s'agit plus d'une relative, ou bien qu'il faut définir autrement le pronom relatif. Cette objection se trouve dans la *Grammaire méthodique du français* :

"Le point commun de ces relatives est que le pronom qui les introduit n'a pas d'antécédent et n'est donc pas anaphorique. Contrairement à ce qui se produit pour les relatives adjectives, c'est la relative qui donne un contenu référentiel au pronom relatif" (Riegel, Pellat & Rioul, 1994, 486).

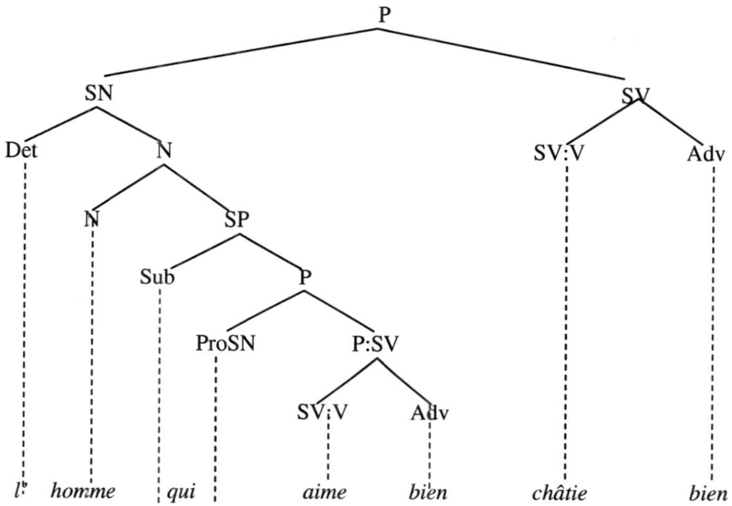

fig. 7: Relative expansion de N

Il est possible de repousser cette objection en signalant que les pronoms anaphoriques peuvent aussi avoir une valeur déictique. C'est ainsi que *il* n'a rien d'anaphorique, quand un chauffeur dit subitement à son passager:

Il est fou!

C'est à un individu de la situation énonciative que renvoie le pronom *il*, qui manifestement n'est plus anaphorique. Le prétendu anaphorique que contient le pronom relatif d'une relative sans antécédent ne renvoyant à aucun individu de la situation énonciative va alors forcément désigner tout homme et prendre un sens indéfini, exactement comme *tu* prend le sens de *on*, quand il ne renvoie pas à l'interlocuteur de la situation énonciative.

Si l'explication de la relative sans antécédent par une variante à signifiant

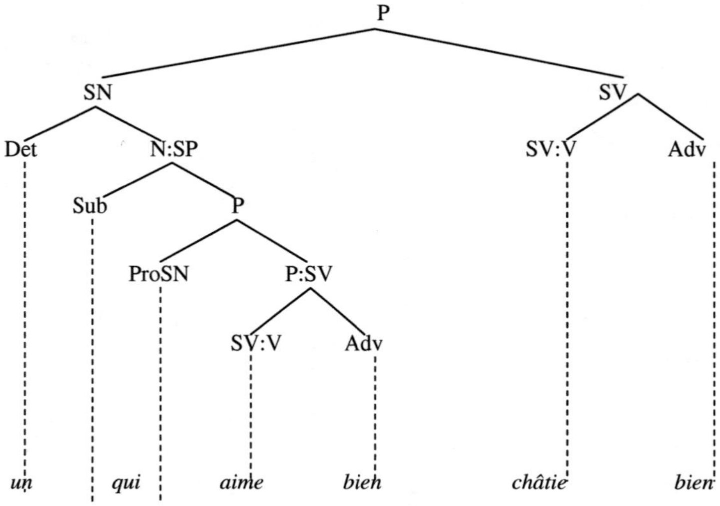

fig. 8: Relative nominalisée

Ø de l'antécédent pronominal *celui* est possible à cause de l'existence du tour

Celui qui aime bien châtie bien

elle devient difficile pour les relatives en *quiconque*, qui ne peuvent jamais recevoir un antécédent à signifiant différent de zéro. La seconde présentation est donc préférable.

3. Relative avec *celui*

A côté de la description traditionnelle qui voit dans *celui* un pronom démonstratif antécédent du pronom relatif *qui*, Damourette et Pichon ont proposé une autre analyse qui traite *celui* comme une sorte d'article:

"Communément, en effet, dans des phrases comme:
Celuy qui met un frein à la fureur des flots // Sçait aussi des méchans arrester les complots (Racine, *Athalie*, I, 1.)
Ce qui se conçoit bien s'énonce clairement (Boileau, *L'Art poétique*, I.)
on considère les subordonnées comme constituées seulement par *qui met un frein à la fureur des flots*, *qui se conçoit bien*, et les struments *celui*, *ce*, comme des substantifs strumentaux épinglataires [= des antécédents] desdites subordonnées. Cette interprétation est parfaitement soutenable. Néanmoins, nous préférons considérer ces subordonnées comme respectivement constituées ici par les

ensembles *celui qui met un frein à la fureur des flots*, *ce qui se conçoit bien*, les struments *celui* et *ce* jouant dans ces ensembles substantiveux le rôle d'articles" (Damourette et Pichon, 1911-1934, IV, 154-155).

La raison de cette analyse est surtout une question de cohérence de la théorie.

"Puisque nous avons admis, disent en effet Damourette et Pichon, que *fureur* était, dans le groupe *la fureur*, le substantif essentiel, il est plus homogène de faire de *qui met un frein à la fureur des flots* le substantif dans *celui qui met un frein à la fureur des flots* que de faire résider la substantivosité dans l'article *celui*" (Damourette et Pichon, 1911-1934, t. IV, 154-155).

Une telle analyse est malgré tout l'inverse de l'analyse traditionnelle, puisqu'elle tendrait à voir dans la relative en *celui qui* une variante de la relative sans antécédent, et non plus dans la relative avec *qui* dépourvue d'antécédent une variante de la relative en *celui qui*.

Si l'hypothèse est intéressante, elle se heurte au fonctionnement de *celui*, qui a tout l'air d'être un pronom. C'est effectivement un pronom anaphorique dans le tour:

le livre de Paul et *celui* de Jean

où *celui* a manifestement besoin d'un complément de nom, comme il a besoin d'une relative dans le tour *celui qui...*, le complément de nom appartenant du

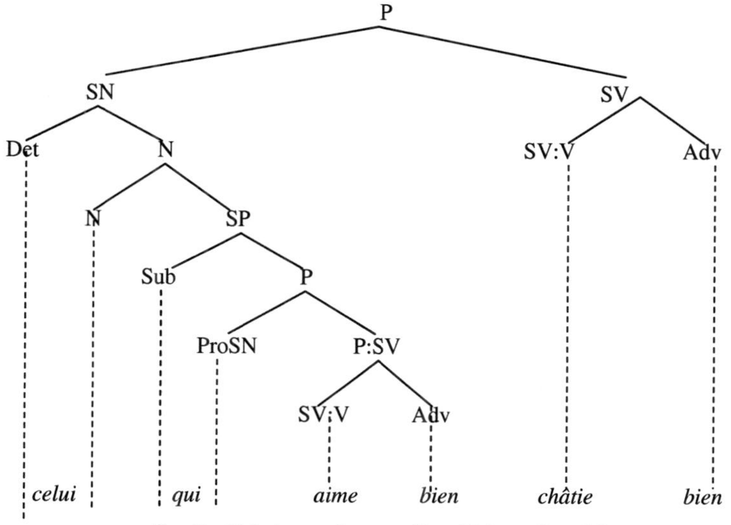

fig. 9: *Celui*, amalgame d'un Dét et d'un N

reste normalement (c'est-à-dire ailleurs) au même paradigme que la relative. Le constituant *celui* entre dans la constitution des ProSN *celui-ci* et *celui-là*, où manifestement il commute avec:

cet homme-ci, cet homme-là.

Il n'y a donc aucune raison de ne pas voir dans *celui-ci* une combinaison de deux morphèmes, *celui* signifiant «une personne » et *-ci* signifiant «qui est ici, proche». Ailleurs, le morphème *celui* ne fonctionne pas comme un article. Il serait donc étonnant qu'il soit un article devant le relatif *qui*. Il est par conséquent préférable d'y voir non un ProSN — car la relative serait alors une apposition, ce qui n'est absolument pas le cas au point de vue intonatif —, seulement ou un N qui n'a pas besoin de détermination, ou l'équivalent d'un N et d'un Dét, comme dans la figure 9. C'est la solution que nous avons admise (cf. Touratier, 1980, 382), en postulant un amalgame entre le déterminant et le nom, lequel ne peut être alors que l'archilexème des noms animés.

Chapitre 8

Coordination

Par elle-même, la coordination ne peut pas être considérée comme relevant de la syntaxe de la phrase complexe, sauf si l'on considère, à tort, nous semble-t-il, que, comme en logique, toute coordination est en fait une coordination de phrases, les logiciens diraient de propositions. C'est pourtant la thèse que le premier état de la théorie générativiste a défendue. Noam Chomsky a en effet admis (cf. Chomsky, 1969, 40-42; Ruwet, 1968, 209-210) qu'une phrase anglaise comme:

> P_3: *the scene of the movie and of the play was Chicago* «La scène du film et de la pièce était à Chicago»

avait comme structure profonde les deux phrases suivantes:

> P_1: *the scene of the movie was Chicago* «La scène du film était à Chicago»
> P_2: *the scene of the play was Chicago* «La scène de la pièce était à Chicago».

Et il a rendu compte de la coordination, par une règle de formation du type:

> "Si P_1 et P_2 sont des phrases grammaticales, et si P_1 diffère de P_2 uniquement en ce que X apparaît dans P_1 là où Y apparaît en P_2 (autrement dit, P_1 = ...X... et P_2 = ...Y...), et si X et Y sont des constituants de même type dans P_1 et dans P_2, respectivement, alors P_3 est une phrase grammaticale, où P_3 est le résultat d'un remplacement de X par X + *et* + Y dans P_1 (autrement dit, P_3 = ...X + *et* + Y...)" (Ruwet, 1968, 158).

Il est vrai que, dans le cas cité, la phrase P_3 a bien un certain rapport sémantique de paraphrase avec la somme des deux phrases P_1 et P_2. Mais cela n'implique nullement que sa structure syntaxique soit elle aussi la somme de ces phrases. Car il existe un certain nombre de cas de coordination où ce rapport de paraphrase n'existe pas ou est loin d'être évident. Quelles sont les deux phrases simples auxquelles on pourrait véritablement ramener des énoncés comme:

> Il lui suffit de mettre un certain nombre de kilomètres entre elle et lui (Georges Simenon, 1991, *La danseuse du Gai-Moulin*, Presses de la cité, 17, 76)

Ce jour nous fut propice et funeste à la fois (Corneille, *Hor.* I, 2)

Afranius, Pétréius et Varron, légats de Pompée, <...> se partagent la tâche (P. Fabre), (traduction de Caes., *civ.* 1,38,1-2 : *Afranius et Petreius et Varro*, legati Pompei, <...> officia *inter se partiuntur*)

Tiens, Pierre et Paul se marient le même jour.

On ne peut pas dire que ce soit respectivement:

*Il lui suffit de mettre un certain nombre de kilomètres entre elle. et : *Il lui suffit de mettre un certain nombre de kilomètres entre lui

* Ce jour nous fut propice à la fois. et : * Ce jour nous fut funeste à la fois.

* Tiens, Pierre se marie le même jour. et : *Tiens, Paul se marie le même jour. etc.

Et quand cette équivalence semble possible, on doit reconnaître qu'une phrase comme:

Pierre et Hélène se marient en juin prochain

signifie plus que la somme des deux phrases:

Pierre se marie en juin prochain
Hélène se marie en juin prochain

puisque ces deux phrases n'impliquent nullement que Pierre et Hélène doivent se marier ensemble, alors que la phrase avec coordination semble a priori le signifier.

Il est donc préférable d'admettre que n'importe quel constituant d'un énoncé peut présenter une coordination, et que c'est seulement quand le sens s'y prête que les constituants coordonnés peuvent être interprétés comme logiquement équivalents à la somme de deux ou plusieurs phrases simples.

Donc en soi, la coordination de constituants identiques n'est pas une propriété de la phrase complexe définie comme nous l'avons fait. Mais il faut reconnaître qu'elle relève de plein droit de la phrase complexe, telle que nous l'avons définie, quand elle affecte des constituants phrasoïdes, puisque l'énoncé contient alors effectivement autant de propositions que de constituants coordonnés. Et la coordination de propositions est un phénomène qu'il convient d'étudier, quand on a parlé de subordination, pour bien préciser en quoi la coordination et la subordination s'opposent. C'est une question souvent débattue entre grammairiens ou linguistes, d'autant que Lerch, un grand spécialiste allemand du XIXe siècle de grammaire française, a pu écrire:

"La différence entre coordination et subordination n'est pas aussi nette en français qu'en allemand, où les conjonctions subordonnantes sont reconnaissables à ce qu'elles entraînent l'ordre des mots spécifiques de la subordonnée. — coordonnée: *er kommt, denn er ist krank* / subordonnée: *er kommt nicht, weil er krank ist*" (d'après Antoine, 1958, 362).

I. Définition syntaxique de la coordination

A. Cas ordinaires

Quand on définit la coordination à partir des exemples les plus ordinaires comme:

> Un concerto pour *piano et orchestre*. Un ami *fidèle et loyal*. Il *ne peut et ne doit* pas agir ainsi. Répondre *brièvement et vivement* (d'après *Lexis*)
>
> Veuillez nous *faire parvenir la réponse et joindre le reçu*. (d'après *Lexis*)
>
> Il entendit un bruit insolite *qui venait de l'arrière de la voiture et qui ressemblait à un battement*. Il ne sait *si son mal de tête cessera bientôt et s'il nous rejoindra*. (d'après *Lexis*)
>
> Il faisait très froid et les routes étaient verglacées. Les livres étaient chers et je ne pouvais en acheter beaucoup. (d'après *Lexis*)
>
> *la véranda, les grandes fenêtres et le lierre de la façade* offraient l'aspect d'un bungalow (Modiano, Patrick, 1993, *Chien de printemps*, 83)
>
> Celui-ci, *armant la jeunesse et plaçant des postes*, ramena partout *la sûreté et le calme*, (traduction de Liv. 3,8,7: *Is, armata iuuentute dispositisque praesidiis, tuta omnia ac tranquilla fecit*)

on insiste généralement sur l'identité grammaticale ou fonctionnelle des constituants coordonnés. C'est une des premières choses que signalent les grammaires:

> "Les coordonnants relient en principe des éléments de même classe et de même fonction" (Dubois &, Lagane, 1973, 145)
>
> "Une phrase, ou proposition, est coordonnée à une autre quand elle a même fonction que cette autre phrase et qu'elle est rattachée par une conjonction de coordination" (Dubois &, Lagane, 1973, 178).

1. Isofonctionnalité des constituants coordonnés

Marouzeau définit, dans son *Lexique*, la coordination comme la "disposition sur le même plan de plusieurs termes ou membres soit simplement juxtaposés: *femmes, enfants, vieillards*, soit réunis par une conjonction de coordination: *il est venu et n'a rien dit*" (Marouzeau, 1969, 63). Mais il précise que la conjonction dite de coordination "relie l'un à l'autre deux termes de fonction comparable" (Marouzeau, 1969, 57). Voilà qui corrige et nuance les affirmations des grammaires scolaires, en ne parlant plus de même classe ou de même fonction. Peter Matthews dit également que les éléments coordonnés "sont syntaxiquement semblables" (d'après Matthews, 1981, 196), et non pas syntaxiquement identiques.

On trouverait le même genre de tournure dans la définition que Simon Dik donne, dans sa thèse, de la coordination, à savoir:

> "Une coordination est une construction formée de deux ou plusieurs constituants qui sont équivalents au point de vue de la fonction grammaticale, et liés entre eux à un même niveau de hiérarchie structurale par un procédé de liaison" (d'après Dik, 1972, 25).

a. Pas nécessairement identité catégorielle

De fait, s'il est fréquent que les constituants coordonnés appartiennent à la même catégorie grammaticale et soient par exemple deux adjectifs, deux verbes, deux ou plusieurs SN, deux SPrép, deux subordonnées, comme dans les exemples ci-dessus, cela n'est pas du tout nécessaire. Pour que ces constituants aient la même fonction, il suffit qu'ils appartiennent au même paradigme.

C'est ainsi qu'il est parfaitement possible de coordonner un adjectif et une proposition subordonnée relative:

> C'est un livre *original et qui vous plaira certainement* (d'après *Lexis*)
>
> Il poussa le cri d'un enfant *caché à l'angle d'un couloir et qui se jette sur vous comme un loup* (Decoin, Didier, 1987, *Autopsie d'une étoile*, 69)
>
> C'était Lucius Pinarius, un homme *actif et <qui> comptait plus sur l'impossibilité où il mettrait les Siciliens de le tromper que sur leur loyauté* (E. Lasserre), (traduction de (Liv. 24,37,3: *L. Pinarius erat, uir acer et qui plus in eo ne posset decipi quam in fide Siculorum reponeret*)

parce que chacun de ces constituants peut remplir la fonction d'épithète, c'est-à-dire appartenir au paradigme des expansions de N. Voilà pourquoi la coordination est souvent utilisée comme test pour mettre en évidence une identité de fonction syntaxique. Le latin, sur ce point, va encore plus loin que le français. Il peut coordonner un adjectif et un SN au génitif:

> Ita mihi meam uoluntatem spemque reliquae uitae *uestra populique Romani* existimatio comprobet (Cic., *Verr.* 2,5,35) "Puisse votre opinion et celle du

peuple romain approuver mes intentions et les espérances du reste de ma vie" (G. Rabaud).

Ces coordinations correspondraient en français à quelque chose comme:

l'opinion vôtre et du peuple romain, le sort mien et de la République

qui serait syntaxiquement possible, puisque le complément de nom appartient au paradigme de l'adjectif épithète, mais qui risque de paraître un peu trop rude.

De façon similaire, on peut coordonner un syntagme nominal et un pronom dit personnel, comme dans:

Mon avocat et moi sommes de cet avis. Il a renvoyé son frère et moi. C'est une opinion de mon père et de moi que je vous exprime (Dict. Académie, *moi*)

parce que ces pronoms personnels non clitiques appartiennent au même paradigme que le SN, et remplissent la même fonction respectivement de sujet, de complément d'objet, et de complément de nom. On peut aussi coordonner un adverbe avec un syntagme prépositionnel (contenant un SN ou un syntagme verbal à l'infinitif ou au gérondif) ou avec un syntagme propositionnel, comme dans:

<...> s'il était mort naturellement et sans testament (*Code civil*, art. 25)

Parlez-vous sérieusement ou pour plaisanter? – Il répondit calmement et en pesant ses mots. – Il est mort brusquement et sans que ses amis eussent été prévenus (Grevisse-Goosse, 1993[13], 371)

La mère du pasteur vieillissait dans l'aisance et entourée de considération (Mauriac, *Destins*, I)

parce que ces constituants appartiennent au même paradigme que l'adverbe et remplissent, dans ces exemples, la même fonction syntaxique de circonstant.

b. Fonction des parties ou fonction du tout?

Traditionnellement, on considère que chacun des constituants coordonnés a la même fonction que s'il était seul. C'est ainsi que chacun des constituants coordonnés des exemples qui viennent d'être cités auraient la même fonction d'épithète, parce qu'ils rempliraient effectivement cette fonction, s'ils étaient, chacun, seuls présents.

Cette façon de voir paraît contestable à qui définit les fonctions syntaxiques en termes d'organisation structurale. Car on ne peut pas dire que chacun des deux constituants coordonnés de ces exemples soit une expansion de N, conformément à la définition proprement syntaxique de la fonction d'épithète. Dans le SN:

Un ami fidèle et loyal.

cité plus haut, par exemple, on n'a pas affaire à une coordination de deux épithètes, mais plutôt à une épithète formée de deux constituants coordonnés, ce qui n'est pas la même chose. C'est en effet la construction formée par les deux éléments coordonnés qui est une expansion de N et qui remplit par conséquent la fonction d'épithète. Il s'agit donc d'une épithète complexe et non de deux épithètes coordonnées.

2. Organisation interne

Suivant l'analyse traditionnelle, selon laquelle la conjonction de coordination est un mot qui relie deux éléments, les linguistes qui pratiquent l'analyse en constituants immédiats admettent qu'une construction où deux éléments sont coordonnés présente trois constituants immédiats, à savoir le premier élément coordonné, la conjonction de coordination et le second élément coordonné, comme dans la figure 1, ce que Bloomfield a appelé une construction endocentrique sérielle. C'est aussi l'analyse que propose Dik, comme le montre sa définition de la coordination donnée plus haut.

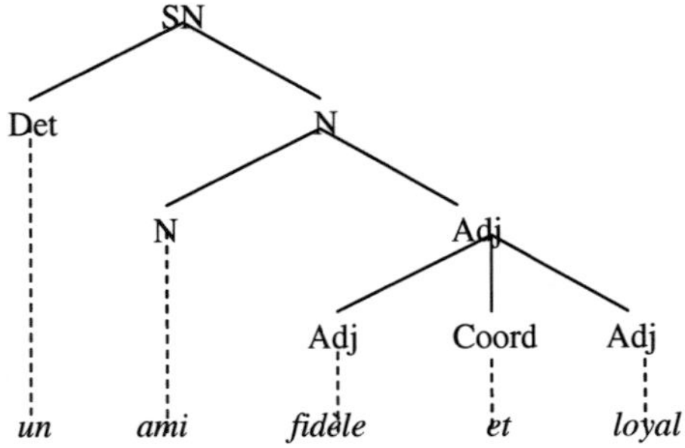

fig. 1: Conception traditionnelle de la coordination

Mais cette façon de voir est plus formelle ou intellectuelle que fonctionnelle. Elle transpose au niveau de l'organisation syntaxique le sens même des mots qu'on utilise traditionnellement pour désigner le phénomène. Car *coordonner* à l'aide d'une *conjonction*, c'est, comme le dit *Le Nouveau Petit Robert*, "réunir (des mots, des propositions) par une conjonction, une locution conjonctive de coordination" (*LNPR* 1993, 470), une conjonction étant l'"action de joindre" ou ce qui "sert à joindre deux mots ou groupes de mots" (*LNPR* 1993, 442). Or Gérald Antoine a beaucoup plus justement observé que:

> "le ligament (= l'outil de coordination), tout en restant attaché au second terme, se trouve quant au sens orienté de plus en plus vers le premier, si bien qu'il ne faut pas craindre de conclure: l'outil de coordination véritable est, par le sens, orienté surtout vers le premier terme (membre), par la situation syntaxique, surtout vers le second" (Antoine, 1958, 1,356).

a. Coordination et juxtaposition

Il est en effet toujours possible de faire commuter l'ensemble que forment la conjonction de coordination et le constituant coordonné qui la suit avec ce seul constituant.

> La veille au soir, au moment où la plaine prenait le dernier soleil, mauve, au moment où je l'avais tenue sous mon regard toute ponctuée de maisons <...>, j'avais senti l'autre face du bonheur, faite *de savoirs accumulés, de connaissances, de noms que je pouvais mettre sur les toits, d'épaisseurs de temps*. (Marie Rouanet, 1994, *La marche lente des glaciers*, 219)

> *La pluie, la neige, la gelée, le soleil* devinrent ses ennemis ou ses complices, selon qu'ils nuisaient ou qu'ils aidaient à sa fortune (Mauriac, *Destins*, XII)

> Sous les sabres prussiens, ces vétérans <...> Tremblaient, hurlaient, pleuraient, couraient (Hugo, *Châtiments* V, XIII, 2)

> *Le silence, l'immobilité des feuillages, les taches de soleil sur lesquelles je marchais* me donnaient de nouveau l'impression de rêver. (Patrick Modiano, 1993, *Chien de printemps*, Paris, Seuil, 82)

> *Le coup de balai était donné, la serpillière passée, le fourneau à gaz brillant.* (Marie Rouanet, 1994, 122)

> Au bout du fil du trottoir où je joue, au bord de mes jeudis, au matin de mes dimanches, elle est dans *le linge, frais, la maison en ordre, le pavé net, la vitre étincelante, l'armoire rangée, le gilet tricoté*. (Marie Rouanet, 1994, 166).

On obtient ainsi ce que les grammaires scolaires appellent une juxtaposition, c'est-à-dire en fait une coordination sans conjonction de coordination.

> "Quand le rapport qui associe dans la pensée deux termes coordonnés est inexprimé, on dit que ces termes sont coordonnés par juxtaposition (du latin *juxta*, à côté); dans ce cas, on peut presque toujours, si l'on veut, sous-entendre une conjonction de coordination" (Bonnard, 1950, 37)

ou, ce qui confirmerait la chose, ajouter une conjonction de coordination.

Si à une coordination à deux termes, on ajoute un troisième ou un quatrième constituant, il est possible d'introduire chacun de ces nouveaux éléments par une conjonction de coordination:

> Il prit sa défense et il énuméra toutes ses qualités et il l'excusa de sa méprise involontaire (d'après *Lexis*)

> Déjà il entrevoyait une explication plate et ennuyeuse et freudienne et psychologique de sa pièce (Sagan, *Yeux de soie*, p. 199)

> Avant tout, salue ma mère et mon père, et mes cousins, et tous ceux que tu verras qui me veulent du bien (P. Grimal), (traduction de Plaut., *Capt.* 389-390:

Omnium primum salutem dicito matri et patri, Et cognatis, et si quem alium beneuolentem uideris).

Mais, quand plus de deux termes sont coordonnés, il est possible, en français, et même plus fréquent, de supprimer la conjonction de coordination du deuxième et du troisième constituant, et de n'employer ce morphème que devant le seul dernier terme:

Elle est là, dans la trame invisible des jours d'hier où elle accomplissait tout sans murmurer et trouvait pourtant, toute chargée de ces services, le temps d'aimer *la rose, l'odeur de la pluie et les lumières du jour*. (Marie Rouanet, 1994, 166)

la véranda, les grandes fenêtres et le lierre de la façade offraient l'aspect d'un bungalow. (Patrick Modiano, 1993, 83)

Voici des fruits, des fleurs, des feuilles et des branches (Verlaine, *Romances sans parole*, «Green»)

Du blé, Pompée en avait fait venir d'énormes quantités *de Thessalie, d'Asie, d'Egypte, de Crète, de Cyrénaïque, et des autres contrées* (P. Fabre), (traduction de Caes., *civ.* 3,5,1: *Frumenti uim maximam ex Thessalia, Asia, Aegypto, Creta, Cyrenis reliquisque regionibus comparauerat*).

Une dernière commutation confirme l'identité fonctionnelle entre coordination et juxtaposition: il est parfaitement possible d'employer une conjonction de coordination devant le premier constituant coordonné, à condition que chacun des autres constituants coordonnés présente aussi une conjonction de coordination:

Et la terre, et le fleuve, et leur flotte et le port
Sont des champs de carnage où triomphe la mort. (Corneille, *Le Cid*, IV 3)

des deux côtés et l'amour de la gloire et la crainte du déshonneur incitaient à la bravoure (traduction de Caes., *Gall.* 7,80,5: *utrosque et laudis cupiditas et timor ignominiae ad uirtutem excitabat*).

Ce type de commutation montre qu'il n'est pas possible de définir la conjonction de coordination *et* comme un outil qui relie un terme à un autre terme qui le précède, puisque le premier terme d'une structure coordinative peut être précédé de *et*, sans que ce dernier soit lui-même précédé d'un autre terme. Et comme la conjonction de coordination et le constituant coordonné peuvent toujours commuter avec ce seul constituant, il est parfaitement légitime de dire que la coordination et la juxtaposition sont fonctionnellement identiques, et même que la juxtaposition est une coordination sans morphème coordonnant.

b. Position structurale de la conjonction

Si l'on reformule ces observations en termes d'analyse en constituants immédiats, on dira que la conjonction de coordination et le constituant qui, en français, la suit syntagmatiquement forment ensemble une construction, et que cette construction est une construction endocentrique, puisqu'elle peut com-

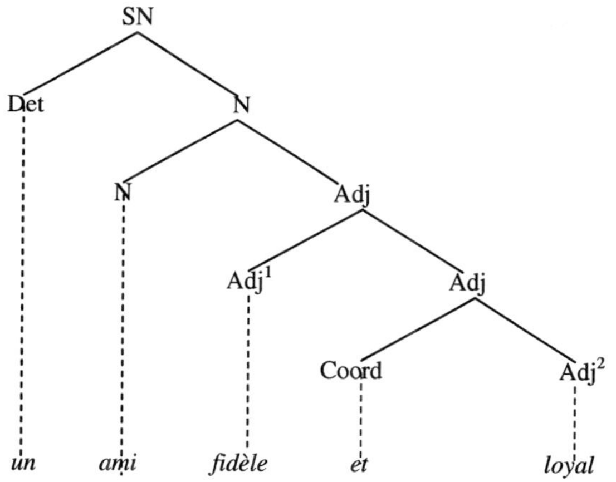

fig. 2: Structure de coordination

muter avec ce constituant dépourvu de conjonction de coordination. En tant que construction endocentrique, cette construction coordinative appartient au même paradigme que le constituant coordonné et aussi, par conséquent, au même paradigme que l'autre syntagme (ou les autres syntagmes) avec lesquels elle se combine. La coordination est donc, quand elle présente une conjonction de coordination (cf. figure 2), une construction qui présente deux niveaux successifs d'endocentricité. Ainsi la construction coordinative *fidèle et loyal*, qui est un syntagme adjectival, est endocentrique, puisque, au moins un de ses constituants immédiats est aussi un adjectif. Et parmi ses constituants immédiats, elle a une construction *et loyal* étiquetée Adj, qui est également endocentrique, puisqu'elle contient l'adjectif *loyal*. Cela fait bien deux niveaux différents d'endocentricité. Lorsqu'il n'y a pas de conjonction de coordination (cf. figure 3), on a une juxtaposition, qui, elle, est une construction ne présentant plus qu'un seul niveau d'endocentricité. Ce niveau d'endocentricité est la caractéristique commune à la coordination et à la juxtaposition. On peut dire qu'il correspond à la particularité syntaxique en quelque sorte définitoire de la coordination, puisque la juxtaposition n'est qu'une coordination sans conjonction ou, comme le dirait Bonnard, une coordination par juxtaposition.

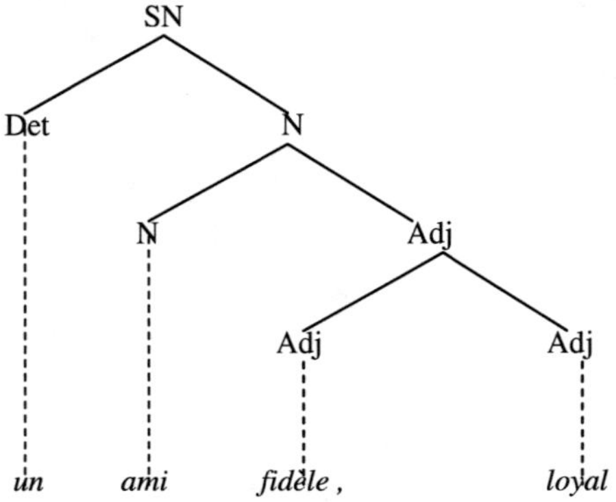

fig. 3: Juxtaposition

On en tirera au moins deux autres conclusions. D'abord la particularité structurale d'une structure coordinative que Bloomfield appelait "construction endocentrique coordinative ou sérielle" doit être redéfinie. Bloomfield caractérisait ce sous-type particulier de construction endocentrique par le fait que "le syntagme résultant appartient à la même classe formelle [ou, en d'autres termes, au même paradigme] que deux ou plus de deux de ses constituants" (Bloomfield, 1970, 84), alors que la construction endocentrique normale, appelée construction endocentrique subordinative, est définie par l'appartenance à la même classe formelle qu'un seul de ses constituants immédiats. Mais si la description qui vient d'être proposée est exacte, la construction endocentrique coordinative a la particularité encore plus notable d'être formée de constituants immédiats qui appartiennent tous au même paradigme qu'elle. Autre conclusion: si on définit les fonctions syntaxiques en termes purement syntaxiques, c'est-à-dire constructionnels, il est clair que la coordination doit être considérée comme une fonction syntaxique, au sens précis du terme. C'est la construction dont tous les constituants immédiats, quelle que soit la catégorie à laquelle ils appartiennent, appartiennent à un même paradigme.

c. Intérêt typologique de cette description

Si l'on accepte une telle définition syntaxique de la coordination, on n'est plus du tout gêné par les structures coordinatives où le morphème coordonnant est enclitique et se trouve donc dans le second ou le énième membre coordonné, comme dans la célèbre formule latine:

senatus populusque romanus «le sénat et le peuple romain».

Le coordonnant a seulement alors la particularité syntagmatique (et non pas syntaxique) d'apparaître après et non avant le constituant qu'il coordonne.

On n'est pas non plus surpris de trouver des coordinations où c'est le ou les premiers constituants de la structure coordinative qui reçoivent le morphème coordonnant suffixé, comme, en coréen, dans le syntagme nominal sujet de la phrase suivante:

Pierre-wa Jean-i oje na-rul po-ro w-at-ta
Pierre-et Jean-Suj hier moi-Obj voir-pour venir-passé-Affirm.
«Pierre et Jean sont venus me voir hier».

ou dans le SN objet suivant:

k*oingcanghi khi-ko nəlp-ko noph-in cip-ii iyaki-lil*
très grand-Coord immense-Coord haut-Suf.Qualif. maison-Gén histoire-Acc
«une histoire d'une maison très grande, large et haute» (Saidangaic Kacang Silkiloun Iyaki, p. 129 (d'après la thèse de Sun-Mi Kim, 1998, 219).

En coréen, comme en français ou en latin, la structure coordinative est une structure syntaxique à deux niveaux successifs d'endocentricité, comme l'indiquent clairement les figures 4 et 5.

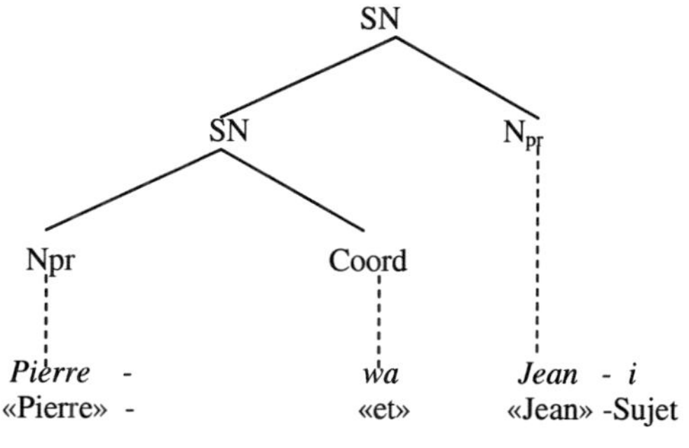

Fig. 4: Coordination coréenne

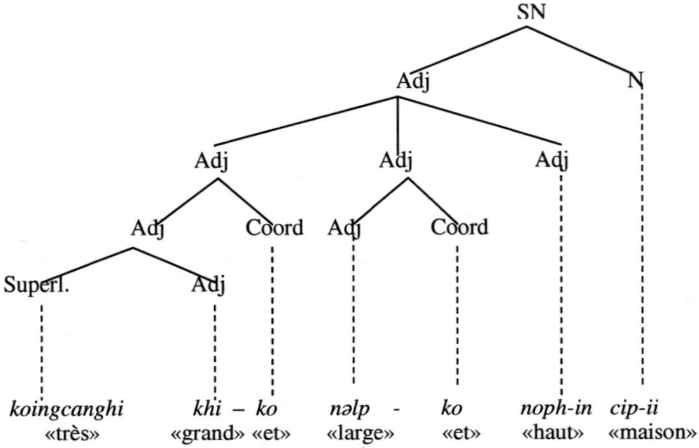

fig. 5: Coordination coréenne

d. Coordination et apposition

Au point de vue syntaxique, il n'y a donc aucune différence entre un SN juxtaposé à un autre SN et un SN qui serait apposé à un autre SN. Dans les deux cas, la construction ainsi formée sera un SN dont les deux constituants immédiats sont des SN, comme dans:

> Paris, la capitale de la France, est divisé en vingt arrondissements (d'après Goosse-Grevisse, 516)

en face de:

> Paris, Marseille sont divisés en vingt arrondissements

ou bien:

> L'amour, cette passion si visionnaire, exige dans son langage une exactitude mathématique (Stendhal, *Rac. et Shak.*, éd. Martino, t. II, p. 219)

en face de:

> L'amour, la passion ont un langage qui est différent.

La différence entre ces deux tours se situe au niveau sémantique. Si les deux SN désignent la même réalité extralinguistique comme *Paris* et *la capitale de la France*, le second SN est apposé au premier. Mais si les deux SN désignent deux référents différents, comme *Paris* et *Marseille*, alors les deux SN sont juxtaposés. Si au lieu d'écrire:

> Vercingétorix <...> se dispose à assiéger Gorgobina, la ville des Boïens (traduction de Caes., *Gall.* 7,9,6: *Gorgobinam, Boiorum oppidum, <...> oppugnare instituit*)

César avait écrit:

> *Gorgobinam, Boiorum oppidum, et oppidum Seninum, Vellaunodum oppugnare instituit*

il aurait fallu avoir des connaissances historiques, pour comprendre qu'il voulait dire:

> assiéger Gorgobina, la ville des Boïens, et la ville des Sénons, Vellaunodum

et qu'il n'y avait que deux villes et non pas trois ou même quatre.

Le français, qui possède un article, souligne ce rôle non désignatif du SN apposé, en le privant le plus souvent de toute quantification et donc d'article, comme dans:

> Les colères, filles du désespoir (Bernanos, *Grands cimet. sous la lune*, p. 14)

> L'amour, superficielle écume (Colette, *Naissance du jour*, Sel., p. 68).

C'est ainsi que le traducteur de César avait en réalité proposée la traduction:

> «Vercingétorix <...> se dispose à assiéger Gorgobina, ville des Boïens <...> Vellaunodum, ville des Sénons» (L.-A. Constans)

où il est très clair que les SN ou plutôt le N complexe *ville des Boïens* et *ville des Sénons* ne peuvent qu'être des appositions, étant dépourvus de toute quantification.

B. Cas moins évidents

On trouve un certain nombre de structures qui ont tout l'air d'être sémantiquement des coordinations, mais dont les constituants coordonnés semblent présenter des organisations syntaxiques internes différentes et donc anormales.

1. Coordination de constituants partiellement identiques

Certaines phrases sont ordinairement interprétées comme des cas de coordination, avec toutefois la particularité syntaxique que les constituants apparemment coordonnés contiennent un élément qui est mis en facteur commun et donc n'apparaît que dans un seul de ces constituants coordonnés. Les grammaires parlent alors de l'ellipse de l'élément qui n'est pas répété dans l'un des constituants coordonnés.

a. Ellipse d'un élément

C'est ainsi qu'un même verbe vaut pour les deux ou trois propositions coordonnées de:

> Les boutiques étaient closes, la rue muette (Maupassant, *Boule de suif*)
>
> Les grands yeux étaient éteints et mornes, les paupières, striées de rides, les commissures des narines, marquées de plis profonds (Jaloux, *Branche morte*, p. 112)
>
> Aussi la mort des uns paraît heureuse; la vie des autres, digne d'éloges (L. Laurand), (traduction de Cic., *Lael.* 23: *Ex quo illorum beata mors uidetur, horum uita laudabilis*)
>
> <...> elle me fit songer à ces images d'Alice au pays des merveilles, quand la gamine est immense dans un logis minuscule, quand ses membres roses sortent comme des plantes grimpantes par les fenêtres et par la porte, et sa tête par la cheminée. (Didier Decoin, 1987, *Autopsie d'une étoile*, éd. du Seuil, 55)
>
> On ne distinguait qu'un large amas où les chairs humaines faisaient des taches blanches, les morceaux d'airain des plaques grises, le sang des fusées rouges (Flaubert, *Salambô*, XIV)

ou pour les deux SV coordonnés de:

> L'amitié rend le succès plus éclatant, et l'adversité plus légère, en partageant et mettant en commun (traduction de Cic., *Lael.* 22: *Nam et secundas res splendidiores facit amicitia, et aduersas, partiens communicansque, leuiores*)
>
> *John gave the book to Peter, the record to Bill and the camera to* Charles «John donne le livre à Pierre, le disque à Bill et l'appareil photographique à Charles».

La difficulté que présentent ces exemples pour la théorie de la coordination vient de ce que le ou les constituants coordonnés présentent une structure qui est apparemment différente non seulement de celle du constituant auquel ils sont coordonnés, mais aussi différente de celle de tous les types de syntagmes bien construits.

Dans la première série d'exemples, les constituants coordonnés n'ont pas de verbe. Aux deux premiers, il manque une forme du verbe *être*, au troisième, une forme du verbe *paraître*. On pourrait à la rigueur dire que ces constituants coordonnés sont des propositions nominales, c'est-à-dire des propositions sémantiquement équivalentes d'une proposition à verbe *être*, comme on en trouve fréquemment en latin, et comme on peut aussi en trouver en français. Mais cette explication n'est plus possible à propos du quatrième et du cinquième exemple, où il manque une forme respectivement du verbe *sortir* et du verbe *faire*.

Dans la deuxième série d'exemples, ce n'est plus des propositions coordonnées, mais des SV coordonnés qui manquent de verbe. Le SV coordonné du premier exemple contient un complément d'objet et un attribut du complément d'objet sans le verbe *rendre*; les SV coordonnés du deuxième exemple présentent un complément d'objet et un complément d'attribution sans le verbe *gave* ou *donner*. De tels exemples sont particulièrement gênants pour une théorie syntaxique qui entendrait donner une définition purement syntaxique et non pas plus ou moins sémantique des fonctions syntaxiques. Si en effet le complément d'objet et son attribut, ou le complément d'objet et son complément d'attribution sont syntaxiquement définis comme des constituants immédiats de SV non endocentrique, c'est-à-dire comme des adjonctions et non des expansions de V, on ne peut pas vraiment dire que tel serait le cas des constituants de SV coordonnés, puisqu'ils ne contiennent aucun verbe. Bref, dans tous ces exemples curieux de coordination, les constituants coordonnés n'ont pas la structure qui serait canonique soit pour une proposition, soit pour un SV.

Traditionnellement on fait disparaître cette difficulté, en admettant que tous les constituants coordonnés contiennent un verbe sous-entendu identique au verbe du constituant auquel ils sont coordonnés. Une semblable explication vaut à ce type de coordination le nom de *gapping* que lui donnent les générativistes. Dans la phrase anglaise:

> $_{a}[\ _{b}[$*Hugford was among the earliest to forge*$]_{b}$ *and* $_{c}[$*Patch systematically to record*$]_{c}\ ]_{a}$ *early Tuscan frescoes* "H. fut un des premiers à contrefaire et P. à systématiquement enregistrer les anciennes fresques toscanes"

"il est tentant, écrit par exemple Peter Matthews, de postuler une contraction d'un type souvent appelé *Gapping*:

> *and* [*Patch <sc. was among the earliest> systematically to record*] «et P. fut un des premiers à systématiquement enregistrer»

par laquelle un trou <*gap*> est pratiqué dans l'unité" (Matthews, 1981, 210). Et si ce trou dans les syntagmes revient à dire que ledit constituant coordonné contient un lexème verbal à signifiant zéro, il est alors parfaitement possible de donner aux constituants des éléments ainsi coordonnés les définitions purement syntaxiques qu'il paraît souhaitable de leur donner, les compléments d'objet et attribut (ou complément d'attribution) étant alors des adjonctions de ce verbe à signifiant zéro. Peter Matthews précise cependant qu'une fois le verbe supprimé, il n'est pas possible de considérer que la construction indicée *a* est endocentrique, si on entend par là que son constituant immédiat indicé *c* devrait commuter avec elle; car une phrase comme:

> **Patch systematically to record early Tuscan frescoes* «P. systématiquement enregistrer les anciennes fresques toscanes"

ne peut être qu'agrammaticale.

b. Notion de syntagme coordinatif

L'explication par une ellipse passe toujours pour une facilité infalsifiable. Mais elle n'est pas fausse, si l'on n'entend pas par ellipse que le second constituant coordonné de ces exemples contient un verbe à signifiant zéro. Nous admettons pour notre part qu'il s'agit bien de véritables coordinations, mais que son second constituant coordonné est un syntagme particulier que nous appellerons syntagme coordinatif (en abrégé SCoord). Ce syntagme a la particularité syntaxique de n'avoir ni structure ni paradigme propres. C'est une sorte de constituant joker, qui peut entrer dans tous les paradigmes, et dont la catégorie est automatiquement spécifiée à partir du contexte dans lequel il se trouve.

Le SCoord entre en effet obligatoirement dans le paradigme du ou des constituants avec lesquels il est coordonné. Ainsi, dans la traduction française de l'exemple de Cicéron, le SCoord *et l'adversité plus légère* tient le rôle d'un SV, parce qu'il se combine directement avec le SV *rend le succès plus éclatant*. Toutefois la structure interne de ce SCoord ne correspond pas forcément aux fonctions syntaxiques des constituants du paradigme auquel il appartient contextuellement. Elle n'est qu'une suite de paradigmes catégoriels non vraiment structurée, dont les constituants immédiats ne sont sémantiquement interprétables que par référence aux différents constituants de la construction avec laquelle le SCoord se combine. Dans l'exemple de la figure 5, le SCoord a deux constituants immédiats: le morphème *et*, et un SCoord,

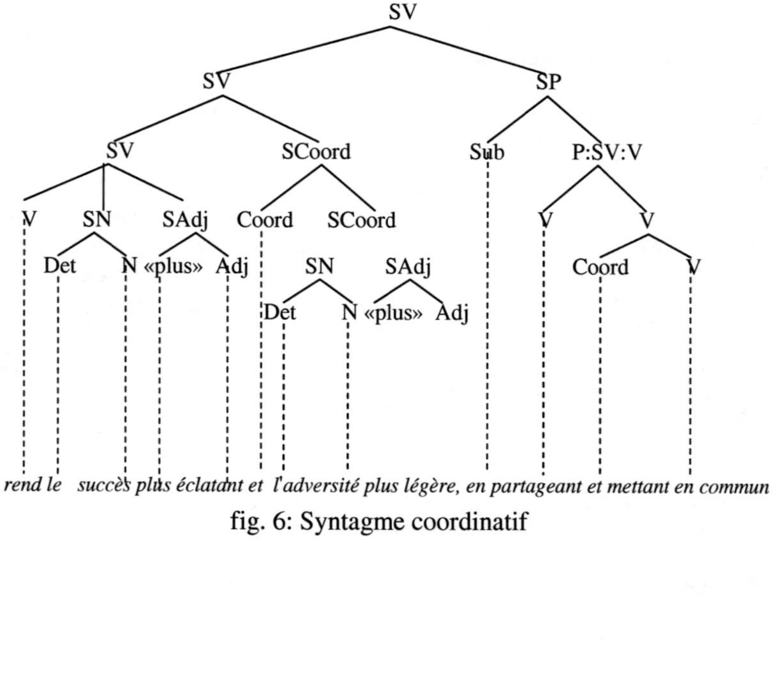

fig. 6: Syntagme coordinatif

qui est une construction formée d'un SN *l'adversité* et d'un Syntagme adjectival *plus légère*. Et le SN *l'adversité* ne peut pas avoir la fonction de complément d'objet, puisqu'il ne se combine pas avec un V, ni, du même coup, l'adjectif *plus légère* la fonction d'attribut du complément d'objet (c'est-à-dire en fait la fonction de second complément de verbe), puisqu'il n'y a pas à proprement parler de complément d'objet.

Le SCoord n'a pas besoin d'une prétendue conjonction de coordination pour exister. La juxtaposition (ou coordination sans coordonnant) peut fort bien présenter un SCoord, comme dans l'exemple de Maupassant (cf. figure 7).

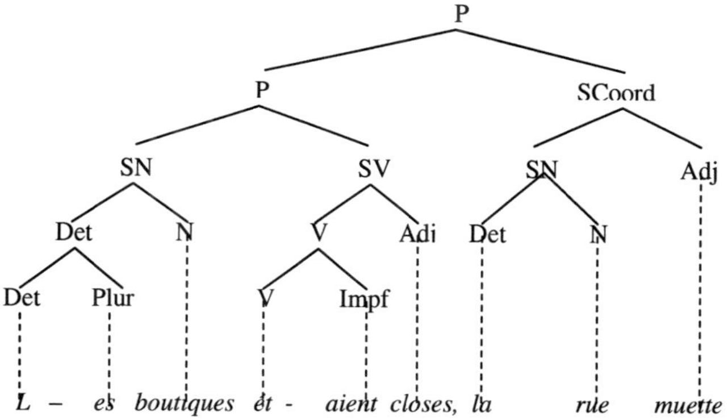

fig. 7: Coordination de propositions

Quant à son interprétation sémantique, elle se fait sur le modèle de la construction avec laquelle le SCoord se combine : le SCoord a la même organisation sémantique que son modèle, mais en remplaçant le signifié des constituants du modèle par celui de ses propres éventuels constituants. Ainsi le SCoord *et l'adversité plus légère*, aura la même structure sémantique que le SV *rend le succès plus éclatant*, en remplaçant le sens de *le succès* par celui de *l'adversité*, et le sens de *plus éclatant* par celui de *plus légère*, ce qui revient à lui ajouter le sens de toutes les unités du modèle qui n'ont pas d'équivalent dans sa structure.

Pour permettre cette construction du sens, les constituants du SCoord présentent, dans les langues à flexion casuelle comme le latin, la morphologie des constituants auxquels ils correspondent dans le modèle, ou la morphologie de la fonction syntaxique qu'ils remplissent éventuellement dans le SCoord. Ainsi dans l'exemple du *Laelius* de Cicéron, l'adjectif substantivé *aduersas* est à l'accusatif, parce qu'il correspond au complément de verbe *secundas res* à l'accusatif, et l'adjectif *leuiores* est aussi à l'accusatif, comme l'attribut du complément de verbe *splendidiores*, auquel il correspond. La dépendance et l'équivalence qu'il y a entre un SCoord et son modèle expliquent que la construction avec une telle coordination soit véritablement endocentrique, tout en ne pouvant pas être remplacée par le seul SCoord. Le SCoord a le même rôle syntaxique et sémantique que le constituant auquel il est coordonné, et en ce sens il forme bien avec lui une construction qui appartient au même paradigme que lui et au même paradigme que la construction dont il est un constituant immédiat. Mais il ne peut nullement fonctionner seul à la place de cette dernière construction, puisque, par définition, il ne peut pas exister sans le modèle auquel il est coordonné. Il n'y a donc pas lieu, contrairement à ce que fait Peter Mathews, de refuser à la construction avec SCoord le statut de construction endocentrique.

c. Particularités du syntagme coordinatif

Le SCoord peut présenter un certain nombre d'autres particularités, dont certaines semblent propres au latin.

Le morphème personnel du verbe

Dans les exemples cités, le verbe sémantiquement commun aux constituants coordonnés était à la même personne. Mais rien n'empêche que ce verbe soit à deux personnes différentes, comme dans:

> Veux-tu que nous changions? que je prenne la tienne, et toi la mienne? (A. Ernout), (traduction de (Plaut., *Trin.* 59: *Vin commutemus? tuam ego ducam et tu meam*?)
>
> J'avais vingt-trois ans; toi, dix-huit (Mauriac, *Nœud de vip.*, I)

On remarquera qu'à cause de l'existence, en français, de pronoms clitiques et d'authentiques ProSN, ce n'est évidemment pas un pronom clitique qui, dans le SCoord, correspond au morphème personnel du premier élément de la coordination, lorsque le verbe est supprimé. Dans un cas comme:

> Elle fit un pas vers la porte. Lui, bondit (Courteline, d'après Grevisse & Goosse, 1993, 163).

on a une coordination normale entre deux propositions. La particularité à signaler n'est pas la présence d'un SCoord, mais le fait que la première proposition soit un simple SV avec morphème personnel, et la seconde, la combinaison d'un sujet et d'un SV sans morphème personnel, cette fois.

En français en outre, lorsque deux SV avec morphème personnel sont coordonnés, il est parfaitement possible de ne pas exprimer une seconde fois le morphème personnel, quand il serait identique. On dit par exemple:

> elle accomplissait tout sans murmurer *et trouvait pourtant*, toute chargée de ces services, le temps d'aimer la rose, l'odeur de la pluie et les lumières du jour. (Marie Rouanet, 1994, *La marche lente des glaciers*, 166).

Si l'auteur avait écrit: "et elle trouvait pourtant...", on aurait eu la coordination normale de deux SV. Mais, comme le SV sans morphème personnel n'est possible qu'après un constituant sujet, et, comme dans l'exemple cité, il n'y a pas de constituant sujet, il faut admettre que le second SV de cet exemple est un SCoord, auquel il faut donc ajouter le morphème personnel *elle* du premier élément de la coordination, pour l'interpréter sémantiquement.

L'auxiliaire

Il est certes possible de coordonner des auxiliaires; mais cela présente quelques problèmes plus ou moins délicats. Dans une phrase française comme:

Il pouvait et devait savoir cela

ou latine comme:

id quod scire potuit et debuit, dixit (Cic., *Q. Rosc.* 42) «Il a dit ce qu'il a pu et a dû savoir».

on n'a pas, contrairement à ce qu'on pourrait croire, un syntagme coordinatif, mais simplement une coordination d'auxiliaires avec, en français, l'obligation morphologique de répéter le signifiant du morphème d'imparfait, parce qu'en français, le morphème d'auxiliaire a l'indépendance syntagmatique d'un mot, auquel s'accroche le morphème de temps de la construction verbale. Dans la mesure donc où la coordination aura lieu entre deux mots, ces deux mots

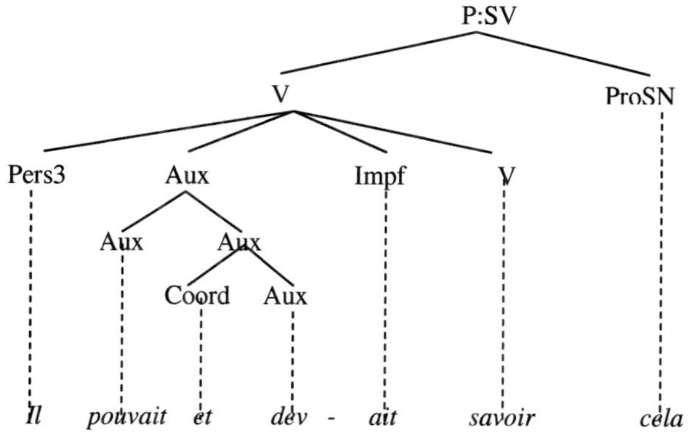

fig. 8: Coordination d'auxiliaires

devront contenir le morphème d'imparfait. La structure syntaxique correspondra alors au schéma de la figure 8. En latin, la situation est la même, comme on le voit dans la figure 9. Mais on répète en plus, dans la chaîne parlée, le morphème de personne, qui a donc ainsi un signifiant discontinu,

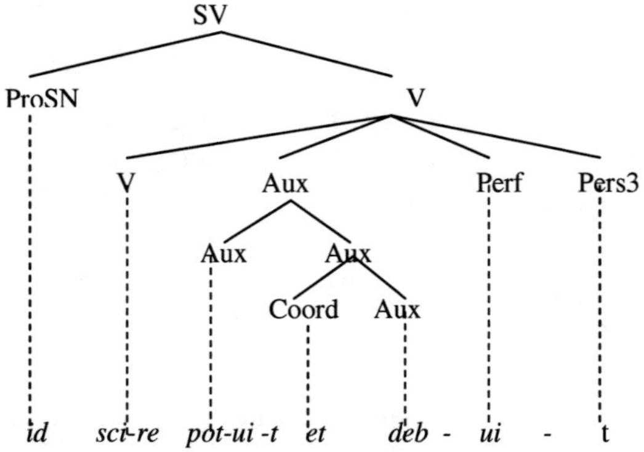

fig. 9: Coordination d'auxiliaires

exactement comme le morphème aspectuel de *Perfectum*. Par contre dans la phrase française:

Il pouvait et il devait savoir cela

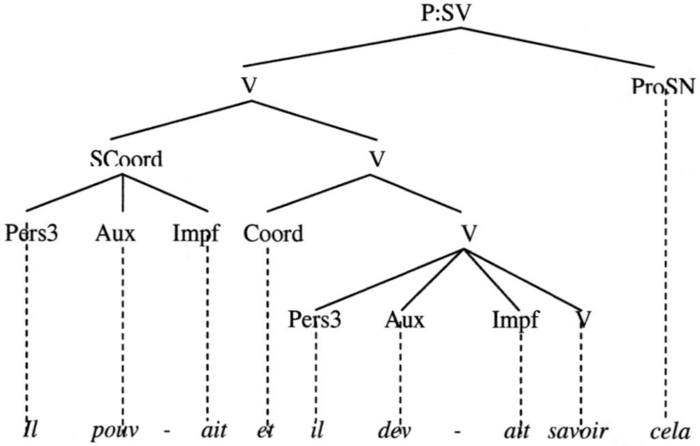

fig. 10: Coordination d'auxiliaires

et dans la phrase anglaise:

> *He could have and might have seen her* «Il aurait probablement pu la voir» (cf. Matthews, 1981, 204)

on a respectivement un et deux SCoord. Le SCoord de l'exemple français est un verbe malgré l'absence de tout lexème verbal, parce que le syntagme auquel il est coordonné est un verbe, qui contient, lui, un noeud étiqueté V en plus de tous les noeuds du SCoord, comme le montre la figure 10. Dans l'exemple anglais, le premier SCoord est un verbe sans lexème verbal, et le second un verbe sans morphème personnel, comme dans la figure 11. On remarquera au passage que la définition proposée du SCoord permet de n'avoir dans une coordination que des SCoord, comme dans l'exemple anglais. Le SCoord appartenant au même paradigme que la construction dont il est un constituant immédiat, il n'est pas nécessaire que les constituants auxquels il est coordonné soient des structures canoniques de ce paradigme. Les deux SCoord de l'exemple de Peter Matthews représentent tous les deux le paradigme du V, simplement parce qu'ils sont tous les deux des constituants immédiats d'une locution verbale, c'est-à-dire d'un V complexe et par conséquent endocentrique.

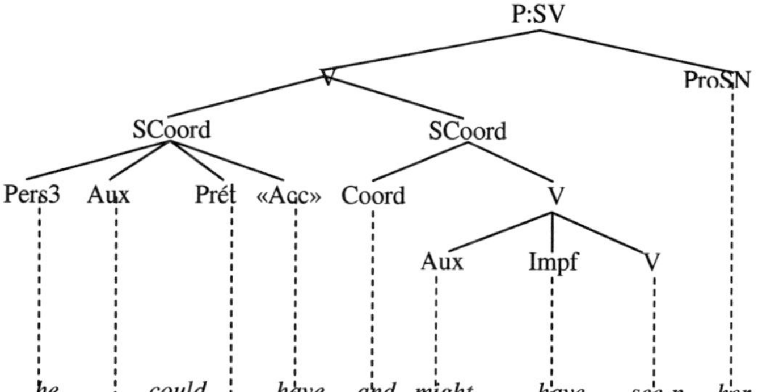

fig. 11: Coordination d'auxiliaires

La coordination que l'on a dans les deux phrases:

> il voulait et pouvait voir cela
>
> il pouvait et voulait voir cela

a la particularité de coordonner un verbe à part entière et un auxiliaire. Il faut admettre alors que le SCoord reçoit la signification des constituants *v-oir cela* du SV auquel il est coordonné en tant que V de l'auxiliaire et Complément de

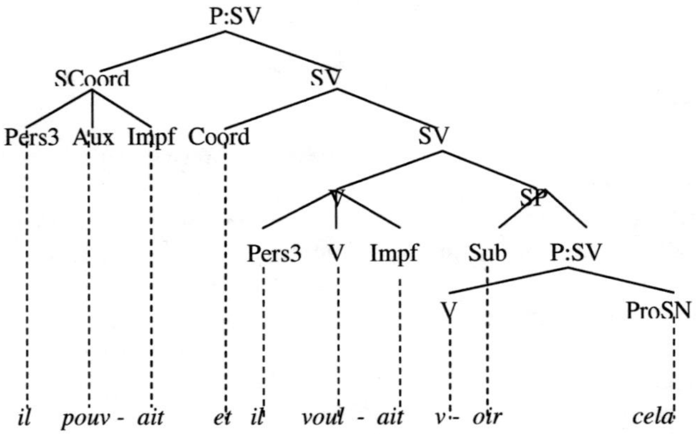

fig. 12: Coordination d'un auxiliaire et d'un verbe

ce verbe, et non en tant que proposition subordonnée. Il faut en outre remarquer que, contrairement à ce qui est généralement admis, quand on dit que la coordination unit des constituants de même fonction syntaxique, *il pouvait* ne joue pas par rapport au syntagme *voir cela* le même rôle structural que *il voulait* .

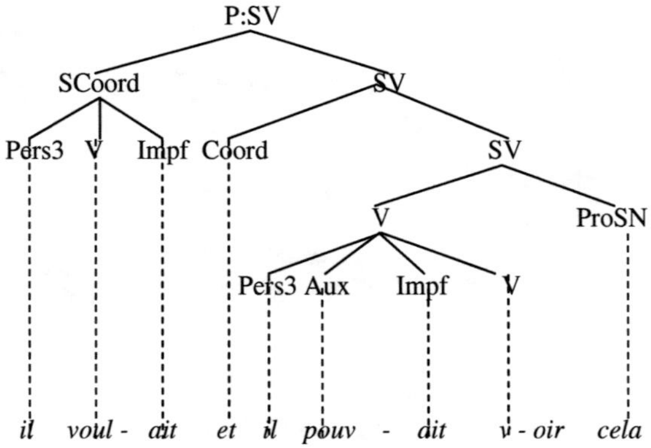

fig. 13: Coordination d'un verbe et d'un SV avec auxiliaire

Place du syntagme coordinatif

A la différence du français et de l'anglais, qui mettent le plus souvent en second le SCoord, le latin, qui a d'autres possibilités d'ordre des mots, met plus facilement, dans la chaîne syntagmatique, le SCoord avant son modèle, comme dans:

> *Sic uno tempore et de nauali pugna Sabinus et de Sabini uictoria Caesar est certior factus* (Caes., *Gall.* 3,19,5) «Ainsi c'est en même temps que Sabinus apprit la bataille navale et César la victoire de Sabinus».

On remarquera qu'alors, les auteurs facilitent la compréhension d'une telle organisation des mots. Ils signalent en effet dès le début qu'il faut s'attendre à une coordination et donc que l'on est éventuellement devant un SCoord, soit en recourant au moyen grammatical de la coordination en *et... et*, soit en employant un moyen lexical approprié, comme *pariter* dans l'exemple de Plaut., *Aul.* 132, soit même en utilisant les deux procédés à la fois comme dans Caes., *Gall.* 3,19,5. Mais cela n'est nullement obligatoire, ainsi qu'on peut le voir dans:

> *Quoniam tu me et ego te qualis sis scio* (Plaut., *Aul.* 217) «Puisque tu sais ce que je suis et moi ce que tu es»

ce qui rend plus difficile la compréhension.

Mais il est possible, semble-t-il, qu'un SCoord se trouve en première et en seconde place dans une même construction avec coordination, comme on a pu le voir dans l'exemple anglais de coordination avec deux auxiliaires qu'a donné Peter H. Matthews.

Autre particularité

Une autre particularité de la coordination avec SCoord mérite d'être signalée, surtout dans les langues où l'ordre des mots est relativement libre, comme le latin. Dans cette langue, on peut trouver des exemples comme:

> *quocum et domus fuit et militia communis* (Cic., *Lael.* 15) «avec lui et la vie civile et la vie militaire me furent communes»

où, s'il ne s'agit pas que d'un simple arrangement syntagmatique sans incidence syntaxique, on doit admettre que la proposition de la subordonnée relative est formée de deux SCoord se complétant mutuellement de façon plutôt rude. Le premier SCoord contient le verbe qui est sémantiquement commun aux deux, et le second contient ce qui devrait être l'attribut de ce verbe, lequel est bien sûr également commun aux deux P ainsi coordonnées. Il est toutefois possible qu'il ne s'agisse là que d'un effet particulier d'ordre des mots, auquel nous donnons le nom d'entrecroisement. C'est-à-dire que les constituants du SN sujet soient

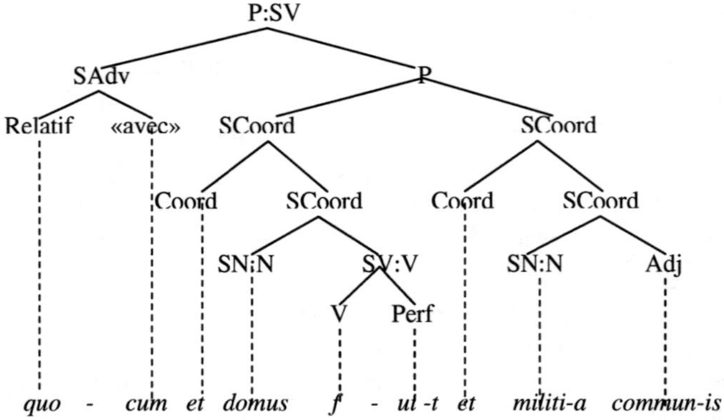

fig. 14: Coordination de deux SCoord

syntagmatiquement séparés par une partie des constituants du prédicat, comme dans la figure 15.

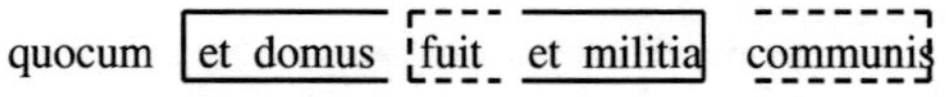

fig. 15: Entrecroisement linéaire du sujet et du prédicat

Constituants supplémentaires

Il arrive que le SCoord, auquel normalement il manque des constituants par rapport à l'autre constituant coordonné, contienne aussi des constituants supplémentaires. Il semble qu'il y ait alors deux cas de figures: ou les constituants supplémentaires sont propres au SCoord, ou ils sont communs aux constituants immédiats de la construction avec coordination. La première possibilité se réalisa par exemple dans les deux exemples français suivants:

> Chacun dégageait son seuil et après, avec les autres, les artères principales (Rouanet, 1994, 223)

> Ma mère emportait la poêle, l'huile et, dans un petit sac, l'ail et le persil (Rouanet, 1994, 181)

Par contre la seconde possibilité se trouve dans l'original latin de l'exemple de Cicéron cité plus haut:

L'amitié rend le succès plus éclatant, et l'adversité plus légère, en partageant et mettant en commun (*Nam et secundas res splendidiores facit amicitia, et aduersas, partiens communicansque, leuiores* (Cic., *Lael.* 22).

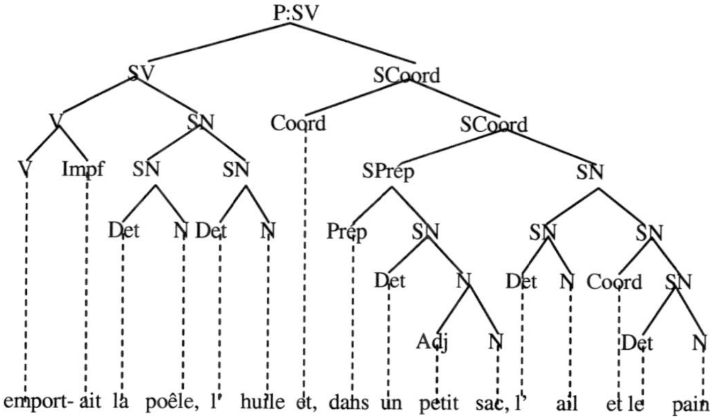

fig. 16: SCoord avec un constituant en plus

En français le circonstant *en partageant et mettant en commun* est une expansion du SV avec SCoord. Il précise donc le contenu sémantique de chacun des deux SV coordonnés. Mais en latin, ce circonstant est, syntaxi-

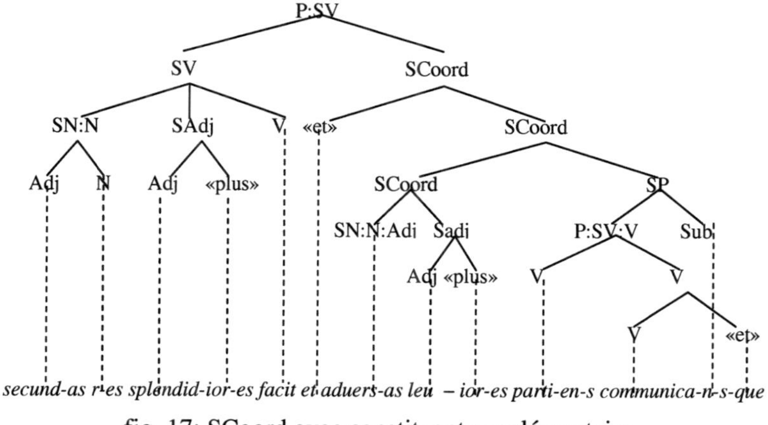

fig. 17: SCoord avec constituant supplémentaire

quement, une expansion du seul SV que représente le SCoord, ce qui est manifesté syntagmatiquement par l'enclave de ce circonstant à l'intérieur du SV dont il est l'expansion. Cependant, comme en français, ce circonstant apporte aussi une précision au contenu sémantique du premier SV de la coordination. Peut-être serait-il préférable dans ces conditions de considérer que les deux constituants immédiats de cette construction avec coordination sont des SCoord, puisque les deux ajoutent, pour le sens, la signification de constituants qui se trouvent dans l'autre membre de la coordination?

d. Coordinations apparemment curieuses

On peut trouver d'autres cas de coordination qui semblent surprenants, parce que le coordonnant réunit des constituants qui apparemment sont syntaxiquement différents.

C'est ainsi qu'un pronom personnel commun à deux constituants coordonnés a, d'après les grammaires scolaires, des fonctions différentes par rapport à chacun de ces constituants. Dans:

> Personne ne m'avait regardé ou marché sur les pieds (Gautier, *Mlle de Maupin*, X)
>
> Nous nous sommes roulés dans les champs, arraché les cheveux (Vallès, *Enfant*, VI)
>
> Ces dames nous ont reçus et donné toutes les clartés possibles sur leurs activités (Duhamel, *Turquie nouvelle*, p. 78)

il est le complément d'objet du premier verbe, et le complément d'attribution du second. En réalité, cette disparité vient de ce que la grammaire scolaire définit les fonctions syntaxiques en termes sémantiques, alors que le pronom personnel ne remplit aucune de ces prétendues fonctions. Exactement comme le pronom clitique dit sujet, c'est simplement un morphème personnel qui est un constituant immédiat de la forme verbale (certains, comme Maurice Gross, disent une particule préverbale). Il n'est pas plus un constituant immédiat de SV que le pronom dit sujet n'est un constituant immédiat de P. La disparité de fonctions n'est donc due qu'à une mauvaise analyse syntaxique.

De même, dans:

> Ils faisaient dactylographier et circuler leurs textes (Beauvoir, *Tout compte fait*, p. 356)

on ne doit pas dire que *leurs textes* est le sujet de *circuler* et le complément d'objet de *dactylographier*. En réalité les verbes sont mis à ce qu'on pourrait appeler la voix factitive, et le SN *leurs textes* est le complément de verbe de l'expression verbale factitive. La seule particularité de ce tour est la coordination d'un verbe transitif par rapport auquel le SN est le second actant, et d'un verbe intransitif, par rapport auquel il est forcément le premier actant.

André Goosse trouve "particulièrement critiquable" (Grevisse & Goosse, 1993, 382) la coordination entre "un forme orale unique, mais deux formes écrites distinctes" de:

> Il ironisait sur des chefs [= cuisiniers] du pays qui ont ou vont œuvrer en Helvétie et servir là-bas un feuilleté de homard sauce papale et des filets de mérou!! (La Reynière, dans le *Monde*, 23 août 1975)

Syntaxiquement, cette coordination ne pose aucun problème, si l'on voit que c'est l'auxiliaire du verbe qui présente une coordination, le lexème verbal commun recevant le second segment du signifiant discontinu des auxiliaires. Ce second segment n'ayant aucune fonction syntaxique propre et étant identique dans les deux cas, la coordination n'est nullement choquante, sauf pour l'écrit. Par contre la coordination *qui ont et vont servir là-bas* est phoniquement peu acceptable, dans la mesure où le second segment, en l'occurrence le participe passé et l'infinitif, sont phoniquement différents. Ici, la présence de la première coordination est ce qui explique ce lapsus.

2. Coordination faite après coup

Il arrive qu'un SN, de structure plus ou moins complexe, ait l'air de pouvoir s'ajouter à une proposition, tout en étant apparemment introduit par une conjonction de coordination:

> L'arrestation de Jean Chabot était annoncée, ainsi que la fuite de Delfosse. (Georges Simenon, 1991, *La danseuse du Gai-Moulin*, 17, 51)

> Je le déteste, ainsi que ses théories (Grevisse & Goosse, 1993, 383-384)

> Le train n'allait pas plus loin, la route non plus: au-delà de Puerto Montt, on ne se déplace guère autrement qu'en bateau. (Didier Decoin, 1987, *Autopsie d'une étoile*, 7)

> Les petites se mirent à rire et les vaches et le chien aussi (Aymé, *Contes du chat p., Vaches*)

> Mais la logique le veut, et la nécessité (Bainville, *Napoléon*, p. 315)

tout se passant comme si le locuteur rajoutait après coup une coordination à laquelle il n'avait primitivement pas pensé.

Le SN ainsi ajouté à toute une proposition est fréquemment accompagné d'un adverbe comme *aussi*, ou *non plus*; il peut être introduit par un coordonnant plus étoffé comme *ainsi que*. Ce constituant pourrait être considéré comme un SCoord. Mais à cause de son intonation spécifique, il semble bien qu'il faille le considérer au point de vue informatif comme un report, c'est-à-dire comme un constituant informatif qui n'est pas l'apport informatif de l'énoncé où il se trouve, mais qui apporte néanmoins une information, qui est de moindre importance que l'apport informatif proprement dit de l'énoncé.

3. Coordination d'un constituant qui ne devrait pas être coordonné

On peut trouver coordonné à une proposition un constituant qui, d'après son sens, devrait avoir une fonction dans ladite proposition. Ce constituant devrait être un circonstant de la proposition à laquelle il est néanmoins coordonné, comme dans:

Il aime les femmes distantes, mais de près (Giraudoux, *Guerre de Troie*, I,4)

Il va humilier Julien, et par ma faute! (Stendhal, *Rouge*, I,7)

Enfin il s'était résolu à parler, mais avec une telle réticence que ses propos étaient embrouillés et que l'on aurait dit qu'il avait de la peine à s'exprimer en français. (Patrick Modiano, 1993, *Chien de printemps*, Paris, Seuil, 119-120)

Pourquoi l'a-t-on mis au point, et, la chose est évidente, de propos délibéré? (Jean Bottéro, 1998, in: Bottéro, Herrenschmidt, Vernant, *L'orient ancien et nous,* 37).

Il pourrait être aussi une épithète, comme dans:

Vous n'êtes plus qu'un homme aujourd'hui, et combien laid! (Ghelderode, *Théâtre*, 1943, p. 66)

La lutte s'engage. J'ai des alliés, heureusement, et de bons (Duhamel, *Les plaisirs et les jeux*, V,2)

L'économie n'est qu'une partie, et subalterne, de la politique (cf. L'économie n'est qu'une partie, et une partie subalterne, de la politique (Grevisse-Goosse, 1993, 377), (Chr. Perroux, *Pensée nationale*, n° 11, 1976, p. 61)

ou même simplement une expansion d'adjectif épithète:

Je m'en suis rendue malade, ou presque (Beauvoir, *Belles images*, Folio, p. 30).

Il s'agit manifestement d'un SCoord coordonné à une P, comme le montre clairement la possibilité de répéter le verbe du premier constituant de la coordination:

Tu te trompais, Verrès, et tu te trompais fortement (G. Rabaud), (trad. de Cic., *Verr.* 2,5,121: *Errabas, Verres, et uehementer errabas*)

S'<il> t'avait dû quelque argent, tu l'aurais demandé, Sextus, et tu l'aurais demandé sur-le-champ (J. Humbert), (trad. de Cic., *Quinct.* 40: *Si debuisset, Sexte,* petisses, *et petisses statim*) et de donner ainsi effectivement au SAdv la fonction syntaxique de circonstant que les grammaires scolaires veulent, à tort, lui reconnaître dans le SCoord.

4. Zeugma

Le zeugma est théoriquement une forme de coordination où le terme mis en facteur commun est partiellement différent par rapport à chacun des termes coordonnés, comme dans:

Quelles sauvages mœurs, quelle haine endurcie,
Pourrait, ne vous voyant, n'être point adoucie? (Racine, *Phèdre*, exemple de Molino, Tamine, 1982, 127)

où le premier terme coordonné exigerait le verbe au pluriel *pourraient*, et le second le verbe au singulier *pourrait*, qui est le seul à être exprimé.

Mais on parle également de zeugma, quand le constituant mis en facteur commun "n'est pas employé avec la même valeur syntaxique ou sémantique dans les deux séquences (ou plus) bâties selon le même schéma" (Molino & Tamine, 1982, 127), et notamment lorsque sont ainsi coordonnées une expression de sens propre et une expression de sens figuré, ou une expression de désignation concrète et une expression de désignation abstraite, comme dans:

Vêtu de probité candide et de lin blanc (V. Hugo, *Booz endormi*)

Mon père et mon devoir étaient inexorables (Corneille, *Polyeucte*)

En achevant ces mots, Damoclès tira de sa poitrine un soupir et de sa redingote une enveloppe jaune et salie (Gide, d'après *Lexis*)

Il prit son parapluie d'une main et son courage de l'autre (Molino & Tamine, 1982, 127).

On peut dire que tout l'effet produit par le zeugma confirme indirectement la cohésion sémantique qui est attendue entre des constituants coordonnés. En effet c'est parce que la coordination crée une cohésion sémantique entre ses constituants immédiats que le rapprochement inattendu ou incongru du zeugma produit un effet de surprise ou d'amusement.

Dans la coordination apparemment curieuse de:

Je monte ma valise et choisir ma chambre (H. Bataille, d'après Sandfeld, t. III, p. 151)

on a un zeugma, où le verbe *monter* "a une forme (orale et écrite) unique, mais des sens différents (Grevisse & Goosse, 1993, 381). La disparité formelle vient d'une part de ce que le verbe monovalent *monter* est transitivé, et d'autre part de ce que son complément de verbe est dans un cas un SN, *ma valise*, et dans l'autre, un SV à l'infinitif, *choisir ma chambre*. On a alors deux transitivations différentes: la première est factitive, *monter* prenant le sens de «faire que qqch monte, aille dans un lieu élevé»; la seconde n'est pas factitive, et produit seulement l'effet de sens «monter, aller dans un lieu élevé pour faire qq ch».

5. Coordination ou interposition?

Il existe un autre cas curieux de coordination, lorsque le constituant coordonné semble s'intercaler au milieu du constituant auquel il est coordonné, comme dans:

> "Tu as toujours <estimé>, et particulièrement quand tu étais en Sicile, <...> avoir pris des précautions suffisantes pour te défendre (H. de la Ville de Mirmont), (trad. de Cic., *Verr.* 2,1,88: *Semper enim existimasti, et maxime in Sicilia, satis cautum tibi ad defensionem fore*)

ce qui donne un tour, à l'ordre des mots près, qui ressemble beaucoup à la coordination faite après coup. Mais on peut aussi trouver d'authentiques propositions ainsi apparemment coordonnées à l'intérieur de la proposition à laquelle elles sont coordonnées:

> Nous avons perdu – et c'est peut-être un grand malheur – le sens de l'indignation et du dégoût (Mauriac, *Roman*, V)

> Je regrette, mais je n'y puis rien, que ceci passe peut-être les limites de la crédibilité (A. Breton, *Nadja*, p. 95)

Faut-il parler alors de SCoord? Cela n'est pas évident. Car l'ensemble de la structure syntaxique ne correspond pas à l'endocentricité particulière qui nous a paru définitoire de la coordination. Il s'agirait plutôt de la fonction syntaxique que nous sommes tenté d'appeler interposition, c'est-à-dire d'un constituant immédiat supplémentaire et donc superflu qui s'ajoute aux constituants immédiats canoniques d'une construction, en l'occurrence d'un troisième constituant immédiat qui s'ajoute aux deux constituants immédiats attendus d'un SV.

II. Problèmes structuraux de la coordination

1. Formalisation de la coordination

Dans son évaluation des modèles de description linguistique qui avaient cours de son temps, Noam Chomsky a utilisé notamment la coordination comme critère qui l'a amené à récuser la grammaire formelle dite syntagmatique ou grammaire de constituants, qu'il considérait, à tort, comme la formalisation de l'analyse en constituants immédiats.

a. Règle syntagmatique?

La grammaire syntagmatique est une grammaire formelle qui met en oeuvre des règles de formation du type XAY $\rightarrow$ XZY (où X, Y, Z représentent des suites de symboles pris dans un vocabulaire dit auxiliaire de catégories syntaxiques et dans un vocabulaire terminal de morphèmes d'une langue donnée, et A un symbole unique non-nul pris dans le vocabulaire auxiliaire). Ces règles de production sont des règles indépendantes du contexte, qui remplacent "un symbole unique par une suite non-nulle distincte de l'original" (Ruwet, 1968, 121).

La grammaire syntagmatique peut fort bien rendre compte des coordinations de SN par exemple à l'aide des deux règles suivantes:

1) SN $\rightarrow$ SN • SN
2) SN $\rightarrow$ Coord • SN.

Mais ces règles sont incapables d'engendrer une suite de plusieurs SN coordonnés, en lui assignant la bonne structure d'un SN endocentrique formée de plusieurs SN de même niveau syntaxique, conformément à la définition structurale que nous avons admise pour la coordination. Au lieu de faire apparaître une structure plate d'autant de constituants immédiats que de SN coordonnés, ces règles engendreront une suite de SN qui aura nécessairement une structuration plus importante que ne le souhaiterait le linguiste. Ainsi pour engendrer une structure coordinative à quatre SN comparable à la structure de juxtaposition de Mauriac, citée plus haut:

La pluie, la neige, la gelée, le soleil devinrent ses ennemis

il faut utiliser trois fois la règle 1) et une fois la règle 2), ce qui engendrera la structure de la figure 18. Cette construction a deux constituants immédiats, à savoir le SN *la pluie*, et le SN à trois SN *la neige, la gelée et le soleil*; ce second SN a, lui-même, deux constituants immédiats, à savoir le SN *la neige* et le SN à deux SN coordonnés *la gelée et le soleil*, et ainsi de suite. Chaque SN de la suite terminale se trouve ainsi à un niveau structural propre, alors que cette structure coordinative devrait avoir pour constituants immédiats quatre SN de même niveau, dont seul le dernier serait un SN endocentrique formé de la conjonction et d'un SN (cf. figure 18). Noam Chomsky en a bien entendu conclu que le modèle syntagmatique devait être abandonné, au profit du modèle transformationnel que lui-même proposait. Faisons deux remarquons à propos de cette argumentation. D'abord, elle invalide incontestablement la grammaire dite syntagmatique comme modèle de la structure coordinative. Et en second lieu, elle montre clairement que, contrairement à ce que prétend Noam Chomsky, la grammaire syntagmatique ne peut pas être considérée comme une formalisation de l'analyse en constituants immédiats, puisque aucun des tenants de ce qui n'est qu'une méthode d'analyse proprement syntaxique n'attribue à la coordination une structure comme celle de la figure 18. Tous voient

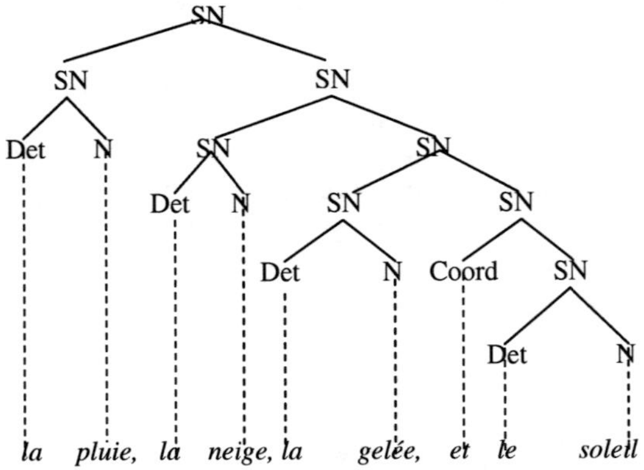

fig. 18: Excès de structuration

dans une structure coordinative ce que Bloomfield a appelé une construction endocentrique sérielle, c'est-à-dire une structure très proche de celle de la figure 19.

b. «Schéma de règle»

Il est possible d'enrichir la grammaire syntagmatique avec ce que George Lakoff et Stanley Peters ont appelé des schémas de règle (cf. Lakoff-Peters, 1966, 2; et Dik, 1972, 110). Si on remplace la première des deux règles syntagmatiques envisagées plus haut par un schéma de règle de la forme:

$SN \rightarrow (SN)_n,\ n >= 2$

(ce qui veut dire : SN se réécrit *n* fois SN, étant entendu que *n* est plus grand ou égal à 2), on obtient le type de structuration qui correspond à notre définition syntaxique de la coordination (cf. figure 19), pour le cas où *n* a la valeur de 4.

Certes, les schémas de règle font sortir du modèle de la grammaire syntagmatique, puisqu'ils admettent que l'on peut réécrire la catégorie qui est à gauche de la flèche, un nombre de fois quasiment infini, et en tout cas un nombre de fois non défini. Mais ils ont l'avantage d'être conformes à l'esprit des règles syntagmatiques. On peut même dire qu'ils ne sont qu'un moyen de donner une formulation apparemment finie à une série théoriquement infinie de règles syntagmatiques.

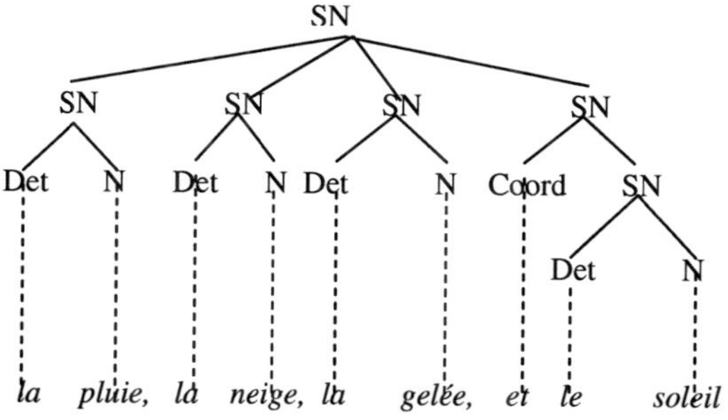

fig. 19: Structure de la coordination de 4 SN

2. Différents niveaux de coordination

Les schémas de règle sont récursifs, puisque, comme les règles syntagmatiques proposées plus haut, ils présentent à droite de leur flèche le même symbole qu'à gauche. Ils permettent donc d'engendrer éventuellement des emboîtements de coordinations, qui eux, correspondent à une authentique structuration syntaxique. Il y a emboîtement de coordinations, lorsqu'au moins un des constituants d'une structure coordinative contient lui-même une coordination et est donc lui-même une structure coordinative à l'intérieur d'une structure coordinative plus grande. Ainsi dans ce vers de Racine:

Je l'aime, je le fuis; Titus m'aime, il me quitte (Rac., *Bér.* V, 7)

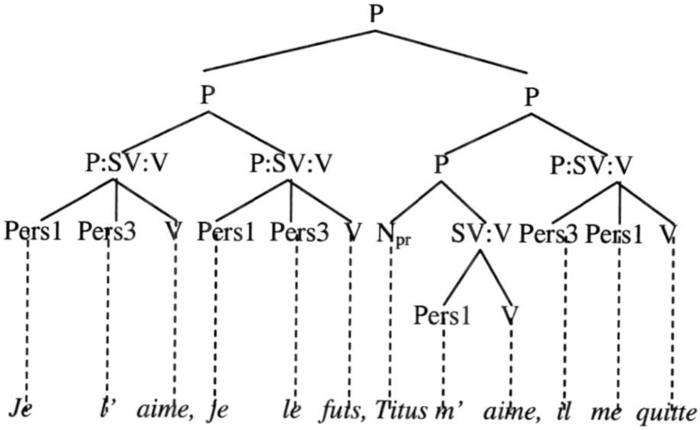

fig. 20: Structuration dans la coordination

on n'a pas quatre P coordonnées, mais une coordination de deux P, puis, à l'intérieur de chacune de ces deux P, une nouvelle coordination de deux P. Les constituants coordonnés sont tous de même nature syntaxique, mais ils ne sont pas au même niveau. En français, une phrase comme:

> L'histoire de Tibère, de Gaius, de Claude et de Néron, falsifiée par la peur au temps de leur splendeur, fut écrite après leur trépas sous la dictée de haines toutes fraîches (Goelzer), (trad. de Tac., *ann.* 1,1,3: *Tiberii Gaique et Claudii ac Neronis res florentibus ipsis ob metum falsae…*)

présente dans le SN sujet une simple coordination de quatre compléments de noms. L'original latin, parce qu'il met en œuvre plusieurs coordonnants différents:

> *(Tiberii Gaique) et (Claudii ac Neronis) res*

offre une structuration plus riche, le complément de nom au génitif étant formé de deux constructions coordinatives de, chacune, deux noms propres, ce qui permet de "distinguer dans la dynastie julio-claudienne d'une part les Jules (Tibère et Gaius) et d'autre part les Claude (Claude et Néron)" (d'après Rubio, 1976, 179). Si l'on voulait exprimer en français la même coordination, il faudrait dire:

> L'histoire de Tibère et de Gaius, et (celle) de Claude et de Néron <...>

Un linguiste espagnol a proposé la traduction:

> *"La historia, por un lado, de Tiberio y Gaio, y, por otro, de Claudio y Nerón".*

Il arrive aussi qu'il y ait des coordinations à l'intérieur de constituants eux-mêmes coordonnés: les coordinations sont alors certes à des niveaux différents, mais entre des constituants de nature syntaxique différente. Par exemple dans:

> 1(parce qu'il avait une grande expérience)1 et 1(qu'on rapportait de lui beaucoup 2[d'avis sensés]2, 2[d'actions courageuses]2 et 2[de réparties judicieuses et 3(au sénat)3 et 3(au forum)3]2)1, (trad. de Cic., *Lael.* 6: <...> *quia 1(multarum rerum usum habebat)1 1(multa eius 3[et in senatu]3 3[et in foro]3 2[uel prouisa prudenter,]2 2[uel acta constanter,]2 2[uel responsa acute]2 ferebantur)1*)

deux Syntagmes Propositionnels sont coordonnés, le complément de verbe du second SP contient lui-même des groupes nominaux coordonnés, et le dernier de ces groupes nominaux contient une coordination de SPrép. L'original latin, lui, coordonne par *et* deux propositions; mais la seconde de ces propositions a un sujet qui coordonne par *uel* trois participes substantivés, lesquels ont en commun deux circonstants coordonnés par *et*. Il y a donc aussi trois niveaux successifs de coordination. Mais il s'agit de trois coordinations différentes. De même, dans:

Aussi $_1$(gravais-je dans ma mémoire $_2$[ses nombreuses discussions savantes]$_2$ et $_2$[même ses nombreuses formules $_3$(ramassées)$_3$ et $_3$(spirituelles)$_3$]$_2$,)$_1$ et $_1$(je tâchais de devenir plus savant grâce à ses connaissances)$_1$, (trad. de Cic., *Lael.* 1: Itaque *$_1$($_2$[multa ab eo prudenter disputata,]$_2$ $_2$[multa etiam $_3$(breuiter et commode)$_3$ dicta]$_2$ memoriae mandabam,)$_1$ $_1$(fierique studebam eius prudentia)$_1$*)

deux propositions sont coordonnées; mais le complément d'objet de la première coordonne deux SN, dont le second contient une coordination de deux adjectifs. Dans une phrase comme:

Ces problèmes, Afranius et Pétréius, et leurs amis les décrivaient à Rome à ceux de leur parti, même exagérés et grossis, (trad. de Caes., *civ.* 1,53,1: *Haec Afranius Petreiusque et eorum amici pleniora etiam atque uberiora Romam ad suos perscribebant*)

seule l'intonation permet de savoir si l'on a une coordination de trois SN ou une coordination entre d'une part une construction coordonnant deux SN et d'autre part un SN. En latin par contre le changement de coordonnants et le fait que le coordonnant *-que* coordonne ordinairement des constituants qui ont entre eux un rapport sémantique étroit, et notamment des constituants qui forment des couples formulaires ou des expressions quasiment synonymes, manifeste qu'il ne s'agit pas d'une coordination à trois termes, mais à deux termes, le premier présentant lui-même une coordination étroite marquée par le coordonnant *-que* (cf. figure 21).

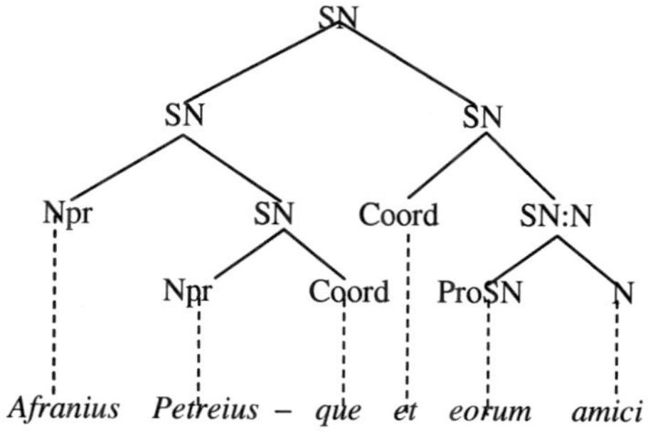

fig. 21: Coordinations de niveaux différents

III. Coordination en début de phrase?

1. Les faits

On peut trouver les morphèmes que la grammaire scolaire appelle conjonctions de coordination en début de phrase. Ce phénomène s'observe aussi bien dans une communication dialoguée que dans un texte suivi.

a. *Et* en début de réplique

Jean-Paul Moreau, dans sa thèse intitulée "Coordination et dialogue, Étude du *et* initial de réplique dans *Boulevard Durand* d'Armand Salacrou", et soutenue à Aix-en-Provence en septembre 1984, a justement relevé deux types d'emploi de *et*, que l'on pourrait appeler le *et* additif et le *et* coordinatif, en reprenant la distinction de Halliday entre *additive* et *coordinate* (Moreau, 1984, 116). Le *et* additif pourrait être illustré par les exemples suivants pris dans la pièce d'Armand Salacrou:

> LE PATRON. — Allez, on ferme. PREMIER OUVRIER. — *Et* tu nous fous dehors, sous la pluie? LE PATRON. — Il y a des wagons couverts, sur le quai. QUATRIÈME OUVRIER, *assis* . — *Et* quand je l'ai revue, la Charlotte, elle pleurait. Elle avait honte (Moreau, 1984, 30)

Quelques lignes plus haut, on avait:

> QUATRIÈME OUVRIER, violent, balayant les verres. Ce soir, c'est de ta gueule à toi que je vais m'occuper. LE PATRON. Suffit. On ferme. QUATRIÈME OUVRIER, *au Patron.* Avant, sors de ton comptoir, bourrique! *Le Premier et le Cinquième retiennent le Quatrième.* CINQUIÈME OUVRIER. — *Et* qu'est-ce qu'elle est devenue La Charlotte. PREMIER OUVRIER. — A cause de la brouette, elle en a épousé un autre. QUATRIÈME OUVRIER, *au Patron.* Ce soir, ce n'est pas la Charlotte qui m'empêchera de te casser la gueule... *Puis, il s'effondre en larmes* (Moreau, 1984, 29)

> LISE. — Hubert nous disait hier qu'il avait raté l'an dernier la traversée de la Manche, mais qu'il la réussirait cette année. LA FEMME DU PROVISEUR. — La traversée de la Manche. LA JEUNE FILLE. — *Et* il réussira! (Moreau, 1984, 49).

Dans le premier exemple, il n'est guère possible de dire que *et* coordonne la phrase plus exclamative qu'interrogative du Premier ouvrier à la phrase du Patron qui voudrait mettre tout le monde dehors, à cause notamment du changement de locuteur entre ces deux phrases. Par ailleurs, si la phrase qui commence par *et* est vraiment interrogative, Jean-Paul Moreau a justement remarqué que le *et* de début de réplique empêchait l'apparition des marqueurs interrogatifs comme *est-ce que?* (cf. Moreau, 1984, 180 et 223). En fait il s'agit plutôt d'un énoncé exclamatif que d'une phrase interrogative. Dans le troisième exemple le *et* rattache l'exclamation de la jeune fille non pas au morceau de phrase prononcée par le femme du proviseur, qui précède, mais aux propos antérieurs de Lise. Et dans le deuxième exemple, *et* ne rattache la question de diversion posée par le Cinquième ouvrier à aucune phrase antérieure, mais au comportement violent du Quatrième ouvrier, que le Premier et le Cinquième ouvrier essaie de retenir. Tous ces *et* de début de réplique ont donc une valeur particulière que ne semble pas avoir la conjonction de coordination ordinaire.

Par ailleurs, il est certain que ces *et* n'entrent pas dans la structure doublement endocentrique dont tous les constituants immédiats appartiennent au même paradigme, qui est définitoire de la coordination proprement dite. Ils appartiennent à des phrases endocentriques ordinaires, dont un seul des

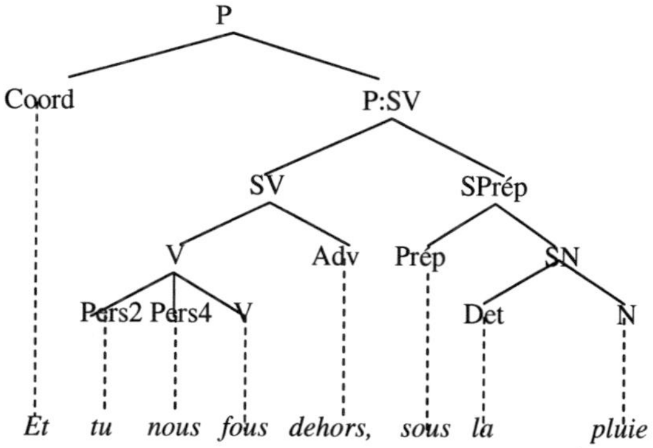

fig. 21: Connecteur

constituants immédiats est de même nature que la construction. Certes le morphème *et* relie alors une phrase à une autre ou relie une phrase à une situation donnée, avec une valeur additive sémantiquement comparable à celle des structures coordinatives; mais on ne dira pas pour autant qu'il coordonne, même si ce mot ne signifie étymologiquement rien de plus que "lier ensemble". Car le lien qu'il établit alors est purement sémantique et ne correspond nullement au type particulier de structure endocentrique qu'est la coordination. Ainsi, à moins d'admettre une définition purement sémantique de la coordination, on ne saurait dire que le morphème *et* de début de réplique joue un rôle de conjonction de coordination. Il n'est en réalité qu'une simple expansion dans une P endocentrique, comme le montre la figure 21.

b. *Et* en début de phrase

Il faut, nous semble-t-il, proposer la même analyse pour tous les *et* que l'on trouve en début de phrase à l'intérieur d'un même discours. Même s'il n'y a pas alors changement de locuteur, on a affaire à une nouvelle phrase, qui est expressément rattachée à ce qui précède par le morphème de liaison additive *et*. Tel est le cas dans les exemples suivants:

> Il [= Hector] demanda son fils, et le prit dans ses bras:
> *Chère épouse*, dit-il en essuyant mes larmes, <...>
> *Je te laisse mon fils pour gage de ma foi:* <...>
> *Montre au fils à quel point tu chérissais le père.*
> *Et* je puis voir répandre un sang si précieux!
> *Et* je laisse avec lui périr tous ses aïeux!
> Roi barbare! (Racine, *Andromaque*, III, 8)

> Quelle que fût sa fonction future, courage et fougue ne suffiraient pas à la remplir; Séthi, comme les autres pharaons, avait suivi le chemin du scribe.
> *Et* l'idée folle le hantait de nouveau! Elle revenait comme une vague, malgré ses efforts pour la chasser (Christian Jacq, *Ramsès, Le fils de la lumière*, 38)

> «C'est une grange...», avait-il répété, dédaignant toute réponse. *Et* ils étaient enfin montés dans la voiture (Malraux, *Antimémoires*, 31).

2. Notion de connecteur

La prétendue conjonction de coordination employée en début de phrase ou de réplique est une expansion de proposition, comme peut l'être un constituant extraposé. Mais si elle occupe une telle position structurale, elle n'est pas, à la différence d'une extraposition ordinaire, le support informatif de l'énoncé. Elle semble plutôt relier le contenu de la phrase dont elle est un constituant immédiat à celui de la phrase précédente.

On pourrait appeler connecteurs les constituants d'énoncé qui, à l'intérieur d'une communication monologale ou dialogale, sont chargés de rattacher un énoncé soit aux phrases qui précèdent soit à la situation énonciative dans laquelle se déroule la communication. Quand ils rattachent une nouvelle phrase aux phrases précédentes, ils servent à préciser la relation logique ou référentielle que le contenu du nouvel énoncé entretient avec celui de la ou des phrases précédentes.

Ce rôle de connecteur est donc un rôle textuel, et celui de conjonction de coordination un rôle syntaxique. Il importe de bien distinguer ces deux rôles, même si, ou plutôt, surtout si certains morphèmes comme *et* peuvent les remplir, tous les deux. Il serait donc peut-être nécessaire de ne plus appeler conjonctions de coordination les morphèmes comme *et*. Peut-être pourrait-on leur donner le simple nom de conjonction, à condition bien sûr d'appeler subordonnant seulement ce que les grammaires scolaires appellent conjonction de subordination. Une telle dissociation terminologique n'aurait rien de scandaleux, dans la mesure où les prétendues conjonctions de subordination et les prétendues conjonctions de coordination ne sont pas deux sous-classes d'un même phénomène syntaxique, contrairement à ce que suggère à tort le terme commun de *conjonction* de leur dénomination traditionnelle.

Bilan provisoire

Après avoir examiné quelques-uns des problèmes centraux de la syntaxe, peut-être serait-il important de faire le point, pour voir un peu clairement où l'on en est.

L'analyse en constituants immédiats? Il est clairement apparu que, loin d'être une théorie du langage, elle est une bonne méthode pour découvrir le fonctionnement des unités significatives à l'intérieur d'une phrase, et pour situer chacune d'elle dans ses rapports combinatoires avec les autres constituants de ladite phrase. Bref, c'est un excellent moyen de recherche en syntaxe. Certes, cet outil n'est pas neutre au point de vue théorique, puisqu'il définit le rôle des constituants de la phrase en les situant à la fois paradigmatiquement et syntagmatiquement. Qu'on ne dise pas que les deux notions d'axe paradigmatique et d'axe syntagmatique sont entachées de structuralisme; car, il s'agit plutôt, à notre avis, d'acquis définitifs de la linguistique générale. Elles permettent de définir les coordonnées proprement linguistiques des unités syntaxiques, à partir de leur fonctionnement linguistique, et non à partir d'hypothèses non linguistiques projetées sur les données linguistiques.

Les fonctions syntaxiques? Il convient d'en donner des définitions proprement syntaxiques, et non des définitions sémantiques plus ou moins inspirées de la logique traditionnelle ou moderne, ni même de simples définitions morphologiques, qui ne suffisent jamais; car lorsqu'elles semblent justes, elles ne correspondent qu'à des conséquences formelles de définitions syntaxiques implicites. Et nous avons vu qu'il était possible de définir constructionnellement ou structuralement les fonctions de sujet et de complément, mais que cela imposait de modifier certaines habitudes terminologiques. Si l'on distingue rigoureusement le syntaxique du sémantique, il n'est par exemple plus possible de parler de pronom sujet à propos des morphèmes personnels clitiques, qui ne sont, au point de vue syntaxique, ni des pronoms ni des sujets. Cela ne veut pas dire, pour autant, que la syntaxe est purement formelle, comme le fut par exemple la linguistique distributionnelle, et ne s'intéresse pas à la signification. Les unités linguistiques ayant nécessairement deux faces, un signifié et un signifiant, la syntaxe doit s'occuper de la contribution au sens de l'énoncé des configurations formelles ou combinatoires qu'elle identifie.

Les catégories syntaxiques? Elles doivent, elles aussi, être définies en termes purement syntaxiques et constructionnels. Si la phrase est l'équivalent linguistique de la proposition des logiciens, il faut incontestablement redéfinir la proposition grammaticale, pour qu'elle cesse d'être plus ou moins implicitement assimilée à la proposition du logicien. Et cela entraîne aussi un nettoyage terminologique, qui éliminera les termes comme proposition principale ou proposition indépendante, sous peine de contradiction et d'incohérence. Il convient également de définir syntaxiquement et fonctionnellement la coordination, ce qui permet de donner une définition encore plus précise à ce que Bloomfield appelait "construction endocentrique coordinative ou sérielle". Et si l'on se situe au niveau proprement constructionnel, il devient plus facile d'opposer la subordination à la coordination, que lorsqu'on ne s'intéresse qu'à l'aspect sémantique de ces catégories.

Modèle d'ensemble? Si l'on ne s'occupe que de la description de ce que Martinet a appelé "la première articulation du langage", on peut dire que les analyses que nous avons envisagées postulent trois niveaux différents, comme nous l'avons montré dans notre article de 2001, intitulé "Les trois niveaux de la description linguistique", où nous faisions, en quelque sorte, une synthèse entre la théorie de Tesnière et celle de Jean Perrot. Il convient de distinguer l'organisation syntagmatique, qui relève de la morphologie, de l'organisation syntaxique ou structurale, qui relève, elle, de la syntaxe (Tesnière parlait de "l'ordre linéaire".et de "l'ordre structural"). Le mot est alors l'unité minimale de l'organisation syntagmatique, et le morphème celle de l'organisation syntaxique. Mais aussi, contrairement à ce que croyait Tesnière, il convient de distinguer, avec Jean Perrot, la structuration syntaxique de la structuration informative. Les notions de sujet, de prédicat, de circonstant et de complément de verbe relève alors de l'organisation syntaxique, celles de thème, ou mieux de support informatif, de rhème, ou mieux d'apport informatif, et de report informatif permettent de décrire de façon appropriée l'organisation de l'information que l'énoncé est chargé de communiquer. Il n'y a nullement isomorphie entre ces trois structurations différentes; mais il y a des règles qui construisent des rapports qui les relient entre elles. Certaines permettent de dégager la structuration syntaxique à partir de l'organisation syntagmatique de l'énoncé, et d'autres de construire l'organisation informative à partir et de la structuration syntaxique et de l'intonation de l'organisation syntagmatique. La syntaxe occupe donc une position centrale dans la description et le fonctionnement de la première articulation.

Index

Bibliographie

ANTOINE Gérald, 1958, *La coordination en français*, Paris, D'Artrey, t. 1, 700 p.

ARNAULD Antoine & LANCELOT Pierre, 1969, *Grammaire générale et raisonnée*, (1ère éd.: 1660), Paris, republications Paulet, 157 p.

ARNAULD Antoine & NICOLE Pierre, 1662, *La logique ou l'art de penser*, Paris, Flammarion, 440 p.

ARRIVÉ Michel, GADET Françoise & GALMICHE Michel, 1986, *La grammaire d'aujourd'hui. Guide alphabétique de linguistique française*, Paris, Flammarion, 720 p.

BARBAULT Marie-Claire & DESCLÉS Jean-Pierre, 1972, *Transformations formelles et théories linguistiques*, Paris, Centre de Linguistique Quantitative de l'Université de Paris VI, 110 p.

BEAUZÉE Nicolas, 1767, *Grammaire générale, ou Exposition raisonnée des éléments nécessaires du langage, pour servir de fondement à l'étude de toutes les langues*, Paris, Barbou, I, 619 p., t. II, 664 p.

BENVENISTE Emile, 1966, *Problèmes de linguistique générale*, Paris, Gallimard, 356 p.

BLANCHE-BENVENISTE Claire, 1975, *Recherches en vue d'une théorie de la grammaire française. Essai d'application à la syntaxe des pronoms*, Paris, Champion, 426 p.

1997, *Approches de la langue parlée en français*, Gap, Ophrys, 164 p.

BLINKENBERG Andreas, 1960, *Le problème de la transitivité en français moderne*, Copenhague, 366 p.

BLOOMFIELD Leonard, 1933, *Le Langage*, trad. par Janick Gazio, (original: 1961), Paris, Payot, 525 p.

BONNARD Henri, 1950[3], *Grammaire française des lycées et des collèges*, Paris, SUDEL, 272 p.

BRESSON, Daniel, 1988, *Grammaire d'usage de l'allemand contemporain*, Paris, Hachette, 348 p.

1995, "La fonction de la prosodie dans la démarcation et la structuration du texte en allemand oral, in: *Travaux du CLAIX*, 13, 139-152.

BUSSE Winfried, 1974, *Klasse, Transitivität, Valenz, München, Fink,* 273 p.

BUYSSENS Eric, 1975, *Les catégories grammaticales du français*, Editions de l'Université de Bruxelles, 94 p.

CHAKER Salem, 1983, *Un parler berbère d'Algérie (Kabilie)*, Univ. de Provence, 549 + 111 p.

CHEVALIER Jean-Claude, ARRIVÉ Michel, BLANCHE-BENVENISTE Claire & PEYTARD Jean, 1964, *Grammaire Larousse du français contemporain*, Paris, Larousse, 495 p.

CHOMSKY Noam, 1956, "Three models for the description of language", in: *Transactions on Information Theory* IT-2, 113-124.

1971, *Aspects de la théorie syntaxique*, traduction de Jean-Claude Milner, (original: 1965), Paris, Seuil, 284 p.

CREISSELS Denis, 1995, *Eléments de syntaxe générale*, Paris, PUF, 332 p.

DAMOURETTE Jacques & PICHON Edouard, 1911-1934, *Des mots à la pensée. Essai de grammaire de la langue française*, t. IV : Participe – Propositions subordonnées – Impératif – Interrogation – Verbe unipersonnel, Paris, D'Artrey, 632 p.

DAUZAT Albert, 1950, *Phonétique et grammaire historiques de la langue française*, Paris, Larousse, 305 p.

DIK Simon, 1972, *Coordination, Its implications for the theory of general linguistics*, Amsterdam, North-Holland, 318 p.

1978, *Functional Grammar*, Amsterdam, North-Holland, 230 p.

1980, *Studies in Functional Grammar*, London, Academic Press, 245 p.

DUBOIS Jean, JOUANNON G. & LAGANE René, 1961, *Grammaire française*, Paris, Larousse, 176 p.

DUBOIS Jean & DUBOIS-CHARLIER Françoise, 1970, *Eléments de linguistique française: syntaxe*, Paris, Larousse, 295 p.

DUBOIS Jean & LAGANE, René, 1973, *La nouvelle grammaire du français*, Paris, Larousse, 266 p.

DUBOIS Jean, GIACOMO Mathée, GUESPIN Louis, MARCELLESI Christiane et Jean-Baptiste & MÉVEL Jean-Pierre, 1973, *Dictionnaire de linguistique*, Paris, Larousse, 516 p.

DUBOIS-CHARLIER Françoise & LEEMAN Danielle, 1974, *Comment s'initier à la linguistique*? Livret 1. Les types de phrases, Livret 2. Les constituants de la phrase, Livret 3. La représentation graphique de la phrase, Paris, Larousse, 63 p., 63 p. et 64 p.

DUMARSAIS (CHESNEAU DU MARSAIS) César, 1988, *Des tropes ou des différents sens*, présentation de Françoise Douay-Soublin, Paris, Flammarion, 442 p.

FOLEY William A. & VAN VALIN Robert D., 1984, *Functional Syntax and Universal Grammar*, Cambridge University Press, 416 p.

FRANÇOIS Frédéric, 1974, *L'enseignement et la diversité des grammaires,* Paris, Hachette, 220 p.

FREGE Gottlob, 1971, "Sens et dénotation", in: FREGE Gottlob, *Ecrits logiques et philosophiques*, trad. par Claude Imbert, (original: 1892), Paris, Editions du Seuil, 102-126.

GALICHET Georges, 1947, *Essai de grammaire psychologique*, Paris, PUF, 224 p.

1963, *Méthodologie grammaticale. Etude psychologique des structures*, Paris, PUF, Chap. XVII: "Une expérience de décomposition structurale de la phrase au cours moyen", p. 200-212.

GARDES-TAMINE Joëlle, 1983, "Introduction à la syntaxe (suite), Les fonctions nominales: sujet et attribut", in: *IG* 19, 43-47.

1988, *La Grammaire*, t. 2 : *Syntaxe*, Paris, Colin, 119 p.

GIVÓN Talmy, 1984, *Syntax, A Functional-Typological Introduction*, vol. I, Amsterdam, Benjamins, 463 p.

GLEASON Henry A., 1969, *Introduction à la linguistique*, trad. de Françoise Dubois-Charlier, Paris, Larousse, 380 p.

Grammaire de l'Académie française, 1932, Paris, Firmin-Didot, 253 p.

GREENBAUM Sidney & QUIRK Randolph, 1990, *A Student's Grammar of the English Language*, Longman, 490 p.

GREVISSE Maurice, 1959[7], *Le bon usage. Grammaire française*, Gembloux, Duculot, 1156 p.

GREVISSE Maurice & GOOSSE André, 1993[13], *Le bon usage*, Louvain-la-Neuve, DeBoeck, Duculot, 1762 p.

GUIMIER Claude, 1996, *Les adverbes du français. Le cas des adverbes en -ment*, Gap, Ophrys, 170 p.

HARRIS Zellig S., 1946, "From Morpheme to Utterance", in: *Language* 22, 1946, 161-183 (reproduit dans *Readings in Linguistics I*, Chicago-London, 1957, 142-153), traduit dans *Langages* 1968, 9, 23-50.

1961, *String Analysis*, Lahaye, Mouton, 70 p.

HAZAËL-MASSIEUX Marie-Christine, 1983, "Le rôle de l'intonation dans la définition et la structuration de l'unité de discours", in: *BSL* 78.1, 99-160.

HJELMSLEV Louis, 1968, *Prolégomènes à une théorie du langage*, trad. par Anne-Marie Léonard, (original: 1943), Paris, Editions de Minuit, 229 p.

HOCKETT Charles F., 1969[14], *A Course in Modern Linguistics*, (1ère éd.: 1958), New York, Macmillan, 621 p.

HUMBERT Jean, 1954[2], *Syntaxe grecque*, (1ère éd. : 1944), Paris, Klincksieck, 463 p.

JESPERSEN Otto, 1969, *La syntaxe analytique*, trad. par Anne-Marie Léonard, (original: 1937), Paris, Éditions de Minuit, 263 p.

1971, *La philosophie de la grammaire*, trad. de l'anglais par Anne-Marie Léonard, (original: 1924), Paris, Ed. de Minuit, 515 p.

1974, *A Modern English Grammar*, t. 2-5 et 7: *Syntax*, (1ère éd.: 1918), London, Allen & Unwin.

JONGEN R., 1971, *Etude descriptive de la morphologie et de la syntaxe allemande*, Louvain.

JOÜON Paul, 1923, *Grammaire de l'hébreu biblique*, Rome, Institut Biblique Pontifical, 542 + 79* p.

KEENAN Edward L., 1974, "The logical status of deep structures (Logical constraints on syntactic processes)", in: *Proceedings of the Eleventh International Congress of Linguists*, Bologna-Florence, Aug. 28- Sept. 2, 1972, II, 477-490.

KEENAN Edward L. & COMRIE Bernard, 1972, "Noun phrase accessibility and universal grammar", King's College Research Centre Cambridge England, 14 Nov. 1972 [polycopié].

KOULOUGHLI Djamel E., 1994, *Grammaire de l'arabe d'aujourd'hui*, Pocket, 350 p.

KÜHNER Raphael & STEGMANN Carl, 1955, (1ère éd.: 1914), *Ausführliche Grammatik der lateinischen Sprache*, Leverkusen, Gottschalk, 828 p. et 738 p.

LALLOT Jean, 1997, *Apollonius Dyscole, De la construction (syntaxe)*, Paris, Vrin, 2 vol., 303 p. et 477 p.

LE BIDOIS Georges & LE BIDOIS Robert, 1938, *Syntaxe du français moderne. Ses fondements historiques et psychologiques*, Paris, Picard, 2 t., 560 p. et 794 p.

LECOMTE, 1968, *Grammaire de l'arabe*, Paris, PUF, Que sais-je? n° 1275, 128 p.

LENTIN André, 1971, "La boite à outil", in: *Informatique et Sciences Humaines*, 1-16.

MAROUZEAU Jules, 1953, *L'ordre des mots en latin*, Volume complémentaire, Paris, Les Belles Lettres, 149 p.

1969[3,3], *Lexique de la terminologie linguistique*, Paris, Geuthner, 267 p.

MARTIN Robert, 1992[2], *Pour une logique du sens*, (1ère éd.: 1983), Paris, PUF, 319 p.

MARTINET André, 1975, *Studies in Functional Syntax*, München, Fink, 275 p.

1985, *Syntaxe générale*, Paris, Colin, 266 p.

MARTINET André, (éd.), 1969, *La Linguistique, Guide Alphabétique*, Paris Denoël, 490 p.

MATTHEWS Peter H., 1981, *Syntax*, Cambridge University Press, 306 p.

MIRAMBEL André, 1969, *Grammaire du grec moderne*, Paris, Klincksieck, 247 p.

MOLINIER Christian & LEVRIER Françoise, 2000, *Grammaires des adverbes. Description des formes en -ment*, Genève, Droz, 527 p.

MOLINO Jean & TAMINE Joëlle, 1982, Introduction à l'analyse linguistique de la poésie, Paris, PUF, 232 p.

MOREAU, Jean-Paul, 1984, "Coordination et dialogue, Étude du *et* initial de réplique dans *Boulevard Durand* d'Armand Salacrou", thèse d'Aix-en-Provence, 608 p.

MOREL Mary-Annick & DANON-BOILEAU Laurent, 1998, *Grammaire de l'intonation,* Gap, Ophrys, 231 p.

MOUNIN Georges, 1968, *Clefs pour la linguistique*, Paris, Seghers, 191 p.

POTTIER Bernard, 1962, *Systématique des éléments de relation. Etude de morpho-syntaxe structurale romane*, Paris, Klincksieck, 375 p.

RAJEMISA-RAOLISON Régis, 1971[7], *Grammaire malgache*, (1ère éd.: 1959), Fianarantsoa, 174 p.

REVZIN Isaak Iosifovic, 1968, *Les modèles linguistiques*, traduit par Yves Gentilhomme, (original : 1967), Paris, Dunod, 201 p.

ROSSI Mario, 1977, "L'intonation et la troisième articulation", in: *BSL* 72.1, 55-68.

1981, "Intonation, énonciation, syntaxe", in: Rossi Mario & Di Cristo Albert, Hirst Daniel, Martin Philippe & Nishinuma Yukihiro, *L'intonation. De l'acoustique à la sémantique*, Paris, Klincksieck, 184-233.

1999, *L'intonation: le système du français: description et modélisation*, Gap, Ophrys, 237 p.

RUBIO Lisardo, 1976, *Introducción a la sintaxis estructural del latin*, vol. II: *La oración*, Barcelona, Ariel, 194 p.

RUWET Nicolas, 1968, *Introduction à la grammaire générative*, Paris, Plon, 452 p.

SABIO Frédéric, 1995, "Micro-syntaxe et macro-syntaxe: L'exemple des «compléments antéposés» en français", in: *Recherches sur le français parlé*, 13, 111-155.

SALKOFF Morris, 1973, *Une grammaire en chaîne du français, Analyse distributionnelle*, Paris, Dunod, 199 p.

SANDFELD Kristian, 1965², *Syntaxe du français contemporain*, II. *Les propositions subordonnées*, (original: 1909), Genève, Droz, 490 p.

SAUSSURE Ferdinand de, 1967, *Cours de linguistique générale*, publié par Charles BALLY & Albert SECHEHAYE, Paris, Payot, 331 p.

SERRUS, Charles, 1941, *La langue, le sens, la pensée*, Paris, PUF, 173 p.

TESNIÈRE, Lucien, 1966², *Eléments de syntaxe structurale*, (1ère éd.: 1959), Paris, Klincksieck, 670 p.

TOURATIER Christian, 1975-1976, "Technique d'analyse de la phrase latine", in: *Dossiers d'étude pour l'enseignement du latin*, n° 4, CRDP Strasbourg, 1-38.

1977, "Comment définir les fonctions syntaxiques?", in: *BSL*, 1977, 72.1, 27-54.

1985, "La syntaxe?", in: Touratier (éd.), 1985, 7-20.

1985, "Les unités minimales de l'analyse syntaxique", in: Touratier (éd.), 1985, 453-482.

1989, "Esquisse d'analyse syntaxique", in: *Information grammaticale*, 43, 1989, 7-14.

1992, "Le syntagme nominal et le problème du déterminant en russe et dans les langues romanes", in: Guiraud-Weber Marguerite & Zaremba Charles (éds.), *Linguistique et slavistique*. Mélanges offerts à Paul Garde, Publications de l'Université de Provence, 281-289.

1994, *Syntaxe latine*, Louvain-la-Neuve, Peeters, LXI + 754 p.

1994b, "Les subordonnées latines: essai de classement", in: *Revue de Philologie*, 68, 209-223.

1998, "Extraposition et structure informative", in *BSL* 93.1, 1998, 59-75.

2000, *La sémantique*, Paris, Colin, 191 p.

2002, "Parataxe, juxtaposition et coordination", in: Bolkestein A. M., Kroon C. H. M., Pinkster H., Remmelink H. W. & Risselada R. (eds), *Theory and Description in Latin Linguistics*, Selected papers from the XItn International Colloquium on Latin Linguistics, Amsterdam, June 24-29, 2001), 393-403.

2002b, *Morphologie et morphématique. Analyses en morphèmes*, Publications de l'Université de Provence, 322 p.

TOURATIER (éd.), 1985, *Syntaxe et latin, Actes du IIème Congrès International de Linguistique Latine*, Publications de l'Université de Provence, 586 p.

UHLENBECK Eugenius M., 1972, *Critical comments on transformational-generative grammar 1962-1972*, The Hague, Smits, 171 p.

VAN HOUT Georges, 1973, *Franc Math, Essai pédagogique sur les structures grammaticales du français moderne*, t. 1: *Le syntagme nominal*, Paris, Didier, 216 p., t. II: *La relation prédicative*, Paris, Didier, 268 p.

VENDRYÈS, 1923, *Le langage, Introduction linguistique à l'histoire*, Paris, Albin Michel, 444 p.

VEYRENC Charles-J., 1968, *Grammaire du russe*, Paris, PUF, Que sais-je? n° 1278, 128 p.

WAGNER Léon & PINCHON Jacqueline, 1962, *Grammaire du français classique et moderne*, Paris, Hachette, 648 p.

WELLS Rulon S., 1947, "Immediate Constituents", in: *Language* 23, 1947, 81-117

1970, "Constituants immédiats", in: *Langages* 20, déc. 1970 (Jean Dubois, Dubois-Charlier Françoise éds), 61-100 (traduction franç. du précédent)

WILMET Marc, 1986, *La détermination nominale*, Paris, PUF, 196 p.

ZEMB Jean-Marie, 1969, "Une critique constructive de la notion de proposition principale", in: *Le français aujourd'hui,* 6, 16-23.

Table des matières

Composition et mise en page
Christian TOURATIER
Maquette de couverture
PUP Valérie JULIA

Imprimé en France
sur les Presses d'OZAPLAN – Marseille

Dépôt légal – 4e trimestre 2005
ISBN – N° 2-85399-620-4
ISSN – 1158-629 X